国家社科基金西部项目

中华图书馆协会史稿

李彭元　著

国家图书馆出版社

图书在版编目（CIP）数据

中华图书馆协会史稿 / 李彭元著 . -- 北京：国家图书馆出版社，2018.12
ISBN 978-7-5013-6489-3

Ⅰ . ①中…　Ⅱ . ①李…　Ⅲ . ①图书馆史—史料—研究—中国—民国
Ⅳ . ① G259.296

中国版本图书馆 CIP 数据核字（2018）第 160680 号

书　　名　中华图书馆协会史稿
著　　者　李彭元　著
责任编辑　唐　澈　金丽萍
封面设计　耕者设计工作室

出　　版　国家图书馆出版社（100034　北京市西城区文津街 7 号）
　　　　　（原书目文献出版社　北京图书馆出版社）
发　　行　010-66114536　66126153　66151313　66175620
　　　　　66121706（传真）　66126156（门市部）
E - mail　nlcpress@nlc.cn（邮购）
Website　www.nlcpress.com →投稿中心
经　　销　新华书店
印　　装　北京鲁汇荣彩印刷有限公司
版　　次　2018 年 12 月第 1 版　2018 年 12 月第 1 次印刷

开　　本　710×1000（毫米）　1/16
印　　张　29.5
字　　数　458 千字

书　　号　ISBN 978-7-5013-6489-3
定　　价　138.00 元

中华图书馆协会成立大会全体摄影（北京）

中华图书馆协会第一次年会开幕典礼（南京）

序

程焕文 *

中华图书馆协会自 1925 年成立至 1948 年终结，在 20 世纪的中国图书馆历史中仅有短暂的 24 年时间。这 24 年既是中国社会剧烈动荡的 24 年，也是中国近现代图书馆事业剧烈变化的 24 年。中华图书馆协会生于斯，卒于斯，如过眼云烟，亦如雁过留痕。

中华图书馆协会的成立是 20 世纪初新图书馆运动的必然结果，亦不失早产的戏剧性，因为其降临完全是为了迎合美国图书馆界代表鲍士伟博士的来华考察。1925 年 4 月 25 日，也就是鲍士伟博士到达中国的前一日，中华图书馆协会在上海宣布成立；1925 年 6 月 2 日，在鲍士伟博士结束来华考察即将启程返回美国之际，中华图书馆协会在北京举行成立仪式。前前后后，一切都与鲍士伟博士来华考察的节奏一致，颇有几分与鲍共舞的戏剧性。为何中华图书馆协会的成立会有如此戏剧性？用当时的话来说，就是国人不希望美国图书馆界代表鲍士伟博士来华考察时看到中国图书馆界像一盘散沙，必须立即组织起来。事实上，中国图书馆界同人的这个愿望通过成立中华图书馆协会实实在在地达成了。鲍士伟博士一踏上中国国土就获得了刚刚呱呱坠地的中华图书馆协会的热烈欢迎，其后的一切活动都由襁褓中的中华图书馆协会组织安排，甚至在离京之前还获得满月不久的中华图书馆协会慷慨馈赠象征中华文化的元魏瓦质牛车等，风光而体面。正是因为如此，鲍士伟博士在中国各地的演讲中对中华图书馆协会和各地图书馆鼓励有加，并且在返美途中撰写的《中国图书馆事业考察报告》中对中国图书馆事业给予了足够的肯定和期许，最终促成了美国国会通过法案将退还的庚子赔款用于支持永久性的中国图书馆事业。

尽管如此，中华图书馆协会的成立在 20 世纪的中国图书馆史上仍然具有

---

* 程焕文，中山大学资讯管理学院教授、文献与文化遗产管理部主任、国家文化遗产与文化发展研究院院长，中国图书馆学会副理事长，国际图书馆协会联合会（IFLA）管理委员会委员。

十分重要的历史作用和意义。

中华图书馆协会的成立是民国初年新图书馆运动达到高潮的重要标志。1899年美国人韦棣华女士来华，1910年在武昌创办中国第一个美式公共图书馆——文华公书林，1914年资助第一个中国人沈祖荣赴美攻读图书馆学，1917年支持学成回国的沈祖荣在全国各地巡回演讲美国图书馆事业，1920年在武昌创办中国第一个图书馆学教育机构——文华图书科（文华图书馆学专科学校前身），1924年赴美游说美国国会议员将退还庚款用于发展中国的图书馆事业，由此掀起来席卷全国的学习欧美图书馆、倡导新式图书馆的新图书馆运动。中华图书馆协会的成立，特别是在其成立过程中鲍士伟博士在全国各地的演讲，使这场宣传美国图书馆事业，创办新式图书馆的运动到达了高潮。从此，美国图书馆事业和美国图书馆学术成了中国图书馆界学习模仿的榜样，并因此奠定了20世纪中国图书馆事业与图书馆学的基础。

从图书馆学学科的建立来看，图书馆协会、图书馆学期刊和图书馆学校三个要素齐备乃是图书馆学诞生的标志。中国过去的教科书有关图书馆学诞生的说辞，大多以某人某时提出"图书馆学"一词为据，实则是大谬不然。美国现代图书馆先驱杜威（Melvil Dewey）于1876年创立世界上第一个图书馆协会——美国图书馆协会（ALA）和第一本图书馆学期刊——《图书馆杂志》（*Library Journal*），特别是于1887年创办世界上第一个图书馆学校——哥伦比亚大学图书馆经营学校（School of Library Economy），由此完成了美国图书馆学学科的建立，并因此享有"美国图书馆学之父"的盛誉。同样，1920年文华图书科的建立，1925年中华图书馆协会的成立和1926年《图书馆学季刊》的创办，标志着图书馆学学科在中国的正式诞生。

1927年，在中华图书馆协会成立仅两年之际，中华图书馆协会派遣韦棣华女士作为代表参加英国图书馆协会50周年庆典，并与参会的各国图书馆协会代表共同发起成立国际图书馆协会联合会（IFLA），使中国成为国际图联的创始成员国，1929年又派遣沈祖荣先生代表中华图书馆协会参加在意大利举行的国际图联第一次世界图书馆大会，由此奠定了中国图书馆在国际图书馆组织的历史地位。这在社会动荡、经济萧条、交通不便、通信不畅的那个时代，的确是一件非常了不起的事情，体现的是那个时代中国图书馆人非凡的国际视野和卓越的专业才能。30 年后，中国图书馆学会于 1979 年成立，并于 1982 年恢复在国际图联的地位，不能不说中华图书馆协会的历史影响在其中发挥了重要作用。

在 24 年的历史中，中华图书馆协会只断断续续地举行过 6 次年会，其中后 3 次年会还是在抗战时期，基本上流于形式，少有建树。尽管如此，中华图书馆协会以研究图书馆学术，发展图书馆事业，并谋图书馆之协助为宗旨，并在此三方面发挥了重要的作用。倘若没有中华图书馆协会，20 世纪下半叶中国图书馆事业的发展也是难以想象的。

如果以图书馆协会的成立为标志来衡量图书馆学的发展历史，那么中国图书馆学大概比英美图书馆学要晚半个世纪。这是中国图书馆学与英美图书馆学的历史差距。这种历史差距在中华图书馆协会成立以后曾一度略有缩小，但是因为在中华图书馆协会终结以后，又过了 30 年，中国图书馆学会才成立，因此中国图书馆学一直处在追赶英美图书馆学潮流之列。今天，研究中华图书馆协会的历史自然具有不可忽视的历史意义和学术价值。

多年前，中国图书馆学会原秘书长汤更生曾发起编撰《中国图书馆学会史》，请我撰写民国部分，我无暇应对，乃将此重任委托给李彭元博士。李彭元博士不负重托，以此为契机，申请国家社科基金，并获得立项，最终完成了这本著作，令我如释重负，感激不尽。

在这本《中华图书馆协会史稿》中，李彭元博士分中华图书馆协会为成立及背景、宗旨、会员和组织机构，发展时期的中华图书馆协会，非常时期的中华图书馆协会，学术年会、国际交流与编辑出版等章节对中华图书馆协会的历史源流、学术活动、事业组织、国际交流等进行了全面细致的阐述和分析，结构严谨，层次分明，史料翔实，语言流畅，对中华图书馆协会历史作用、历史地位、历史影响的分析评价持论公允，在前人研究的基础上颇有新的发现和独到的创见，对于系统地构建民国时期中国图书馆事业的历史体系具有重要的学术价值，值得称道，值得赞赏。

是为序。

2018 年 10 月 11 日子夜
于中山大学康乐园竹帛斋

目　　录

表 目 录

1 绪论

1.1 研究意义

葛剑雄在《统一与分裂：中国历史的启示》中说，中国历史上曾经有过两次思想空前活跃、学术上百家争鸣的局面。一次是春秋战国时期，一次是20世纪初五四新文化运动前后。五四新文化运动发生在帝制取消但封建专制制度依然存在，共和建立但资本主义因素还相当微弱，世界各种新思想、新知识、新技术开始传入，但旧文化还根深蒂固、处于支配地位的时候。对20世纪的中国带来重大影响的各种思想基本都是在那时形成或开始传播的；对政治、文化和思想起重大作用的领袖人物，大多也是从那时开始登上历史舞台的。谁也不能否认，20世纪初叶以后中国发生的深刻变化——无论是中国大陆还是台湾地区——都离不开那个时代的影响①。

五四新文化运动前后，西方现代思想文化大量传入，社会思想空前活跃，其实质是明末清初开启的西学东渐，特别是鸦片战争前后所传播的西方思想文化和科学技术对中国产生了巨大影响。中国现代图书馆事业和中国现代图书馆学萌芽于清末民初，奠基于新图书馆运动。中华图书馆协会的成立本身是中国现代图书馆事业和中国现代图书馆学发展的必然结果，而协会的成立又反过来极大地促进了中国现代图书馆事业的发展和中国现代图书馆学的建设。

新图书馆运动是从1917年春，沈祖荣携带各种仪器、幻灯、照片、实物和图表，赴全国各地演讲，到1925年中华图书馆协会成立前，一场关于图书馆发展方向、服务方式与服务理念的思想启蒙运动。新图书馆运动促进了欧美公共图书馆思想在中国的传播，形成了我国自己的图书馆专业人才培养

---

① 葛剑雄.统一与分裂:中国历史的启示.北京:商务印书馆,2013:206—207.

机制，催生了中华图书馆协会的诞生，奠定了我国近现代图书馆事业发展的基础①。

中华图书馆协会 1925 年 4 月 25 日成立于上海，6 月 2 日在北京举行成立仪式，是由各地方图书馆协会共同发起成立的全国性图书馆学术组织。协会开始设总事务所于北京西单石虎胡同 7 号松坡图书馆第二馆，后因会务日繁，办公地点狭窄，总事务所于 1927 年 3 月 1 日迁移至北海公园北京图书馆庆霄楼内。1928 年北伐成功，6 月 20 日，国民党中央政治会议议决改北京为北平。同月，北京图书馆随即更名为北平北海图书馆。1929 年 6 月底，中华教育文化基金董事会天津第五届年会决议将国立北平图书馆与北海图书馆合并，合并后仍称国立北平图书馆，此后中华图书馆协会事务所曾长期附设该图书馆。1931 年 6 月 25 日，协会随国立北平图书馆迁入文津街新建馆舍。1935 年 1 月 14 日，因会务日繁，不敷办公之用，改借北平图书馆中海增福堂为事务所。

1937 年"七七"事变后平津沦陷，各国立大学于 9 月间奉命南迁和西迁，分别在长沙和西安筹设临时大学，维持战时教育。其中北京大学、清华大学和南开大学三校南迁后，先在湖南长沙合组临时大学。由于各校南迁时因情况紧急，图书资料携出有限，经商得南迁长沙的国立北平图书馆的同意，临时大学与国立北平图书馆合组临时大学图书馆。1938 年 3 月，临时大学再迁昆明，改称国立西南联合大学。其中文法两学院设蒙自，理工两学院设昆明，图书馆则随西南联大迁昆明迤西会馆工学院内。因之中华图书馆协会也随国立北平图书馆迁徙到昆明西南联大图书馆，另在重庆川东师范学校国立中央图书馆内设通讯处。1939 年初，迁昆明柿花巷 22 号，1940 年 9 月，因租期届满，迁同地文庙街民众教育馆后的尊经阁。1941 年 1 月 29 日，日机空袭昆明，文庙几乎全被炸毁，幸协会办事处仅房屋震坏，协会事务所并无损失，但也只得由昆明疏散转移至北郊桃园村起凤庵办公。后因地址偏僻，诸多不便，1943 年 9 月，由昆明迁往重庆，暂借沙坪坝国立北平图书馆办公。

抗战胜利后，协会留在北平的文件、铜版、图书等资料因得会员李钟履悉心保管，除一部分于北平情况恶劣时因涉有违禁嫌疑忍痛焚毁，图书在中德学

---

① 李彭元.民国时期公共图书馆思想研究（1912—1949）.广州:中山大学,2012:208.

会时受雨浸鼠噬及检毁者外，大部分得以保全①。1947年，协会会所由北平迁至南京国立中央图书馆，所有事务亦由该馆派员接办。其后，因国民政府政权覆灭，协会会员有的留在大陆参与建设中华人民共和国的图书馆事业，有的到了台湾，有的则漂洋过海去了异邦，中华图书馆协会因之无形解散。

中华图书馆协会是我国历史上最早成立的全国性图书馆学术团体，是中国近现代图书馆事业发展到一定历史阶段的必然产物。在协会24年的历史上，以"研究图书馆学术，发展图书馆事业，并谋图书馆之协助"为宗旨，先后设立了图书馆教育委员会、分类委员会、编目委员会、索引委员会、出版委员会、版片调查委员会等，开展图书馆学术研究，指导全国图书馆事业发展，参与国际图书馆事业交流。先后在南京、北平、青岛和重庆等地召开过6次年会。年会集全国图书馆事业之精英于一堂，交流图书馆事业建设之经验和图书馆学研究之心得，编辑出版了《图书馆学季刊》和《中华图书馆协会会报》作为协会会员发表图书馆学研究成果和相互联络的平台。《图书馆学季刊》是我国最早的图书馆学专业学术期刊，《中华图书馆协会会报》是民国时期图书馆学期刊中存续时间最长的刊物。中华图书馆协会对于促进图书馆学术研究和图书馆事业建设、制定图书馆行业规范、参与图书馆人才培养等，都发挥过积极的作用。自协会成立之后，协会会员开始了中国人自己撰写图书馆学术著作的历史。一时图书馆学著作大量出现，由此奠定了中国图书馆学成立的基础。中华图书馆协会对中国近现代图书馆事业发展的促进作用也是明显的。仅以数量而言，1925年中华图书馆协会成立之时，我国仅有各类图书馆502所，而到1936年抗战全面爆发之前，我国各类图书馆的数量已经达到5196所，增长了近10倍。协会编目委员会制定全国图书馆编目调查表，调查各图书馆编目状况，改进和统一编目条例。中华图书馆协会还设立图书馆教育委员会，在中华教育文化基金董事会的资助下，以协助文华图书馆学专科学校招考免费生、联合各地方图书馆协会举办暑期学校和短期讲习班等多种方式，培养图书馆学专门人才。抗战全面爆发后，协会在极其艰难的情况下，除了继续创造条件多方推动我国图书馆事业的发展外，还特别致力于调查日本帝国主义发动全面侵华战争对我国

---

① 本会留平文件图书幸得保全.中华图书馆协会会报，1946,20（4/5/6）:16.

图书馆事业造成的损失，向友好国家募集学术文献资料，支援国内教育文化事业和科学研究的开展，并积极谋划战后图书馆事业的重建和复兴。

开展对中华图书馆协会历史的研究，正确评价中华图书馆协会在中国图书馆学史和中国图书馆事业发展史上的地位和作用，总结历史经验，以史为鉴，面向未来，既是中国图书馆学史的重要研究课题，对今后中国图书馆学术和图书馆事业的创新发展也有着重要的历史借镜和现实参考意义。

1.2　文献综述

20 世纪 70 年代末中国改革开放以前，学术界受特定时代思想文化思潮的影响，对中华图书馆协会的历史作用，要么不予置评，要么持完全否定的态度。1959 年，刘国钧在谈到协会时说，"关于这个协会的评价，是一个尚未解决的问题"[①]。刘国钧先生曾长期担任协会执行部副部长、执行委员会委员，并一度代理执行委员会主席，主编协会机关刊物《图书馆学季刊》，情系中华图书馆协会，是协会主要领导人之一。他对中华图书馆协会的性质以及协会在中国图书馆学史和中国近现代图书馆事业史上的地位和作用，想必是心中有数的。至于说中华图书馆协会"是一个尚未解决的问题"云云，只不过是在特定时代迫于当时形势压力的一种委婉说法而已，当有留待后人评说的意思。

1961 年，北京大学图书馆学系内部印行的《中国近现代图书馆事业史》一书由于受到时代的局限，对中华图书馆协会进行了全面的否定。20 世纪 70 年代以前，中国大陆地区并无关于中华图书馆协会的肯定的研究成果。

关于中华图书馆协会研究的争鸣主要发生在改革开放后的 80 年代。1981 年，罗友松、董秀芬和肖林来在《江苏图书馆工作》第 2 期发表《试评中华图书馆协会的历史作用》一文[②]。文章认为中华图书馆协会以"研究图书馆学术，发展图书馆事业，并谋图书馆之协助"为宗旨，开展图书馆学研究，出版图书

---

① 许有成.试论中华图书馆协会的性质及其作用 // 中国图书馆学会.中国图书馆学会第一、二次科学讨论会论文摘要.北京:书目文献出版社,1982:52—54.

② 罗友松,董秀芬,肖林来.试评中华图书馆协会的历史作用.江苏图书馆工作,1981（2）:40—46.

馆学论著，整理和保存了中国的文化遗产，传播了先进图书馆管理技术，创办图书馆学教育事业，培养图书馆人才，做了不少有益的工作，对促进图书馆事业的发展做出了应有的贡献，但由于历史的局限，也存在一些问题，带有时代的烙印。文章认为中华图书馆协会的主要成就有：①开展图书馆学研究，为形成中国近现代图书馆学奠定了基础，做出了贡献；②整理古籍、保存民族文化遗产；③提高管理水平，推动图书馆事业近代化；④创办图书馆教育事业，培养了一批图书馆专业人才。文章提道，中华人民共和国成立后最初三十年间，在"左"倾思想影响下，图书馆学界曾给中华图书馆协会加上各种罪名：如认为中华图书馆协会的成立是"美帝国主义对我国进行文化侵略的产物"，中华图书馆协会是"国民党反动派的御用工具"，协会整理古籍是脱离现实的"钻故纸堆"等。作者认为这是不恰当的，应本着实事求是的态度，对中华图书馆协会予以重新评价。

《试评中华图书馆协会的历史作用》一文发表后，立即引来关于中华图书馆协会的历史作用的争鸣。《江苏图书馆工作》1982 年第 1 期发表《如何评价中华图书馆协会》一文[①]，该文与《中国近现代图书馆事业史》一书一样，对中华图书馆协会持否定性评价。同年，《如何评价中华图书馆协会》一文的作者在《广东图书馆学刊》第 3 期发表《关于我国图书馆事业史的几个问题——与黄宗忠同志商榷》[②]，该文仍然是《中国近现代图书馆事业史》一书观点的延续。

同一时期，许有成在《试论中华图书馆协会的性质及其作用》一文中认为，中华图书馆协会属于带有一定学术研究的同人性质的团体。"协会成立二十多年，在它的前期和中期（这是它主要的方面），对图书馆界做了不少有益的工作，举凡召开年会、出版图书馆刊物、开办图书馆短训班、调查全国图书馆分布状况、图书馆管理乃至于图书馆建筑等，对促进图书馆事业的发展，提高管理水平，不无裨益。特别是它的一些调查报告，无论是从统计学的角度看，抑

---

① 马启 . 如何评价中华图书馆协会 . 江苏图书馆工作, 1982（1）:37—41.

② 马启 . 关于我国图书馆事业史的几个问题——与黄宗忠同志商榷 . 广东图书馆学刊, 1982（3）:14—20.

或从史料价值看，至今时隔数十年，仍具有参考价值"——对协会取得的成绩给予了充分的肯定。而对于协会由于"需要国民党政府经济上的资助和政治上的支持，它拉一些国民党的上层人物参加，以壮声势，显示它的'地位'"表示了充分理解，认为"从协会成立后的全过程看，它曾在社会上起过一定的影响、发挥过一定的作用，它对社会的贡献大于它的消极面，它的前期较后期好，它研究问题的方式、考虑问题的方法有些还值得我们今天借鉴"。因此，"协会所作所为，多数应予肯定，部分值得商榷，少数应当批判"①。

1987 年，徐文在《图书馆学研究》第 4 期发表《试评中华图书馆协会的性质及其作用》一文②，文章一方面认为中华图书馆协会是"半殖民地半封建性质，在政治上是为当时的反动政治服务的，在学术上宣扬了大量的封建文化糟粕和帝国主义的腐朽文明的图书馆学术团体"，另一方面认为"中华图书馆协会在它存在的 24 年间，虽然主观上是为当时的反动政府服务的，但客观上其学术活动和实际工作在一定程度上促进了我国图书馆事业的发展，也为我们保存了一些有用的文化遗产"。文章认为协会的最大成绩，莫过于它的出版物。特别是编辑出版的《中华图书馆协会会报》中有关图书馆的通讯报道、图书评论文章，介绍各国的图书馆事业，刊登大量图书馆学、目录学理论研究的文章，这对活跃学术讨论、指导图书馆工作、促进图书馆学发展起了一定的作用。编辑出版《图书馆学季刊》大量发表目录、校勘、考据方面的文章，给我们留下了一些有用的文献资料。文章还对协会中一些埋头于图书馆学术研究的实际工作者，如刘国钧、李小缘、洪有丰、沈祖荣等希望通过发展我国的图书馆事业，达到救国富民的目的给予了充分肯定。另外对协会组织图书分类编目研究，重视专门人才培养，规划全国图书馆事业，设立善本调查委员会和版片调查委员会开展调查工作，参与国际图书馆学术交流和国际图书馆合作等给予了高度评价。

周子美在《图书馆》1992 年第 6 期发表《中华全国图书馆协会成立大会回忆》一文③，该文是一篇作者参加中华图书馆协会第一次和第二次年会经过的回

---

① 许有成.试论中华图书馆协会的性质及其作用 // 中国图书馆学会.中国图书馆学会第一、二次科学讨论会论文摘要.北京:书目文献出版社,1982:52—54.

② 徐文.试评中华图书馆协会的性质及其作用.图书馆学研究,1987（4）:61—65.

③ 周子美.中华全国图书馆协会成立大会回忆.图书馆,1992（6）:71.

忆文章。文章提供了一些作者亲历两次年会的史事，希望作为"研究我国图书馆史的同志专门研究之佐证"。

1993年，《江苏图书馆学报》第3期发表了农伟雄、关建文《中国图书馆界的第一个全国性团体——中华图书馆协会》一文①，对中华图书馆协会与中华教育改进社图书馆教育组的历史渊源，中华图书馆协会的成立经过，设立各种专门委员会从事发展图书馆事业的具体业务指导工作，协会历届年会的召开，开展对全国图书馆、民众教育馆、书店、新书、期刊、善本等社会资源的调查，代表全国图书馆界多次参加国际图书馆协会联合会的活动，加强同世界各国图书馆界的联系和交流等做了简单的回顾。文章认为中华图书馆协会的成立及其活动标志着我国图书馆事业的统一和发展壮大。1925年到1948年间，协会的一切活动皆具有开创、奠基的意义。中华图书馆协会在中国图书馆事业的发展史上占有重要地位，协会所做的贡献是不可磨灭的。

这一时段关于中华图书馆协会的研究论文数量不多，而且基本上都只是对中华图书馆协会的功过是非进行肯定或否定，未能进一步进行深入的研究。此后发表的论文，逐步深入中华图书馆协会各个领域开展研究。

2004年《图书馆工作与研究》第5期发表了杜志刚、孙峰和李军的《〈中华图书馆协会成立会演说辞〉之再读》一文②，对梁启超在中华图书馆协会成立大会上发表的演说辞进行了专门研究。作者通过分析《中华图书馆协会成立会演说辞》，认为梁启超倡导打破地域界限实现图书馆学的全球化和本体论，应用现代图书馆学的原则去整理历史甚长、性质极复杂、与近世欧美书籍有许多不同点的中国书籍，通过研究的结果建立中国的图书馆学，"表现出一个知识分子的理性立场，他不仅回应了鲍士伟有关在中国建立公共图书馆的言论主张，还鲜明地阐述了独特的务实的图书馆学思想，今天听起来其意义之回声依然没有被历史幕障所遮蔽，从中传播出来之梁启超的图书馆学思想仍可视为中国近代乃至当代图书馆学的宝贵遗存"。

---

① 农伟雄,关建文.中国图书馆界的第一个全国性团体——中华图书馆协会.江苏图书馆学报,1993（3）:35—37.

② 杜志刚,孙峰,李军.《中华图书馆协会成立会演说辞》之再读.图书馆工作与研究,2004（5）:58—59.

中山大学程焕文教授在中国图书馆学会 2004 年苏州年会上，应邀发表《百年沧桑　世纪华章——20 世纪中国图书馆事业回顾与展望》的主旨报告①，认为 1925 年中华图书馆协会的成立"标志着新图书馆运动达到了高潮，从此中国开始由以宣传欧美图书馆事业为主的新图书馆运动转入新图书馆建设的高潮"，对中华图书馆协会的历史地位和作用给予了充分的肯定。

郜向荣在 2004 年第 2 期《武汉大学研究生学报》（人文社会科学版）上发表了《中华图书馆协会的成立及其所取得的成就》一文②。郜向荣认为中华图书馆协会的成立有深刻的时代背景和复杂的过程，它成立以后围绕着"研究图书馆学术，发展图书馆事业，并谋图书馆之协助"的宗旨开展活动并取得了一定成就，推动了我国图书馆事业的发展。文章认为中华图书馆协会的主要成就包括：发展图书馆专业教育，培养了一批图书馆专业人才；开展图书馆学术研究，促进我国图书馆学学术地位的提高；提高管理水平，推动图书馆事业的发展。

沈占云在《图书馆》2006 年第 1 期发表《中华图书馆协会成立的背景因素、历史意义之考察》一文③，考察了中华图书馆协会成立的背景和历史意义，认为 20 世纪 20 年代，我国图书馆的发展逐渐从传统藏书楼模式转变成以新式图书馆的经营管理方式服务大众，新兴的公共图书馆有如雨后春笋般繁荣起来。图书馆事业从萌芽到发展，是中华图书馆协会成立的背景因素。中华图书馆协会成立是一个标志性事件，协会的创建及所开展的工作，为日后图书馆事业的发展起到一定的促进作用。协会的成立标志着我国近代图书馆事业出现了图书馆史上的第一次发展高潮。

曾凡菊在《图书馆理论与实践》2008 年第 1 期发表《中华图书馆协会与民国时期图书馆界的交流——以协会年会为中心的考察》一文④，考察协会通过举

---

① 程焕文.百年沧桑　世纪华章——20 世纪中国图书馆事业回顾与展望.图书馆建设，2004（6）：1—8.

② 郜向荣.中华图书馆协会的成立及其所取得的成就.武汉大学研究生学报（人文社会科学版），2004，20（2）：156—159.

③ 沈占云.中华图书馆协会成立的背景因素、历史意义之考察.图书馆，2006（1）：24—26.

④ 曾凡菊.中华图书馆协会与民国时期图书馆界的交流——以协会年会为中心的考察.图书馆理论与实践，2008（1）：115—117.

办年会等方式，对民国时期协会与各图书馆之间的交流进行探讨。李彭元在《图书馆论坛》2009 年第 5 期发表《八年抗战中的中华图书馆协会》一文 ①，对八年抗战这一特定的历史时期的中华图书馆协会进行考察。文章认为，八年抗战期间，中华图书馆协会在极其艰难的情况下，仍然遵循协会组织大纲关于协会成立之宗旨，在学术研究与人才培养、对外交流与图书募集、调查战时图书馆事业损失情况、准备战后图书馆事业恢复重建、筹备召开三次学术年会和协助发展西南文化事业等方面，积极开展工作，为维系我国图书馆事业的延续和发展做出了积极的贡献，写下了可歌可泣的历史篇章。

邓咏秋在《大学图书馆学报》2010 年第 2 期发表《评〈中华图书馆协会会报〉》一文 ②，对协会的机关刊物《中华图书馆协会会报》进行了专题研究。文章从 6 个方面对《中华图书馆协会会报》的功能和价值进行了研究，认为其主要贡献在于：有助于增强图书馆行业的凝聚力；有助于更好地发挥中华图书馆协会的行业领导作用；推动学科建设，提高图书馆学在学科之林的地位；保存了很多重要的图书馆史料；成为会员交流的平台；有助于国际交流。

翟桂荣在《图书情报工作》2010 年第 7 期发表《新图书馆运动的新纪元——中华图书馆协会第一次年会及其〈宣言〉的历史意义》一文 ③。文章对中华图书馆协会第一次年会的历史功绩和年会《宣言》的历史意义进行归纳，认为"中华图书馆协会第一次年会是一次凝聚社会各界力量共谋图书馆事业大发展的成功盛会。年会健全了各种专门委员会，有力推进中国图书馆事业的科学化、现代化进程，促进图书馆学研究向纵深发展，开启图书馆事业的新纪元"。而《宣言》则"阐明了近代图书馆的功用及鹄的，突出了近代图书馆的公平、无限制的教育职能，提升了图书馆的社会形象，既具历史价值，又富现实意义"。

秦亚欧、魏硕和金敏求在《图书馆学研究》2010 年应用版发表《中国近代

---

① 李彭元 . 八年抗战中的中华图书馆协会 . 图书馆论坛，2009（5）：42—45.
② 邓咏秋 . 评《中华图书馆协会会报》. 大学图书馆学报，2010（2）：119—121.
③ 翟桂荣 . 新图书馆运动的新纪元——中华图书馆协会第一次年会及其《宣言》的历史意义 . 图书情报工作，2010，54（7）：136—139.

图书馆协会对图书馆学教育的促进和影响》一文①，"搜集、梳理了中华图书馆协会在其存续的二十多年时间内，以年会、专题讨论会等多种形式，促进和推动民国时期图书馆学教育发展的情况"。但文章的部分内容与史实有出入，比如文章认为"中华图书馆协会让中国近代图书馆学教育脱颖而出"，实则是中国近代图书馆学教育始于金陵大学文学院和文华大学图书科，时间分别是 1913 年和 1920 年，均早于中华图书馆协会的成立。另外文章关于"1925 年北方图书馆界在北京筹备成立了全国图书馆协会，上海也积极响应，发起建立了全国图书馆协会"的说法也有乖"史乘"。实际情况是北京图书馆协会和上海图书馆协会由于彼此消息阻隔，于 1925 年 4 月分别在北京和上海同时发起筹组全国性的图书馆协会。一般认为，中华图书馆协会在其历史上一共举办了 6 次年会，而不是文章所说的 5 次等。

李彭元在《图书馆》2011 年第 2 期发表《袁同礼主持中华图书馆协会对我国图书馆事业的贡献》一文②，对袁同礼参与发起成立中华图书馆协会并长期担任中华图书馆协会执行部部长、执行委员会主席、理事会理事长，继梁启超之后执掌中华图书馆协会，对发展我国近现代图书馆事业做出的杰出贡献进行探讨。同年《图书馆建设》第 12 期发表了王阿陶和姚乐野《中华图书馆协会研究综述》一文③，以中国知网的中国期刊全文数据库作为数据来源，以 1979—2010 年作为检索时段，以"中华图书馆协会"为检索词进行全文检索，对检索结果中符合检索条件的相关学术论文进行统计分析和梳理。

2012 年东北师范大学硕士研究生井荣娟以《中华图书馆协会研究》为题撰写硕士学位论文④，分析中华图书馆协会成立的原因，介绍协会的基本概况，系统梳理协会开展的主要活动，并对协会进行评价，肯定协会的历史功绩，并指出协会的局限性。同期，四川大学博士研究生王阿陶则以《中华图书馆协会研

① 秦亚欧,魏硕,金敏求.中国近代图书馆协会对图书馆学教育的促进和影响.图书馆学研究,2010（应用版）:94—98.

② 李彭元.袁同礼主持中华图书馆协会对我国图书馆事业的贡献.图书馆,2011（2）:35—40.

③ 王阿陶,姚乐野.中华图书馆协会研究综述.图书馆建设,2011（12）:24—28,33.

④ 井荣娟.中华图书馆协会研究.长春:东北师范大学,2012.

究（1925—1949）》为题撰写博士学位论文，认为中华图书馆协会的性质是"具有一定政府干预色彩的群众性学术组织"；协会成立的基础"既在于辛亥革命后图书馆数量的大量增加，又在于新文化运动与新图书馆运动带来的图书馆社会教育功能的确立，以及公共图书馆思想的启蒙，是中国图书馆事业发展到一定阶段的必然结果"；中华图书馆协会"积极开展的各项会务活动，包括举办年会、联系图书馆界、向政府建言献策等，都极大地推动了当时图书馆事业的发展。而通过创办并引领其机关会员创办图书馆学期刊，华协带动了当时图书馆学术研究的热潮。由华协出版的有关图书馆学、目录学的著作，以及两刊中刊载的各类统计、调查报告，繁荣并促进了当时的各项图书馆学术研究。更为重要的是，华协所引领的学术风潮基本构成了中国现代图书馆学研究取向。因此，无论是对中国的图书馆事业，还是图书馆学研究，华协的贡献都是可圈可点甚至卓著的，其在中国图书馆史中的地位是重要的"。论文认为中华图书馆协会解散的原因"既有当时知识分子所普遍存有的'置身事外'的态度的原因，又有其自身经费、年会以及日常活动中与政府保持往来，以及国民党对其意识形态压制的诸多影响因素"[1]。论文将"中华图书馆协会"简称为"华协"值得商榷。2012 年第 6 期《图书情报工作网刊》发表梁桂英《略论中华图书馆协会组织沿革》一文[2]，对中华图书馆协会组织机构的沿革、协会的经费来源、协会会员人数的变化和协会事务所的地址变迁进行梳理。

吴稀年在《图书馆》2013 年第 1 期发表《中华图书馆协会的第一使者——刘国钧》一文[3]，从刘国钧早年的赴美留学经历、在中美图书馆学界的影响、刘国钧与中华图书馆协会的关系等方面，论证刘国钧在中华图书馆协会成立后，第一次代表协会出席美国图书馆协会年会，成为"中华图书馆协会的第一使者"的必然性。《图书馆理论与实践》2013 年第 9 期发表梁桂英的《中华图书馆协会年会述略》一文[4]，梳理中华图书馆协会 6 次年会的筹备召开经过及协会组织机构的沿革，对每届年会各专门委员会通过的议案及其内容进行分析归纳。《山

① 王阿陶.中华图书馆协会研究（1925—1949）.成都:四川大学,2012:282—283.
② 梁桂英.略论中华图书馆协会组织沿革.图书情报工作网刊,2012（6）:51—58.
③ 吴稀年.中华图书馆协会的第一使者——刘国钧.图书馆,2013（1）:96—98.
④ 梁桂英.中华图书馆协会年会述略.图书馆理论与实践,2013（9）:80—84.

东图书馆学刊》2013 年第 3 期发表吴稌年和顾烨青《刘国钧在近代学术活动中的影响》一文①，从刘国钧主持中华图书馆协会学术刊物《图书馆学季刊》的编辑出版，在中华图书馆协会各专业委员会中的学术任职与活动，积极参与协会学术年会的筹备和年会有关学术活动等方面，对中国近现代图书馆学史上代表人物之一的刘国钧的历史地位进行评价。

王阿陶、姚乐野在 2014 年《大学图书馆学报》第 3 期发表《图学史卷 时代华章——〈中华图书馆协会会报〉研究》一文②。文章对《中华图书馆协会会报》的 5 个常设栏目进行了载文量统计分析，发现《会报》在各类型图书馆、外国图书馆事业和图书馆业务工作 3 个方面文章最多。文章认为《中华图书馆协会会报》"通过及时、大范围的信息扩散，使图书馆界相关讯息达及社会大众，从而引导社会舆论方向，对图书馆事业的发展乃至相关事业的发展进行干预"。文章对"《会报》的载文进行深入整理分析后发现，其中尚有一些对图书馆史、图书馆精神等方面研究极为重要且珍贵的学术文献，它们是民国时期我国图书馆学术研究和事业发展成果的重要见证"。

吴稌年在《国家图书馆学刊》2014 年第 1 期发表《中华图书馆协会的孵化器——中华教育改进社》一文③，对中华教育改进社和中华图书馆协会之间的关系进行专门研究。文章认为"中华教育改进社作为中华图书馆协会的孵化器，孕育出了图书馆界的许多理论研究骨干，催生了《图书馆学季刊》，凝聚了图书馆界的理论与事业中的重点与热点，大量参与社务活动，积累了许多相关经验。以美国退还庚款为契机，推进了中华图书馆协会的成立"，"中华图书馆协会是在中华教育改进社这一孵化器中孕育、发展、诞生的"，而且"在孵化器中破土而出的中华图书馆协会，在各方面都带着深深的中华教育改进社的烙印，这种具有'血缘'关系的状况，深深地烙在了中华图书馆协会的血脉中"。

《图书馆论坛》2014 年第 7 期发表郑锦怀和顾烨青撰写的《戴志骞与中美

---

① 吴稌年,顾烨青.刘国钧在近代学术活动中的影响.山东图书馆学刊,2013（3）:6—12.

② 王阿陶,姚乐野.图学史卷 时代华章——《中华图书馆协会会报》研究.大学图书馆学报,2014（3）:120—126.

③ 吴稌年.中华图书馆协会的孵化器——中华教育改进社.国家图书馆学刊,2014（1）:97—103.

图书馆专业团体关系考略》①，文章经过梳理相关中英文史料，考察了戴志骞（即戴超）与美国图书馆专业团体的结缘经过，参与创设与发展中华教育改进社图书馆教育研究委员会、北京图书馆协会、中华图书馆协会等中国图书馆专业团体的功绩。文章认为，戴志骞作为中国现代图书馆界的先驱，在创建图书馆专业团体、团结图书馆界同人、促进交流与合作、推动图书馆学术研究等方面，极大地推动了中国现代图书馆事业与图书馆学研究的发展。

《新世纪图书馆》2015 年第 3 期发表马秀娟《〈中华图书馆协会会报〉特点及其对中国图书馆事业的贡献》一文 ②，认为《中华图书馆协会会报》作为中华图书馆协会的机关期刊，"聚集一批图书馆学专家学者，具有发行时间长、发行范围广、栏目众多、内容丰富，集学术性与新闻性为一体等特点，不但推动了民国时期图书馆事业的发展，也为民国时期图书馆学研究提供了大量史料"。但文章中有的陈述与史实存在差距，比如"中华教育改进社成立之初，就把图书馆教育列为专门调查内容，并开始组建图书馆学研究委员会，以增加图书馆数量、提高图书馆管理、吸引更多读者利用图书馆"。实际上是中华教育改进社设图书馆教育组，后经图书馆教育组建议设图书馆教育研究委员会，而非"图书馆学研究委员会"。另外，该文中还提道"在中华教育改进社第一次年会上，图书馆教育委员会通过了组织地方图书馆协会的决议"，实际上"组织各地图书馆协会"是在中华教育改进社第二次年会上才提出来的。

王子舟、孟晨霞和汪聪等人在《图书馆论坛》2015 年第 5 期发表《"中国的图书馆学"建设仍在路上——纪念梁启超〈中华图书馆协会成立会演说辞〉发表 90 周年》一文 ③，是图书馆学专业研究生在导师安排和引导下关于阅读《中华图书馆协会成立会演说辞》的座谈纪要。文章认为 1925 年梁启超发表的《中华图书馆协会成立会演说辞》是早期最完整阐释图书馆学本土化思想的经典文献，体现了梁启超"实事求是"的学术精神、宽广的国际视野，他提出的建设

① 郑锦怀,顾烨青.戴志骞与中美图书馆专业团体关系考略.图书馆论坛,2014（7）:135—141,134.

② 马秀娟.《中华图书馆协会会报》特点及其对中国图书馆事业的贡献.新世纪图书馆,2015（3）:79—82.

③ 王子舟,孟晨霞,汪聪,等."中国的图书馆学"建设仍在路上——纪念梁启超《中华图书馆协会成立会演说辞》发表 90 周年.图书馆论坛,2015（5）:6—12,67.

"中国的图书馆学"命题给中国图书馆学的发展指出了方向。然而梁启超九十多年前提出的任务如今仍未完成,"建设中国的图书馆学"仍是中国图书馆学者要走的未竟之路。

张书美和周芝萍在《河南科技学院学报》2015年第3期发表《论〈中华图书馆协会会报〉的刊文重心及特色》一文①,认为《中华图书馆协会会报》有着比较明确的刊文重心,主要集中在图书馆界消息、新书新刊介绍、图书馆学论文、各种调查统计报告、会务纪要5个方面,刊文有着相当的广泛性、显著的交流性、强烈的实践性、宝贵的资料性等特色。《中华图书馆协会会报》明确的刊文重心及特色对增强民国时期图书馆界凝聚力、推动图书馆学科建设和促进图书馆界对外交流均发挥了重要作用。

周余姣在《河南科技学院学报》2016年第11期发表《影响深远的一次盛会——纪念中华图书馆协会第三次年会80周年》。论文从会议筹备人员、会务筹备工作、会议议程和会议提案等方面对年会进行概述。论文对年会的主要出版物——协会成立十周年纪念论文集 *Libraries in China* 和刊登在《中华图书馆协会会报》上的部分论文进行分析,总结出第三次年会的主要特点:图书馆年会和博物馆年会合办,会议与展览、游览同时进行,会议与培训相辅相成并接受会议募捐。最后通过部分著名的图书馆学家如钱存训、沈宝环、邓衍林等人的追忆,再现了这次会议的深远影响②。

吴澍时在《图书馆论坛》2017年第1期发表《民国时期中华图书馆协会图书出版概述》一文,对中华图书馆协会除编辑出版《中华图书馆协会会报》和《图书馆学季刊》之外的编辑出版活动进行了概述。文章认为协会出版物的内容涵盖传统文献目录的整理、近现代以来各学科研究论文索引的编制、国外图书馆实用书籍的翻译、中国图书馆发展状况的介绍和总结等,展现了传统文献目录学对现代图书馆学发展的脉络,以及图书馆学中西融合的特征。但是,抗战全面爆发后,协会在委托中外人士亲自到各地访问调查的基础上编辑出版英

---

① 张书美,周芝萍.论《中华图书馆协会会报》的刊文重心及特色.河南科技学院学报,2015(3):77—81.

② 周余姣.影响深远的一次盛会——纪念中华图书馆协会第三次年会80周年.河南科技学院学报,2016,36(11):45—52.

文报告《中国图书馆被毁经过》等，并分别寄送各友好国家，既作为国际宣传，也作为战后对敌索赔的重要依据，对这一部分内容该文则未有涉及①。

同年，金春梅在《晋图学刊》第 2 期发表《民国时期中华图书馆协会发展脉络梳理》一文，试图对中华图书馆协会的组织脉络进行梳理，通过对协会历史上标志性事件和关键性人物进行描摹，还原民国时期中华图书馆协会的原貌，并以史为鉴，对当前学科发展过程中出现的问题进行反思。文章是否"还原民国时期中华图书馆协会的原貌"姑且不说，其中"当前图书馆界发展是以公共图书馆、高校图书馆、科技图书馆三类图书馆为主流，各类图书馆各自为伍，馆界间缺乏统一组织与领导，图书馆整体发展水平较民国时期相距较大，缺乏统一协会的组织与领导是现在难以形成图书馆界大发展的重要因素"的观点则是值得商榷的②。

同年，吴澍时还在《图书馆学研究》第 14 期发表《民国时期中华图书馆协会与基层图书馆发展研究》一文，从 3 个方面梳理中华图书馆协会与基层图书馆发展的关系，一是历届年会有多项关于基层图书馆的提案被提交讨论并获得通过，基层图书馆的发展备受关注；二是开展县立图书馆专题讨论，并成立专门委员会，制定县立图书馆工作标准，提交给教育部社会教育司参考；三是协会的两种机关刊物《图书馆学季刊》和《中华图书馆协会会报》刊发大量关于基层图书馆发展的学术论文，后者还刊发了全国除西藏之外其他各省市基层图书馆发展状态的消息和动态。文章认为中华图书馆协会通过这些举措推动了全国各地基层图书馆的发展③。

从上面的文献综述可知：①关于中华图书馆协会的研究，经历了一开始的对中华图书馆协会历史作用的全盘否定，到后来对中华图书馆协会充分肯定的发展过程。我国一开始对中华图书馆协会的所谓研究，缺乏起码的理性态度和逻辑思维，严格意义上说不属于学术研究的范围。②关于中华图书馆协会的研究经历了从一开始的对协会做总体否定或肯定的概述性质的评价研究，到中华图书馆协会各个领域的深入研究的发展过程。目前的研究主要集中在对中华图

①　吴澍时 . 民国时期中华图书馆协会图书出版概述 . 图书馆论坛,2017（1）:101—108.
②　金春梅 . 民国时期中华图书馆协会发展脉络梳理 . 晋图学刊,2017（2）:60—66.
③　吴澍时 . 民国时期中华图书馆协会与基层图书馆发展研究 . 图书馆学研究,2017（14）:12—16,5.

书馆协会所办刊物的研究、协会某一阶段历史的研究、协会主要人物的研究、协会与中华教育改进社关系的研究、协会与新图书馆运动关系的研究、协会参与国际图书馆界学术活动的研究、协会某一次年会的研究和协会出版物的研究等方面。③关于中华图书馆协会的研究目前存在的问题主要有研究文献数量不多，学术界对协会历史研究的关注程度不够。对协会的研究多是对记载该协会的史料的综合，过于表面化，缺乏深入的分析，因此，对协会的评价有待进一步深入。学术界对中华图书馆协会历史的研究需要更多的关注①。

有关中华图书馆协会的研究值得特别提出来的是我国台湾地区图书馆学界的贡献。早在 1980 年大陆关于中华图书馆协会的研究还刚刚起步的时候，台湾图书馆学界就出版了宋建成的《中华图书馆协会》一书②。可以说，有关中华图书馆协会的研究，台湾地区是走在大陆前面的。宋建成的《中华图书馆协会》从成立背景、一般会务、年会的举行、研究活动几个专题进行研究，是一部关于中华图书馆协会专题研究的著作。从上面的文献综述来看，有关中华图书馆协会的研究成果，与协会在我国现代图书馆学的建立和图书馆事业发展历史过程中曾经发挥过的作用相比，显然是很不相称的。

1.3 研究方法

中华图书馆协会的成立不是偶然和孤立的，它是中国近现代图书馆事业发展到一定历史阶段的产物。协会大致经历了从成立到抗战全面爆发之前相对平稳的发展时期，以及从抗战全面爆发到最后无形解散的非常历史时期这样两个相对独立的发展阶段。无论是协会的成立、发展还是最后的无形解散，都有着非常复杂的社会历史背景和原因。它与中国现代教育事业、中国现代图书馆事业、甚至中国现代史的发展有着密切的联系。研究中华图书馆协会的历史，需要以中国现代图书馆事业的产生、发展和嬗变作为参照，同时必须从历史的高度，以民国时期的教育事业、民国时期的整个历史发展作为背景来展开，采用多种方法进行综合研究。

---

① 井荣娟 . 中华图书馆协会研究 . 长春 : 东北师范大学 , 2012 : 2—5.
② 宋建成 . 中华图书馆协会 . 台北 : 育英社文化事业有限公司 , 1980.

1.3.1 比较研究法

中华图书馆协会的历史研究，涉及图书馆学、教育学等学科，需要从不同角度和依据多种理论来加以阐释。中华图书馆协会的历史首先与中国近代图书馆事业的发展历程密切相关。中华图书馆协会既是中国现代图书馆事业史发展到一定历史阶段的产物，中华图书馆协会成立后，又对中国图书馆事业的发展产生了极大的促进作用。中华图书馆协会的历史还与中国现代教育事业的发展密切相关。中国现代图书馆事业是作为"作育人才"的教育事业之一发展起来的，所以中华图书馆协会从一成立就与中国现代教育事业，特别是社会教育事业的发展密切相关。无论是民国初年中华教育改进社，还是民国后期的中国教育学术团体联合会等教育学术团体，都与中华图书馆协会有着密切的联系。中华图书馆协会的会员中，就有不少会员是从事教育事业，特别是社会教育事业的著名学者。在中华图书馆协会担任重要领导职务并发挥重要作用的教育专家也不在少数。中华图书馆协会的成立和发展还与国际图书馆事业，特别是美国图书馆协会的影响密切相关。正是韦棣华女士等致力于将美国退还部分庚子赔款用于发展中国的图书馆事业，美国图书馆协会派遣美国图书馆协会前主席鲍士伟博士来华考察中国的图书馆事业，才催生了中华图书馆协会。中华图书馆协会成立以后，与国际图书馆学界保持了密切的联系，有过多种形式的学术交流和业务往来。中华图书馆协会的产生、发展和最后无形解散，还与整个民国时期的历史发展密切相关。中华图书馆协会从成立到抗战全面爆发这段相对平稳的时期，得到较好的发展，对中国现代图书馆事业的建设和图书馆学术的进步做出了相对较多的贡献。全面抗日战争爆发后，中华图书馆协会被迫随国立北平图书馆初迁昆明，再迁重庆，抗战胜利后迁回北平，最后从北平迁往南京国立中央图书馆。期间由于受到战时环境的影响，虽然惨淡经营，但最后还是归于无形解散。中华图书馆协会的兴衰历史与国家和民族的命运息息相关。

1.3.2 文献调查法

通过广泛的文献调研，对中华图书馆协会从成立、发展到无形解散的整个历史过程中留下的丰富史料进行尽可能完整的收集和梳理。有关中华图书馆协会的史料主要是报刊资料，这些资料主要刊登在协会的机关刊物《中华图书馆协会会报》《图书馆学季刊》和《文华图书馆学专科学校季刊》以及 1925 年协会成立以后出版发行的一些报刊之上。然而，令人遗憾的是协会无形解散以后，有关中华图书馆协会的完整档案资料却始终未见踪影。无论是台湾学者宋建成①，还是大陆青年学者王阿陶②，在开展有关中华图书馆协会历史的相关研究时，均未能发现有关中华图书馆协会的档案资料。有关中华图书馆协会档案资料的最后消息，刊登在协会行将无形解散前的《中华图书馆协会会报》第 21 卷第 3、4 合期上。"本会事务所战前即有迁京之议，业与中国工程师学会等联合筹建中国学术团体联合会所于首都西华门，不幸战乱发生，工程中辍，战后经济情形益劣，短期内难有独立会所。经袁理事长与蒋常务理事商定，本会会所由北平图书馆迁至南京中央图书馆内，所有事务亦由中央图书馆派员办理，以节开支，并请于震寰为常务干事。（1948 年）三月间由北平移来最近档案及图章戳记，由上海移来已出版会报若干册。此外尚有旧档及会报一箱存重庆沙坪坝南渝中学，又书物八箱于抗战期内由李钟履先生存入北平政治学会，皆因财力不足未能移运来京。"③ 此后，又历经近七十年的沧桑岁月，不知中华图书馆协会的档案资料尚存天壤之间否。档案资料的缺失是中华图书馆协会研究的最大遗憾。

1.3.3 历史研究法

中华图书馆协会历史的研究属于专科学术史的研究范围。相关研究需要结合历史发展和时代背景，对与中华图书馆协会历史密切相关的重要历史事件、重大历史活动和重点历史人物的相关历史记录，进行仔细梳理。在此基础上结合有关历史背景和时代思潮，知人论世，尽可能客观、理性和真实地再现中华图书馆协会从成立、发展到最后无形解散的历史过程，并还原中华图书馆协会的历史脉络，并通过归纳分析得出自己的研究结论。

此外还将综合应用描述性研究法、逻辑推理法、分析法、考证法等综合开展研究。

---

① 宋建成. 中华图书馆协会. 台北:育英社文化事业有限公司,1980.
② 王阿陶. 中华图书馆协会研究（1925—1949）. 成都:四川大学,2012:283.
③ 留京理监事联席会议. 中华图书馆协会会报,1948,21（3/4）:5—6.

2 中华图书馆协会的成立及背景

2.1 起步阶段的近现代图书馆事业

2.1.1 中国近现代图书馆事业之兴起

西方图书馆观念开始传入中国，最早可以追溯到明末清初的西学东渐时期，大约在 16 世纪利玛窦来华传教到 18 世纪中叶耶稣会在中国遭到禁止和在欧洲被解散之间。耶稣会传教士以传播西方现代科学知识为手段，在中国传播福音思想的同时，客观上促成了西学在中国的传播。在西方科学知识与福音结伴俱来的过程中，西方的图书馆观念也开始流入中国，西方传教士在华设立了一些藏书机构，这些藏书机构成为西方人最早在中国创办的图书馆。但是这些图书馆规模不大，藏书数量有限，并且不向普通民众开放，管理方法也十分简单。因此，严格意义上讲，明末清初西方传教士在华开展的藏书活动，还不是具有欧美近现代意义的图书馆活动，而是类似中世纪欧洲修道院图书馆式的藏书活动，其主要特点是珍视书籍、注重保藏、不事公开①。

西方近现代图书馆观念传入中国，是晚清西方传教士再次东来的时候。第一次鸦片战争，《南京条约》《天津条约》等一系列不平等条约的签订，使得外国人获得了在中国东南沿海直到中国内地的活动自由，传教自由也得到了条约的保护，西方文化开始向中国腹地渗透。与明末清初西方传教士多聚集在北京，以北京为传教和文化学术活动中心不同，晚清时期的西方传教士多聚集在上海，以上海为传教和文化活动的中心。上海成为西方传教士图书馆活动的中心和西方图书馆观念的传播中心，并由此奠定了上海近代图书馆的基础。传教士在上

---

① 程焕文.晚清图书馆学术思想史.北京:北京图书馆出版社,2004:53,58.

海开办的图书馆主要有徐家汇天主堂藏书楼、Shanghai Library（上海图书馆）、亚洲文会北中国支会图书馆、圣约翰大学罗氏图书馆和格致书院藏书楼等。其中徐家汇天主堂藏书楼是上海近代图书馆的起点，Shanghai Library（上海图书馆）是上海最早的公共图书馆，亚洲文会北中国支会图书馆是上海最早的专门图书馆，圣约翰大学罗氏图书馆是上海最早的学校图书馆，但它们全部都是只为外国人服务的图书馆，对中国近现代图书馆事业和学术的发展并没有产生太多的实质影响[①]。

由中国人自己创办的现代意义上的图书馆开始于京师同文馆"书阁"和变法维新期间的强学会书藏。京师同文馆，首建于清同治元年（1862），是清末培养涉外翻译人才的学校，也是中国官方创办的第一所新式教育机构。至迟在光绪十三年（1887），京师同文馆就已有自己专用的藏书机构——书阁。京师同文馆书阁虽然藏书不多，但已经采取了西方现代图书馆的某些管理方法，如借阅、注册、存记等，藏书也不再以收藏为主要目的，而是"用资查考"，供全"馆"即整个学校读者借阅使用[②]。大量创办具有现代图书馆性质的"书藏"在我国始于康有为、梁启超发起的变法维新时期。1894年中日甲午战争以李鸿章在平壤的淮军和北洋海军全军覆灭，清政府被迫签订丧权辱国的《马关条约》，割地赔款而告结束。甲午战败在中国思想界引起巨大震动。甲午战争以清政府的失败告终，无可置疑地证明清政府无力应付时代的挑战，自1861年开始的自强运动无法使江河日下的统治获得新生。而且，新的帝国主义危机产生了瓜分中国的危险。震动之余，中国思想界认识到，只有一场更加激进的改革，甚至革命，才能拯救中国[③]。因此，以康有为、梁启超为首的维新变法主张迅速在士大夫中间得到响应并传播开来。在维新变法期间，由于康、梁的倡导，"兴学会"作为"广人才"进而"振中国"的维新举措之一受到普遍欢迎，学会也在各地次第开设。据不完全统计，仅1896—1898年短短两三年的时间里，

---

① 程焕文.晚清图书馆学术思想史.北京:北京图书馆出版社,2004:91—92.
② 吴晞.从藏书楼到图书馆.北京:书目文献出版社,1996:53—56.
③ 徐中约.中国近代史:1600—2000·中国的奋斗.计秋风,朱庆葆,译.6版.北京:世界图书出版公司,2008:275.

全国各地就成立学会 87 个、学堂 131 所、报馆 91 个①。这些学会和学堂搜集西学和新学文献，免费供给同志阅览使用。这些学会和学堂书藏中除了强学会书藏外，其他比较有影响的还有苏学会书藏、圣学会书藏、劝学会书藏和通艺学堂图书馆等。

受维新变法思想的影响，徐树兰②于 1900 年开始筹设公共藏书楼。徐树兰"捐银八千六百余两，于郡城西偏购地一亩六分，鸠工营造，名曰古越藏书楼，以为藏书之所"③。1902 年，古越藏书楼落成，1903 年正式开放。徐树兰于 1902 年去世，未及目睹古越藏书楼正式向公众开放。他生前"参酌东西各国规制"，"仿照东西各国图书馆章程"亲自拟定的《古越藏书楼章程》，以及《古越藏书楼书目》对中国近代图书馆的产生和发展具有积极的影响。

1900 年八国联军攻入北京，慈禧太后在逃往西安途中宣布要"变通政治"，实行"新政"。接下来的几年中，清政府确也相继采取了一些"变法新政"措施，史称清末新政。1904 年日俄战争爆发，君主立宪制的日本打败了君主专制的俄国。在当时朝野士大夫的心中，"非小国能战胜于大国，实立宪能战胜专制也"，于是立宪的呼声不断高涨。载泽、端方等大臣纷纷奏请朝廷立宪。1905 年，清政府决定派载泽、端方等"五大臣出洋"，考察外国宪政，由此拉开清末预备立宪的序幕。1906 年，清政府宣布预备立宪，1908 年又宣布到 1916 年共 9 年时间为预备立宪时期，学部于宣统元年闰二月二十八日（1909 年 4 月 18 日）上《奏报分年筹备事宜折》，制定了各项分年筹备事宜。其中，宣统元年（1909）即预备立宪第二年筹备事宜有"颁布图书馆章程""京师开办图书馆（附古物陈列所）"两项，宣统二年（1910）即预备立宪第三年筹备事宜有"各行省一律开办图书馆"。清政府计划在预备立宪的前三年完成京师图书馆和各省图书

---

① 谢灼华.维新派与近代中国图书馆.图书馆杂志,1982（3）:70—73.

② 徐树兰（1837—1902），字仲凡，号检庵，浙江绍兴人。光绪二年（1876）举人，授兵部郎中，又输资为候选知府，补道花翎盐运使衔，一品封职。后因母病辞官还乡，不再出任。作为地方士绅，徐树兰曾捐银修建护海堤坝和三江大闸，并从事过创设义仓、救疫局等一系列地方公益事业。光绪二十三年（1897）在绍兴创办"中西学堂"，延访中西教席，礼聘督课，教授译学、算学、化学，在地方颇有影响。徐氏家族，世多贤者，藏书亦有名于时。

③ 徐树兰.为捐建绍郡古越藏书楼恳请奏咨立案文//李希泌，张椒华.中国古代藏书与近代图书馆史料.北京:中华书局,1982:112—113.

馆的设立工作，并通过颁发图书馆章程规范全国的图书馆管理。因此，在清政府的倡导下，一批封疆大吏纷纷上书朝廷奏请设立图书馆，在晚清历史上出现一个创办新式图书馆的热潮，由此形成了一场公共图书馆运动。这场公共图书馆运动，包括公共图书馆的创办、图书馆管理体制的建立、图书馆管理制度的制定、公共图书馆观念的传播、西方图书馆学术的翻译介绍等，由此奠定了我国近现代图书馆发展的基础①。《京师图书馆及各省图书馆通行章程》也由学部于宣统二年（1910）拟定并颁布。虽然此章程颁布不久，清王朝就被卷入了辛亥革命的浪潮中，章程本身并未在清末公共图书馆运动中发挥太大的作用，但该章程却是我国历史上第一部由政府颁布的全国性的图书馆法规，在我国图书馆事业发展史上具有划时代的意义，京师图书馆和一大批省立公共图书馆正是在这一时期创办起来的。此后，京师图书馆即后来的国立北平图书馆长期履行国家图书馆的职责，与各省立公共图书馆一道，为我国图书馆事业的发展进步发挥了积极的示范带头作用。

1910 年，美国人韦棣华女士在武昌创办文华公书林。从内部结构看，公书林完全按照西方现代新式公共图书馆的模式办理，内设编目室、参考室、阅览室、报纸杂志室、书库、孙公纪念室（专藏商学书籍）、罗瑟纪念室（专藏西文书籍）、博物古物陈列室、实习室、图书馆学研究室和斯托克斯大厅等②。在读者服务上，文华公书林面向社会免费开放，凡武汉地区各机关、学校及一般民众均可免费使用③。文华公书林虽然在当时规模不大，影响有限，但却是中国历史上第一个完全现代意义的公共图书馆，在中国现代图书馆事业发展史上的地位值得认真研究。

1912 年 1 月，中华民国临时政府在南京宣告成立。临时政府设教育部，蔡元培出任教育总长。蔡元培有感于各国社会教育事业之发达，深信教育行政之责任不仅在教育青年，并且需要兼顾多数年长失学之成人，因此在草拟官制时，坚决主张于普通、专门二司之外设立社会教育司。社会教育司执掌包括关于博

---

① 程焕文 . 晚清图书馆学术思想史 . 北京 : 北京图书馆出版社, 2004 : 216—222.

② 周洪宇, 刘飒 . 教会学校与近代中国图书馆事业 // 陈传夫 . 文华情怀——文华图专九十周年纪念文集 . 武汉 : 武汉大学出版社, 2010 : 677—702.

③ 路林 . 韦棣华与文华公书林及文华图专 . 河南图书馆季刊, 1982（4）: 9—10.

物馆、图书馆等事项。在社会教育司的领导和推动下，从 1912 年中华民国成立至 1928 年国民政府由北京迁往南京，以全体国民为教育对象，以失学民众为教育重点，以通俗教育和平民教育为主要手段的社会教育事业逐渐发展起来[①]。通俗图书馆和民众教育馆以其易办省钱、效果显著的特点也受到通俗教育和平民教育倡导者的重视和欢迎。因此通俗图书馆、民众教育馆和巡回文库等新式图书馆作为通俗教育和平民教育的重要组成部分随之得到提倡和鼓励并逐渐推广。

1915 年 10 月 23 日，国民政府教育部同时颁布《图书馆规程》11 条和《通俗图书馆规程》11 条[②]，对各类图书馆的建立、发展及管理机制等进行了规范。这是民国时期第一次颁布图书馆法规，也是中国历史上自 1910 年清政府学部颁布《京师图书馆及各省图书馆通行章程》之后，由政府主管部门再次颁布的图书馆法规文件。《图书馆规程》和《通俗图书馆规程》虽然不是由国家立法机关颁布，而是由政府主管部门颁布，其法律效果有限，但对当时图书馆事业发展的促进作用仍然不容忽视。"自此两项规程颁布之后，各地设立图书馆者，莫不以此为准则，其对图书馆事业之向前推进实有莫大的影响"[③]。

《图书馆规程》明确规定了各类型图书馆设立和建设的责任主体，如将公共图书馆的建立与发展纳入各级地方政府的文化教育职能范畴之中，将公私立学校图书馆的建立与发展纳入主管学校教育的地方政府的职能范围之内，私立图书馆则须向政府申请立案等。《图书馆规程》的内容较为简单，着重明确图书馆的设立、经费、管理等基本事项，而未对图书馆的资源建设、业务发展、读者服务等进行进一步的规定。《通俗图书馆规程》围绕促进社会教育所确立的通俗图书馆的设立和服务宗旨，是图书馆发展史上的一大进步，它所主张的公益、免费、平等思想是现代图书馆的核心价值观。通俗图书馆以藏为用的思想，是对中国近代图书馆发展思想的突破。《通俗图书馆规程》颁布之后，伴随着通俗教育、平民教育的迅速发展，以及以沈祖荣等为代表的一代杰出的图

---

① 王雷.民国初期社会教育行政制度的确立及启示.纪念《教育史研究》创刊二十周年论文集（10），2009.

② 呈准图书馆规程，通俗图书馆规程，通俗教育演讲所规程，通俗教育演讲规则 // 王余光.清末民国图书馆史料汇编（1）.范凡等选辑.北京：国家图书馆出版社，2014：1—17.

③ 宋建成.中华图书馆协会.台北：育英社文化事业有限公司，1980：7.

书馆学家的推动，通俗图书馆得到极大发展。根据教育部行政纪要第一辑、第二辑所载，1915 年我国有图书馆 22 所，通俗图书馆 236 所；1918 年图书馆增加到 176 所，通俗图书馆则有 285 所 [①]。

清末的公共图书馆运动虽然在全国各地催生了一批公共图书馆，但是，这些图书馆除了在名义上具有近代图书馆的称谓以外，在图书馆的实际运作上大多还是换汤不换药，与过去的官府藏书并没有本质的区别 [②]。民国初年新文化运动期间，一些留学欧美受过西方教育或影响的新式知识分子归国后，号召用现代西方的标准，重新评价中国的文化遗产，与引致中国衰弱的那些因素决裂，并且决定接受西方的科学、民主、自由、平等的思想文化作为新秩序的基础 [③]。这其中就包括以沈祖荣、杜定友、袁同礼、戴志骞、刘国钧等为代表的我国最早留学美国攻读西方现代图书馆学的先驱者们。杜定友虽然留学菲律宾，但菲律宾其时为美国的殖民地，杜定友攻读图书馆学的导师是美国人，因此他学习的完全是美国式的图书馆学。这批先驱者学成归来后，积极鼓吹与倡导，继清末公共图书馆运动之后，在我国又掀起了一场抨击传统藏书楼陋习，倡导模仿欧美图书馆建设新式图书馆的新图书馆运动。

由于一大批先驱者的鼓吹和倡导以及国家和政府的支持，我国自清末发展起来的现代意义上的图书馆，到中华图书馆协会成立前夕，已具有一定的规模。根据中华图书馆协会成立后对我国图书馆数量的统计，截至 1925 年中华图书馆协会成立，我国已有各类型图书馆 502 所 [④]。一定数量的图书馆为中华图书馆协会的成立奠定了事业基础。

2.1.2　中国现代图书馆学之萌芽

根据程焕文教授《晚清图书馆学术思想史》的研究，西方图书馆学术思想

---

① 多贺秋五郎 . 近代中国教育史资料·民国编·上册 . 台北：文海出版社，1976：553—555.

② 程焕文 . 百年沧桑　世纪华章——20 世纪中国图书馆事业回顾与展望 . 图书馆建设，2004（6）：1—8.

③ 徐中约 . 中国近代史：1600—2000·中国的奋斗 . 计秋枫，朱庆葆，译 .6 版 . 北京：世界图书出版公司，2008：393.

④ 中华图书馆协会 . 全国图书馆调查表 . 中华图书馆协会会报，1925，1（3）：7—19.

在晚清是分 3 个途径、3 个阶段、两个方面和两条道路产生和发展起来的。3
个途径是指西方传教士的宣传介绍，维新派的译介宣传和中国人对西方图书馆
的考察。3 个阶段是指鸦片战争至洋务运动期间宣传介绍西方图书馆的阶段、
戊戌变法前后学习西方创办新式图书馆的阶段和清末新政时期公共图书馆观念
广泛传播与公共图书馆运动的阶段。两个方面一是指西方图书馆观念与学术思
想的传播，二是指创办新式图书馆的实践活动。两条道路则是说晚清图书馆学
术思想是伴随着中国古代藏书楼的衰落和近代图书馆的兴起而产生和发展起来
的。晚清图书馆学术思想的主要内容包括公共图书馆思想、图书馆管理思想和
图书馆技术方法。清末出现了两部有关外国图书馆的专门译著，即孙毓修自
1909 年 10 月 25 日至 1910 年 11 月 10 日分 8 期在《教育杂志》上连载的译著《图
书馆》和王国维自 1909 年 5 月 11 日至 1910 年 9 月 11 日分 25 期在《学部官报》
上连载的译著《世界图书馆小史》。虽然这两部译著的问世恰好在清末公共图
书馆兴起之时，它们或许具有在舆论上配合公共图书馆运动的作用，但是否对
清末公共图书馆运动发生过影响，到目前为止还没有人进行过专门研究并得出
肯定或否定的结论。由于晚清还没有出现中国人自撰的图书馆学术著作，晚清
的图书馆学术思想尚不足以构成一个新的学科体系①。一般认为，图书馆学作为
一个新的学科体系的出现是进入民国以后的事了。"民国以来，乃有完整之图
书馆学术发现"，"中国古代的目录学、校雠学、版本学，只不过是图书馆学之
一部分"罢了②。

　　民国初年，新式图书馆在全国各地不断涌现，新式图书馆的办馆实践需要
图书馆理论知识的指导和技术方法的支持，而办理新式图书馆的学术知识和技
术方法都比较缺乏。中国现代图书馆学的萌芽正是在这样的背景下开始出现的。
正如金敏甫在《中国现代图书馆概况》中指出的，"民国初年，各地图书馆次
第设立，且多知中国旧式管理有改良之必要，惜无专书，无所依据，深感困难。
民国六年，北京通俗教育研究会以日本图书馆协会之《图书馆小识》译示国人，
是为中国图书馆学术著作之滥觞。次年，上海有顾实之《图书馆指南》出版。

---

① 　程焕文 . 晚清图书馆学术思想史 . 北京：北京图书馆出版社，2004：320—337.
② 　金敏甫 . 中国现代图书馆概况 . 广州：广州图书馆协会，1929：28.

顾氏之书，虽称编辑，实亦翻译于日本之《图书馆小识》，惟其译法与通俗教育研究会所译微有不同，而首尾增添二章则系顾氏自撰，且每章之末另附欧美之情形，以为参考，此其异于原本者。总之以上二书实东洋图书馆学流入时期之代表，而此时之一般办理图书馆者，亦莫不奉为上法，于是中国之图书馆，类皆成为东洋式之图书馆，盖受二书之影响也"①。中国图书馆学一开始是以借鉴和学习来自日本的图书馆学起步的。因此，"中国之图书馆，类皆成为东洋式之图书馆"。

新文化运动期间，赴美攻读图书馆学的一批先驱者归来并开始鼓吹与倡导办理美国式的现代新式图书馆，中国图书馆界遂逐渐将学习办理图书馆的目光从日本转向美国，图书馆学术的传入也迅速从日本图书馆学术的传入转向美国图书馆学术的传入。中国图书馆事业的发展由此发生了根本改变。

也正是由于有了来自日本的"东方"的图书馆学和来自美国的"西方"的图书馆学的输入，中国人才开始结合本国图书馆事业发展的实践，开始了图书馆学的研究和图书馆论文的撰写。"自民国初年，东西图书馆学潮流趋入而后，报章杂志之中，渐有图书馆学术论文之散见，其中有讨论图书馆学术者，有鼓吹图书馆事业者，沈祖荣氏最先撰述图书馆论文于《新教育》杂志中，杜定友氏亦先后撰述论文于各大杂志中，此二君者，所撰最多，且最有价值"②。

如果说《图书馆小识》和《图书馆指南》的译介代表了对日本图书馆学的学习和借鉴，那么1916年我国第一个留学美国攻读图书馆学归来的沈祖荣，在韦棣华女士的支持下，携带各种图表仪器，到全国各地宣传办理美国式的公共图书馆则是学习美国图书馆学的开始。"民国六七年沈祖荣氏由美回国赴各省演讲图书馆之重要与方法，是为提倡图书馆之先声"。1919年，刘国钧在《世界新潮》发表《近代图书馆性质》一文，介绍自19世纪以来以美国为先导的世界近代图书馆运动，将近代图书馆的性质概括总结为自动化、社会化、平民化三大特征，是为国内较早公开发表的介绍美国图书馆思想的文献④。

---

①③ 金敏甫.中国现代图书馆概况.广州:广州图书馆协会,1929:29.
② 金敏甫.中国现代图书馆概况.广州:广州图书馆协会,1929:33.
④ 程焕文.中华民国时期图书馆学术史序说.中山大学学报(哲学社会科学版),1988（2）:91—98.

1920 年夏，北京高师校长陈筱庄委托清华学校图书馆主任戴志骞组织开设暑期图书馆讲习会。刚刚留学归国一年的戴志骞遂邀请沈祖荣、邓萃英、王仲达、李大钊、李翼庭、程伯庐等担任讲师。讲授内容包括图书馆教育、图书馆组织及管理法、图书馆编目及分类法等。所有讲稿由戴志骞负责编译，后来辑成《图书馆学术讲稿》刊载于《教育丛刊》1922 年第 3 卷第 6 期[①]。戴志骞编译的《图书馆学术讲稿》完全取材于欧美图书馆学的理论和方法。刘国钧曾这样评价《图书馆学术讲稿》："戴氏所论大半，皆根据美国之办法，自是以还，美国式之图书馆概念，遂逐渐靡布全国，与民国初年步武日本之趋势对立"[②]。金敏甫也认为"自此而后，西洋式之图书馆，遂亦散布于国内，且驾东式图书馆而上之，盖因东洋方法，原系根据于西洋，未妥之处尚多，宜其易于淘汰也"[③]。戴志骞主持的北京高师暑期图书馆讲习会，开中国近代图书馆学短期培训班之先河，是继沈祖荣携带各种仪器、幻灯、照片、实物和图表赴全国各地演讲图书馆事业之后，中国图书馆界由师法日本转而学习美国的重要标志之一。

1921 年，杜定友自菲律宾攻读图书馆学归来，开始传播美国的图书馆知识，介绍美国的图书馆运动。"民国十年、十一年，杜定友氏在沪粤各处演讲汉字排检法，又在粤印行《图书馆与市民教育》《广东图书馆计划》等书，凡五、六种之多，分送国内各图书馆及教育机关，是为图书馆学术传布国内之始，引起各界对于图书馆之注意，于我国图书馆学上影响甚大"[④]。

1923 年杨昭悊所著《图书馆学》一书出版。这是一部综合东西方图书馆学术传入中国时期两大潮流的代表作，是他在 1920 年参加北京高师暑期图书馆讲习班授课讲稿的基础上写成的。该书的主要特点是：①第一次以"图书馆学"作为书名。②是在参考国外图书馆学著作的基础上，第一部自编的图书馆学概论性的著作。③全书贯彻了三个结合，即中外结合、理论与技术结合、供馆员阅读参考与供一般普通人群了解图书馆学相结合。④该书在第一篇第四章中，

① 韦庆媛.清华学校在中国图书馆近代化初期的历史作用.国家图书馆学刊,2010（4）: 89—94.

② 刘国钧.现时中文图书馆学书籍评.图书馆学季刊,1926,1（2）:346—349.

③ 金敏甫.中国图书馆学术史.国立中山大学图书馆周刊,1928,2（2）:1—14.

④ 金敏甫.中国现代图书馆概况.广州:广州图书馆协会,1929:29—30.

第一次科学地划分和确定了图书馆学的科学体系、结构和内容。他认为，图书馆学可以分为两大部类：一类是纯正的图书馆学；一类是应用的图书馆学。纯正的图书馆学主要是阐述图书馆的原理、原则、发展历史、法规条例、图书馆教育等；应用的图书馆学是专为指导图书馆业务工作的方法，包括经营法、组织法、管理法、编目法、分类法、登录法、统计法等。该书篇章的划分，基本上体现了这个学科体系结构。《图书馆学》所划分的学科体系对我国后来图书馆学术的发展，起了理论先导的作用[①]。杨昭悊之《图书馆学》为中华图书馆协会成立之前，"中国图书馆学自撰书籍之最完备者，惟考其内容，尚属介绍东西洋图书馆学术之性质，未具创造规模，如其论选购，竟未及中国书籍之鉴别与购求；其论分类，则仅列举中外各种方法；虽或论其长短，但绝未述及最适用于中国者为何法，徒使阅者盲然无所适从；其他各章，亦多介绍而无断定，惟其所介绍者，则混合东西之法，兼而有之，故此书亦只能称其为东西洋图书馆学流入时期之一种作品耳"[②]。中华图书馆协会成立之前，中国的图书馆学著作都只是引进和介绍东西洋图书馆学。1926 年 8 月，洪有丰撰写的《图书馆组织与管理》出版，这是中国学人撰写的第一部图书馆学著作。其时已经是在中华图书馆协会成立，协会董事部部长梁启超倡议建设中国的图书馆学之后的事情了。

中国近现代图书馆事业发展初期，东西洋图书馆学流入之后，图书馆学术面临的急迫任务除关于图书馆学的性质和原理、原则的研究外，主要有图书分类、图书编目和汉字排检三大课题。从图书分类方面讲，传统的四部分类法难以类分"西学东渐"之后而产生的新出文献，而杜威十进分类法也无法处理历代留存下来的大量古籍。从编目方面讲，中国古典目录学的优点在辨章学术、考镜源流，但却拙于检索、不便利用。此外，在编制各种目录、索引的过程中，由于汉字不像其他拼音文字那样有公认的直观的排检顺序，因此汉字的排检在当时也是一个亟须研究解决的问题。研制新的图书分类法、确定新的编目规则以及解决汉字的排检问题是当时图书馆学研究和图书馆工作实践所面临的最重

---

① 张树华,张久珍.20 世纪以来中国的图书馆事业.北京:北京大学出版社,2008:95—96.

② 金敏甫.中国现代图书馆概况.广州:广州图书馆协会,1929:30.

要的问题。因此才有梁启超在中华图书馆协会成立大会上发表演说，倡导建设"中国的图书馆学"，并将分类、编目、编制新式类书作为建设"中国的图书馆学"的重要内容，这正是为了解决图书馆学理论对图书馆实践的指导问题。

中华图书馆协会的成立，正是图书馆学界群策群力解决图书馆事业发展面临的理论和现实问题的时候，也可以说正是在中国图书馆事业发展的关键时刻，中华图书馆协会应运而生。

2.1.3　中国图书馆学教育之起步

民国初年，各地新式图书馆不断出现。新式图书馆的办理除了需要图书馆学理论指导和技术支撑外，还需要大量的图书馆专业人才，因此，图书馆学专业教育应运而兴。1913 年，金陵大学图书馆馆长克乃文（Henry Clemens）曾在金陵大学开设图书馆学课程，比武昌文华图书科开设此类课程早了七年，实开中国图书馆学课程教育之先河。克乃文是美国图书馆学专家，曾担任过美国普林斯顿大学图书馆参考部主任、弗吉尼亚大学图书馆馆长。他通过金陵大学的讲台，直接向中国学生输入先进的欧美图书馆学知识。除了以丰富的经验致力于图书馆各项业务工作外，他还有一项极为突出的作为，就是大力培养馆内青年人才，并推荐他们到美国留学。出色的图书馆藏书和业务工作的开展，使金陵大学图书馆一时成为当时东南地区的图书馆学知识重镇和人才基地，甚至可以说是 20 世纪上半叶中国图书馆学研究和专业教育的东南中心[①]。

1914 年，为培养现代图书馆学专业人才，韦棣华女士特别资助文华公书林协理沈祖荣（1884—1977）赴美国纽约公共图书馆学校（New York Public Library School）攻读图书馆学，开创了中国人赴海外攻读图书馆学之先河。1917 年，韦棣华女士又资助文华公书林协理胡庆生（1895—1968）赴美国纽约公共图书馆学校攻读图书馆学。同年，戴志骞（1888—1963）亦赴美国纽约州立图书馆学校攻读图书馆学。此后，赴美攻读图书馆学者渐多，并由此造就了 20 世纪第一代中国图书馆学人。1918 年，韦棣华女士再次返美，赴西蒙斯大学图书馆学院（Simmons College Library School）进修图书馆学，为进一步

---

① 叶继元.南京大学百年学术精品·图书馆学卷.南京:南京大学出版社,2002:3.

在中国开展图书馆学专业教育做准备。1918 年，在上海交通大学的资助下，杜定友（1898—1967）赴菲律宾大学图书馆学系攻读图书馆学。1919 年，洪有丰（1893—1963）赴美国纽约公共图书馆学校攻读图书馆学。1920 年，袁同礼（1895—1965）赴美国纽约公共图书馆学校攻读图书馆学。1920 年，李燕亭（即李长春）（1893—1964）先后赴美国南加州大学、洛杉矶市图书馆学校攻读图书馆学。1921 年，杨昭悊（1891—1939）赴美国伊利诺伊州立大学图书馆学院攻读图书馆学。1922 年，李小缘（1897—1959）赴美国纽约公共图书馆学校攻读图书馆学。1922 年，刘国钧（1899—1980）赴美国威斯康星大学攻读哲学，兼修图书馆学。

受多种因素的限制，能够远赴海外攻读图书馆学的人数毕竟有限，远远不能满足当时中国图书馆事业发展对图书馆学专门人才的迫切需要。何况"外国的图书馆学未必能适应中国的用，这一层，他们都感觉得到。而且我们照中国情形来看，我们所需要的，并不是完全很专门很高深的人，而在乎普通的图书馆人才，以应一般通俗图书馆、学校图书馆之用"①。因此在国内举办各种图书馆学教育以培养图书馆事业发展所需之专门人才，成为时代的呼唤。

1920 年夏，北京高师校长陈筱庄委托清华学校图书馆主任戴志骞组织开设暑期图书馆讲习会。刚刚留学归国一年的戴志骞遂邀请沈祖荣、邓萃英、王仲达、李大钊、李翼庭、程伯庐等担任讲师，讲授图书馆教育、图书馆组织及管理法、图书馆编目及分类法等，所有讲稿均由戴志骞负责编译，后来编成《图书馆学术讲稿》刊载于《教育丛刊》1922 年第 3 卷第 6 期。这是中国第一次系统地、大规模地宣讲新图书馆理论与方法的盛会②。"其时虽逢直皖之战，交通中断，而各省遣来听讲者，仍很踊跃。计男生六十九，女生九人，两共七十八人。其中三分之二，均为各省公立及学校图书馆之职员"③。战争的爆发和交通的阻隔给讲习会带来极大不便，"故外省之前往者，不免稍受影响，否则当更见踊

---

① 杜定友．图书馆学的内容和方法．教育杂志，1926，18（9）：1—15.

② 韦庆媛．清华学校在中国图书馆近代化初期的历史作用．国家图书馆学刊，2010（4）：89—94.

③ 戴志骞．十五年来之中国图书馆事业．清华周刊十五周年纪念增刊，1926：60—65.

跃耳"①。戴志骞编译的《图书馆学术讲稿》完全取材于欧美图书馆学的理论和
方法，内容包括"图书馆组织法""图书馆管理法""图书馆之建筑""论美国
图书馆""图书馆分类法"和"图书馆编目法"6 章。其中"图书馆管理法"部
分包括"图书选择法""图书出纳法""杂志书籍登录式"和"管理出纳选择装
订等之参考书"，"图书馆分类法"一章介绍当时中国、美国和日本常见的图书
分类法。特别是"论美国图书馆"一章，戴志骞重点介绍"美国图书馆发达史
之梗概"，专门论述"图书馆与教育密切不能分开之关系"以及"设立有用实
用之图书馆"需要留意的六点注意事项。刘国钧评价其"于出纳、分类、编目
三事尤详，论分类，则历举布朗氏、杜威氏、克特氏、美国国会图书馆、日本
东京帝国图书馆及清华学校图书馆之法，而比较其长短。论编目，则历举各种
格式，并绘图以明之"②。戴志骞主持的北京高师暑期图书馆讲习会，开中国近
代图书馆学短期培训班之先河。

1920 年 3 月，由韦棣华女士和沈祖荣、胡庆生等共同创办的文华大学（湖
北武昌）图书科，是我国历史上第一个图书馆学专业教育机构。韦棣华女士在
创办和主持文华公书林的过程中，深感欲发展中国的图书馆事业，必须要培养
一批现代图书馆学的专门人才，而当时中国还没有正规的图书馆学教育机构。
因此，韦棣华女士于 1914 年、1917 年先后资助沈祖荣、胡庆生两人赴美国攻
读图书馆学。1918 年，韦棣华女士再次返美，一方面赴美国西蒙斯大学图书馆
学院进修深造，一方面募集资金开始筹办文华图书科。1920 年 3 月，韦棣华女
士与沈祖荣、胡庆生一起仿照美国纽约公共图书馆学校教育模式和课程设置，
在武昌文华大学创办了文华图书科（Boone Library School）。

文华图书科成立之初，从大学修业两年以上的学生中招收肄业学生，专修
图书馆学，两年后毕业，除授予文学学士学位外，另向学生颁发图书馆学专科
证书。这种培养模式使得学生不仅具备图书馆学专业知识，还具备其他学科知
识背景，符合图书馆工作的多学科背景需求。在课程设置上，文华图书科注重
中西融合。所开课程有中国目录学、中文参考书举要、西文参考书举要、西文

---

① 金敏甫 . 中国现代图书馆教育述略 . 图书馆周刊，1928（4）：1—5.
② 刘国钧 . 现时中文图书馆学书籍评 . 图书馆学季刊，1926，1（4）：346—349.

书籍选读、西文书籍编目学、西文书籍分类法、现代史科、图书馆经济（营）学、西文打字法、各种字体书写法、实习、特别讲授、中文书籍选读、中文书籍编目学、中文书籍编目法、中国图书馆史略、西洋图书馆史略、图书馆行政学、各种图书馆之研究、图书馆建筑学、特别演讲等课程。学生分书录、编目、行政及经营四组①。此外，文华图书科还通过"特别讲授"形式，邀请图书馆学专家来校演讲，借以拓宽学生的知识视野，增强学生对图书馆事业发展的了解。

文华图书科的诞生是我国通过学校教育系统培养图书馆学专门人才之创举，标志着我国图书馆学高等专业教育的正式起步。此前克乃文曾在金陵大学开设的图书馆学课程和戴志骞在清华大学组织的暑期图书馆讲习会都不能与文华大学图书科以及由之发展而来的文华图专——文华图书馆学专科学校在演绎和推动以后中国图书馆事业和图书馆学的发展过程中所发挥的作用和影响相提并论。因为金陵大学开设图书馆学课程和北京高师举办暑期图书馆讲习会，毕竟时间短暂，造就人才不多，影响有限。而文华图书科、文华图专在20世纪上半叶，为中国培养了一大半的图书馆学高级专门人才，造就了一大批在海内外成就卓著的图书馆学专家，并由此一直影响着整个20世纪下半叶中国图书馆事业的发展②。

1922年3月，杜定友在广州创办广州图书馆管理员养成所，由该省全省教育委员会通令全省中等以上学校派教职员一人前往学习。杜定友、穆耀枢、陈德芸等人担任教授，学员60余人，为期24天，每日授课6小时，以3小时授课，3小时实习，科目凡20余种。毕业学员大都用其所学，颇有成绩可观③。

1923年夏，洪有丰在南京东南大学暑期学校讲授图书馆学，为期一个月，每日授课2小时，由洪有丰自编讲义，并在孟芳图书馆实习，前来听讲者竟有80余人之多。1924年夏，洪有丰按照上年办法，在南京东南大学举办第二期

---

① 转引自：宋建成.中华图书馆协会.台北：育英社文化事业有限公司，1980：11.
② 程焕文.文华精神：中国图书馆精神的家园——纪念文华图专80周年暨宗师韦棣华女士和沈祖荣先生//马费成.世代相传的智慧与服务精神——文华图专八十周年纪年文集.北京：北京图书馆出版社，2001：225—251.
③ 金敏甫.中国现代图书馆概况.广州：广州图书馆协会，1929：46.

暑期学校讲授图书馆学,听讲者人数仍然不少[①]。中华图书馆协会成立后,东南大学于 1925 和 1926 年举办第三期、第四期暑期学校,继续讲授图书馆学。

1924 年夏,同时有三地举办图书馆学讲习会。其中成都暑期图书馆讲习会由穆耀枢主持;河南小学校教员讲习会设小学图书馆管理法一科,请杜定友担任主讲,为期 3 周;上海圣约翰大学海氏图书馆设图书馆讲习会[②]。

与此同时,在师范学校开设图书馆学课程的呼声不断高涨。1922 年 7 月,在山东济南召开的中华教育改进社第一次年会上,图书馆教育组洪有丰提出的《中学及师范应添设教导用图书方法课程案》和戴志骞提出的《中国师范学校及高等师范学校应增设图书馆管理科案》获得通过。此后,"各省师范学校渐有添设此种课程者,如广州市市立师范学校于民国十年时,杜定友氏方为校长,首先加入图书馆学一科。又江苏二师,于民国十三年度,在高年级中,每周设图书馆学二小时,亦由杜定友担任教课教师,毕业学生四十余人中,服务于大中小学图书馆中者甚多,且有从事深造,而专任图书馆职务者"[③]。

与此同时,20 世纪 20 年代初,一批在海外攻读图书馆学的学人陆续回国,纷纷仿照美国图书馆学教育模式开展图书馆学教育,培养图书馆学专门人才。于是,形成了大学图书馆学专业教育、图书馆学短期培训和学校图书馆学课程教学相结合的民国时期图书馆学教育的基本模式。

2.1.4 各地方图书馆协会之成立

我国最早的图书馆组织可追溯到 1918 年 12 月成立的北京图书馆协会。1918 年 12 月 3 日,北京中学以上学校图书馆主任在北京汇文大学集会,议决在北京筹组一个图书馆协会,并公推袁同礼、李大钊、葛飞伦、高德、李崇文与德韦思为筹备委员。同年 12 月 28 日,北京图书馆协会在北京大学正式举行成立仪式,袁同礼当选为会长,高德为副会长,李大钊与葛飞伦分任中文书记

---

① 金敏甫. 中国现代图书馆概况. 广州:广州图书馆协会,1929:46—47.

② 严文郁. 中国图书馆发展史——自清末至抗战胜利. 台北:"中国图书馆学会",1983:195.

③ 金敏甫. 中国现代图书馆概况. 广州:广州图书馆协会,1929:48.

与西文书记①。当时已经起草章程并且修正通过，后来因教育部不予立案，加以经费困难也就停顿了②。1920 年，北京高师举行暑期图书馆讲席会，也曾有过组织全国图书馆协会之议，可是因种种关系，最终未告成立③。

1922 年 2 月，杜定友任广东省教育委员会图书仪器事务委员，以教育会名义拟定成立全省图书馆管理员养成所并亲任所长。3 月 27 日杜定友主持图书馆管理员养成所开学典礼并发表演讲。广东省中等以上学校 97 所有 44 所选派教员前往学习，加上其他进修人员，共有学员 52 名。4 月 13 日，图书馆管理员养成所组织成立图书馆研究会，杜定友被推举为会长，穆耀枢为编辑部主任，孤志成为文牍部主任，陈德芸为调查部主任，李华龙为庶务部主任。研究会以解决图书馆草创时期的各类问题为主，互通声气，联络感情，使图书馆学得以普及，图书馆事业得以扩充。研究会的成立，使我国图书馆界有了第一个学会组织。4 月 19 日下午，图书馆养成所举行毕业礼④。遗憾的是养成所仅开办了三周，图书馆研究会仅存在了一周就宣告结束。

1922 年 7 月 3 至 8 日，中华教育改进社在山东济南召开第一次年会，戴志骞、沈祖荣、洪有丰、杜定友、戴罗瑜丽（即戴志骞夫人 Julie Rummelhoff）、朱家治、孙心磬 7 人应邀代表全国图书馆界出席会议。在 7 月 5 日上午的会议中，戴志骞因病未能到会，他的议案由洪有丰代为提出讨论，其中就有《组织图书馆管理学会案》。由于此议案无附议，未能列入讨论⑤。1922 年 11 月的《新教育》杂志上发表了沈祖荣《民国十年之图书馆》一文。沈祖荣在文章中就提倡图书馆办理的方法提供了 5 点建议。其中最后一点是组织"全国图书馆研究会"。他认为"中国图书馆，其所以不能发达者，又在各该馆各自为法，孤立

---

① 郑锦怀,顾烨青.戴志骞与中美图书馆专业团体关系考略.图书馆论坛,2014（7）:135—141,134.

② 北京图书馆协会成立.教育杂志,1919,11（2）:19—20;杨昭悊.图书馆学（下）.上海:商务印书馆,1933:449.

③ 金敏甫.中国现代图书馆事业概况（续）.国立中山大学图书馆周刊,1928,1（3）:19—26.

④ 王子舟.杜定友和中国图书馆学.北京:北京图书馆出版社,2002:212—213.

⑤ 中华教育改进社第一次年会分组会议纪录·第十八图书馆教育组.新教育,1922,5（3）:555—561.

无助；推原其故，由未联络研究机关，以谋协助也。诚能组织全国图书馆研究会，以馆中馆长馆员主任为基础，再征求全国同志，及热心赞成家，加入此会，则会员愈多，见闻愈广，集思广益，知识交换，合群策群力，以改良其办法，则此种事业，定有进步。不然，一盘散沙，毫无统系，同为此种事业，而意见分歧，各处异制，即有良法，无人学步，纵多流弊，不知铲除，长此以往，预谋发展，未之有也"①。

1923年8月，中华教育改进社在北平清华学校召开第二次年会，会议通过多项提案。其中清华学校图书馆馆长戴志骞提议《组织各地方图书馆协会案》。提案经22日第三次会议讨论修正理由后通过。

戴志骞提议《组织各地方图书馆协会案》理由如下："（一）研究适中管理法。现各处图书馆逐渐成立，而同一处之二、三图书馆毫无联络。管理办法及手续均不一致，此于阅书者及图书馆管理，颇有阻碍。（二）节省图书馆经费。同一地方之二、三图书馆可合作购置新书，搜罗旧籍。譬如：甲图书馆专心搜集经、史、教育、社会各类之书籍；则同时乙图书馆即可搜集子、集、自然科学、丛书等类书籍。于是同一地方有二图书馆所出购书费与前相等；而同一地方之书籍，则种类必倍蓰于前。近来各图书馆每缺乏经费，如能通力合作，实节省经费唯一之妙法。（三）促进图书馆学问。我国图书馆管理事业，正在萌芽，诸待创作。同一地方之各图书管理员，凡关于友谊上，学问上，应有一种组织，借以互相研究。"

《组织各地方图书馆协会案》办法则有："（一）由中华教育改进社将地方图书馆协会组织之紧要，通告各地方图书馆。（二）各地方各图书馆管理员，可召集首次会议，选举职员。其召集事由，则可云'某处图书馆协会聚会'。开会次数可定为每月一次或二次。会议地点则在各图书馆轮流。章程可由各处图书馆协会自定之。（三）在某地方图书馆协会未能成立以前，或遇必要时，中华教育改进社图书馆教育研究委员会——由社员报告——应委派本社社员在该地者，充当发起人或交际员。（四）社员于收到上项委派书后，六个月内，须将该地图书馆协会进行情形（如调查、统计、报告、困难、疑问等）详细呈报

---

① 沈祖荣.民国十年之图书馆.新教育，1922，5（4）：796—797.

图书馆教育研究委员会以便有所资助。（五）图书馆教育研究委员会应于前期时间内，尽力回答各委派社员提出之疑问、困难等项；并须将本年地方图书馆协会经过情形，在第三届年会时，报告本组社员，以便明了得失，藉可改良进行。"① 戴志骞的提案直接促成了各地方图书馆协会的成立。

由于戴志骞在中华教育改进社第二届年会提出《组织各地方图书馆协会案》并在年会第三次会议上讨论后获得通过，于是中华教育改进社首先敦请戴志骞发起成立北京图书馆协会。北京图书馆协会成立后，鉴于图书馆协会在发展图书馆事业中之重要作用，而各地仍未有图书馆协会之组织者为数尚多，于是致函各地图书馆，请分别从速发起成立，各地图书馆纷纷响应，各地方图书馆协会相继成立②。

北京图书馆协会。金敏甫《中国现代图书馆概况》一书称北平图书馆协会③。协会由当时任职国立北京大学图书馆馆长的袁同礼及任职北京松坡图书馆又任教于清华学校的蒋复璁（字慰堂）等人，于 1924 年 3 月 30 日共同组织成立，设会址于清华学校图书馆，是为全国最早的地方性图书馆协会。最初戴志骞为会长，冯陈祖怡为副会长，查修为书记，有团体会员 20 个，个人会员 30 余人。协会成立之初，即议定每次开会必须有学术演讲。不久戴志骞赴美，于是改选袁同礼为第二任会长，冯陈祖怡和查修仍为副会长和书记④。北京图书馆协会甫经成立，就积极开展各种学术活动。1924 年 4 月 20 日和 5 月 18 日，该会两次召开常会，会员踊跃参加，讨论会务之余还举办了图书馆学术演讲⑤。5 月 18 日的常会上，戴志骞做了题为《图书馆分类学的原则》的演讲⑥。冯陈祖怡、

---

① 中华教育改进社第二届年会报告会（七）分组会议纪录.新教育,1923,7（2/3）:309—310.

② 北平图书馆协会报告.图书馆学季刊,1929,3（1/2）:271.

③ 所谓"北平图书馆协会"应为"北京图书馆协会"。金敏甫《中国现代图书馆概况》出版于 1929 年,此前,北伐成功,国民政府定都南京。1928 年 6 月 20 日,国民党中央政治会议决改北京为北平。因此金敏甫书中称北京图书馆协会为北平图书馆协会。见:朱传誉.袁同礼传记资料.台北:天一出版社,1979:1.

④ 金敏甫.中国现代图书馆概况.广州:广州图书馆协会,1929:20.

⑤ 陶行知.中华教育改进社第三次社务报告//方明.陶行知全集第 12 卷.成都:四川教育出版社,2005:111—140.

⑥ 戴志骞.图书分类法几条原则的商榷.北京图书馆协会会刊,1924（1）:48—54.

谭新嘉、高仁山、查修、袁同礼、陈垣、熊译元、马尔智、柯劭忞、韦棣华等人也先后在常会上发表过演讲。此外，该会于 1924 年 8 月出版《北京图书馆协会会刊》第一期，刊登图书馆界新闻、图书馆学术论文（包括演讲稿）等[①]。可惜的是第一期出版后即停刊。

浙江省图书馆协会。1924 年 4 月 26 日由章仲铭等发起成立，章仲铭被推举为会长，陈益谦为副会长，高克潜为书记。设会址于浙江公立图书馆。会员分团体会员、个人会员和特别会员 3 种。1926 年 4 月 18 日改名为杭州图书馆协会[②]。

开封图书馆协会。1924 年 5 月由何日章等发起成立，会员分为机构会员与个人会员两种，设会址于河南第一图书馆，何日章被推举为会长，李燕亭为书记，每月在各图书馆轮流开会一次[③]。

南阳图书馆协会。1924 年 5 月成立，推举杨廷宪为会长，李寰宇为副会长，王洪策为书记[④]。

上海图书馆协会。继北京图书馆协会成立之后，上海图书馆协会是较早响应北京图书馆协会号召成立的地方图书馆协会。1924 年 6 月，杜定友、孙心磐和黄警顽等发起成立上海图书馆协会。会员分团体会员与个人会员两种。杜定友被推举为协会委员长，协会会址设在上海总商会图书馆。协会成立之后，在杜定友的主持下，卓有成效地开展工作，成绩为其他地方图书馆协会所不及。"第一年间所办事项，如介绍阅览也，启学校图书馆[⑤]公开之先声；举行读书运动也，引起各界之注目；他如发行杂志；编辑丛书；筹备中华图书馆协会；设立图书馆学图书馆等，均于图书馆事业，有莫大之贡献"[⑥]。各地图书馆协会中，北京图书馆协会和上海图书馆协会是与发起成立中华图书馆协会关系最为密切相关的两个地方图书馆学会。北京图书馆协会主要由袁同礼主持，上海图书馆协

---

① 郑锦怀，顾烨青.戴志骞与中美图书馆专业团体关系考略.图书馆论坛，2014（7）：135—141，134.

②③④ 金敏甫.中国现代图书馆概况.广州：广州图书馆协会，1929：22.

⑤ 原文为"圕"，此字为"图书馆"三字之缩写，乃杜定友先生所发明，民国时期比较常用，今已废弃。本书除必要时使用"圕"，凡不至引起歧义时均改用"图书馆"。

⑥ 金敏甫.中国现代图书馆概况.广州：广州图书馆协会，1929：21.

会则由杜定友主持。

南京图书馆协会。1924 年 6 月由洪有丰等发起成立，协会会址设在东南大学图书馆。会员分甲乙两种，甲种为图书馆机构会员，乙种为个人会员。洪有丰被推举为会长。行分股研究之法开展学术活动①。

天津图书馆协会。1924 年 6 月，王文山等发起成立天津图书馆协会，王文山被推举为会长，李晴皋为书记。会员分为三种，一是图书馆机构会员；二为个人会员；三为捐款或实力赞助者，为特种会员。协会会址设于南开大学，每月举行常会一次②。

江苏省图书馆协会。1924 年 7 月，洪有丰在南京东南大学暑期学校讲授图书馆学，听讲学员来自江苏各县。洪有丰遂发起成立江苏省图书馆协会，并于当年 8 月 3 日召开大会正式成立。洪有丰被推为会长，施凤笙为副会长，并由会长洪有丰聘请朱家治为书记。有团体会员 7 个，个人会员 80 余人③。

广州图书馆协会。1925 年 4 月 2 日由广东大学（中山大学前身）图书馆主任吴康发起成立，设会址于广东大学图书馆。会员分团体会员与个人会员两种。组织为会长 1 人，副会长 1 人，庶务 1 人，任期 1 年，连选得连任，每年 1 月年会选出④。

中华图书馆协会成立前夕，各地方图书馆协会纷纷成立。一方面是响应北京图书馆协会关于成立地方图书馆协会的倡议，另一方面则是我国自清末民初发展起来的近现代图书馆事业已经达到一定规模，客观上需要图书馆协会组织从中协调。诚如袁同礼所谓"图书馆事业，非群策迈进，不能有大功"有以致之也。

2.2 中华教育改进社图书馆教育组

2.2.1 中华教育改进社缘起

新文化运动期间，为了实现从传统教育到现代教育的转变，通过现代教育

---

① ④　金敏甫 . 中国现代图书馆概况 . 广州 : 广州图书馆协会 , 1929:22.
② 　金敏甫 . 中国现代图书馆概况 . 广州 : 广州图书馆协会 , 1929:21.
③ 　金敏甫 . 中国现代图书馆概况 . 广州 : 广州图书馆协会 , 1929:20.

为新生的国家培植国民基础，1918 年夏，著名教育家严修（范孙）、范源廉（静生）赴美考察教育。1919 年冬间，再有袁希涛（观澜）、陈宝泉（筱庄）组织欧美教育考核团，赴欧美考察教育。1921 年春，又有蔡元培（孑民）再赴欧美考察教育。"此数年间，各省派赴欧美考察教育者亦不少"[①]，期间以留学归来并投身中国现代教育事业的胡适、陶行知（即陶知行）、蒋梦麟等为代表的一大批留学生，应邀来华讲学、传播美国新教育思想的孟禄博士和杜威博士影响最大。中华教育改进社正是美国新教育思想传入我国的结果。"我们到欧美考察教育所得效果的结晶，就是中华教育改进社"[②]。

1918 年 12 月，由南京高等师范学校、江苏省教育会、北京大学、中华职业教育社、暨南学校等单位联合发起成立中华新教育社，次年 1 月改称"中华新教育共进社"，"爰集国中五大教育机关，组织新教育共进社"[③]。共进社成立不久，虽然取得了一定的成绩，但对全国教育界而言，"惟仍缺乏较大之组织。国内南北教育家有鉴于此，拟联合'新教育共进社''新教育杂志社''实际教育调查社'，改组为'中华教育改进社'"[④]。

1921 年夏，范源廉、蔡元培、张伯苓、陶行知等在北京组织实际教育调查社。1921 年 12 月 19 日，实际教育调查社邀请美国著名教育学家孟禄博士来华调查我国九省教育现状之后，在北京召开了改进教育方案讨论会。广东、福建、江苏、浙江、山东、山西等省代表，新教育共进社、《新教育》杂志社等教育团体代表出席了这次会议。会上，各方代表深感教育团体分散活动不能适应中国教育改革的新形势和新任务，因而有谋求联合之意。1921 年 12 月 23 日，中华教育改进社在北京正式成立。这是当时全国最大的教育学术团体，以"调查教育实况，研究教育学术，力谋教育进行"为宗旨，设总事务所于北京。社员分两类，一类为团体社员，参加者为各学校及教育学术团体、教育行政机关；一类为个人社员，参加者为研究学术或办教育有特别成绩者。改进社设董事部，职权如下：①规定进行方针；②筹募经费；③核定计划及预决算；④审核各科办事细则；⑤聘请主任干事；⑥提出候选董事；⑦核定聘员之任免；⑧审定社员资

---

①②　汪懋祖.中华教育改进社的缘起.新教育，1922，5（3）：343—344.
③④　本月刊倡设之用意.新教育，1919，1（1）：1.

格；⑨审定名誉社员、名誉董事之资格；⑩组织委员会。中华教育改进社另设主任干事一职，职权包括：编报计划；编报预算决算；推荐聘员，任免雇员；执行董事会议决事项；总理本社一切进行事务。中华教育改进社管理机构的设置后来为中华图书馆协会所借鉴。

中华教育改进社的成立实际上是当时思想、文化和教育界先进力量的一次大集结①。董事部9人董事中包括当时的教育总长范源廉、北京大学校长蔡元培以及郭秉文、张伯苓、熊希龄、黄炎培等一大批思想、文化和教育界的精英人物。张謇、梁启超、李煜瀛及美国教育家孟禄、杜威等则被聘为名誉董事。陶行知任主任干事，后任总干事。中华教育改进社的成立不仅对当时我国教育思想和教育事业的发展有很大的影响，而且对全国性图书馆组织的成立也产生了极大的影响。

2.2.2 中华教育改进社年会

中华教育改进社成立后，从1922年7月到1925年8月曾分别在济南、北京、南京和太原等地召开过4次年会。由于图书馆事业与教育事业的特殊关系，中华教育改进社每次年会都特别邀请图书馆界代表参加，并专门设立图书馆教育组来讨论研究图书馆事业发展过程中遇到的各种问题。

中华教育改进社第一次年会于1922年7月3至8日在山东济南召开。杜定友、洪有丰、朱家治、沈祖荣、孙心磬、戴志骞、戴罗瑜丽7人受邀参加并组成图书馆教育组（第十八组）与会。这是我国图书馆界著名学者的第一次聚会。其中杜定友、戴志骞、沈祖荣、洪有丰日后更是对中国图书馆事业和图书馆学术的发展进步产生过巨大影响。此次会议图书馆界代表共提出《中学及师范应添设教导用图书方法课程案》（洪有丰提案）、《中国师范学校及高等师范学校应增设图书馆管理科》（戴志骞提案）、《推广全国图书馆案》（杜定友提案）等议案13件。后经小组会议讨论，有的保留，有的通过，有的合并，最终通过议案凡8件：①《各校应添设教导用图书方法案》；②《中国师范学校及高等

---

① 李刚, 叶继元. 中国现代图书馆专业化的一个重要源头——中华教育改进社图书馆教育组的历史考察. 中国图书馆学报, 2011（3）: 79—91.

师范应增设图书馆管理科案》；③《呈请教育部推广学校图书馆案》；④《拟呈请教育部通咨各省长转饬各省教育厅长除省会内必须建设省立图书馆外凡所属之重要商埠（上海、汉口等处）亦必有图书馆之建设案》；⑤《拟呈请教育部会同财政部筹拨相当款项建设京师国立图书馆案》；⑥《凡著作家出版书籍欲巩固版权须经部审查备案注册者宜将其出版之书籍尽两部义务一存教育部备案一存国立图书馆以供众览案》；⑦《各市区小学校应就近联合校内创设巡回儿童图书馆以补充教室内之教育案》；⑧《请中华教育改进社组织图书馆教育研究委员会案》①。

中华教育改进社第二次年会于1923年8月20至24日在北京清华学校举行。获邀参加大会的图书馆界代表人数与第一次年会比较大为增加，共有23人与会。他们是戴志骞、何日章、朱家治、洪有丰、施廷镛、周良熙、刘廷藩、熊景芳、冯陈祖怡、许卓、陆秀、许达聪、王文山、陈家登、胡庆生、裘开明、韦棣华、张嘉谋、查修、王警宇、戴罗瑜丽、刘昉和陶怀琳。图书馆界与会代表组成第三十组图书馆教育组参加会议，从20日起到24日止共召开会议4次，除23日休会外每日举行会议一次。会议期间图书馆教育组共收到议案14件，经图书馆教育组讨论通过者5案，保留7案，移交1案，另有1案则未经讨论。通过之5案：①《呈请中华教育改进社转请政府及美国政府以美国将要退还之庚子赔款三分之一作为扩充中国图书馆案》；②《省立图书馆应征集省县志书及善本书籍案》；③《呈请中华教育改进社转请全国各公立图书馆将所藏善本及一切书籍严加整理布置酌量开放免除收费案》；④《组织各地方图书馆协会案》；⑤《请中华教育改进社备函向国内各大图书公司接洽凡各地学校公立及私立公开之图书馆购书应予以相当折扣案》。另有保留议案7件：①《拟在海关附加税项下酌拨数成建设商业图书馆案（整理议决案委员会议决保留）》；②《请规定学校"图书馆年"并请本社图书馆教育研究委员会速制中等学校图书馆建筑图式及馆中设备计划案》；③《交换重本图书案》；④《图书馆事业办法及应用名辞等应有规定之标准案》；⑤《书籍装订改良案》；⑥《世界图书馆案》；⑦《呈请中华教育改进社转请各省教育厅增设留学图书馆学额培植师资案》①。

1924 年 7 月，中华教育改进社在南京东南大学召开第三次年会。图书馆教育组共接到议案 9 件，论文两篇。自 4 至 7 日图书馆教育组共召开会议 5 次，两次会议讨论议案，两次宣读论文。第五次会议"修正本组织组员"，即改选图书馆教育研究委员会组织机构。图书馆教育组收到 9 件议案：①《请中华教育改进社转请部省凡公立图书馆应一律免除券资案》；②《刊行图书馆学季报案》；③《各省公立图书馆得附设古物陈列所案》；④《请中华教育改进社转请教育部及各省教育厅于留学科内添设图书馆教育科案》；⑤《各省宜酌设农村图书馆案》；⑥《各省教育行政机关应设图书馆教育科案》；⑦《世界图书馆案》；⑧《世界图书馆事业案》；⑨《请政府设立自然科学研究院提高文化培植专门人才案》。两篇论文分别是《中文书籍编目问题》（查修著）、《中学图书馆几个问题》（沈祖荣、胡庆生著）。经过两次会议讨论，通过者 5 案，保留者 1 案，退回国际教育组者 2 案，退回教育行政组者 1 案。通过的 5 案分别是：①《请中华教育改进社转请部省凡公立图书馆应一律免除券资案》；②《刊行图书馆学季报案》；③《各省公立图书馆得附设古物陈列所案》；④《请中华教育改进社转请教育部及各省教育厅于留学科内添设图书馆教育科案》；⑤《各省宜酌设农村图书馆案》。《各省教育行政机关应设图书馆教育科案》予以保留，《世界图书馆案》和《世界图书馆事业案》两案退回国际教育组，《请政府设立自然科学研究院提高文化培植专门人才案》则退回教育行政组。7 月 7 日，图书馆教育组召开第五次会议，出席会议代表 18 人。会议"借南京图书馆协会在东南大学孟芳图书馆欢迎本组社员之便，修正本组组员"，即改选图书馆教育研究委员会组织机构，戴志骞任主席，朱家治为书记。改选结果戴志骞仍为主任，洪有丰仍为副主任，朱家治为书记，委员包括沈祖荣、胡庆生、杜定友、程时煃、冯陈祖怡、查修、谭新嘉、陈长伟、何日章、冯绍苏、裘开明、王文山、施廷镛、袁同礼、章箴、吴汉章、许达聪、陈宗登等 18 人。另有王洪策、宋远吾、邵鹤举等 29 人自愿加入委员会开展活动②。

---

① 第三十图书馆教育组会议纪要 . 新教育，1923，7（2/3）：295—317.
② 分组会议纪录·第二十六组 . 新教育，1924，9（3）：649—669.

　　1925 年 8 月 17 日，中华教育改进社第四次年会在山西太原召开。图书馆教育组于 8 月 20 日上午举行第一次会议，袁同礼、杨立诚、柯璜、侯与炳、何厚香、朱家治、金闿、陈长伟、毛德麟、石作玺、施廷镛、田九德、李汉元、张嘉谋等 14 人参加。袁同礼任主席，朱家治任书记。图书馆教育组连同临时动议，共提交议案 4 件：①《规定图书馆经费》；②《请教育部通令各省区严禁上级官厅荐人于图书馆案》；③《请公立图书馆及通俗图书馆增设儿童图书部案》；④《师范学校一律添授图书馆学案》。经讨论，"咸以为第二案系关图书馆同人自由不受任何方面之限制，应使成立。但事实上不止图书馆，即任何机关均不免有荐用私人之弊；且现在图书馆人才资格及私人之能用与否，概难定标准，此案恐不易提，故暂保留。又第四案已经在本组第一届年会提过，议决推行；此项提出，系属重复提议，故决撤消"。其第一及第三两案，经详细讨论，并将内容修正后改为①《规定学校图书馆购书经费案》和②《请公立图书馆及通俗教育馆增设儿童部案》①。

2.2.3　中华教育改进社与中华图书馆协会

　　中华教育改进社先后召开年会 4 次，图书馆教育组通过议案 20 件，其中第一次年会通过 8 件，第二次和三次年会均为 5 件，第四次年会通过 2 件。第四次年会召开时，作为全国性图书馆组织的中华图书馆协会已正式成立，中华教育改进社图书馆教育组作为全国图书馆组织的代表性大为减弱。此次年会结束后，中华教育改进社图书馆教育组及图书馆教育研究委员会自行解散。组织全国图书馆界力量研究图书馆事业发展中遇到的各种问题的历史使命由中华图书馆协会接替。在中华图书协会成立以前，中华教育改进社 4 次年会图书馆教育组研究讨论通过的 20 件议案，无疑对发展中国的图书馆事业起到了重要的促进作用②。比如第一次年会通过的《中国师范学校及高等师范应增设图书馆管

---

①　中华教育改进社第四次年会图书馆教育组议决案．中华图书馆协会会报,1925,1（3）：27—28.

②　黄少明．中华教育改进社年会有关图书馆议决案对中国图书馆事业的影响．国家图书馆学刊,2009（3）:88—92;李刚,叶继元．中国现代图书馆专业化的一个重要源头——中华教育改进社图书馆教育组的历史考察．中国图书馆学报,2011（3）:79—91.

理科案》《凡著作家出版书籍欲巩固版权须经部审查备案注册者宜将其出版之书籍尽两部义务一存教育部备案一存国立图书馆以供众览案》；第二次年会通过的《请中华教育改进社转请全国各公立图书馆将所藏善本及一切书籍严加整理布置酌量开放免除收费案》《组织各地方图书馆协会案》；第三次年会通过的《请中华教育改进社转请部省凡公立图书馆应一律免除券资案》《刊行图书馆学季报案》以及第四次年会通过的有关议案，对推动中国现代图书馆事业的人才培养、呈缴本制度的确立和完善、图书馆从收费阅览到免费开放、地方图书馆协会的成立、图书馆学专业刊物的编辑出版等都曾发挥过积极作用。

特别是第一次年会通过的《请中华教育改进社组织图书馆教育研究委员会案》和第二次年会通过的《呈请中华教育改进社转请政府及美国政府以美国将要退还之庚子赔款三分之一作为扩充中国图书馆案》《组织各地方图书馆协会案》3案，对促成中华图书馆协会的成立，并通过中华图书馆协会全体会员的共同努力，对发展中国图书馆事业和促进图书馆学术的繁荣更是难以估量。虽说全国性的图书馆组织或早或迟都一定会成立，但如果没有中华教育改进社图书馆教育组所提相关议案，则全国性图书馆组织的成立会推迟则是肯定无疑的。

中华教育改进社图书馆教育组在第一次年会上由戴志骞提出并通过的《请中华教育改进社组织图书馆教育研究委员会案》，使因之成立的中华教育改进社图书馆教育研究委员会已经具备了全国性图书馆协会组织的雏形。中华教育改进社图书馆教育研究委员会的"组织大纲"共分六条：（一）定名：中华教育改进社图书馆教育研究委员会。（二）宗旨：本会以研究图书馆教育问题为宗旨。（三）委员：委员名额暂定十五人，由改进社函请国内研究图书馆教育及热心研究教育者充之。（四）职员：本委员会设干事一人，副干事一人，书记一人，由本委员会互选之；并由中华教育改进社聘任之。（五）研究计划：本会研究计划分二种，甲、共同研究，以分组研究之结果，应由全体委员讨论决定之。乙、分组研究，暂分四组，遇必要随时增减之。四组分别是：（1）图书馆行政与管理。（2）征集中国图书。（3）分类编目研究。（4）图书审查。第三届年会召开期间，还对图书馆教育研究委员会的会员部分进行"修正"，即对图书馆教育研究委员会的组织机构进行改选。戴志骞在中华教育改进社第二次年会上所提《组织各地方图书馆协会案》之办法三就是"在某地方图书馆协会未能成立以前，或遇必要时，中华教育改进社图书馆教育研究委员会——由社员报告——应委派本社社员在该地者，充当发起人或交际员"①。宋建成在《中华图书馆协会》一书中认为"图书馆教育研究委员会之设，亦可谓图书馆界研究图书馆学术的共同组织"②。

　　第二次年会中华教育改进社图书馆教育组通过文华大学图书科全体师生所提的《呈请中华教育改进社转请政府及美国政府以美国将要退还之庚子赔款三分之一作为扩充中国图书馆案》和戴志骞所提的《组织各地方图书馆协会案》两案同样对中华图书馆协会的成立具有很大影响。正是有《呈请中华教育改进社转请政府及美国政府以美国将要退还之庚子赔款三分之一作为扩充中国图书馆案》和韦棣华女士为了争取美国政府以将要退还之庚子赔款三分之一作为扩充中国图书馆的种种努力，才有美国图书馆协会派鲍士伟博士来华考察中国的图书馆事业，为将要退还之庚子赔款用于建设中国图书馆事业之准备，而鲍士伟博士来华考察中国的图书馆事业则直接促成了中华图书馆协会的成立。有了《组织各地图书馆协会案》的通过，才有中华教育改进社敦请戴志骞发起成立北京图书馆协会，以及北京图书馆协会致函各地图书馆，请分别从速发起成立图书馆协会，也才有后来上海、江苏、浙江、南京、天津、广州、杭州、开封和南阳等地图书馆协会的成立。而地方图书馆协会的前期成立是组织成立全国性图书馆协会的必要条件，并且也正是由上海图书馆协会和北京图书馆协会同时分别发起成立了中华图书馆协会。

　　从前面的讨论可以看出，中华教育改进社图书馆教育组在年会召开期间行使全国性图书馆组织的作用，中国教育改进社图书馆教育研究委员会作为中华教育改进社下设的专门委员会之一，则在中华教育改进社年会闭会期间行使全国性图书馆组织的作用。中华教育改进社图书馆教育组和由图书馆教育组提议成立的图书馆教育研究委员会，在中华图书馆协会成立以前，共同代表并履行了全国性图书馆组织的作用。洪有丰和蒋复璁认为中华教育改进社图书馆教育

---

① 第三十图书馆教育组会议纪要.新教育,1923,7（2/3）:295—317.
② 宋建成.中华图书馆协会.台北:育英社文化事业有限公司,1980:13.

组是中华图书馆协会的"由来"和"始基"①。但是雏形毕竟只是雏形，并不是正式成立的全国性图书馆组织，全国性图书馆组织的职能发挥并不充分，而只是在中华教育改进社内履行了全国性图书馆组织的部分职能。因此，其作用发挥与影响自然不能与后来成立的中华图书馆协会在推动我国图书馆事业和图书馆学术向前发展过程中所发挥的作用相提并论。

2.3 韦棣华女士对协会成立的贡献

2.3.1 韦棣华女士生平

在中国近现代图书馆事业的发展过程中，曾经涌现出一批杰出的先驱人物，如沈祖荣、杜定友、戴志骞、洪有丰、李小缘、刘国钧等，他们是 20 世纪中国现代图书馆运动第一代先驱中的代表，而在第一代先驱代表人物中，贡献最大、影响最广泛、最深远的乃是韦棣华和沈祖荣②。早在 1926 年，中华民国总统黎元洪已把韦棣华称为"中国现代图书馆运动的皇后"（The Queen of the Modern Library Movement in China）③。徐家麟则称韦棣华女士为"我国现代化图书馆之母"④。而中国图书馆界则普遍亲切地称她为韦棣华女士、韦女士或径称女士。

韦棣华女士（Mary Elizabeth Wood，1861—1931），1861 年 8 月 22 出生于美国纽约州巴达维亚（Batavia N. Y.）附近一个名叫埃尔巴（Elba）的小镇。家中姐弟 8 人，韦棣华女士居长，是家中唯一的女孩。1899 年初，韦棣华女士最小的胞弟韦德生（Robert Edward Wood，1876—1952）被美国圣公会国内外差会派赴中国武昌圣公会传教。"当庚子义和团事起，各地华人仇教排外，一时欧美传教士之被害者颇众，风声所播，遏及彼土"⑤。消息传到美国，韦棣华女士对爱弟的安全处境深为忧虑。于是决定只身来华探视其弟，并于 1899 年抵达武昌，

①　宋建成 . 中华图书馆协会 . 台北 : 育英社文化事业有限公司，1980：14.
②　程焕文 . 中国图书馆学教育之父——沈祖荣评传 . 台北 : 台湾学生书局，1997：283.
③　SAMUEL T Y S. Miss Mary Elizabeth Wood：the queen of the modern Library Movement in China. 文华图书科季刊，1931，3（3）：8—13.
④　柯愈春 . 追求中国图书馆现代化的思想家徐家麟 . 图书情报知识，2009（4）：5—16.
⑤　刘允慈 . 记美国图书馆学专家韦棣华女士 . 图书展望（复刊），1945（4）：10—11.

时年 39 岁。1900 年 6 月 21 日，当清政府颁发诏书向列强宣战之时，中国东南地区的封疆大吏——广东李鸿章、南京刘坤一、武汉张之洞和山东袁世凯一致拒绝其有效性，坚持认为它是一个乱命、一个未经朝廷适当授权的非法诏令。他们封锁了清政府的宣战消息，也封锁了组织义和团抵抗外国侵略的命令。由此，整个东南中国避免了义和团运动的影响和外国人的入侵 ①。

因此，抵达武昌后的韦棣华女士发现其弟竟安然无恙，甚感欣慰。以后，韦棣华女士决定留居武昌，直到 1931 年 5 月 1 日病逝于湖北武昌，时年 69 岁，共在华生活三十余年 ②。韦棣华女士来华之前曾在美国理查德纪念图书馆（Richmond Memorial Library）工作了十年。这十年的图书馆工作经验为她以后把毕生的精力贡献给中国现代图书馆事业奠定了专业基础。韦棣华女士长期在华工作，她热爱中国人民，视中国为其第二故乡。因此，当有人关心起她的婚姻问题时，她说她已经嫁给中国了，在她心中只有一个中国 ③。

韦棣华女士在华服务的三十余年时间里，正是中国社会风云激荡的时代，也是我国近代图书馆事业从萌芽到兴起的重要时期。韦棣华女士在华服务期间，完成了 4 件值得中国图书馆界永远铭记的大事：一是在 1910 年创办我国第一个完全现代意义上的公共图书馆——文华公书林；二是在 1914、1917 年先后资助沈祖荣和胡庆生赴美留学，开创我国学子赴海外攻读图书馆学之先河；三是在 1920 年创办我国第一个图书馆学专业教育机构——文华大学图书科；四是于1923、1924 年两年间在中美两国之间奔走呼吁，并最终促成了美国退还之部分庚子赔款用于发展中国包括图书馆在内的永久性文化事业。正是她关于利用美国退还之部分庚款发展中国图书馆事业的倡议，促成了中华图书馆协会的诞生。中华图书馆协会成立以后，1927 年秋，英国图书馆协会五十周年庆典在苏格兰爱丁堡举行，来自奥地利等 15 个国家的图书馆协会代表共 21 人参加。韦棣华女士代表中华图书馆协会出席，在大会期间参与发起成立国际图书馆协会联合会并在议案上签字。因此，中华图书馆协会是国际图联的发起者之一。这四件大事

① 徐中约.中国近代史:1600—2000.中国的奋斗.计秋枫,朱庆葆,译.6 版.北京:世界图书出版公司,2008:315.

② 裘开明.韦师棣华女士传略.中华图书馆协会会报,1931,6（6）:7—9.

③ 查启森,赵纪元.文华公书林纪事本末.图书情报知识,2008（5）:109—113.

在中国近现代图书馆事业的发展过程中具有重大意义。"中国现代图书馆运动的皇后",韦棣华女士当之无愧①。

刘允慈在《记美国图书馆学专家韦棣华女士》一文中指出"若乃私人出资出力,出其所学,惨淡经营,奔走呼号,深入社会,始则实施其计划于一隅,终以引起世界注意,博取友邦赞助之同情,遂使中国整个图书教育大受其赐者,厥唯庚子来华之美国图书馆学专家韦棣华女士","彼韦氏者,本异国之女,处客观之地,而独先我国人之忧而忧,先我国人之觉而觉,借箸代谋,视同切己,鞠躬尽瘁,长系遗志,不尤难哉!此吾人所当深感累歔而自愧弗如者也"②。对韦棣华女士为发展中国现代图书馆事业所做贡献给予高度的肯定。韦棣华女士来华服务三十周年纪念活动举办前夕,中华图书馆协会为纪念韦棣华女士对中国图书馆事业做出的贡献,除捐款国币 200 元参与"建筑韦氏博物馆一座,及募捐五万元为其手创之图书馆学学校之讲学基金"纪念活动外,并另赠韦女士来华服务卅周年颂辞一轴:

晋用楚材	作宾吾国
万里乘风	翩然六翮
敷文宣化	涵濡教泽
善诱循循	可象可则
我有图书	谋宝藏之
我建秘阁	复赞襄之
集贤授学	导而倡之
鸿都天一	文苑方之
君之来也	卅载于兹
士林仰止	遐迩咸知
式昭轮奂	永树光仪

---

① JING L. Chinese-American alliances: American professionalization and the rise of the modern Chinese library system in the 1920s and 1930s. Library and Information History, 2009, 25 (1): 20—32.

② 刘允慈. 记美国图书馆学专家韦棣华女士. 图书展望(复刊), 1945(4): 10—11.

　　　　垂诸奕世　　　敬纪厥辞 [①]

　　除了对发展中国现代图书馆事业的贡献外，韦棣华女士还曾努力争取美国政府取消对中国的一切不平等条约。"一九二六年，美国图书馆协会举行五十周年纪念大会，女士被邀回国，参加盛会。并乘机向美国政府运动，取消对中国一切不平等条约，惜未得美国会提出表决，女士深抱遗恨" [②]。韦棣华女士的这一美好愿望——希望以美国为首的列强能够取消对华不平等条约——要等到中国人民在世界反法西斯战争中，用鲜血和生命为抗击日本法西斯侵略而做出巨大牺牲后的 1943 年 1 月，英国政府在美国的压力之下同意与国民政府签订新约之时才得以实现 [③]。

2.3.2　美国退还之部分庚子赔款考索

　　中华图书馆协会的成立与美国退还之部分庚子赔款用于中国图书馆事业建设有密切关系，甚至可以说正是美国退还之部分庚子赔款用于中国图书馆事业建设的倡议，直接促成了中华图书馆协会的诞生。而提及庚子赔款以及部分庚子赔款用于发展中国教育文化事业，中国人的心情又是比较复杂的。因此，有必要对用于中国图书馆事业建设的美国退还之部分庚子赔款的来龙去脉做一考查。

　　1900 年华北地区爆发仇教排外的义和团运动。6 月，清政府向八国联军宣战，结果是八国联军进陷津京，慈禧太后和光绪皇帝仓皇逃奔西安。1901 年，清政府被迫与列强订立《辛丑条约》，条约规定清政府应付赔款总数为白银 4.5 亿两（即所谓庚子赔款，亦简称为庚款）。其中应付美国之赔款，折合美元约计 2414 万，自 1901 年 7 月起分年交付，按年计息四厘，三十九年内共计利息 2891 万美元，总计本利共约 5335 万美元。当初美国曾允许清政府以白银偿还，后因支付各国赔款都以美元计算，美国自然不能例外，所以仍旧折合美元支付。

　　我国赔偿美国数目，实际上较之美国战争期间所用军费，以及商民教士抚

---

　　① 本会对于韦棣华女士纪念大会之襄助.中华图书馆协会会报,1930,5（5）:36.

　　② 刘允慈.记美国图书馆学专家韦棣华女士.图书展望（复刊）,1945（4）:10—11.

　　③ 米特.中国,被遗忘的盟友——西方人眼中的抗日战争全史.蒋永强,陈逾前,陈心心,译.北京:新世界出版社,2014:290.

恤各项费用，浮溢数很大。当时，我国驻美公使梁诚，就此特别向美国政府交涉磋商，请求酌减。美国官方为表示两国之间的"友好"关系，应允中方之请，同意将浮溢部分减去。于是，从 1909 年起实行减收，统计美国少收 1100 万元，其办法是由我国先照原来数目分年交付，另由美国将浮溢数目，合计本利，于收款内退还一部分。同时将曾经提存的 200 万元，除抵偿私家损失外，尚余 170 万元，亦一并退还我国。经双方沟通，此项退款主要充作我国派遣留学生赴美留学之学费。以梅贻琦、胡适等为代表的庚款留美学生，正是利用这一部分"退款"而留学美国的。此后，1917 年，中美人士又倡议请美国政府将赔款的余存部分一并返还中国，得到美国政界及其他社会各界人士的赞同。1924 年，美国国会一致通过继续退还庚款案，并表示该款用以发展中国教育文化事业，我国政府亦表示赞同。据当时驻美大使施肇基报告，继续退还庚款数目 1215 万美元以上，分作 20 年交付。为此，1924 年 9 月，中美两国合组中华教育文化基金董事会，全权管理退还庚款之支配使用。董事会中中方代表 10 人，美方代表 5 人。1925 年 6 月 2 至 4 日，董事会在天津举行第一次集会，通过分配款项原则 6 条及分配款项范围 2 条。其第二条云："促进有永久性质之文化事业，如图书馆之类。"中华图书馆协会也赶在董事会举行第一次集会前夕在北京举行成立仪式。这就是庚款用于补助我国图书馆事业建设之由来[①]。因此，所谓美国退还之庚子赔款者主要包括了两个部分：第一部分是《辛丑条约》中美国要求清政府赔偿的"浮溢"部分，后经我驻美公使梁诚向美国政府交涉，美国政府为表示"友好"，应允予以退还，并主要用作派遣赴美留学生之学费；第二部分是 1917 年，中美社会各界人士倡议请求美国政府将赔款的余存部分一并返还中国，得到美国政界及社会各界人士的赞同，并于 1924 年经美国国会一致通过后退还我国之庚款。此项退款主要用以发展包括图书馆在内的中国教育文化事业。

专为管理美国退还之部分庚子赔款而设的中华教育文化教育基金董事会，

---

① 前北京外交部呈报美国庚款退还经过情形文 // 教育部 . 第一次中国教育年鉴·戊·教育杂录第二·庚款与教育文化 . 上海：开明书店，1934：94；洪焕椿 . 美国退还庚款补助图书馆事业之由来及经过 . 图书展望（复刊），1947（2）：18—19.

从 1925 年成立到 1949 年迁往美国为止，共拨款 24 250 893 元和 392 795 美元，资助大学、学院、研究机构和文教组织 96 个 ①。1925 年 6 月，基金会在天津举行第一次年会时决议："美国所退还之赔款，委托于中华教育文化基金董事会管理者，应用以：（一）发展科学知识，及此项知识适于中国情形之应用，其道在增进技术教育、科学之研究试验与表证，及科学教学法之训练；（二）促进有永久性质之文化事业，如图书馆之类"②。因此，对图书馆事业的资助成为中华教育文化基金董事会重要的拨款项目之一。从 1925 年到 1949 年，基金会对中国图书馆事业的资助主要包括国立北平图书馆、北京大学图书馆、武昌文华图书馆学专科学校、清华大学图书馆、中国科学社明复图书馆等项目。其中国立北平图书馆是最成功，也最有影响的资助项目，"后来发展成为一项中国文化的主要财富"③。

民国时期，内忧外患使得国内政局动荡激烈，有限的财政收入大部分用作战争支出，文化教育投入严重不足。由于财政匮乏，图书馆等文化事业的发展步履维艰。从美国方面来看，美国政府坚持此项基金用于中国教育文化事业是为了传播美国的价值观，从而保持美国在华的长久利益，但此举却客观上促进了近代中国教育文化事业的发展。从中国方面来看，中华教育文化基金董事会对中国近现代图书馆的资金援助，在一定程度上弥补了我国图书馆事业发展所需经费之不足，促进了中国现代图书馆事业的发展。需要指出的是，中华教育文化基金董事会所管理的庚子赔款，是在不平等条约体系的保护下从中国中央政府获得的稳定资金，并不是美国政府的投资，美国政府是在利用中国政府的钱财来维护其在华的长远利益④。

另外，受美国"退还"部分庚子赔款用于发展中国的教育文化事业的影响，

---

① 费正清，费维恺. 剑桥中华民国史（1912—1949 年下卷）. 北京：中国社会科学出版社，1994：401.

② 各国庚款余额退还情形 // 教育部. 第一次中国教育年鉴·戊·教育杂录第二·庚款与教育文化. 上海：开明书店，1934：88—89.

③ 费正清，费维恺. 剑桥中华民国史（1912—1949 年下卷）. 北京：中国社会科学出版社，1994：404.

④ 张殿清. 中华文化教育基金董事会对中国近代图书馆的资金援助. 大学图书馆学报，2006（2）：54—56.

英国政府在 1922 年 12 月就宣称"以后中国应付逐期庚款预备悉数退回",但附加条件规定要"作为两国互有利益之用"。1917 年,中国对德宣战,德奥两国庚款因此取消。1924 年,苏联自动放弃庚款。法、比、意、荷等国亦相继退还应付庚款,设董事会或委员会管理处置之,指定用途,或完全用于提倡中国教育文化事业,或用于铁路、交通、水利、实业之建设,以息金办理教育文化事业[①]。

2.3.3 韦棣华女士为庚子赔款用于发展中国图书馆事业之努力

"美国退还庚款补助图书馆事业之议,是美国人韦棣华女士率先发动者"[②]。美国退还之部分庚子赔款,用于发展中国的教育文化事业得到美国政界及社会各界人士的赞同后,"女士鉴于中国财政困难,教育文化经费拮据最甚,而其支配于社会教育一项者,尤极少数中之少数。在如斯情况下,自非别行设法,筹定可供利用之专款,不足以资振兴中国教育及培植方在萌芽之中国图书馆事业。因忆其本国曾将中国庚子赔款退还一次,用以设立清华学校,今后尚以陆续退还之款,分别用之于中国其他教育文化事业及图书馆方面,实最切要"[③]。于是从 1922 年起发起以美国退还之部分庚子赔款,用于建设中国图书馆事业,因此才有文华大学图书科在中华教育改进社第二次年会上提出《呈请中华教育改进社转请政府及美国政府以美国将要退还之庚子赔款三分之一作为扩充中国图书馆案》。此案于 1923 年 8 月 20 日第一次会议修正后获得一致通过。该案获得通过之理由共九条,办法凡三点。

九条理由为:

（一）图书馆为普及教育之利器。（1）图书馆不限程度之高下——较之贵族式之学校,或其他为最少数人谋利益之组织,不可同日而语。（如

---

① 庚款与教育文化//教育部.第一次中国教育年鉴·戊·教育杂录.上海:开明书店,1934:86.

② 洪焕椿.美国退还庚款补助图书馆事业之由来及经过.图书展望(复刊),1947(2):18—19.

③ 刘允慈.记美国图书馆学专家韦棣华女士.图书展望(复刊),1945(4):10—11.

谓图书馆为平民大学校也可，谓为专门学者之智识宝库也亦无不可。）
（2）图书馆不限职业之贵贱——无论士、农、工、商，均得同享图书馆
之利益。（3）图书馆不限年龄之大小。（4）图书馆不限男女之差别——能
够济男女教育不平等之现象。（5）图书馆能使（a）未受教育者，受相当
之常识（如通俗演讲等）；（b）已受教育者，继续求学，得与时并进（就智
识方面而言）。

（二）希望我国政府推广图书馆事业，现在已如泡影，绝无成为事实
之可能。故吾人如欲发展中国图书馆事业，舍仰给于"美国退还赔款"外，
并无第二捷径。

（三）各省公立图书馆之经费，异常拮据。整顿无从着手。故不得不
假"美国退还赔款"，用为改良中国原有之图书馆。（此项图书馆须收藏较
富，成绩较优，地点适宜，并能履行特别条件者。）

（四）今日中国人士之"捐助"观念日见发达；唯对于图书馆事业，较
之西人，甚形冷淡。推原其故，实因中国图书馆收效未著，不易引起多数
人之同情。为今之计，应借"美国退还赔款"建设若干设备完善之图书馆。
速尽图书馆应尽之服务，早著图书馆所应著之功效，以博国内多数人士之
赞助。如是，则图书馆事业庶可普及于中华民国矣。

（五）中国尚无模范图书馆堪足取法者。一旦得此巨款，则可经营若
干模范图书馆，划一各种制度标准、管理手续，以为全国公、私、省、县、
市、村图书馆之赞助。

（六）中国各界领袖对于图书馆事业甚表赞同。

（七）美国为图书馆事业发达最盛之国家。故该国人士对于"退还赔款"
用为扩充中国图书馆事业，势必尽力襄助。

（八）图书馆在欧美教育界所占位置之重要，识者尽知，不待赘述。今
中华教育改进社既以改进中华教育为宗旨，理应以改进图书馆事业为前提。

（九）中华教育改进社为中国教育界唯一之代表，故该社所提出之议
案，极易得中外人士之信仰。

三点办法是：

（一）于此后二十年内，就尚未退还之庚子赔款项下，每年提出美金二十万元。其第一年提出之全数，另行存储，作为久远基金，以年利六厘计每年可得息金美金一万二千元，专供中华图书馆委员会之用。第二年提出之二十万金元，应存妥实之银行生息。俟第三年之款提出（连第二年之母子金共计金元四十一万二千元）可拨金元二十一万二千元，以充大图书馆一所建筑及设备之用。余剩之金元二十万元，以六厘生息，年得金元一万二千元，可供维持之费。此后每间一年，可增设类于第一次所建之图书馆一所。迨至各最大城市已有大图书馆五所后，其后九年，可于较小城市中，年增小图书馆一所。每所拟用金元十万元作建筑及设备之用。而以余剩之金元十万元作为基金，以六厘生息，年得金元六千元，借供维持。

（二）凡接收此项公共图书馆之城市，须履行下列条件：（1）拨给为建筑该图书馆基地一块。（2）每年拨该馆津贴费若干元。其数目之多少由图书馆委员会详定之。但其用途，须半做购置新书费，半作扩充等费。

（三）组织：（1）选举部——由美国驻京公使、中国外交部、教育部及全国高等教育联合机关（如中华教育改进社、中华职业教育社、中国科学社）、总商会等组织之。选举部之职权概略如左。选举图书部、董事部（人数多少，由选举部另定之）。（2）董事部——由选举部推选之（但能代表中美两国者方为合格）。董事部之职权概略如左：（a）对于图书馆计划，担负完全责任。（b）监督各种款项及其用途。（c）议决图书馆一切进行事宜。（d）交付议决案件于委员会，并监督其实行。（e）受理图书馆委员会各种建议。（3）图书馆委员会——由董事部派选之。图书馆委员会之职权概略如左：（a）委员会执行董事部议决案件。（b）委员会得建议于董事部。（c）委员会应编制每年预算及各种进行计划，送呈董事部审定。（d）委员会得扶助中国图书馆协会组织及其发展。（e）委员会得随时审查各地图书馆进行情形。（f）委员会如得同意时得资助各地公私图书馆进行事业。（g）委员会有辞聘各地"赔款"所建设之图书馆馆员之全权等等。①

---

① 第三十图书馆教育组会议纪要. 新教育, 1923, 7（2/3）:295—317.

美国退还之部分庚款能够用于发展中国图书馆事业，对于因国家财政匮乏、经费拮据而举步维艰之中国现代图书馆事业来讲，无异于雪中送炭。当时沈祖荣、胡庆生、洪有丰、戴志骞等也曾致函美国图书馆协会年会，请美国图书馆协会予以协助。韦棣华女士也接受余日章所提美国若能将庚子赔款的余留部分退还中国，其中一部分可以用作介绍现代式图书馆于中国的建议，拟订一篇请愿书，携访时任美国驻华大使的叔尔曼博士（Dr. Schruman），并访问在北京的中外知名人士，商讨恳请美国退回庚子余款以及运用此款推动中国现代公共图书馆发展。此举得到政学各界人士的热烈支持，有 150 位中国朝野知名人士在请愿书上签字①。韦棣华女士再携带中国各界上美国大总统之呈请书（有中国各界领袖及名流 150 余人及 65 名在华美籍侨民签名②）与中华教育改进社第二次年会通过之议案两项等重要文件，于 1923 年 9 月专程返美，呈送美国总统及美国国会。韦棣华女士为此遍访美国国会议员及各界名人，时逾一载。

由于韦棣华女士在美卓有成效的努力，1924 年 5 月 21 日，美国国会通过予总统以全权退还庚款余数予中国。由于退还庚款并未详列分配使用方法，仅悉以此款用于中国的文化教育事业，因此对于主张发展中国图书馆运动者，仍必须向基金会提出申请，方能得到实际之帮助。韦女士一则为了证明中国图书馆界的迫切需要，另则受中华教育改进社之委托，为提倡我国图书馆事业，邀请图书馆最发达的美国派专家来华，调查并指导中国图书馆事业的发展，遂参加 1924 年 6 月 30 日至 7 月 5 日在塞拉拖格温泉举行的美国图书馆协会第四十六届年会，并于 7 月 1 日第二次一般会议上宣读论文《中国近代图书馆的发展》（"Recent Library Development in China"），详述现代化公共图书馆对中国的重要性，以及近二十余年来中国图书馆的发展状况，并说明为使所退还庚款能用于图书馆事业，美国图书馆协会必须派遣一位图书馆学专家到中国调查图书馆事业。由于韦棣华女士的积极奔走和多方努力，美国图书馆协会最后决定派遣圣路易斯公共图书馆馆长、美国图书馆协会前主席鲍士伟博士为代表，于 1925 年来华考察③。

① 宋建成 . 中华图书馆协会 . 台北：育英社文化事业有限公司，1980：18—19.
② 初景利 . 鲍士伟与中国图书馆的发展：国际合作的一个篇章 . 图书馆学刊，1993（6）：6—12.
③ 宋建成 . 中华图书馆协会 . 台北：育英社文化事业有限公司，1980：19—20.

1924 年秋，韦棣华女士自美返华，布置美国图书馆专家来华调查各地图书馆等相关事宜。1925 年 4 月，"美国图书馆学专家鲍士伟（Arthur. E Bostwick）翩然莅止。吾国人士，即在欢迎鲍士伟声中，成立中华图书馆协会于上海。所有此次鲍士伟来华旅行调查经费，除一部分招待费由中华教育改进社承担外，其余概由女士在美政府委员会筹划而得，其热心尽力，几无所不至"①。美国退回之部分庚子赔款能够用于发展中国图书馆事业，启其端及任其事者，实韦棣华女士也。有关韦棣华女士在美国奔走，获得美国国会及美国总统决定退还庚子赔款之前后情形，于韦棣华女士致中华教育改进社主任干事陶行知函中可见一斑。

溯自旧岁十二月一日，即美国议院开始集会之日起，至本年六月上旬该议院闭会之日止，棣华躬赴美京华盛顿株守。此都于参议代表两院内，亲往叩谒。获见参议员八十二人（该院共八十六人），获见代表议员四百二十人（该院代表四百三十五人）。专为庚子赔款案运动，希得通过。两院中未克接谈者，不过数人而已。然棣华亦曾与各该秘书作一度之接洽。

嗣后议案既委交两院之外交事务审查委员会后，棣华即将中国上美国大总统之呈请书（有全国各届领袖及名流一百五十余人署名），并贵改进社议案（一九二三年八月开年会时全体一致通过者），等两项至要文件，抄录多份呈给该委员会每人各一份，以备参考。

迫至该议案通过后，棣华复亲往请见美大总统。当时又向总统提出上列二项文件，以证明中国人民对于美国庚款用途之一种建议。美大总统答云："我明白倡办图书馆亦是庚款用途之一种。"

美议员中如参议员别白，代表院议员林弟根等氏，皆议院中素有势力之人物也。此次议案之通过，多赖伊等之赞成。该氏等亦皆极端赞成图书馆事业，并允许此后仍继续为之效力提倡，云云。后有中美数要人提议，须由贵改进社名义，聘请美国图书馆界中声望昭著之专家，来华考查中国

---

① 刘允慈. 记美国图书馆学专家韦棣华女士. 图书展望（复刊），1945（4）:10—11.

情形及图书馆之急需况状。俾向贵改进社有具体之建议，以便转达中美庚款委员会。棣华旋往纽约省赴美国图书馆全国协会之本年年会。当时即恳请该会资助成此义举，并请选定相当专员以应贵改进社之聘请。查美国图书馆协会共有会员六千余人，在美国饶有势力，且素喜对外国图书馆作友谊之辅助，即欧洲图书馆中亦屡有受其协助者。如近法兰西创办图书馆专校，亦多赖其协助云。兹者承贵改进社俯允，中美诸要人之提议，已函聘敝国之图书馆专家。俟该员来华调查后当作报告，并拟建议书呈于贵改进社，以便转达中美庚款委员会。惟于该专员未来以前，尚须仰赖贵社有所指导，俾早有筹备。棣华等对于调查传扬等等事务，如有可以委任者，自当竭诚服劳。至于该专员之川资等费，棣华蒙敝国诸友人热心襄助，业已捐有定款，可无代虑。

　　窃以教育改进社者，中国最有声望之组织也，美国图书馆协会者，著名全美之团体也。兹者有此专员来华，匪特能使此两大机关可资联络，互通声气，更可敦笃友谊，而感情则愈浓矣。

　　旧年八月，贵社于开年会时，全体一致通过议案，赞成将美国庚子赔款拨一部分作倡办图书馆事业之用。想贵社已经早有策划，俾将来此案能成事实，且明春中美庚款委员会开会时，贵社对于实行该案之办法，定将有所主张。此等计划恳请示知一二，是为至盼。

　　此次美国议会议定退还庚子赔款，全赖中国各大老之力，棣华不过稍有所效劳。乃承贵社董事长熊希龄先生并贵主任干事代表贵社全体会员赐函致谢，棣华感激良深。尚乞转致

熊先生并恳赐复，是所盼祷。统此布呈，敬请

教安

韦棣华谨启①

中华教育改进社董事部部长熊希龄，在接到韦棣华女士关于办理美国部分

---

　　① 韦棣华女士致中华教育改进社主任干事陶行知函 // 王余光 . 清末民国图书馆史料汇编（3）. 范凡等选辑 . 北京：国家图书馆出版社，2014：44—46.

庚子赔款用于发展中国图书馆事业之经过后，特别于中华教育改进社召开第三次年会时，"将此事经过情形，详为报告后，凡二十三省三特别区及蒙古等处到会会员一千零四十人，对于女士于敦睦友谊、赞助文化上表现此种纯洁之精神、远大之见识与坚韧之毅力，莫不深致敬仰"①。从以上的史实不难看出，正是有韦棣华女士为了争取美国退还庚款能够部分用于中国图书馆的发展而进行的种种努力，才有中美两国"数要人"提议，由中华教育改进社聘请美国著名图书馆学专家来华考查中国的图书馆事业，并通过考察活动向中华教育改进社提供具体之建议，再由中华教育改进社转达中华教育文化基金董事会，俾中华教育文化基金董事会在庚款使用分配上充分考虑庚款用于中国图书馆事业的发展。而鲍士伟博士的来华则直接催生了中华图书馆协会。

最早呼吁和倡导成立全国性图书馆协会组织并做出重大贡献者，除了戴志骞、杜定友和韦棣华女士之外，还有沈祖荣。1922年7月3至8日，中华教育改进社在山东济南召开第一次年会。戴志骞在7月5日的小组会议上提出组织图书馆管理学会案，因无附议暂不讨论的情况下，即席提议《请中华教育改进社组织图书馆教育研究委员会案》。这个临时动议立即得到了沈祖荣、洪有丰的赞同和附议，并成为图书馆教育组所通过的8项决议中的最后一项决议②。

在中华教育改进社第一次年会之后，应中华教育改进社主任干事陶行知的邀请，沈祖荣于1922年11月在《新教育》杂志第5卷第4期上发表《民国十年之图书馆》一文。在这篇论文中，沈祖荣特别提出发展中国图书馆事业应当注意的5个方法。其中第5个方法即是组织全国图书馆研究会。沈祖荣认为："中国图书馆，其所以不能发达者，又在各该馆各自为法，孤立无助；推原其故，由未联络研究机关，以谋协助也。诚能组织全国图书馆研究会，以馆中馆长馆员主任为基础，再征求全国同志，及热心赞成家，加入此会，则会员愈多，见闻愈广，集思广益，知识交换，合群策群力，以改良其办法，

---

① 中华教育改进社董事部长熊希龄先生致韦女士函 // 王余光. 清末民国图书馆史料汇编（3）. 范凡等选辑. 北京：国家图书馆出版社，2014：47.

② 程焕文. 中国图书馆学教育之父：沈祖荣评传. 台北：台湾学生书局，1997：79.

则此种事业，定有进步。不然，一盘散沙，毫无统系，同为此种事业，而意见纷歧，各处异制，即有良法，无人学步；纵多流弊，不知铲除。长此以往，欲谋发展，未之有也。"①

程焕文教授认为，沈祖荣关于"组织全国图书馆研究会"的思想比戴志骞在中华教育改进社第一次年会上提出的"组织中华教育改进社图书馆教育研究委员会"要深刻得多。在立足点上，全国图书馆研究会注重于全国的图书馆事业，而图书馆教育研究委员会则偏于图书馆教育；在办理方式上，前者强调征求全国图书馆同志，会员多多益善，而后者只限于15名委员且寄于改进社之篱下；在目的上，前者着重于改良图书馆事业，而后者则仅以研究为目的。尤其值得注意的是，虽然沈祖荣的这篇论文发表于中华教育改进社年会召开的4个月之后，但是，我们无法判断这篇论文究竟是作于年会之前还是之后。从文章的题目《民国十年之图书馆》和文内"中华教育改进社主任干事陶先生，致书祖荣，命将关于全国图书馆之事实，略为陈述，缀为短篇，登诸《新教育》杂志，俾众周知"，以及文中内容与第一次年会毫无牵涉来看，似应作于第一次年会之前。而发表时因《新教育》第5卷第3期悉数刊登第一次年会内容，只得移至第5卷第4期发表。倘若实情如此的话，那么，沈祖荣提出的"组织全国图书馆研究会"的建议，要比戴志骞提出的"组织中华教育改进社图书馆教育研究会"的建议时间更早。即便是沈祖荣的这篇论文作于中华教育改进社年会之后，从目前发现的史料来看，沈祖荣仍然是公开倡导组织全国性图书馆协会的第一人，因为中华教育改进社的图书馆教育研究会仅仅只是一个代表性非常有限的下设机构②。

此后，1923年3月，沈祖荣在《新教育》第6卷第4期上发表《提倡改良中国图书馆之管见》一文。文中，沈祖荣以中华教育改进社图书馆教育研究委员会委员的身份呼吁中华教育改进社组织图书馆责任委员会（类似美国的 Library Commission）。沈祖荣认为："图书馆责任委员会，为一种至要的机关，为能扶助扩充此种事业之强有力机关。"其任务包括：划分全国为数区，以便分任调查，

---

①　沈祖荣.民国十年之图书馆.新教育，1922，5（4）：783—797.

②　程焕文.中国图书馆学教育之父：沈祖荣评传.台北：台湾学生书局，1997：80.

或通函，或亲到，临时斟酌之；调查已经设立之图书馆的成绩，以及管理方法之有无缺点；介绍一切最新之管理法，须与各馆之管理员，互相磋商，助其改良；对于未经设立图书馆之地，须负提倡讲演及著述之义务；将所调查之结果，汇成报告书，分寄各处图书馆，俾该馆之管理员，知其优劣之所在，因之可以联络声气，群策进行；须于每月对于图书馆应办及改良事宜，或自身，或请人，出著作一篇，登载《新教育》杂志以资鼓吹。

沈祖荣呼吁："此时不谋改良则已，如欲改良，非个人之力所能胜任，鄙见以为非有责任委员会，为有统系的研究，不能扫除积弊，收美满之结果，此设立责任委员会所以为刻不容缓之组织。"① 显然，沈祖荣呼吁组织的图书馆责任委员会与中华教育改进社下设的图书馆教育研究委员会是性质完全不同的两种机构。在不到一年的时间内，沈祖荣连续发表两篇论文分别提倡和呼吁组织全国图书馆研究会和图书馆责任委员会，前后呼应，宣传组织全国图书馆组织的意义及办法，为全国图书馆组织的创立做了舆论上的准备②。

1924 年 8 月 20 至 24 日，中华教育改进社第二次年会在北平清华学校举行，文华图书科因已有韦棣华、胡庆生参加，沈祖荣没有与会。这次年会图书馆教育组共通过决议案 5 项，其中两项对于全国性图书馆组织的创办具有重要的意义。其一是戴志骞提出的《组织各地方图书馆协会案》，其二是韦棣华代表文华大学图书科全体提出的《呈请中华教育改进社转请政府及美国政府以美国将要退还之庚子赔款三分之一作为扩充中国图书馆案》。这两件议案的提出并得以组织实施，对中华图书馆协会诞生的重要意义已如前述。这里需要说明的只是，文华大学图书科关于利用庚子赔款扩充中国图书馆事业的提案，必然包括沈祖荣的思想和智慧。从沈祖荣撰写并发表《民国十年之图书馆》到文华大学图书科关于利用庚子赔款扩充中国图书馆事业的议案的提出，我们说沈祖荣与戴志骞、杜定友、韦棣华等先驱者一道，在我国最早呼吁并倡导成立全国性的图书馆协会组织，并在这一过程中做出重大贡献。

---

① 沈祖荣. 提倡改良中国图书馆之管见. 新教育,1923,6（4）:551—555.
② 程焕文. 中国图书馆学教育之父:沈祖荣评传. 台北:台湾学生书局,1997:82—83.

2.4　鲍士伟博士来华与协会的诞生

2.4.1　中华图书馆协会的诞生

由于韦棣华女士在中美两国间的多方奔走和努力争取，美国图书馆协会接受中华教育改进社的邀请，拟派美国著名图书馆学家、美国国会图书馆馆长赫伯特·普特南（Herbert Putnum，又译赫伯特·朴脱纳姆，中华图书馆协会成立后被推选为协会名誉会员）作为代表来华考察中国的图书馆事业，后以普特南"事繁责重，不能成行"，最终决定改派圣路易斯公共图书馆馆长、美国图书馆协会前主席鲍士伟博士为代表，于 1925 年来华考察中国的图书馆事业，作为美国退还部分庚子赔款用于发展中国图书馆事业的参考[①]。从后来鲍士伟博士在华的表现及所受到的各方面欢迎来看，鲍士伟博士代表美国图书馆协会来华可谓不辱使命。鲍士伟博士在华的行程主要由邀请者中华教育改进社负责安排，行程自 4 月 26 日至 6 月 16 日约 7 周的时间。

鲍士伟博士（Dr. Arthur E. Bostwick 1860—1942），美国现代著名图书馆学家。1860 年 3 月 8 日出生于美国康涅狄格州利齐菲尔德（Litchfiele）城，1881年获耶鲁大学文学学士学位，1883 年获哲学博士学位[②]。毕业后一开始在中学教书，后从事工具书的编纂工作，1895 年开始投身于纽约地区公共图书馆工作，先后担任布鲁克林公共图书馆馆长、纽约公共图书馆流通部主任，1909 年开始长期担任圣路易斯公共图书馆馆长，1938 年 3 月 1 日退休。此外，他还担任过多个学会的会长、委员和代表等职，如他于 1897—1903 年任纽约图书馆学社社长，1901—1903 年任纽约州图书馆学会会长，1906 年任美国图书馆学院院士，1907—1908 年间担任美国图书馆协会主席等[③]。

鲍士伟博士著述宏富，代表性著作有《美国公共图书馆》（*The American Public Library*）、《公共图书馆管理》（*Administration of a Public Library, Especially*

①　高仁山 . 对于鲍士伟先生来京之感想 . 晨报副刊,1925–05–28（118）:177—178.
②　严文郁 . 美国图书馆名人略传 . 台北:文史哲出版社,1998:153—158.
③　初景利 . 鲍士伟与中国图书馆的发展:国际合作的一个篇章 . 图书馆学刊,1993（6）:6—12.

Its Public or Municipal Relations）、《美国图书馆的形成》（*The Making of an American's Library*）和《图书馆与公立学校之关系》（*Relationship Between the Library and the Public School*）等十余种①。其中最著名的是《美国公共图书馆》一书，该书出版后曾多次再版②。

中国图书馆界之所以熟悉鲍士伟博士，是因为1925年他曾代表美国图书馆协会来华考察中国的图书馆事业。鲍士伟博士的中国之行，一是催生了中华图书馆协会，二是传播了美国式的现代公共图书馆思想。中华图书馆协会的成立以及美国式现代公共图书馆思想在中国的传播，对民国时期中国图书馆事业的发展有着极大的影响。鲍士伟博士在华期间，考察了多个地方的图书馆，并对发展中国图书馆事业多有建议，因此，他与韦棣华女士一起成为在中美图书馆界传播友谊的使者，也成为中美图书馆界友好交往的象征。

中华教育改进社在得到美国图书馆协会决定派遣鲍士伟博士来华考察中国图书馆事业的答复后，"即委托图书馆教育委员会主办鲍氏莅华事务，并请该会书记朱君家治伴同鲍氏考察，并担任记录事务。所有招待事项，业由该会函请经过之各省教育厅转知各图书馆，并另函请各图书馆协会主持。其无协会者，则请图书馆主持"③。中华教育改进社图书馆教育研究委员会在接到中华教育改进社的委托后，当即通过各省教育厅通知各地图书馆协会及图书馆准备接待鲍士伟博士一行。各地图书馆协会在接到中华教育改进社图书馆教育研究委员会的通知后，认为应该迅速筹备组织全国性的图书馆协会来主持和接待鲍士伟博士来华考察事宜。

在接到中华教育改进社图书馆教育研究委员会关于鲍士伟博士来华考察中国图书馆事业的通知后，各地图书馆协会纷纷致函北京图书馆协会或上海图书馆协会，建议在鲍士伟博士来华之前从速筹组全国性的图书馆协会，接待并安排鲍士伟博士来华之行程和活动。由于当时交通阻隔等原因，北京图书馆协会和上海图书馆协会在接到各地图书馆协会的来函和建议后，未及互相联络便各

① 孔敏中.来调查我们图书馆的鲍先生.晨报副刊,1925-04-17（85）:110—112.

② YU P C, DAVIS D G, Jr. ARTHUR E. Bostwick and Chinese library development：a chapter in international cooperationg. Libraries and Culture, 1998,33（4）:389 — 406.

③ 美国图书馆专家鲍士伟莅华消息.教育杂志,1925,17（5）:10.

自开始了全国性图书馆协会的筹建组织工作。北京方面主张成立中华图书馆联合会，上海方面则主张成立中华图书馆协会①。

1925 年 3 月，北京图书馆协会一方面着手组织专门委员会负责准备接待鲍士伟博士来华有关事宜，另一方面以全国性图书馆组织"有从速进行之必要"，特组委员会筹备一切，设委员十人，高仁山任主席。当时南京、江苏、上海、天津各图书馆协会都已先后成立，遂即邀请共同发起。又海内热心教育文化诸公，以私人资格加入发起者，凡 56 人，他们是蔡元培、梁启超、黄炎培、张伯苓、熊希龄、颜惠庆、汪兆铭、袁希涛、丁文江、傅增湘、胡适、马叙伦、蒋梦麟、江庸、林长民、杨荫瑜、范源廉、易培基、周诒春、吴敬恒、于右任、曹云祥、严鹤龄、李煜瀛、蔡廷幹、邹鲁、王正廷、陶行知、张嘉森、陈宝泉、陈垣、余日章、汤尔和、张继、傅铜、董泽、张鸿烈、石瑛、高鲁、张蔽卿、马君武、顾孟余、胡石青、沈兼士、张彭春、翁文灏、沈祖荣、杨铨（号杏佛）、邓萃英、查良钊、胡诒毂、陈裕光、洪业（号煨莲）、韦棣华、卢锡荣、胡庆生等。首揭缘起，以示国人，其词曰：

> 周官外史，掌三皇五帝之书，达书名于四方，我国之有图书馆，盖已权舆于是。所以弘敷文化，普及教育，故不待西说东来，而后知其功用也。徒以后世怠于讲求，浸失本义；藏之中秘，惠不逮民；局之私家，施不及众。矧以世传难久，散佚居多，国步频更，丧亡每遭。二三有志，徒坚抱器之诚；历代帝君，虚饰右文之典。文教之衰，由来久矣。近虽取法欧美，颇有设施，顾尚馆自为政，不相闻问。将收远效，实待他山。同人服务典藏，行能无似，深苦观摩乏术，商榷莫由。兹经公同定义，请集全国图书馆及斯学专家，为中华图书馆协会。本集思广益之方，为捉椠怀铅之助。邦人君子，幸垂鉴焉！②

---

① 杜定友 . 杜定友文集（第 18 册）:百城生活 . 广州:广东教育出版社,2012:133.
② 中华图书馆协会执行委员会 . 中华图书馆协会概况 . 北平:中华图书馆协会事务所,1933:1—3.

4月12日，北京图书馆协会在中央公园来今雨轩 ① 召开发起人大会，推邓萃英为临时主席，议决组织筹备委员会，设委员十人，高仁山任主席。会议推定北京、南京、江苏、上海、杭州、开封、济南、天津各图书馆协会会长及邓萃英、熊希龄、范源廉、查良钊、陈宝泉、洪业、沈祖荣等 15 人为筹备委员，推举北京图书馆协会会长袁同礼为临时干事，洪有丰、查良钊为书记。4 月 19 日在师范大学乐育堂召开第一次筹备会议，正式推选熊希龄为筹备会主席，干事书记仍旧。会议同时推举候选董事，并订下次筹备会在上海举行 ②。

就在北京图书馆协会筹组全国性图书馆协会的同时，上海图书馆协会也在发起成立全国图书馆协会。1925 年春，由河南开封图书馆协会发起请上海图书馆协会筹备全国图书馆协会 ③。同时上海图书馆协会又"迭接安徽、山西、浙江、河南、江西等处图书馆之函请，皆以全国图书馆协会之组织，刻不容缓，而为便利进行起见，地点以在上海为宜，故委托上海图书馆协会筹备。该会因此集会讨论，金谓义不容辞，遂乃从事筹备" ④。1925 年 4 月 5 日下午，上海图书馆协会假上海总商会图书馆召开会议，讨论全国图书馆协会筹备事宜。杜定友主持会议并报告上海图书馆协会前接开封、浙江等地图书馆协会来函，倡议由上海图书馆协会组织全国图书馆协会，经过讨论先行通函各处图书馆征求意见。现已收到青岛、安徽、山西、河南、江西、苏州、山东、开封、常熟、南通、金陵等处图书馆先后来函，赞成在沪设立全国图书馆协会。这次会议决定着手进行组织成立工作。定于 4 月 22 至 25 日为全国图书馆代表来沪开会日期，会后众代表参加欢迎鲍士伟博士大会。1925 年 4 月 12 日下午，上海图书馆协会假四川路青年会举行全国图书馆协会筹备委员会及欢迎鲍士伟博士筹备委员会联席会议。有秦、晋、川、滇、黔、粤、闽、赣、直、鲁、汴、皖、浙、苏等 14 个地方图书馆协会代表出席。会议据鲍士伟 26 日到沪之信息，确定 27 日召

---

① "今雨"指新交的朋友，"旧雨"则为老朋友的代称。"来今雨轩"者，结交新朋友之所在也。

② 中华图书馆协会执行委员会.中华图书馆协会概况.北平：中华图书馆协会事务所，1933：3—4.

③ 孙心磐.上海图书馆协会概况.图书馆学季刊，1926，1（1）：140—141.

④ 金敏甫.中国现代图书馆概况.广州：广州图书馆协会，1929：18—19.

开欢迎大会。

也就是在 4 月 12 日这一天，北京图书馆协会也在北京中央公园来今雨轩召开发起人大会，议决组织筹备委员会，筹备全国图书馆协会。北京会议消息传至上海，杜定友根据各地图书馆协会多已委派代表莅沪之实际情况，急电北京图书馆协会会长袁同礼，请其来沪，共商成立全国图书协会大计。袁同礼因事未能赴沪，特派蒋复璁作为代表于 4 月 16 日抵达上海，17 日与杜定友会晤。杜定友告以上海图书馆协会筹组全国图书馆协会工作业已告竣，且大会日期已定，故请蒋复璁急返北京向袁同礼面陈一切，以便袁能尽快来沪。4 月 19 日下午，上海图书馆协会假上海总商会图书馆召开第十一次委员会暨招待委员会联席会议，杜定友主持会议。会议确定了召开全国图书馆代表会议及招待鲍士伟博士访沪的具体日程安排①。

1925 年 4 月 21 日晚，袁同礼抵达上海后与杜定友会商北京、上海两会合并办法，至翌晨四时，方才议妥。4 月 22 日下午 2 时，参与筹组全国图书馆协会到沪各地代表，齐集徐家汇南洋大学图书馆召开会议，杜定友为主席，会议讨论成立全国图书馆协会事宜，当日并无结果。4 月 23 日上午 9 时，各地代表 60 余人在南洋大学图书馆正式召开第一次讨论会，杜定友主持会议，报告开会宗旨及介绍代表。后有南洋大学凌校长致欢迎词，韦棣华女士、王九龄、袁同礼等发表演说、报告。下午 1 时继续开会，讨论全国图书馆协会成立问题，如组织法、宗旨、名称、地点等，意见不一，未能取得成果。杜定友为避免图书馆界也出现"南北政府"的尴尬局面，"乃奔走斡旋，樽酒折衷，主持会议凡三昼夜。当时北平方面仅代表三四省，而由我号召的上海方面有十七省之多。我唇焦舌烂，说服多数，为之撮合，承认北平方面，但改选职员"②。4 月 24 日会议继续，通过全国图书馆协会组织办法，定名为中华图书馆协会，会章另由起草委员会 5 人议定之。4 月 25 日上午 10 时，代表们集会于北四川路横浜桥广肇公学三楼，讨论通过了中华图书馆协会《组织大纲》草案，随后由

① 王子舟.杜定友和中国图书馆学.北京:北京图书馆出版社,2002:226.

② 杜定友.杜定友文集(第 18 册):百城生活.广州:广东教育出版社,2012:70,193—194.

杜定友主席宣告中华图书馆协会正式成立①。下午 2 时改开成立大会,杜定友被推为临时主席,推举蔡元培、梁启超、胡适、丁文江、沈祖荣、钟叔进、范源廉、熊希龄、袁希涛、颜惠庆、余日章、洪有丰、王正廷、陶行知、袁同礼 15 人为董事部董事,戴志骞为执行部部长,杜定友、何日章为执行部副部长。在戴志骞于 11 月返国前,其部长职务由袁同礼暂行代理。由执行部聘定首届干事 33 人,他们是徐鸿宝(北京京师图书馆)、钱稻孙(北京姚家胡同 3 号)、冯陈祖怡(北京师范大学图书馆)、陆秀(北京女子师范大学图书馆)、查修(北京清华学校图书馆)、许达聪(北京燕京大学图书馆)、蒋复璁(北京松坡第二图书馆)、高仁山(北京中华教育改进社教育图书馆)、马家骧(北京国立北京大学图书馆)、孙心磐(上海商科大学图书馆)、王永礼(上海交通部南洋大学图书馆)、程葆成(上海广肇公学图书馆)、周秉衡(上海江海关图书馆)、黄警顽(上海商务印书馆)、王恂如(上海总商会图书馆)、王文山(天津南开大学图书馆)、桂质柏(济南齐鲁大学图书馆)、侯与炳(太原山西公立图书馆)、李燕亭(开封中州大学图书馆)、郗慎基(西安陕西图书馆)、彭清鹏(苏州苏州图书馆)、章篪(杭州公立图书馆)、陈宗銮(南昌江西省立图书馆)、王杰(安庆安徽省立图书馆)、胡庆生(武昌华中大学文华公书林)、李次仙(长沙湖南省教育会)、张世鉁(四川江安县图书馆)、李永清(云南图书馆)、潘寰宇(贵州遵义通俗图书馆)、吴敬轩(广州国立广东大学)、吴家象(奉天东北大学)、初宪章(吉林省立图书馆)、冯汉骥(厦门大学)②。会议最后决定于 6 月 2 日中华教育文化基金董事会在北京开会时举行中华图书馆协会成立仪式。

协会成立之初,因事务冗繁,总事务所地址亟须觅定。北京松坡图书馆慨然将该馆石虎胡同 7 号第二馆房屋三间暂作协会总事务所之用。1925 年 6 月,聘请国立北京美术专门学校图书馆书记于震寰为总事务所书记,掌记录缮写及保管文卷簿册,常川到会办公。10 月间又增聘国立北京大学图书馆西文部编目

---

① 王子舟.杜定友和中国图书馆学.北京:北京图书馆出版社,2002:227.

② 会务纪要.中华图书馆协会会报,1925,1(1):6—8;金敏甫.中国现代图书馆事业概况(续).国立中山大学图书馆周刊,1928,1(3):23—24.

员严文郁为常务干事,襄助一切①。

5月12日,协会印制会员调查表,分请各基本会员推荐各图书馆及同仁入会,陆续寄回者,计有机关会员 129 个、个人会员 202 名,共计 331 名。经过董事会审定,发展为协会会员②。

5月18日,协会呈请京师警察厅转呈政府内务部立案。6月4日,京师警察厅批示准如所请,咨陈备案。9月26日,复援学术团体立案之例,呈请教育部立案,10月7日,蒙批准备案③。

原呈如下:

> 为报请备案事:窃同礼等前为研究图书馆学术,发展图书馆事业起见,曾联合各省图书馆同人,共同组织中华图书馆协会。业于四月二十五日在沪成立。当经大会通过《组织大纲》,选出职员,并经议决在北京设立总事务所,择日举行成立仪式。兹择定西单牌楼石虎胡同七号松坡图书馆为本会总事务所,并拟于六月二日假南河沿欧美同学会举行成立仪式。理合检中华图书馆协会缘起,及组织大纲,并董事部及执行部职员名单各一份,呈请鉴核,并乞转呈内务部备案,实为公便。谨呈京师警察厅总监。④

5月24日,协会执行部召开干事会议,按照所拟进行事项,议决该年度预算案,其总额为 3000 元。5月27日,提请董事部会议核定,当经董事部照原案通过,之后协会即以通过之预算案为依据开展活动⑤。

协会董事部于 1925 年 5 月 27 日举行第一次会议,公选梁启超为董事部部长,袁同礼为书记,并公推颜惠庆、熊希龄、丁文江、胡适、袁希涛组织财政委员会,筹划协会基金。各董事任期年限也于是日签订。一年者 5 人,颜惠庆、

---

① 总事务所地址.中华图书馆协会会报,1925,1(1):6;请严文郁先生为常务干事.中华图书馆协会会报,1925,1(3):23;中华图书馆协会第一周年报告.中华图书馆协会会报,1926,2(1):3—5.

②③⑤ 中华图书馆协会第一周年报告.中华图书馆协会会报,1926,2(1):3—5.

④ 立案.中华图书馆协会会报,1925,1(1):6;教育部立案.中华图书馆协会会报,1925,1(3):19.

袁希涛、梁启超、范源廉、袁同礼；二年者 5 人，王正廷、熊希龄、蔡元培、洪有丰、沈祖荣；三年者 5 人，胡适、丁文江、陶行知、钟叔进、余日章。依据《组织大纲》第十二条公推教育总长黄郛及施肇基、鲍士伟博士、韦棣华女士 4 人为名誉董事①。同日，董事部会议还根据协会《组织大纲》，通过袁同礼、胡适提出的"于图书馆学术或专业上有特别成绩者"罗振玉、徐世昌、傅增湘、严修、王国维、张元济、陈垣、叶恭绰、叶德辉、李盛铎、董康、张相文、柯劭忞、徐乃昌、王树枏、陶湘、蒋汝藻、刘承幹、张钧衡、朱孝臧、欧阳渐、卢靖、Melvil Dewey、Herbert Putnam、Ernest Cushing Richardson、Clement W. Andrews、James I. Wyer、Edwin Hatfield Anderson、John Cotton Dana、Charles F. D. Belden、Willian Warner Bishop、Carl H. Milam 等 33 人为协会名誉会员，其中美国图书馆界专家 10 人。后经协会函告，各名誉"会员均有复函，表示允可，并愿尽力赞助"②，其中尤以美国图书馆协会创始人杜威博士复函最为亲切。1925 年 9 月 12 日，杜威博士复函如下③：

> 鄙人被贵会推为名誉会员，无任荣幸。回忆一八九七年，鄙人代表美国图书馆协会，出席在英伦举行之维多利亚女皇执政五十周年纪念典礼时，得晤贵国代表团秘书梁诚君，吾与同舟航海，时相过从。对于贵国旧文字之束缚与文字改革之运动，多有讨论。此种谈话，使鄙人对于贵国之兴趣，更加奋发。迄来贵国文字改革，收效非浅，识字人数日渐增加，鄙人无任快慰。
>
> 图书馆事业增进平民教育之效能，较学校尤过之；故贵会对此种运动，自当积极参加。但幸勿以进步之缓，而兴丧志之叹。四十九年前鄙人创立美国图书馆协会，未尝不受人讪笑。当日会员仅三十人，经费全无，鄙人服务其中，凡十五载，不仅无酬报，且自付一切费用。今日会员达一万人，

---

① 董事部职员 . 中华图书馆协会会报,1925,1（1）:7；中华图书馆协会第一周年报告 . 中华图书馆协会会报,1926,2（1）:3—5.

② 名誉会员 . 中华图书馆协会会报,1925,1（3）:21；中华图书馆协会第一周年报告 . 中华图书馆协会会报,1926,2（1）:3—5.

③ 杜威博士来函 . 中华图书馆协会会报,1925,1（3）:19—20.

"以最善之书籍，用最经济之方法，供给大众之阅读"；辅助教育，影响卓著，各国群起仿效之。是今日美满之果，未尝非当日艰苦之力也。敝会成立将及五十年，国内各大基金委员会，逐渐感觉援助图书馆协会，较其他公益事业，尤为适当。敝会本年自得卡尼奇（今译卡内基）及其他补助金后，每日所费之款，较创办时全年者尤巨焉。

如贵会办理得当，对于伟大中华民国新生命之贡献，定必无量，此鄙人所敢断言者也。

6月2日，中华图书馆协会假北京南河沿欧美同学会礼堂举行成立仪式。各省区图书馆代表赴京参加者有王永礼（上海图书馆协会及南洋大学图书馆代表）、李小缘（南京图书馆协会、江苏图书馆协会及金陵大学图书馆代表）、何宪琦（上海群治大学图书馆代表）、彭清鹏（苏州图书馆代表）、孙子远（无锡县图书馆代表）、沈祖荣与胡庆生（武昌华中大学文华公书林代表）、严献章（湖北省立图书馆代表）、何日章（河南省立图书馆代表）、李燕亭（开封中州大学图书馆代表）、王文山（天津图书馆协会及南开大学图书馆代表）、臧家祐（国立北洋大学图书馆代表）、徐续生（奉天图书馆代表）、许毅（直隶省立第三中学图书馆代表）、侯与炳（山西公立图书馆代表）、郑道儒（张家口冯记图书馆代表）、袁同礼（国立广东大学图书馆代表）、吴风清（安徽太和县图书馆代表）、邹笑灵（安徽宿县图书馆代表）等。寄赠祝词者有交通部南洋大学图书馆、上海图书馆协会、上海广肇公学图书馆、河南图书馆、福州中国女子图书馆等。都下名宿，悉皆莅止，济济一堂，极称盛典。下午三时，主席颜惠庆宣布开会并致开会辞。继由教育部次长吕健秋及鲍士伟博士先后发表演说，均以图书馆事业之发皇光大，为协会前途之望。旋由北京大学音乐传习所学员演奏国乐。复由协会董事部部长梁启超发表演说。最后韦棣华女士发表题为《中美国际友谊之联络》的演说，深望中美两国图书馆协会互相提携。演说毕，遂摄影以为纪念。晚间复由北京图书馆协会宴请各省赴京代表①。

---

① 本会成立仪式．中华图书馆协会会报，1925，1（1）：8；中华图书馆协会第一周年报告．中华图书馆协会会报，1926，2（1）：3—5.

成立大会后，协会发表《中华图书馆成立宣言》如下：

> 近顷图书馆任务，非仅严典庋广搜罗而已！举凡弘教育，敷文化，与夫指导社会之责，靡不分负之；而馆政之良窳，与专学之兴废，遂大有关乎民族之盛衰。是则凡典藏之史与秉铎之师，所皆不当恝然置之者也。国中图书馆近既林立矣！而应用专学以管理之者，盖犹鲜例。如各馆之内，设备必如何而后周；组织必如何而后当；利用藏书之道，何似而宜；启发社会之方，何似而可。以至通乎全国，宜如何分布设置，调剂经费，皆讨议规划，不厌精详。同人无似，爰有中华图书馆协会之组织。将并群力，庶收远效，今以十四年四月二十五日成立于沪滨，复以六月二日举会于京国。用掬宗旨。敬宣言于国人之前。幸垂教焉！ [①]

中华图书馆协会为答谢美国图书馆协会应中华教育改进社之请，派遣鲍士伟博士来华调查中国的图书馆事业，特赠送美国图书馆协会瓦质牛车一具，用作纪念。该车长营造尺一尺六寸，为洛阳邙山象庄出土之明器，制作古朴，审为元魏时期制作。协会同时赠送鲍士伟博士拓本多种，借以感谢其不辞辛苦来华之盛意 [②]。

6月2日，协会董事部举行第二次会议，讨论中华教育改进社图书馆教育研究委员会拟以美国退还庚子赔款三分之一建设中国图书馆事业之提议及鲍士伟博士之意见书，议决大体赞同，惟附说明三项。协会致中华教育文化基金董事会公函如下：

> 前由中华教育改进社图书馆教育委员会所提出，拟用美国退还庚款三分之一，建设图书馆之提议，及鲍士伟博士之意见书，经本协会董事部于十四年六月二日议决，认为可行；合将原件提出，并附以说明，请求贵会

① 中华图书馆协会成立宣言.中华图书馆协会会报,1925,1（1）:3.
② 本会赠送美国图书馆协会纪念物.中华图书馆协会会报,1925,1（1）:6;中华图书馆协会第一周年报告.中华图书馆协会会报,1926,2（1）:3—5.

照准施行,

此致

中华教育文化基金董事会

中华图书馆协会谨启

十四年六月二日

说明:

一、提出美国退还庚款本利三分之一,发展图书馆事业。

二、假定中华教育文化基金董事会决定只准用利,本协会为确定图书馆事业基础起见,认为有立即创办第一图书馆及图书馆学校之必要;拟请将前三年之本,准予拨给,每年约美金十万元,共美金三十万元。

三、假定中华教育文化基金董事会决定许用本,则照原计划进行;但其中详细办法,得由中华图书馆协会董事部随时斟酌决定之。[①]

协会执行部为求会员间之联络,于 6 月 30 日创刊《中华图书馆协会会报》,以为传达消息之用,并兼为全国图书馆事业之通讯机关。凡国内之图书馆及各报馆通讯社,均按期赠阅,以促进图书馆事业之推广。7 月 25 日,在京师警察厅领得出版执照,9 月 5 日,复在北京邮务管理局挂号被认定为新闻纸类[②]。

7 月 6 日,全体董事联名呈请政府给予补助,于 8 月 7 日接得回文,准由财政部筹拨 5000 元以资补助[③]。

1927 年 10 月 1 日,中华民国大学院成立。中华图书馆协会于 1928 年 7 月爰照学术团体前例,复向大学院请予立案。嗣后行政院教育部成立,要求一切在北京政府时代立案之学校及学术团体均须重行立案,11 月初协会遂重申前请,12 月 14 日得批复准予立案[④]。

---

① 关于庚款之进行 . 中华图书馆协会会报,1925,1(1):7—8;中华图书馆协会第一周年报告 . 中华图书馆协会会报,1926,2(1):3—5.

② 中华图书馆协会第一周年报告 . 中华图书馆协会会报,1926,2(1):3—5.

③ 政府补助 . 中华图书馆协会会报,1925,1(2):10;中华图书馆协会第一周年报告 . 中华图书馆协会会报,1926,2(1):3—5.

④ 纯 . 中华图书馆协会在教育部立案批准 . 图书馆学季刊,1928,2(4):665;本会在教育部立案 . 中华图书馆协会会报,1928,4(3):24.

2.4.2 鲍士伟博士的中国之行

中华图书馆协会于 1925 年 4 月 25 日成立，原是中国图书馆界为了便于接待鲍士伟博士来华考察中国的图书馆事业。因此，考察中华图书馆协会成立的历史，不能不提及鲍士伟博士的中国之行。

根据事先安排，鲍士伟博士将于 1925 年 4 月 9 日从美国西海岸的西雅图乘坐约佛生总统轮起航出发，计划 4 月 28 日到达上海，6 月 9 日经香港返回西雅图，以便向 7 月 6 至 11 日在于西雅图召开的美国图书馆协会年会上做专题汇报。鲍士伟博士最初的设想是在上海稍做停留后访问杭州、苏州、南京等地图书馆，之后到武汉、长沙再做停留，考察该地区的图书馆，然后取道开封、太原赴京，再从北京去天津、济南，最后经过广州、香港返回美国。在华期间他将"访问图书馆，与图书馆馆长、大学校长交谈，还将就美国图书馆运动作几场报告"①。后来鲍士伟博士行程因客观形势的变化而有所变动。

1925 年 4 月 26 日下午 3 时，鲍士伟博士乘约佛生总统号轮船比原定计划提前两天到达上海。上海图书馆协会和当时在上海筹建中华图书馆协会的各地图书馆界代表 30 余人前往百老汇路招商局总栈迎接。4 月 27 日下午，上海图书馆协会等 40 余个社会团体假四川路青年会开会欢迎鲍士伟博士及各省图书馆代表。中华教育改进社陶行知、江苏教育会沈信卿、中华学艺社郭沫若、武昌文华公书林韦棣华女士、上海圣约翰大学图书馆海斯女士、沪江大学图书馆汤姆生女士、北京图书馆协会袁同礼等数百人参加欢迎会。鲍士伟博士在欢迎会上发表演说，竭力强调近代图书馆为每个社会成员服务的开放性。当晚 7 时，上海图书馆协会等于大东旅社三楼宴请鲍士伟博士及各省代表。餐后杜定友报告筹组中华图书馆协会及欢迎鲍士伟博士之经过，鲍士伟博士和陶行知等分别发表演说②。

在近两个月的时间内，鲍士伟博士参观考察了包括上海、杭州、苏州、南

---

① 初景利.鲍士伟与中国图书馆的发展:国际合作的一个篇章.图书馆学刊,1993（6）: 6—12.

② 王子舟.杜定友和中国图书馆学.北京:北京图书馆出版社,2002:227—228.

京、长沙、汉口、武昌、开封、太原、北京、天津、济南、奉天及曲阜①14 个城市在内的约 50 所图书馆。由于鲍士伟博士的考察计划有中华教育改进社和中华图书馆协会的周密安排，鲍士伟博士所到之处受到图书馆界和教育界，甚至政界和宗教界等社会各界的热烈欢迎。"招待暨导余参观图书馆极尽诚谊，所至者多数为学校图书馆，故亦得兼视各处教育事业。此外则游览名胜，盖可假背景而得知识上参考之资。常与余同伴者有翻译员一人及中华教育改进社特派之书记一人。余当众演讲凡五十次，听者为学生、学者、商人、国民等。演讲要点，即解释美国公共图书馆之制度，及其对于中国推广公民教育之应用，听者咸兴趣勃然。考察踪迹所至，招接备极殷勤，车站之迎候者，图书馆员、学者、官员皆与焉。扬旗过市，肴馔之丰，无以为比，聚餐之侪，俱一时名士。国中伟人之曾与周旋者，段执政黎前总统而外，督军五，及其他负时誉者不知凡几。湖北萧督且特备花车由汉而京，并折开封太原等处，以为余等谋旅行中之安适焉"②。5 月 14 日，鲍士伟博士乘坐湖北省主席的私车到达长沙。这位省主席还带他乘私人汽艇横渡长江，由一位将军护送。在长沙期间，湖南省主席举办了一次宴会，鲍士伟描述为"好像走进了《天方夜谭》一样的生活"。4 月 30 日至 5 月 4 日，鲍士伟博士在杭州发表演说的听众中就有专心致志听讲的班禅喇嘛。走完了约行程的三分之一，鲍士伟感慨至深，他在给家人的信中写到，"每个人似乎都对我的这次旅行感兴趣。我所到之处欢迎的代表打着彩旗，燃放鞭炮。处处有人保护，上一顿下一顿尽是美味佳肴。我本应瘦下去反而发福了"③。6 月 2 日，中华图书馆协会在北京举行成立仪式，鲍士伟博士参加大会并与梁启超、韦棣华女士等发表演说④。

　　鲍士伟博士结束在华的考察行程之后如期返美，参加了 1925 年 7 月 6 至 11 日在美国西雅图召开的美国图书馆协会年会。7 月 7 日他向执委会做了汇报，

————————

　　① 鲍士伟.鲍士伟博士致本会及中华教育改进社报告书.朱家治,译.中华图书馆协会会报,1925,1(2):5—7;裘开明.中国.章新民,译//鲍士伟.世界民众图书馆概况.徐家麟,等,译.武汉:武昌文华图书馆专科学校,1934:42—49;严文郁.美国图书馆名人略传.台北:文史哲出版社,1998:153—158.

　　② 朱家治.鲍士伟博士考察中国图书馆后之言论.图书馆学季刊,1926,1(1):81—86.

　　③ 初景利.鲍士伟与中国图书馆的发展:国际合作的一个篇章.图书馆学刊,1993(6):6—12.

　　④ 本会成立仪式.中华图书馆协会会报,1925,1(1):8.

并在 7 月 9 日晚协会召开的特别会议上做了专题报告。他强调图书馆开架借阅和免费服务的重要性及读者可以免费利用藏书并将藏书借回家中阅览；强调把中文古籍的收藏与编目与中外文新书的收藏与编目区别开来。他对中国图书馆事业的发展状况、异国风情和文化的极富感染力的介绍引起与会者极大兴趣①。

鲍士伟博士的中国之行对中国图书馆事业的发展可谓影响巨大。一是正是因为他的到来催生了中华图书馆协会，而中华图书馆协会的成立对 20 世纪的中国图书馆学术和中国图书馆事业的影响是巨大的；二是鲍士伟博士在华期间对各地图书馆事业的调查和演讲，推进了韦棣华女士和一批图书馆事业先驱者所倡导的建设美国式现代图书馆事业的工作，也就是说传播了美国式的现代西方图书馆的经验和影响。鲍士伟博士的中国之行和中华图书馆协会的成立，"标志着新图书馆运动达到了高潮，从此中国开始由以宣传欧美图书馆事业为主的新图书馆运动转入新图书馆建设的高潮"②。这种影响，在经过中华人民共和国成立后约 30 年的学习借鉴苏联图书馆学的历程后，又回归到发展以美国式现代图书馆学为代表的西方式图书馆事业的发展道路上③。

鲍士伟博士除了 7 月 7 日向美国图书馆协会执委会报告了他在华考查中国图书馆事业的情况，在 7 月 9 日晚上美国图书馆协会召开的特别会议上做了报告外，还向邀请他代表美国图书馆协会来华考察的中华教育改进社提交了两份考察报告。第一份报告是他在考查上海、杭州、苏州、南京、武昌、汉口、长沙、开封、太原和北京等地的"中等学校、专门学校及大学校之图书馆、省立图书馆和城市图书馆"等各种类型的图书馆后，提交给中华图书馆协会和中华教育改进社的考察报告④；在考察天津、济南、奉天等地的图书馆事业后，他又向中

---

① 朱家治.鲍士伟博士考察中国图书馆后之言论.图书馆学季刊,1926,1（1）:81—86.

② 程焕文.百年沧桑　世纪华章——20 世纪中国图书馆事业回顾与展望.图书馆建设,2004（6）:1—8.

③ 初景利.鲍士伟与中国图书馆的发展:国际合作的一个篇章.图书馆学刊,1993（6）:6—12.

④ 鲍士伟.鲍士伟博士致本会及中华教育改进社报告书.朱家治,译.中华图书馆协会会报,1925,1（2）:5—7.

华图书馆协会和中华教育改进社提交了第二份报告书 ①。

在第一份报告中，鲍士伟博士认为中国明显缺乏如美国实行之现代公共图书馆，中国图书馆事业更接近美国五十年前的状况，也就是说当时中国的图书馆事业落后美国约五十年。与美国相比，中国图书馆事业之主要差距在于：公费来源之缺乏或不足；现代图书之缺乏或稀少；不借出馆外之限制；书架不开放；编目法之不适用；推广事业及加增阅览能力之薄弱；适用建筑之缺乏。针对当时中国图书馆事业的落后情况，他建议采用下列三种方法：组织完全新设之图书馆，不附属于任何机关；就现存之图书馆改进而扩充之；现存之图书馆，本体不变更，但多设分馆及阅书社，施行新方法。认为"中国可有美国式之公共图书馆，每种方法之采用，当视情形而定，非彼此不相关也"，但"现时最急需者，为通力合作之团结，及各种方法之划一"。"今日中国图书馆界共认为研究不可缓者，实为图书馆建筑及中国文字排列之方法二事，此二问题如不早日解决，于将来图书馆事业之发展，实多窒碍也。"关于拨用退还庚款之一部分，他认为如此款专用于教育文化事业，则图书馆事业之促进，实不可忽视。中华教育改进社图书馆教育研究委员会所提出拨用美国退还庚款三分之一建设图书馆之提议，他认为"至当"。显而易见，鲍士伟博士对中国图书馆事业的考察以及他对"美国退还庚款三分之一建设图书馆"的支持和肯定，对日后中华教育文化基金董事会长期资助中国现代图书馆事业的建设产生了很大的影响。

鲍士伟博士在给中华图书馆协会和中华教育改进社的第二次报告中，特别关注中国图书馆的开放利用即"书籍自由取用，家庭借读"问题。使他感到惊喜和意外的是"有些图书馆将所藏的图书，设法供给民众阅览；不但限定在馆内参考，且亦让人借出"。他认为当时的中国虽然还没有美国式的现代图书馆，但中国社会已经有对现代公共图书馆的需求，因此他对中国图书馆事业的未来发展充满希望。他观察到中国书籍以省立图书馆所藏为最多，而近代出版品及西文书籍，则多藏于各大学图书馆。此外他建议"许多现代影印的书、新出版的用白话文翻译的书，以及不可不备之西文书，均需尽量购置。购书的时候，

---

① 鲍士伟. 鲍士伟博士致本会及中华教育改进社第二次报告书. 中华图书馆协会会报，1925,1（3）:3—4.

自当考察图书馆的性质及需要；最好的步趋，就是将图书馆的性质，与所做的工作，定出标准"。此外，他还建议"建筑避火的书库"以便更好地"保存中国旧有的善本书"，"贵重孤本，亟应影印，以广流传"，而这些举措，都应采取各种最适合中国情形的改革方法，而不是要完全仿效欧美。

他在报告中还特别提到，使他感到最为荣幸的是代表美国图书馆协会来华考察而有机会参与中华图书馆协会成立典礼，并在大会上发表贺词。因此他对中美两国图书馆界的合作、中国图书馆事业的未来发展、两国之间友谊的加强充满信心。"欲求这样的结果，非有合作的精神不可，协会的组织就是合作的先声"①。

鲍士伟博士在考察中还特别注意到"中国字之无字母，实为其图书馆中一大问题"。即汉字排检问题，这是当时与图书分类、编目一道困扰中国图书馆事业发展的重大学术问题。鲍士伟博士认为此问题的解决"须全国联合研究，以期得一标准"。"故中国字统一之顺序，为今日亟应研究之问题。前此亦曾有各种方法之创试，惜皆不适于实用。其缺点在不共同研究，各自为法。在作者已煞费苦心，讵知此重大问题不聚多数知者之心力，取同一目标，欲收美满之效果，直缘木求鱼耳"②。

---

① 鲍士伟.鲍士伟博士致本会及中华教育改进社第二次报告书.中华图书馆协会会报，1925,1（3）:3—4.

② 朱家治.鲍士伟博士考察中国图书馆后之言论.图书馆学季刊,1926,1（1）:81—86.

3 中华图书馆协会的宗旨、会员和组织机构

3.1 协会宗旨

根据《中华图书馆协会组织大纲》（以下简称《组织大纲》）第二章"宗旨"第二条"本会以研究图书馆学术，发展图书馆事业，并谋图书馆之协助为宗旨"的规定，中华图书馆协会的宗旨可概括为三点：①组织协会会员开展图书馆学学术研究；②加强各图书馆之间的沟通、交流和协作；③共同促进图书馆事业的改进和发展。此后《组织大纲》虽经多次修订，而关于协会宗旨的规定未曾稍有改变。

中华图书馆协会筹建之初曾发表《中华图书馆协会缘起》[①]以示国人，谓我国古代图书馆虽然起步较早，并"不待西说东来，而后知其功用"，但"以后世息于讲求，浸失本义；藏之中秘，惠不逮民；扃之私家，施不及众。矧以世传难久，散佚居多，国步频更，丧亡每遭"。虽然有"二三有志，徒坚抱器之诚；历代帝君，虚饰右文之典"，终于不免"文教之衰，由来久矣"。西学东渐以后，我国图书馆事业"近虽取法欧美，颇有设施"，却还处于"馆自为政，不相闻问"的状态。"将收远效，实待他山"，要进一步发展我国的图书馆事业，并尽到"弘教，敷文化，与夫指导社会之责"，还需要进一步借鉴和学习别人的先进经验和优秀成果。由于"同人服务典藏，行能无似，深苦观摩乏术，商榷莫由"，因此"兹经公同定义，请集全国图书馆及斯学专家，为中华图书馆协会。本集思广益之方，为捉椠怀铅之助"，发展图书馆事业，促进科学文化教育事业的进步和民族文化素质的提升。

---

① 中华图书馆协会执行委员会.中华图书馆协会概况.北平:中华图书馆协会事务所，1933:2—3.

中华图书馆协会成立之后又发表《协会成立宣言》，重申协会之宗旨①。现代图书馆事业的任务和功用，"非仅严典庋广搜罗而已"，"举凡弘教育，敷文化，与夫指导社会之责"，图书馆事业"靡不分负之"。"馆政之良窳，与专学之兴废"，甚至"大有关乎民族之盛衰"。因此"是则凡典藏之史与秉铎之师，所皆不当恝然置之者也"。中国的图书馆事业虽然发展到了一定的规模，但还较少实施科学的管理，图书馆事业的发展和作用的发挥还非常有限。"国中图书馆近既林立矣！而应用专学以管理之者，盖尤鲜例。如各馆之内，设备必如何而后周；组织必如何而后当；利用藏书之道，何似而宜；启发社会之方，何似而可。以至通乎全国，宜如何分布设置，调剂经费，皆讨议规划，不厌精详。"因此"同仁无似，爰有中华图书馆协会之组织"，"将并群力，庶收远效"。

我国近代图书馆之发轫，溯自甲午战争后的维新变法，我国始知图书馆实异于古代的藏书楼，而为一启迪民智、作育人才的工具，于是在各地次第设置。唯设置之后如何经营，因无前例，率无概念，无所适从。由于当时朝章制度多步武东邻，图书馆经营的方式也多蹈袭日本，其后，以日本图书馆知识深受美国的影响，推本穷源，我国图书馆界乃逐渐转变注意于美国。1921年前后，我国留美攻读图书馆学返国者日众，当时以新图书馆运动为号召，西洋图书馆的经营方式乃渐为国人所重视，并靡布全国。东西洋图书馆学术，流行于中国者数年，国内图书馆学者，渐感外国之图书馆学术不完全适合于中国，进而有创造"中国的图书馆学"的责任。一种事业发展到一种程度，便会产生一种有系统的理论。事业的发展需要理论的指导，有了理论的指导，事业的发达才更有保障。建立中国的图书馆学，提高图书馆事业的标准以促进全国图书馆事业的发展，端赖图书馆界人士共同建立组织，群策群力，互相联络协调，共同研究，共谋进行②。从协会《组织大纲》中关于协会宗旨的规定和发表《缘起》及《成立宣言》来看，不论是"本集思广益之方，为捉椠怀铅之助"，还是"将并群力，庶收远效"，都需要在中国图书馆事业发展到一定阶段时，集"全国图书馆及斯学专家"之集

---

① 中华图书馆协会执行委员会.中华图书馆协会概况.北平:中华图书馆协会事务所，1933:4—5.

② 宋建成.中华图书馆协会.台北:育英社文化事业有限公司,1980:30—34.

体智慧和力量，组织开展图书馆学学术研究，解决图书馆事业发展过程中遇到的诸般理论和实践问题，加强各图书馆之间的沟通、交流和协作，共同促进图书馆事业的改进和发展。中华图书馆协会的成立以及协会宗旨的确立，体现了当时中国图书馆事业发展的客观要求。

3.2 协会会员

学术团体是学会会员的共同组织，没有会员的参与，学术团体即告解散。中华图书馆协会的宗旨是"研究图书馆学术，发展图书馆事业，并谋图书馆间之协助，故亟盼全国同志均能入会，俾得集思广益，而图共策共进"[1]，中华图书馆协会之主要目的在"谋全国图书馆之发展，与夫图书馆事业标准之提高及如何使全国民众对于图书馆有真确之认识及了解。欲实现此目的，端赖群策群力，共谋进行。加入本会为会员者，除享受左项利益外，仍间接辅助为全国图书馆谋利益之总机关。盖各图书馆通力合作所得之结果，决非某一个图书馆任何努力所得者可比拟也"[2]，因此，协会始终高度重视会员的发展，希望借此壮大协会会员队伍，通过协会会员的参与和努力共同促进中国现代图书馆事业的发展和进步。

1925 年 4 月协会成立时通过之协会《组织大纲》，分别于 1929 年 1 月第一次年会、1936 年 7 月第三次年会和 1944 年 5 月第六次年会进行了修订。第一次和第二次修订，《组织大纲》会员部分的规定均有程度不同的变化。唯第六次年会虽然修订《组织大纲》，但对会员部分的规定仍然承袭以前的表述，未做变动[3]。从历次《组织大纲》关于会员部分的修订来看，其目的在于扩大协会会员的社会基础，简化会员入会手续，以期创造更多的机会发展会员。

1925 年 4 月中华图书馆协会成立时通过之《组织大纲》对会员的组成、入会条件等做出规定。第三章"会员"第三条规定，"本会会员分四种：（一）机

① 征求协会会员 . 中华图书馆协会会报，1941，15（3/4）：10.
② 征求会员 . 中华图书馆协会会报，1932，7（5）：19.
③ 中华图书馆协会第六次年会第一次会议纪录 . 中华图书馆协会会报，1944，18（4）：6—9.

关会员，以图书馆为单位；（二）个人会员，凡图书馆员或热心于图书馆事业者；（三）赞助会员，凡捐助本会经费五百元以上者；（四）名誉会员，凡于图书馆学术或事业上著有特别成绩者"，第四条规定"前条一、二两种会员，须由本会会员二人以上之介绍，经董事部审定，得为本会会员"。协会成立之初，所有各省区图书馆及教育界参与中华图书馆协会之发起者，均为协会当然基本会员①。1925 年 5 月 12 日，协会为印制《会员调查表》分请各基本会员介绍各图书馆及同志入会，计有机关会员 129 个、个人会员 202 名，共计 311 名，经协会董事部审核，认定为协会会员②。另外董事部为奖进图书馆学术起见，根据协会《组织大纲》第三条第四项"名誉会员"为"于图书馆学术或事业上著有特别成绩者"之规定，于 1925 年 5 月 27 日第一次董事部会议上，通过袁同礼、胡适提出的于图书馆学术或事业有特别贡献者罗振玉、徐世昌、傅增湘等 33 人为协会名誉会员的建议。33 名名誉会员中有美国图书馆界专家杜威（Melvil Dewey）、普特南（Herbert Putnam）等 10 人③。1929 年 1 月 28 日至 2 月 1 日，中华图书馆协会第一次年会在首都南京举行。2 月 1 日上午召开会务会议，议决聘请蔡元培、戴季陶、蒋梦麟、杨杏佛、胡适、叶楚伧 6 人为协会名誉会员④。后来部分外籍图书馆学家也陆续被聘请为协会名誉会员或会员，如鲍士伟博士、长泽规矩也、诸桥辙次等⑤。

　　中华图书馆协会会员除图书馆员外，多为教育、科学、文化界专家学者以及政界人士。这与中国近现代图书馆事业的起步阶段是把图书馆事业作为开启民智、作育人才、辅助教育的工具，是社会教育的重要组成部分有关。因此图书馆事业受到教育、科学、文化甚至政界人士的重视并积极参与。当时攻读图书馆学专业出身的专家学者少，投入图书馆事业的教育文化界和政界人士较多，因此会员中有此现象。

---

① 本会启事之二. 中华图书馆协会会报，1925，1（1）:2.

② 中华图书馆协会第一周年报告. 中华图书馆协会会报，1926，2（1）:3—5.

③ 名誉会员. 中华图书馆协会会报，1925，1（1）:7；名誉会员. 中华图书馆协会会报，1925，1（3）:21—22.

④ 中华图书馆协会第一次年会纪事. 中华图书馆协会会报，1929，4（4）:5—14.

⑤ 中华图书馆协会会员录. 中华图书馆协会会报，1932，7（6）:9—25.

1929 年 1 月 28 日至 2 月 1 日，中华图书馆协会第一次年会在首都南京举行。1 月 31 日召开的会务会议修订通过了新的《组织大纲》①。《组织大纲》第三章"会员"第三条规定"本会会员分四种：（一）机关会员，以图书馆或教育文化机关为单位，各地图书馆协会为当然机关会员；（二）个人会员，凡图书馆员或热心于图书馆事业者；（三）永久会员，凡个人会员一次缴足会费二十五元者；（四）名誉会员，凡于图书馆学术或事业上著有特别成绩者"。第四条规定"凡会员入会时须由本会会员一人之介绍，经执行委员会通过得为本会会员"。在原来《组织大纲》的基础上对机关会员的要求由"以图书馆为单位"修改为"以图书馆或教育文化机关为单位，各地图书馆协会为当然机关会员"；将原来"捐助本会经费五百元以上者"为赞助会员修订为"凡个人会员一次缴足会费二十五元者"即为永久会员；另外，对机关会员的入会要求也由"须由本会会员二人以上之介绍，经董事部审定，得为本会会员"修改为"凡会员入会时须由本会会员一人之介绍，经执行委员会通过得为本会会员"。《组织大纲》关于会员部分的修订，其目的在扩大协会会员的社会基础，机关会员不再局限于图书馆，其他教育文化机关也可以申请成为协会会员，地方图书馆协会则为协会的当然会员，同时简化会员入会手续，创造更多的机会发展会员。

1936 年 7 月 20 至 24 日，中华图书馆协会第三次年会在山东青岛召开。22 日召开会务会议，有会员临时提议改执行委员会为理事会，监察委员会为监事会。1937 年 1 月，协会据此对《组织大纲》再次进行修订。《组织大纲》对会员部分的规定不变，唯因协会正在募集基金，提高了永久会员缴费标准，即"个人会员缴费五十元，机关会员缴费百元"。另机关会员和个人会员入会不能觅得介绍者，机关会员得填具机关会员调查表径函理事会请求审查通过；个人会员得先填具入会愿书及调查表，随时向协会事务所商洽办法②。

协会成立以后，多次征求协会会员，进行会员调查登记和编制协会会员录，其目的在争取会员队伍不断壮大，确保会员之有效联络并增强协会之凝聚力。

---

① 中华图书馆协会第一次年会纪事 . 中华图书馆协会会报，1929,4（4）:5—14.
② 李文裿 . 写在第三届年会之后 . 中华图书馆协会会报，1936,12（1）:1—5；中华图书馆协会组织大纲 . 中华图书馆协会会报，1937,12（4）:54.

由于中华图书馆协会为各省区图书馆及教育界同人共同发起，因此所有参与协会发起成立的图书馆及个人均为协会当然基本会员①。1925 年 5 月 12 日，协会为印制《会员调查表》分请各基本会员介绍各图书馆及同志入会②。1932 年 4 月协会因重编协会会员录，再发通函征求会员，并重申会员入会之利益如下：①每 3 个月接到《图书馆学季刊》（每年四册定价一元六角），不另收费；②每两月接到《中华图书馆协会会报》（每年六期定价六角），不另收费；③每年接到本会会员录（每年出版一次）；④会员如有关于图书馆行政上任何疑难问题，均可通讯咨询，会中当尽力指导，不收任何手续费；⑤各图书馆所需之书籍杂志或愿交换之复本，均可在《中华图书馆协会会报》内另栏刊登广告，不收广告费；⑥会员订购本会各项出版物一律九折③。1941 年 2 月，协会在《中华图书馆协会会报》第 15 卷第 3、4 合期刊登《征求协会会员》启事向各地图书馆公开征求协会会员："贵馆同仁中如尚有未入本会者，务请全体延致，尤所欢迎。所需入会愿书登记表式（函）索即奉。贵校（处）职学员及近期章则报告，均请各予检赐一份，是为至荷！"④

协会成立时曾进行会员调查并编制会员录⑤，其目的在便于协会会员通讯联络。以后，协会"会员之增加益形踊跃，除随时在会员消息栏中公布"外，1932 年 2 月协会重编会员录⑥。会员录先是刊登在《中华图书馆协会会报》第 7 卷第 2 期，后印成单行本发行⑦。1935 年中华图书馆协会成立十周年，协会"执行委员会议决，除筹备年会以资庆祝外，并举行会员总登记，印刷有会员调查表，凡我会员接到后，务祈早日填寄，俾便编印新会员录"⑧。会员录载《中华图书馆协会会报》第 11 卷第 2 期⑨。抗战全面爆发后，教育部前为

---

① 本会启事之二 . 中华图书馆协会会报,1925,1（1）:2.
② 中华图书馆协会第一周年报告 . 中华图书馆协会会报,1926,2（1）:3—5.
③ 征求会员 . 中华图书馆协会会报,1932,7（5）:19.
④ 征求协会会员 . 中华图书馆协会会报,1941,15（3/4）:10.
⑤ 本会会员名 . 中华图书馆协会会报,1925,1（5）:12—19.
⑥ 重编会员录 . 中华图书馆协会会报,1931,7（3）:48.
⑦ 中华图书馆协会会员录 . 中华图书馆协会会报,1932,7（6）:9—25.
⑧ 会员登记 . 中华图书馆协会会报,1934,10（3）:44.
⑨ 中华图书馆协会会员录 . 中华图书馆协会会报,1935,11（2）:11—31.

统筹战区专科以上学校教员战时服务及学生就学或训练起见，曾制定员生登记办法，俾免流亡。协会鉴于图书馆事业为社会教育之中心，自战事蔓延被毁奇重，亟应设法救济，庶免流离，而得为国效力。于是特别呈请教育部，拟恳援照战区专科以上学校员生登记办法，准同待遇，予以登记，业承核准施行①。

故都北平沦陷后，中华图书馆协会随国立北平图书馆迁往云南昆明。由于战区扩大，会员迁徙流离，变动甚多。协会为明了各会员近况，于1938年9月起进行会员总登记②。但因战区日益扩大，交通愈形艰阻，除在沦陷区之会员因碍于环境未能登记外，其他在后方或临时战区之会员，也因行踪靡定，未能全数将协会寄予之入会愿书及调查表填写寄会。协会恐稽延日久，愈劳各方会员盼念，于是先将已行登记之机关及个人会员，分别发表于会报，以便会员之间通讯联络。协会并希望未登记各会员及愿意加入协会者，从速填写愿书寄会，俾能继续发表，并按期寄奉会报③。此后协会"除已登记之机关及个人会员在本报各期陆续刊载外，兹将新近加入或登记之机关及个人会员发表于后，以便通讯而资联络"④。1941年，协会鉴于各会员一年以来人事职务多有变化，馆址住所亦已移动，亟待详加清查，俾便联络通讯，再次进行会员总登记⑤。"抗战以来，新建立之馆室，以及新从事图书馆事业之同志，为数定属不少，除由本会就所知者举荐入会外，仍希我各地会员，为征访介绍，借能群策群力，发展会员，至为企荷！"⑥

《中华图书馆协会会报》始终注重刊登协会会员个人消息。对于新入会会员基本信息，部分会员"或职任之迁转，或寓所之更移，或近从事于某项研究著述，以及其他种种，均乐露布，以资联络。凡我会员，务望随时赐示情况，

---

① 本会呈请教部准予登记战区图书馆人员.中华图书馆协会会报,1938,13（1）:15.

② 本会启事二.中华图书馆协会会报,1938,13（2）:刊前页;举行会员总登记.中华图书馆协会会报,1941,15（3/4）:10.

③ 抗战以后本会会员调查录.中华图书馆协会会报,1940,14（4）:12—22.

④ 入会会员.中华图书馆协会会报,1940,15（1/2）:5—6.

⑤ 举行会员总登记.中华图书馆协会会报,1941,15（3/4）:10.

⑥ 征求会员.中华图书馆协会会报,1941,15（3/4）:10.

俾便发表为荷"①。比如对协会会员袁同礼参与国际图书馆事业交流活动消息之报道:"袁同礼三十三年十一月间由行政院派往美国,考察文化事业。旅美半载,极受该国文化界欢迎,毕兹堡(今译匹兹堡)大学特赠与名誉博士学位,并被选为美国图书馆协会顾问。袁氏曾访美、法、比、加诸国,参加伦敦教长(即教育部部长)会议,被举为联合国图书中心执委会委员,于本年九月底由巴黎返渝复命,即返北平视察馆务,并往京沪苏杭一带调查文物损失情形。"②"袁同礼去秋由美归国后,近复由教育部派赴欧美采购图书,于二月底由渝经港、沪去美,勾留月余,于五月底乘轮赴英,在伦敦参加国际教育文化科学机构之图书馆及博物馆特别委员会,当选为该会副主席,旋于六月底赴法德义等国公干,约九月杪归国。"③"袁同礼七月间奉命赴德调查我国文物损失情形,旋被聘为巴黎和会中国代表团顾问,十月初旬由罗马飞京复命。"④ 又如对部分会员逝世的报道:"本会前董事范源廉先生于十二月二十三日上午七时在津逝世。先生为本会发起人之一,历任教育总长、师范大学校长、北京图书馆馆长等职。"⑤ 另外还有对协会名誉会员叶德辉、王国维、柯劭忞、丁文江、蔡元培逝世消息之报道等⑥。

表 3-1　中华图书馆协会历年会员数量统计表 *

时间	机关会员	个人会员	名誉会员	总计
1925 年 4 月—1926 年 4 月	129	202	33	364
1926 年 5 月—1927 年 6 月	132	217		349
1927 年 7 月—1928 年 6 月	129	190		319
1928 年 7 月—1929 年 1 月	162	269		431

① 会员消息.中华图书馆协会会报,1930,6(2):16;入会会员.中华图书馆协会会报,1940,15(1/2):5—6.

② 会员消息.中华图书馆协会会报,1945,19(4/5/6):14.

③ 会员消息.中华图书馆协会会报,1946,20(1/2/3):16.

④ 会员消息.中华图书馆协会会报,1946,20(4/5/6):17.

⑤ 范静生先生逝世.中华图书馆协会会报,1927,3(3):21.

⑥ 中华图书馆协会第二周年报告.中华图书馆协会会报,1927,3(2)3—5;柯劭忞先生逝世.中华图书馆协会会报,1933,9(2):28;会员作古.中华图书馆协会会报,1936,11(4):10;本会民国二十九年度会务报告.中华图书馆协会会报,1941,15(5):6—7.

时间	机关会员	个人会员	名誉会员	总计
1929 年 7 月—1930 年 6 月	173	273	35	481
1930 年 6 月—1931 年 6 月	186	310	33	529
1931 年 7 月—1932 年 6 月	233	402	32	667
1932 年 7 月—1933 年 6 月	258	452	30	740
1933 年 7 月—1934 年 6 月	277	482	27	786
1934 年 7 月—1935 年 6 月	276	522	27	825
1935 年 7 月—1936 年 6 月	288	536	26	850
1936 年度	299	599		898
1939 年度				约 360
1940 年度	101	280	22	403
1943 年度	142	417	18	577
1944 年度	157	535	18	710
1947 年度		707	8	715

注：本表数据大部源自协会各年度报告，详见《中华图书馆协会会报》1926，2（1）：3—5；1927，3（2）：3—6；1928，4（2）：3—6；1930，6（1）：3—10；1931，7（1）：1—7；1932，8（1/2）：1—4；1933，9（1）：2—6；1934，10（1）：1—6；1935，10（6）：3—7；1936，11（6）：21—24；1937，12（5）：13；1940，14（5）：10—12；1941，15（5）：6—7；1943，18（2）：18—20；1944，18（5/6）：12—14；1948，21（3/4）：衬页。其中 1928 年 7 月—1929 年 1 月会员数据来源自《中华图书馆协会第一次年会会务会议纪录》，见：王余光 . 清末民国图书馆史料汇编（1）. 范凡等选辑 . 北京：国家图书馆出版社，2014：216.

协会会员之积极参与是协会生命力之所在，而协会会员参与协会活动受多种条件和因素之影响、制约。从表 3-1 可以看出，从协会成立之初至 1937 年抗战全面爆发之前，由于社会环境相对稳定，协会发展会员比较顺利，会员总数由 364 名（个）发展到 898 名（个）。其中机关会员由 129 个增至 299 个，增一倍有余；个人会员从 202 人增至 599 人，增幅接近两倍。从 1937 年抗战全面爆发至协会无形解散，会员数据虽然统计并不全面，但从现有数据来看，1939 年协会登记人数最少。全面抗战初期，战争迫使各地图书馆从华北和东南沿海向内地和西南大后方迁徙，会员也因之颠沛流离，很难保持与协会的正常联系和参加协会组织的各项活动 ①。抗战胜利后，接着爆发了国内战争。由于受到战争的影响，更兼社会动荡、经济萧条、民不聊生，在这种环境中，尽管中华图书馆协会在我国图书馆事业的恢复和重建中不遗余力，终于还是补天乏术，建树有限。中华人民共和国成立后，协会会员分散世界各地。中华图书馆协会未能圆满实现《组织大纲》规定中的宗旨，带着无尽的遗憾于无形中解散。

3.3 协会组织机构

3.3.1 组织大纲之修订

1925 年 4 月 25 日，参加筹组中华图书馆协会的各地方图书馆协会代表于上海北四川路横滨桥广肇公学集会，宣告中华图书馆协会成立，讨论并通过了《中华图书馆协会组织大纲》。关于协会的组织机构，《组织大纲》规定协会设董事部及执行部两部。董事部为协会之决策机构，执行部为董事部之执行机构。《组织大纲》第六至十二条规定协会设董事 15 人，由会员公选之。董事部设部长一人，由董事互选之。规定董事任期三年，每年改选三分之一；唯第一任董事，任期一年、二年、三年者各五人，于第一次开董事会时签订之。每年改选之董事，由董事部照定额二倍推举候选董事，由会员公选之；但于候选董事以外选举者听之。董事部之职权为：规定进行方针；筹募经费；核定预算及决算；审定会员及名誉董事资格；推举候选董事；规定其他重要事项。特别赞助协会者，经董事部通过，得推为协会名誉董事。关于执行部，大纲第十三至十七条规定执行部设正部长一人，副部长二人，干事若干人，任期一年。执行部正副部长，由会员公选，干事由部长聘任之。执行部分四股：文牍股、会计股、庶务股、交际股。执行部之职务为：拟订进行方针；编制预算及决算；执行董事部议决事项；组织各项委员会。执行部细则，由该部自订之。

---

① 梁桂英.略论中华图书馆协会组织沿革.图书情报工作网刊,2012（6）:51—58.

同日，大会根据《组织大纲》推举蔡元培、梁启超、胡适、丁文江、沈祖荣、钟叔进、范源廉、熊希龄、袁希涛、颜惠庆、余日章、洪有丰、王正廷、陶行知、袁同礼等 15 人为董事部董事，推举戴志骞为执行部部长，杜定友、何日章为副部长。戴志骞时在美国，在其归国以前，其部长职务由袁同礼暂行代理，并聘定执行部干事 33 人。

1929 年 1 月，中华图书馆协会第一次年会在南京金陵大学召开，1 月 31 日召开的会务会议对《组织大纲》进行了修订。关于协会的组织机构，《组织大纲》将原来的"本会设董事及执行两部"修改为"本会设执行委员会及监察委员会"。关于执行委员会，新的《组织大纲》第六至十一条规定："本会设执行委员十五人，由会员公选之。执行委员会设常务委员五人，由执行委员互选之。执行委员任期三年，每年改选三分之一，惟第一任执行委员任期一年、二年、三年者各五人，于第一次开执行委员会时签定之。常务委员任期一年。每年改选之执行委员，由执行委员会照定额二倍推举，候选执行委员由会员公选之；但于候选委员以外选举者听之。"执行委员之职权为："（一）规定进行方针；（二）募集经费；（三）编制预算及决算；（四）通过会员入会手续；（五）推举常务委员及候选执行委员；（六）执行其他重要事项。"

关于监察委员会，新的《组织大纲》第十三至十六条规定："监察委员会设监察委员九人，由会员公选之；但监察委员不得兼任执行委员。监察委员任期三年，每年改选三分之一；惟第一次监察委员任期一年、二年、三年者各三人，于第一次开监察委员会时签定之。每年改选之监察委员，由监察委员会照定额二倍推举候选监察委员，由会员公选之，但于候选委员以外选举者听之。监察委员会之职权为：（一）监察执行委员会进行事项，遇必要时得向全体会员弹劾之。（二）核定预算及决算。"根据新的《组织大纲》，执行委员会为协会之决策及执行机构，监察委员会则为协会之监察机构。

1936 年 7 月 20 至 24 日，中华图书馆协会第三次年会与中国博物馆协会年会在青岛联合举行。在 22 日举行的会务会议上，根据会员提议，改执行委员会为理事会，监察委员会为监事会。据此，1937 年 1 月，协会对《组织大纲》再次进行修订。修订后的《组织大纲》以理事会取代执行委员会，以监事会取代监察委员会。原执行委员会和监察委员会的职能基本为理事会和监事会所替代。

1938 年 11 月 30 日下午，中华图书馆协会第四次年会会务会议在重庆都城饭店召开。会议通过议案多项，其中于震寰提议《暂停每年改选理事及监事三分之一至第五次年会之前为止案》，经会议讨论，议决改选理事及监事三分之一，延至会员总登记完毕后进行①。实际情况是，直到 1944 年 5 月协会第六次年会召开改选理事会和监事会为止，由于受到战争等多种因素的影响，都未能依据《组织大纲》的要求，对理事和监事的三分之一进行改选。

1944 年 5 月 5 至 6 日，中华图书馆协会第六次年会在重庆国立中央图书馆召开。年会召开前一日，有王铭悌、皮高品、任宗炎等 24 名会员鉴于"（一）为使本会会员对于会务能够积极参加；（二）为使本会理监事会组织加强，以利会务之推进；（三）使本会组织大纲适应非常时期之需要"，提议修改《组织大纲》。拟修改的主要内容为第四章"组织"、第六章"选举"、第八章"事务所"。在 5 月 5 日下午年会第一次会议讨论修改《组织大纲》的过程中出现不同意见。部分会员如洪有丰认为，《组织大纲》为协会的根本大法，修改《组织大纲》应该特别慎重，不可草率将事。战时交通困难，当日到会会员人数只有 65 人，仅占全体会员十二分之一，不应以到会之少数人漠视大多数未能参会会员之权利。但汪长炳、严文郁、岳良木等则主张立即修改《组织大纲》。最后表决，多数会员赞成由年会出席会员修改《组织大纲》。表决后因时间已到下午六时半，会议主席宣告饭后再行讨论。饭后多数会员退席，留会者人数过少，因之流会。

5 月 6 日上午，出席年会第二次会议者只有袁同礼、蒋复璁、陈训慈等 47 人，而出席 5 月 5 日下午年会第一次会议者洪有丰、沈祖荣、傅振伦等 22 人缺席。会议继续讨论《组织大纲》的修改问题。会上徐家麟提请会议主席袁同礼按 24 人提议修改之《组织大纲》提案进行讨论。陈训慈认为《组织大纲》确应修改，但此次年会出席人数过少，不能代表各地会员，过去各大学图书馆及各省立图书馆对于会务最为热心，出席最为踊跃。而当时因交通困难，或以职务羁身，不能出席，但他们的意见应予尊重，故修改《组织大纲》应特别慎重。应组织一委员会，先拟草案，再征求各地会员同意，以昭慎重。汪应文认为，

---

① 本会第四次年会会务会纪录. 中华图书馆协会会报, 1939, 13（4）: 10—11.

协会原订《组织大纲》已历多年，需要修订之处甚多，请全部逐条修改。唯以时间限制，应请仿照一般立法程序，由大会推定若干人组织委员会修改之，再提请大会通过，以昭慎重。皮高品提议从第一条逐条讨论，获得多数与会者附议。第一至五条均照原条文无异议通过。第六条改为"本会设理事十五人，由出席年会会员照定额二倍票选候选人，再由会员通讯公选之，但于候选人以外选举者，听之。"接着讨论第七、八两条。经过讨论后表决，24 人所提修改条文获得通过。第七条为"理事任期三年"。第八条为"理事会设常务理事五人，由理事票选之，常务理事中推选理事长、书记、会计各一人"。第七、八两条表决后，因已届 12 时，会议代表将赴中央党部招待宴会，遂停止讨论，对理监事候选人进行表决①。因多种因素的影响，此次年会对《组织大纲》的修订未能竟事。此后，直到协会无形解散，未再对组织大纲进行过修订。

根据《组织大纲》的规定，协会应每年召开年会一次，遇必要时，可以召开临时会议，但在协会 24 年的历史上，因时局、经费等因素的影响，未能每年举行年会。协会名义上会员大会为最高权力机关，由全体会员组成。事实上除成立大会之外，仅仅召开过 6 次年会，致未召开年会时，无形中以董事部、执行委员会或理事会为最高权力机关，而以董事部部长、执行委员会主席或理事长负责。一般会员也只是行使选举权、在年会表示意见及响应协会所推动的事业而已②。

3.3.2　事务所之迁徙

中华图书馆协会成立之初，执行部依据《组织大纲》第二十四条之规定，拟设总事务所于北京，分事务所于上海。以各该地方之干事，分担事务。未设事务所各地，暂以干事一人掌其事务。规定一地方事务增繁，得由部长酌量情形，设临时分事务所，或分事务所；但分事务所之设立，需提出于董事部，经其认可。各事务所得聘佣事务员、书记及劳役。各事务所得依《组织

---

① 中华图书馆协会第六次年会第一次会议纪录.中华图书馆协会会报,1944,18（4）:6—9;中华图书馆协会第六次年会第二次会议纪录.中华图书馆协会会报,1944,18（4）:9—11.

② 宋建成.中华图书馆协会.台北:育英社文化事业有限公司,1980:201.

大纲》第十五条之规定，分股办事。会务之分配于各事务所，由部长酌定之；但编制总预决算，会员总名簿，征收会费及总出纳，由总事务所办理①。后因种种原因，只在北京设立了总事务所，上海等地未再设立分事务所或临时分事务所。

"七七"事变后抗战全面爆发，华北及东南沿海一带的大型图书馆纷纷组织内迁和西迁。中华图书馆协会则随国立北平图书馆先迁至长沙，1938年3月再迁昆明西南联大图书馆，另在重庆川东师范学校国立中央图书馆内设立理事会通讯处。4月，协会为征求全国图书馆被毁事实及此项照片起见，在武昌文华公书林、长沙湖南大学图书馆、成都金陵大学图书馆等14地设立通讯处②。1939年间为了及时接收所征募的外国图书，曾将香港办事处之组织予以临时扩大，1940年间复增委海外人员，分设驻欧及驻美通讯处③。

《总事务所办事简则》规定总事务所暂不分股，由部长指派各干事分担事务。暂置书记一人，掌记录缮写及保管文件簿册。每月以第二星期日及第四星期日，各开常会一次。遇必要时，得由部长召集临时会。开会之前二日，由部长整理议题，通知各干事。干事提议之案，应于至少四日前寄交部长。开会时以部长为主席，由书记记录其列席缺席人名及议决事项。凡干事所办事件，应各具简明报告，当开会时提交部长。开会时间，每次不得超过半小时。干事遇开会时，有不得已事故不能列席者，必须委托其他干事代表④。后因协会事务日繁，须有专人常到总事务所服务，于是决定聘请严文郁为常务干事，常川到会，襄助一切⑤。

总事务所最初设立于北京西单石虎胡同七号松坡图书馆第二馆⑥。松坡图书馆为纪念著名护国英雄蔡锷将军而设，以北海快雪堂为第一馆，专藏中文

① 中华图书馆协会执行部细则.中华图书馆协会会报,1925,1（1）:5.
② 本会设立通讯处.中华图书馆协会会报,1938,13（1）:17.
③ 中华图书馆协会报送抗战以来会务活动概况并请按月补助经费呈//中国第二历史档案馆.中华民国史档案资料汇编·第五辑·第二编·教育（二）.南京:江苏古籍出版社,1994:718—725.
④ 中华图书馆协会总事务所办事简则.中华图书馆协会会报,1925,1（1）:5.
⑤ 请严文郁先生为常务干事.中华图书馆协会会报,1925,1（3）:23.
⑥ 总事务所地址.中华图书馆协会会报,1925,1（1）:6.

图书，后楹辟为蔡公祠，奉祀蔡锷将军及护国死难诸先烈。西单石虎胡同七号为第二馆，专藏外文图书。第二馆于 1924 年 6 月 1 日先行对外开放。第一馆继于 1925 年底对外开放①。此后，协会会务日繁，地址渐觉不敷。董事袁同礼在西城府右街十八号清室官产中，为协会谋得会所一处，计有瓦房 19 间，拟作为会所，并由执行部与清室善后委员会订立合同。惟因经费困难，一时尚未能迁入。后为军队占用，至终未能迁入②。后总事务所于 1927 年 3 月 1 日迁徙至北海北京图书馆③。1928 年 6 月，北京图书馆更名为北平北海图书馆。1929 年 6 月底，中华教育文化基金董事会天津第五次年会，决议将北平北海图书馆并入国立北平图书馆。1931 年 6 月 25 日，总事务所迁入北平文津街一号国立北平图书馆新馆。此新建筑设备华美，特辟一室，为总事务所办公之地④。其后，总事务所以协会会务日繁，时感不敷办公之用，经与国立北平图书馆协商，改借中海增福堂房屋增用，于 1935 年 1 月 14 日迁入办公⑤。

1935 年 1 月，由中国工程师学会发起并联合中国科学社、中国天文学会、中国气象学会等 18 个学术团体计划于南京筹建联合会所，目的在使全国性的学术团体集中南京，"足与政府中枢密切联络，而相互间复可收攻错之助"。联合会所拟建三楼"巨厦"，底层设讲演厅、会议厅、图书室、试验室若干，二层为各学术团体办公室、研究室等，三楼为寄宿舍。中华图书馆协会于 2 月 1 日复函表示"极愿加入"，并承担其中两间房屋建筑费 1600 元⑥。不料"七七"事变后抗战全面爆发，首都南京从 1937 年 8 月起连续遭受日机轰炸，国民政府迁都武汉后再迁重庆，之前联合会所所有努力化为乌有。由于协会活

①　松坡图书馆概况 // 王余光 . 清末民国图书馆史料汇编（8）. 范凡等选辑 . 北京 : 国家图书馆出版社 ,2014:113—114.

②　总事务所地址 . 中华图书馆协会会报 ,1925,1（4）:17—18.

③　中华图书馆协会第二周年报告 . 中华图书馆协会会报 ,1927,3（2）:3—5.

④　本会事务所新址 . 中华图书馆协会会报 ,1931,6（6）:11.

⑤　会所迁移 . 中华图书馆协会会报 ,1935,10（4）:19; 中华图书馆协会第十年度会务报告 . 中华图书馆协会会报 ,1935,10（6）:3—7.

⑥　南京联合会所之进行 . 中华图书馆协会会报 ,1935,10（5）:20—21; 中华图书馆协会第十一年度报告 . 中华图书馆协会会报 ,1936,11（6）:21—23.

动经费主要来源有：①中央党部补助费每月百元；②会员会费，机关会员每年5元，个人会员每年2元，抗战全面爆发后，1937年9月，中央党部补助经费停发，会员会费无法正常缴纳，协会会务一度陷入停顿。1938年7月，事务所迁至昆明后继续工作，除征求会员会费外，拟请中央党部继续予以补助①。

总事务所随国立北平图书馆南迁昆明后，因国立北平图书馆与西南联大合组联大图书馆，1938年7月至1939年5月总事务所设昆明西南联大图书馆内。由于陆续到滇的馆员人数增多，国立北平图书馆又在柿花巷22号租赁办公地址，协会事务所亦随之迁入②。1940年初，国立北平图书馆迁至昆明文庙尊经阁办公，协会办公地址亦随之迁移③。1941年1月29日，日机空袭昆明，文庙几乎全部被毁。国立北平图书馆址在尊经阁内，相距甚近，亦受波及，房屋为枪弹碎片洞穿30余处，纸窗门扇，亦均受震倾斜，所幸尚无损失④。为避日机空袭，事务所被迫由昆明市区疏散至北郊桃园村起凤庵。由于地址偏僻，诸多不便，事务所遂于1943年9月迁至重庆沙坪坝国立北平图书馆办事处⑤。

抗战胜利后，总事务所随国立北平图书馆迁回北平。后经协会理事长、国立北平图书馆馆长袁同礼，协会常务理事、国立中央图书馆馆长蒋复璁商定，协会总事务所由国立北平图书馆迁至南京国立中央图书馆，所有事务亦由国立中央图书馆派员办理，以节省开支，并聘请于震寰为常务干事。1948年3月间，协会档案及图章戳记由北平迁往南京。此外尚有部分旧档及《中华图书馆协会会报》一箱暂存重庆沙坪坝南渝中学，又书物八箱于抗战期内由李钟履存入北平政治学会，皆因财力不足未能及时移运至京⑥。此后，协会无形解散，协会事务所亦停止活动。

---

① 本会呈报中央党部会务进行概况. 中华图书馆协会会报，1938，13（3）：15—16.
② 徐家璧. 袁守和先生在抗战期间之贡献. 传记文学，1965，8（2）：40—45.
③ 本会迁移办公地址. 中华图书馆协会会报，1940，15（1/2）：5.
④ 本会昆明办事处因被炸房屋震坏. 中华图书馆协会会报，1941，15（3/4）：11.
⑤ 本会会址由昆迁渝. 中华图书馆协会会报，1943，18（1）：13；中华图书馆协会三十二年度工作报告. 中华图书馆协会会报，1943，18（2）：18—20.
⑥ 留京理监事联席会议. 中华图书馆协会会报，1948，21（3/4）：5—6.

表 3-2 中华图书馆协会总事务所变迁 ①

时间	事务所地址	时间	事务所地址
1925 年 4 月 — 1927 年 2 月	北京松坡图书馆第二馆	1940 年 9 月 — 1941 年 1 月	昆明文庙尊经阁
1927 年 3 月 — 1931 年 6 月	北海北京图书馆（后并入国立北平图书馆）	1941 年 1 月 — 1943 年 9 月	昆明龙泉镇桃园村起凤庵
1931 年 6 月 — 1935 年 1 月	北平文津街一号	1943 年 9 月 — 1945 年 ？月	重庆沙坪坝国立北平图书馆办事处
1935 年 1 月 — 1937 年 6 月	北平中海增福堂	1945 年 ？月 — 1946 年 3 月	北平国立北平图书馆
1938 年 7 月 — 1939 年 5 月	昆明西南联大图书馆	1946 年 3 月 — 1948 年 5 月	南京国立中央图书馆
1939 年 7 月 — 1940 年 9 月	昆明柿花巷 22 号		

3.3.3 各专门委员会

中华图书馆协会《组织大纲》第二章"宗旨"第二条规定"本会以研究图书馆学术，发展图书馆事业，并谋图书馆之协助为宗旨"，第四章"组织"第十六条"执行部之职务"之（四）为"组织各项委员会"，执行部据此专门制定了《中华图书馆协会委员会规程》十条。《中华图书馆协会委员会规程》规定："本会为共同研究学术或处理特别问题起见，得依组织大纲第四章第十六条第四项之规定，由执行部组织委员会。委员会委员，由执行部聘请之。委员会设主任、副主任各一人，由委员会委员互选之；书记一人，由委员会主任推任之；惟第一届之主任、副主任、书记，由执行部聘请之。委员会处理下列事务：（一）关于该门学术或该种问题之处理事项；（二）关于该门学术或该种问题议案之审查事项；（三）关于董事部长或执行部长交议或委托事项；（四）关于本委员会建议事项。处理上列事宜之方法，由委员会自定之。委员会为进行便利起见，得设分委员会。委员会会议由委员会书记商承主任召集之。委员会

---

① 梁桂英 . 略论中华图书馆协会组织沿革 . 图书情报工作,2012（6）:51—58.

进行事宜，应随时与执行部长接洽，并于某项问题研究完竣时，缮就具体报告交执行部分别执行。委员会所需经费，由委员会主任拟具计划预算交执行部长提出董事部核定；如所需数目超出本会预算时，得由董事部协同委员会筹款项充之。本规程如有未尽事宜，得由执行部修改之。"① 据此，协会成立之初即由执行部分别组织图书馆教育委员会、分类委员会、编目委员会、索引委员会和出版委员会5个专门研究委员会开展相关学术研究。

1929年第一次年会期间通过新的《组织大纲》。根据新的《组织大纲》，协会设执行委员会及监察委员会。执行委员会根据《组织大纲》第四章第十二条"执行委员会细则由该会自订之"之规定，制定了《中华图书馆协会执行委员会细则》八条。其中第五条规定"本委员会为处理特别学术问题起见，得组织各项专门委员会"。在原来5个专门委员会的基础上增加扩大为9个专门委员会，分别是：分类委员会，编目委员会，索引委员会，检字委员会，图书馆教育委员会，编纂委员会，建筑委员会，宋元善本书调查委员会和版片调查委员会。另外设立《图书馆学季刊》编辑部及《中华图书馆协会会报》编辑部②。

1932年第一次执行委员会会议讨论并通过了多项议案。其中《改组各委员会案》《督促各委员会工作俾中途不致停顿案》和《各委员会人选建议案》与各专门委员会密切相关。会议鉴于各专门委员会陷于停顿状态，亟应改组，以利进行，建议全体执行委员会，将各专门委员会重新改组，以主席、书记同一地点为原则。各委员会委员由主席推荐后，再由执行委员会函聘之。在原来9个专门委员会的基础上将宋元善本书调查委员会归并到版片调查委员会，其余各委员会仍然继续保留。虽然各专门委员会实际工作卓有成绩者固属不少，迄无成绩报告者亦居多数。推其原因或无计划，或无经费，故中途常有停顿。因此要求各专门委员会：由主席先将一年内之具体计划函告本会；每年六月编辑工作报告；允许各委员会得预支30元为经费，如用费过大，可陈明执行委员会酌量增加。以此督促各专门委员会实际工作，俾中途不致停顿。会议还通过了

---

① 中华图书馆协会委员会规程.中华图书馆协会会报,1925,1（2）:3.
② 本会新组织之各委员会.中华图书馆协会会报,1929,4（5）:26—27.

各专门委员会人选建议案[①]。

1933年8月28日至9月1日，中华图书馆协会第二次年会在北平清华大学召开。会后执行委员会为研究专门问题并执行第二次年会议决案起见，特别组织了两个新的专门委员会：图书馆经费标准委员会，审定《杜威十进分类法》关于中国细目委员会[②]。这是协会对各专门委员会做最后一次调整。

表 3-3　中华图书馆协会组织机构沿革

1925年4月25日—1929年1月	1929年2月—1933年8月	1933年9月—1936年12月	1937年1月—1948年
董事部	执行委员会		理事会
执行部	监察委员会		监事会
图书馆教育委员会			
分类委员会			
编目委员会			
索引委员会			
出版委员会	编纂委员会		
	检字委员会		
	建筑委员会		
	宋元善本书调查委员会	版片调查委员会	
	版片调查委员会		
	《图书馆学季刊》编辑部		
	《中华图书馆协会会报》编辑部		
		图书馆经费标准委员会	
		审定杜威分类法关于中国细目委员会	

---

① 本年度第一次执行委员会议决案. 中华图书馆协会会报,1932,8（3）:13—15.
② 本会新组织之两委员会. 中华图书馆协会会报,1933,9（2）:27.

3.4 协会经费

整个民国时期，经费问题始终是制约图书馆事业发展的主要困难之一，也是严重影响协会开展活动的重要因素之一。中华图书馆协会的活动经费主要有4个来源：协会会员缴纳的会费，来自政府机关的补助，协会募集的各类经费，出售出版物盈余、广告收入、银行存款利息等。

3.4.1 会员缴纳会费

协会成立之初，《组织大纲》第三章"会员"第三条第四款规定，"凡捐助协会经费五百元以上者为赞助会员"；第五章"经费"第十八条规定，"机关会员年纳会费五元，个人会员年纳会费二元"[①]。1929年1月，中华图书馆协会第一次年会对《组织大纲》进行了修订。新的《组织大纲》规定机关会员年纳会费5元，个人会员年纳会费2元外，凡个人会员一次缴足会费25元者得为永久会员，永久会员所纳会费作为协会基金[②]。1932年执行委员会第一次会议有感于协会"向无永久基金，以致会务不能充分发展，筹划之策，须简而易行，力收实效"，通过《筹划本会基金案》，其办法是自该年度起多征求永久会员，此项会员会费，概充作基金，不作别用，另组织基金保管委员会保管之。另外，协会为发展图书馆学术、鼓励学者研究起见，拟另筹固定基金，筹设图书馆学论文奖金，通过《征求纪念捐款案》。其办法是通函各会员有愿为亲友作永久纪念者，协会得接受此项捐款，另组织基金保管委员会保管之，作为图书馆论文奖金之基金[③]。1933年1月3日，该年度执行委员会第三次会议议决通过《征求赞助会员案》和《机关永久会员会费明确规定案》等案。除了在该年度第一次会议上议决通过多征求永久会员外，还议决多征求赞助会员。赞助会员不分国籍，会费定为50元，此项会费亦全数充作基金。在机关永久会员会费未明

---

① 中华图书馆协会组织大纲.中华图书馆协会会报,1925,1（1）:3—5.

② 中华图书馆协会组织大纲.中华图书馆协会会报,1929,4（4）:4—5.

③ 本年度第一次执行委员会议决案.中华图书馆协会会报,1932,8（3）:13—15.

确规定之前，暂定为每人 100 元，并从 1933 年开始施行①。

1933 年 8 月 28 日至 9 月 1 日，中华图书馆协会第二次年会于北平清华大学召开。会务会议上，会员代表"以协会为全国图书馆事业之枢纽，亟宜积极发展，因议决募集基金一案，俾经费无竭蹶之虑，而会务幸得日起有功"②。会后，执行委员会鉴于协会成立以来，颇著成效，各地方协会亦竞起组织，会务日繁，会员日增，效用乃益宏大。历年发行《中华图书馆协会会报》及《图书馆学季刊》，并各种书目及索引，以供同志参考。他若培植人才，广事研究，应办之事尚多，率以限于财力，愧无建树，而基本经费亦尚无着。总事务所犹附设于国立北平图书馆，未能应时进展，亦为海内人士所深惜。于是根据会务会议议决案订定《中华图书馆协会募集基金办法》五条。办法为由募集基金委员会或其请托人执协会所印募捐册向热心教育文化事业诸公进行捐募，同时征求赞助会员及永久会员，所有收入均为协会基金。（甲）普通捐款自壹元以至百千万元随意乐捐；（乙）一次交会费百元者为赞助会员，代募基金五百元者或同时介绍永久会员十人者亦得为赞助会员；（丙）一次交会费五十元者为永久会员，代募基金二百五十元或同时介绍永久会员五人者亦得为永久会员；（丁）凡机关一次交会费百元者为永久会员。另外赞助会员及永久会员不再按年交纳会费，赞助会员及捐款逾百元者于协会有独立建筑时得以铜牌镌其大名悬之壁间永久纪念。会议推蒋梦麟、周诒春和袁同礼等 70 人组成募集基金委员会；推戴志骞、洪有丰、刘国钧、周诒春和王文山 5 人组成基金保管委员会，戴志骞为基金保管委员会主席③。以后募捐委员会陆续收到来自会员基金捐款，除即行转交基金保管委员会外，还在协会《中华图书馆协会会报》上鸣谢④。

1935 年，协会考虑到永久会员应缴纳会费数目较大，部分会员碍难一次付清，为便利图书馆在职人员及目录学家入会起见，订定永久会员分期缴费办

①　第二三两次执行委员会议决案 . 中华图书馆协会会报,1933,8（4）:17—18.

②　中华图书馆协会第九年度报告 . 中华图书馆协会会报,1934,10（1）:1—6.

③　中华图书馆协会募集基金启 . 中华图书馆协会会报,1934,9（4）:刊前页 .

④　募集基金消息 . 中华图书馆协会会报,1934,9（5）:17;募集基金消息 . 中华图书馆协会会报,1934,9（6）:9;募捐基金志谢 . 中华图书馆协会会报,1934,10（2）:15—17;募捐基金志谢 . 中华图书馆协会会报,1935,10（4）:20—21.

法。个人永久会员应缴会费总数为国币 50 元，机关永久会员应缴会费总数为国币 100 元，所有收入为协会基金。永久会员会费得分两次至十次于两个月至十个月间按月连续付清，不再按年缴纳会费。永久会员缴清会费，受赠《中华图书馆协会会报》及《图书馆学季刊》全份，其以前各期亦可照补，唯以协会尚存各期为限①。截止到协会第十年度（1934 年 7 月到 1935 年 6 月）基金募集及保管委员会共收到捐款 1776.6 元。其中机关永久会员 4 人共捐 400 元，个人永久会员捐款 550 元，普通捐款 826.6 元。另外，协会经费主要靠会员会费维持，但协会会员未能及时缴会费者甚多，每年缴纳会费者甚至不及全部会员之半数。因此 1935 年 5 月间，执行委员会讨论增加会费收入之办法，议决委托专人或机关担任介绍会员及经收各地会员会费，先择会员较多（10 人以上）各地，分别委请热心会务会员办理，并编制《会员缴费便览》，详列缴费数额、联系地点及方式，借作宣传同时方便会员缴纳会费②。

1935 年 1 月，由中国工程师学会发起并联合中国科学社、中国天文学会、中国气象学会等 18 个学术团体计划于南京筹建联合会所。联合会所拟建三层大楼，作为讲演厅、会议厅、图书室等和各学术团体办公室、研究室之用。中华图书馆协会积极参与，并承担其中两间房屋建筑费 1600 元③。但协会历年收入仅可供维持之用，不得已乃以募捐办法筹集之。除协会请托热心图书馆及教育文化事业者广为劝募外，复在 1937 年度会费之外增加建筑捐款，机关会员至少 5 元，个人会员至少 1 元。虽然会员积极捐款，但募得经费与实际所需仍然相差较远。协会再次呼吁各会员踊跃捐款，共襄盛举④。此次募捐从 1937 年 4 月开始到 6 月底截止，共收到捐款 1827.50 元。协会除分别发给正式收据并函谢外，还在《中华图书馆协会会报》第 20 卷第 6 期披露捐款者姓名及捐款数目。不料"七七"事变后抗战全面爆发，联合会所建筑一事只得从缓。全面

---

① 中华图书馆协会永久会员分期缴费办法.中华图书馆协会会报,1935,10（4）:刊前页.

② 会员缴费便览.中华图书馆协会会报,1935,10（5）:封底;中华图书馆协会第十年度会务报告.中华图书馆协会会报,1935,10（6）:3—7.

③ 南京联合会所之进行.中华图书馆协会会报,1935,10（5）:20—21;中华图书馆协会第十一年度报告.中华图书馆协会会报,1936,11（6）:21—23.

④ 本会筹募会所建筑费.中华图书馆协会会报,1937,12（5）:15.

抗战期间，由于受到战争的影响，会员星散，交通阻隔，通讯联系不便，会员会费之收缴较之战前更加艰难。由于会员会费未能有效收缴，会务活动只得依靠募捐作为经费之主要来源。抗战胜利后，1945 年 10 月 23 日，协会理事会在重庆举行会议。会议鉴于当时物价上涨，邮资增加，协会收缴会费标准为 1943 年 12 月修订，已不敷当时实际情况需要，因此议决，协会会员会费自 1945 年起修改为：①个人会员会费全年 200 元，永久会员 4000 元。已照之前规定缴纳过永久会员会费 200 元者，由协会通知请惠予捐助。②机关会员会费全年 2000 元①。

1947 年 5 月 24 日，协会留京理监事假南京国立中央图书馆举行联席会议，常务干事于震寰报告会务进展情况后，联席会议议决调整会员会费收缴标准如下：个人会员每人每年 1 万元；机关会员每年甲种 5 万元，乙种 3 万元，由会员自行认定；除会费外，希望会员踊跃捐助；暂停接受永久会员会费②。会员会费收缴标准大幅上涨，以因应物价暴涨而推动会务。

3.4.2 政府机关补助

协会会务活动经费，除来自协会会员所缴会费之外，政府机关之补助，也成为协会会务活动经费主要来源之一。协会成立初期，因经费支绌，原定各种计划未能如期实施。协会董事部于 1925 年 7 月 6 日特上临时执政府呈，请予补助。呈文如下：

窃查近今教育趋势，多利赖于图书馆，而民族文化，亦即于是觇之。启超等顾国籍之亟待董理，新学之尚需研寻，以为非力谋图书馆教育之发展，不可与列邦争数千年文化之威权，所关深巨，孰则逾是；用萃集全国公私立二百余图书馆及国中研究斯学之人，组织中华图书馆协会，业于本年四月成立。拟先从分类、编目、索引及教育四端着手。惟寒儒奋力，终

---

① 本会理事会报告及决议事项.中华图书馆协会会报,1945,19（4/5/6）:12—13;本会启事（一）.中华图书馆协会会报,1945,19（4/5/6）:刊前页.

② 留京理监事联席会议.中华图书馆协会会报,1948,21（3/4）:5—6.

不易于经营，国家右文，宁有咨夫嘉惠；合无仰恳执政顾念国学，特予殊施，俾所策划，早得观成，士林幸甚，为此敬呈伏候训示施行。

不久协会接临时执政府秘书厅 8 月 7 日公函第 1639 号称："查中华图书馆协会成立，提倡文化，嘉惠士林，政府自可量力赞助，既奉执政批财政部酌应即由本部筹拨五千元，借资补助……"①

1929 年 1 月，协会第一次年会在南京召开，国民党中央党部、国民政府行政院、内政部、外交部、铁道部、工商部、卫生部及江苏省政府等向年会捐款共 3730 元，其中中央党部捐助 2000 元，行政院 1000 元，外交部、铁道部和江苏省政府各捐 200 元。同年 6 月，沈祖荣代表中华图书馆协会赴意大利参加在罗马举行的国际图书馆协会第一次国际图书馆及目录学大会，同时参加国际图书展览会，行政院及教育部分别捐款 2000 元和 300 元②。

协会活动经费主要靠会员会费收入维持，由于后来会员缴费不甚踊跃，致有入不敷出之感，政府机关的经费补贴成为协会活动经费的另一重要来源。1935 年，国民党中央党部每月津贴协会 100 元和国民政府教育部原来补助学术文化机关津贴费中断。协会执行委员会公推执行委员王文山、蒋复璁负责向中央党部催款，教育部补贴协会经费则由蒋复璁负责接洽③。

"七七"事变后抗战全面爆发，中华图书馆协会会务活动经费中来自政府机关者，主要有国民党中央执行委员会宣传部和国民政府教育部等。而战前则主要由国民党中央党部常年给予经费补助。协会自成立至 1937 年 8 月以前，国民党中央党部每月补助协会会务费百元，1937 年 9 月因抗战爆发而停止。协会活动经费主要来源之一的会员会费缴纳也因会员星散、通讯不便、交通梗阻等而无力收缴，协会会务大受影响。因此协会"拟请中央党部念本会事业之重要，继续予以补助"④。1938 年 11 月 27 至 30 日，中华图书馆协会在重庆参加中国教育学术团体联合年会。联合年会期间同时举行协会第四次年会。协会年

---

① 政府补助．中华图书馆协会会报，1925，1（2）：10—11.
② 中华图书馆协会第五次会务报告．中华图书馆协会会报，1929，5（1/2）：27—33.
③ 中华图书馆协会第十一年度报告．中华图书馆协会会报，1936，11（6）：21—23.
④ 本会呈报中央党部会务进行概况．中华图书馆协会会报，1938，13（3）：15—16.

会除收到国民党中央党部捐款国币 100 元外，另外收到国立中央图书馆、国立北平图书馆和国民政府交通部图书馆等捐款共计国币 507 元，而大会各项会务支出仅 209.78 元，结余 397.22 元①。1939 年协会鉴于活动经费拮据、会务开展大受影响，再度呈请国民党中央执行委员会宣传部，请将每月之辅助费，予以恢复。中宣部批示称，因"经费异常困难，碍难按月津贴，兹准一次补助一百元"②。同年 3 月，协会以 1938 年 7 月在昆明恢复工作以来，经费收入只有会员会费一项，而进行事业又极繁重，以是经济极感困难，为此呈请国民政府教育部准予每月补助 200 元，借以推进会务，而便于协助全国图书馆之复兴与发展。教育部准于该年 5 月至 12 月，按月补助 100 元，每 3 个月具领一次③。1940 年，协会再次以"各项事业，积极推动。国外图书，踊跃捐赠。而各地图书馆均能于安全地域，力谋复兴。本会调查与宣传工作，更感繁重。惟职会除会员会费外，并无其他补助"，因此拟请教育部自 1940 年 1 月起，按月补助 200 元④。该年度幸蒙教育部续予按月补助国币 100 元，又国立北平图书馆仍按月补助协会办事人员薪金及办公费用，协会会务才不致陷于停顿⑤。1941 年，协会继续呈准教育部予以经费补助。但因物价高涨，协会所出《中华图书馆协会会报》，纸张印刷，所费不赀，拟再呈教育部予以加增补助⑥。

　　1941 年，协会以经费竭蹶，对于各项事业之推动不无影响，而物价日昂益感需款愈殷。于是 3 月间具呈请求国民党中央宣传部准予恢复经费补助。获准自 7 月起按月补助经费 100 元。但前请国民政府教育部增加补助一节，却因教育部社会经费支绌，未蒙批准⑦。1942 年 2 月 7 日下午，协会在渝理监事于重庆国立中央图书馆召开联席会议，商讨出席 8、9 两日在渝召开的全国教育学

　　① 本会第四次年会临时费收支清册.中华图书馆协会会报,1939,13（4）:15.

　　② 本会呈请中央执行委员会宣传部恢复每月补助费.中华图书馆协会会报,1939,13（5）:13.

　　③ 教育部准予补助本会经费每月一百元.中华图书馆协会会报,1939,14（1）:11.

　　④ 本会呈请教育部续予经费补助.中华图书馆协会会报,1940,14（5）:10—12.

　　⑤ 本会民国二十九年度会务报告.中华图书馆协会会报,1941,15（5）:6—7.

　　⑥ 教育部继续补助本会经费.中华图书馆协会会报,1941,15（3/4）:14.

　　⑦ 呈请教育部增加补助费.中华图书馆协会会报,1941,15（5）:8;中央宣传部准予恢复拨给本会补助费.中华图书馆协会会报,1941,15（6）:6.

术团体第二次联合年会事宜。会议讨论通过《本会经费支绌会报印刷费困难应如何筹集案》，议决：①由协会备函呈请中央党部秘书处及中央宣传部特予补助，公函缮就寄渝，由沈祖荣、陈训慈、蒋复璁三理事面致吴秘书长及王部长。②年会开会时由与会会员，随意乐捐补助，协会经费借为提倡，另由协会通函，向全体会员劝募①。1942年度终了时，协会呈请教育部和社会部于1943年度续予经费补助。教育部1943年3月23日社字第14207号训令及社会部3月13日组5字第42672号训令各准按月补助200元，于年底一次汇到共计4800元②。此后，因物价上涨，来自政府机关的经费补助也逐年增加。1944年1月开始，教育部每月补助协会经费增加到每月400元，中央宣传部自2月起每月补助经费300元③。1945年教育部因物价上涨，对协会的经费增加到每月1000元④。

3.4.3 面向社会募捐

协会除了积极向政府机关申请经费补贴外，还通过多种方式面向社会募集活动经费。如国立清华大学、国立中央大学、国立北平大学、国立北京大学、国立北平师范大学、中法大学、燕京大学、东北大学、江苏省政府、行政院驻平政务整理委员会、河北省政府、北平市政府、中华教育文化基金董事会、实业部地质调查所、北平故宫博物院、松坡图书馆及国立北平图书馆，个人如范静生先生、梁任公先生、颜骏人先生、胡适之先生及袁守和先生，皆有捐助⑤。

1925年6月2日，协会董事部推举颜惠庆、熊希龄、丁文江、胡适、袁希涛5人，组织财政委员会，以筹划协会基金，惜因时局影响，未能积极进行⑥。

---

① 本会在渝理监事联席会议纪录.中华图书馆协会会报,1942,16（5/6）:16—17.
② 教育部社会部补助本会经费.中华图书馆协会会报,1943,17（5/6）:11;教育社会两部补助费最近汇到.中华图书馆协会会报,1943,18（2）:18.
③ 其他经费之补助.中华图书馆协会会报,1944,18（3）:14.
④ 教育部补助本会每月千元.中华图书馆协会会报,1945,19（1/2/3）:12.
⑤ 中华图书馆协会执行委员会.中华图书馆协会概况.北平:中华图书馆协会事务所,1933:14—16.
⑥ 中华图书馆协会第一周年报告.中华图书馆协会会报,1926,2（1）:3—5.

协会成立伊始，会务活动全恃私人捐集。协会董事如梁启超、袁同礼、颜惠庆、范源廉、胡适等各捐50元，松坡图书馆捐助百元[①]。1925年7月15日至8月15日，协会图书馆教育委员会借国立东南大学校址与国立东南大学、中华职业教育社、江苏省教育会合组暑期学校。清华学校捐助经费200元[②]。

1929年1月，协会第一次年会在南京召开，除了来自国民党中央党部、国民政府行政院等政府机关的捐款外，国立中央大学、北平大学、清华大学和燕京大学等分别向年会捐款100元和50元不等。同年6月，沈祖荣代表中华图书馆协会赴意大利罗马参加第一次国际图书馆及目录学大会，行政院及教育部分别拨款2000元和300元外，中央大学、东北大学、北平北海图书馆各捐100元，清华大学捐助50元[③]。

1938年11月27至30日，中华图书馆协会在重庆参加中国教育学术团体联合年会。联合年会期间同时举行协会第四次年会。协会年会收到国民党中央党部捐款国币100元，国立中央图书馆、国立北平图书馆、国民政府交通部图书馆、重庆大学图书馆、中央大学图书馆、文华图书馆学专科学校、金陵大学图书馆等捐款国币507元。

1938年11月30日下午，协会第四次年会会务会议在重庆都城饭店召开，会议讨论议案中有《中华图书馆协会本年度应即征募临时办公费以利进行一切抗战救亡工作案》。刘国钧附议并主张于会员之外另向其他各处设法筹措，沈祖荣则反对向会外筹款，提议此案保留。因意见不一，最后会议以微弱多数表决赞成刘国钧提议将此案移交理事会参考[④]。

1942年2月8至9日，中华图书馆协会在重庆国立中央图书馆参加中国教育学术团体第二次联合年会，同时召开协会第五次年会。8日下午，联合年会对各团体个别开会时间未做分配。协会会员临时举行谈话会，由理事沈祖荣担

---

① 捐款鸣谢.中华图书馆协会会报,1925,1（2）:10.
② 暑期学校.中华图书馆协会会报,1925,1（2）:10;中华图书馆协会图书馆学暑期学校之经过.中华图书馆协会会报,1925,1（4）:3.
③ 中华图书馆协会第五次会务报告.中华图书馆协会会报,1929,5（1/2）:27—33.
④ 本会第四次年会会务会纪录.中华图书馆协会会报,1939,13（4）:10—11.

任主席，经众决定当场募捐补助会费等事①。第五次年会收到国立中央图书馆捐款 500 元，文华图书馆学专科学校捐款 100 元及会员捐款 80 元②。

全面抗战期间，协会为使接受国外赠书便利起见，特于 1938 年 3 月在香港设立办事处，承香港大学盛意，指定冯平山图书馆为存书及办公之用。香港办事处人员薪水，均按港币付给。1939 年 6 月起国币狂跌，维持港方事务异常困难，经商得国立北平图书馆之同意，自 1939 年 8 月起，由该馆按月补助办事处 100 美元（合港币约 370 元），以一年为限。凡国外捐赠书籍，须协会担任运费及在港起卸一切费用，均在该项补助费内开支③。1943 年，协会除接到教育部、社会部各补助 2400 元外，中央大学补助 1000 元，文华图书馆学专科学校补助 500 元，国立西北图书馆 2000 元，云南大学 1000 元，西南联大 500 元，复旦大学 500 元，华西协合大学 300 元，金陵大学 300 元，武汉大学 200 元，以及胡英先生 2000 元、罗家鹤先生 120 元、欧阳祖经先生 189.5 元等④。胡英先生曾任协会干事，1943 年冬因事辞职他就，但对协会时切关念，常有捐款。1945 年再次向协会捐款国币 1 万元，并代其友人莫余敏卿先生捐助 1000 元，万斯年先生捐助 1000 元，岳梓木先生捐助 500 元⑤。

美国图书馆协会为促进中美两国图书馆界之联系，并调查中国图书馆实际情形俾作援华准备起见，建议美国国务院聘请哥伦比亚大学图书馆学院院长兼图书馆馆长怀特博士来华考察，拟于 1944 年 12 月初抵渝，协会奉教育部令主持招待事宜，组成招待怀特博士委员会。协会除呈准教育部、社会部拨发专款外，复经洽请重庆市中央银行等惠予捐款帮助。计中央银行、金城银行各捐助 4 万元，中国银行、交通银行、中国农民银行等各捐助 2 万元。后因美国军事当局以时局紧张，对于与战事无关之访问拒绝发给登陆护照，怀特访华计划因

---

① 本会第五次年会述略. 中华图书馆协会会报，1942，16（5/6）：14.
② 本会第五次年会临行收支清册. 中华图书馆协会会报，1942，16（5/6）：19.
③ 北平图书馆补助本会经费. 中华图书馆协会会报，1939，14（2/3）：11；本会呈请教育部续予经费补助：附中华图书馆协会二十八年度工作概况一份. 中华图书馆协会会报，1940，14（5）：10—12.
④ 中华图书馆协会三十二年度工作报告. 中华图书馆协会会报，1943，18（2）：18—20；续收捐款. 中华图书馆协会会报，1944，18（3）：14.
⑤ 胡英先生捐助本会. 中华图书馆协会会报，1945，19（4/5/6）：14.

之取消①。

　　协会活动经费除会员缴纳会费、政府机关补助和面向社会募集外，尚有出售出版物盈余、广告收入、银行存款利息等。

　　从中华图书馆协会历年收支表中可以看出，协会活动经费的几项主要来源中，政府机关的补助占了第一位，会员缴纳会费只占第二位。尽管协会采取多种方法面向社会募集经费，但效果有限。协会的主要开支在编辑出版《中华图书馆协会会报》和《图书馆学季刊》以及协会出版发行的其他学术著作。

---

① 渝市银行捐助本会招待怀特博士经费. 中华图书馆协会会报,1944,18（5/6）:12;怀特访华之行取消. 中华图书馆协会会报,1945,19（1/2/3）:12.

表3-4 中华图书馆协会历年收支表①

（单位：元）

年度	年度主要收入项目						年度总支出	年度主要支出项目			年度节余
	年度总收入	上年度转入	会员缴纳会费	政府机关补助	面向社会募集	出版品售款及银行利息等		出版印刷费	薪俸、办公费及杂支等	其他支出	
1925年4月—1927年5月	6353.71		841.47	5000	450.00	62.24	2677.653	890.73	1786.023		3676.057
1927年6月—1928年6月	4291.75	3676.06	207.00			408.69	1107.54	949.90	157.62		3184.21
1928年7月—1929年6月	8652.91	3184.21	702.00	3730	772.00	264.70	5561.57	1213.25	374.63	3973.69②	3091.34
1929年9月—1930年6月	7681.67	3091.34	341.00	3500	350.00	397.54	2579.08	1804.76	74.32		5102.59
1930年7月—1931年6月	6252.03	5102.59	620.00			529.44	1544.09	907.52	636.57		4707.94
1931年度	6104.72	4707.94	509.00			887.78	2427.25	1760.19	667.06		3677.47
1932年7月—1933年6月	8021.03	3677.47	1114.00	2700		529.56	3832.3	2676.03	1156.27		4188.73
1933年度	7162.13	4188.73	1338.00		872.55	762.85	4338.00	2721.08	1616.92		2824.13
1934年度	5020.8	2824.13	1090.00	700		406.67	3278.56	1102.38	1576.18	600.00③	1742.24
1935年7月—1936年6月	5962.08	1742.24	1117.00	2800		302.84	3129.44	1834.00	1295.44		2832.64
1939年7月—1940年12月	2737.85	190.09	507.00	1900		140.76	1385.63	862.42	523.21		1352.22
1941年度	3564.09	1352.22	551.00	1600		60.87	1989.05	1199.50	789.55		1575.04

续表

年度	年度主要收入项目						年度总支出	年度主要支出项目			年度节余
	年度总收入	上年度转入	会员缴纳会费	政府机关补助	面向社会募集	出版品售款及银行利息等		出版印刷费	薪俸、办公费及杂支等	其他支出	
1942 年度	5730.11	1575.04	920.56	2600	580.00	54.51	3856.53	3500.00	356.53		1873.58
1943 年度	16 220.49	1873.58	1722.00	4800	7809.51	15.40	14 694.46	7426.46	7268.00		1526.03
1944 年 1 月—1944 年 12 月	69 542.55	1526.03	22 502	8100	36 800.00	614.52	47 597.22	24 465.82	23 131.40		21 954.33
1947 年 3 月—1948 年 5 月	28 301 278.69	7 443 846.89	2 270 000	15 567 000		3 020 431.79	24 321 969.17	12 113 129.92	12 208 839.25		3 979 309.52

注：①数据来源自协会各年度会计报告，详见：中华图书馆协会会报，1926，2（1）：6；1927，3（2）：5—6；1928，4（2）：6；1929，5（1/2）：31—32；1930，6（1）：9—10；1931，7（1）：7；1932，8（1/2）：4；1933，9（1）：6；1934，10（1）：6；1935，10（6）：7；1936，11（6）：24；1943，18（1）：12—13；1943，18（2）：19—20；1944，18（5/6）：14；1948，21（3/4）：6。
②含第一次大会会员支出 1755.1 元，沈祖荣代表中华图书馆协会参加在罗马召开的国际图书馆及目录学第一次大会费用 2218.59 元。
③汪长炳出席在西班牙举行之第二次国际图书馆及目录学大会补助费 600 元。

4 发展时期的中华图书馆协会（1925—1937）

4.1 建设中国的图书馆学

鲍士伟博士代表美国图书馆协会来华考察中国的图书馆事业，一是催生了中华图书馆协会，二是在华期间通过对各地图书馆事业的调查和发表演讲，极力倡导建设美国式的现代公共图书馆。鲍士伟博士所到之处受到图书馆界和教育界，甚至政界和宗教界等社会各界的热烈欢迎，但对他所倡导的建设美国式现代公共图书馆的主张也出现了不同的声音，反对在当时的历史条件下建设美国式现代公共图书馆的主要有高仁山和梁启超。

高仁山在 1925 年 5 月 28 日的《晨报》副刊上发表了《对于鲍士伟先生来京之感想》一文。高仁山的感想之一是针对当时鲍士伟博士来华之前，"美国有一小部分无意识的暗示，谓孟禄博士，乃中华教育改进社之创始者"的错误观点和"鲍氏之来，亦须为中华图书馆协会之创始者"的观点予以驳斥并以中华图书馆协会之一分子之身份郑重声明，"此次中华图书馆协会之成立，确为自动的组织"，即中华图书馆协会乃是中国人自己发起成立的图书馆组织，鲍士伟博士不是中华图书馆协会的创始者，体现了中国图书馆工作者的民族气节与民族自尊。

高仁山的感想之二是针对"今日在我国图书馆专家，颇以我国今日之社会，有专提倡公共图书馆之必要，将来庚款之一部分，为用之于图书馆事业，必将全力推行公共图书馆"的观点，认为"在今日之中国，情形殊不同，全国人民百分之七十五以上不识字，专用全力推广公共图书馆，实非必要。盖在今日之中国亦须提倡高深及纯粹学术，故在今日之图书馆事业上，不仅要实力提倡公共图书馆，亦须提倡各种专门图书馆"，即不赞成在当时的中国社会全力推广公共图书馆，而应在提倡公共图书馆之外，注重学术图书馆之建设。

高仁山的感想之三是因"中国现状，与各国比较，有中国今日之特别情形，不能一概而论，尤不能与美国之情形同时并论。更由两国文化上之根本不同，各具特点，中国图书馆事业，必须创自中国人之手，方可根深蒂固。反是，予敢断为必非中国之产品，适足为中国文化之厄运，更非图书馆事业之幸福"，因此"预测将来中国图书馆学之产生，必不能与美国专提倡公共图书馆的理想一致"，即中国的图书馆学，要创自中国人之手，美国的图书馆学只可为中国图书馆学建设之参考①。

由于不赞成鲍士伟博士倡导建设美国式现代公共图书馆的意见，高仁山甚至对当初美国图书馆协会派遣来华之代表本为普特南，继以普氏"事繁责重，不能成行"，而以鲍士伟代之"犹觉失望"。除了郑重申明中华图书馆协会乃是中国人自己发起成立的组织，鲍士伟博士不是中华图书馆协会的创始者外，他还反对在当时的历史条件下建设美国式的现代公共图书馆，而应注重学术图书馆之建设，主张建设中国的图书馆学，而且中国的图书馆学应结合中国的现实国情，应具有中国特色、中国气派。这与稍后梁启超在中华图书馆协会成立仪式上发表演讲，同样反对在当时的历史条件下建设美国式的现代公共图书馆，而应该首先注重建设为学术研究服务的图书馆的观点高度一致。高仁山的文章撰写于1925年5月26日，发表于28日的《晨报》副刊，而梁启超的演讲是在1925年6月2日中华图书馆协会成立仪式上发表的。高仁山的文章刊登在前，梁先生的演讲发表在后，而《晨报》是当时主要报纸之一，因此，不能排除梁启超的观点是阅读高仁山的文章后受到的启发。更不能排除的是，关于在普遍设立公共图书馆之前，优先发展为学术研究服务的图书馆，在当时并不是个别人如高仁山、梁启超等少数学者的意见。由于梁启超在当时文化学术界的崇高地位，他在中华图书馆协会成立仪式上发表演讲，反对在当时的历史条件下举办美国式的公共图书馆而主张建设中国的图书馆学，遂使中国的图书馆学建设几乎成为图书馆界的共识。

对于鲍士伟博士在中国发展美国式的现代公共图书馆的主张，梁启超主要从图书馆的两个要素，即"读者"和"读物"两个方面提出反对意见。他认为

①　高仁山.对于鲍士伟先生来京之感想.晨报副刊,1925-05-28（118）:177—178.

美国几乎全国人都识字，而且都有点读书兴味，所以群众图书馆的读者满街皆是，因为群众既已有此需求，那些著作家自然会供给他们，所以群众图书馆的读物很丰富，而且日新月异，能引起读者兴味。美国的群众图书馆所以成效卓著，皆由于此。而中国当时的国情头一件就读者方面论，实以中学以上的在校学生为中坚，而其感觉有图书馆之必要最痛切者，尤在各校之教授及研究某种专门学术之学者，这些人在社会上很是少数。至于其他一般人，上而官吏及商家，下而贩夫走卒，以至妇女儿童等，他们绝不感有图书馆之必要，纵有极完美的图书馆，也没有法儿请他们踏到图书馆的门限。这种诚然是极可悲的现象，我们将来总要努力改变他，但在这种现象没有改变以前，群众图书馆无论办理得如何完善，梁启超认为不过是摆设罢了。另就读物方面论，当时中国适合大众阅读的读物确实不多，所以梁启超认为美国式的群众图书馆，我们虽不妨悬为将来的鹄的，但在今日若专向这条路发展，只能是和前清末年各地方所办的"阅书报社"一样，白费钱，白费力，于社会文化无丝毫影响。因此他主张当日中国的图书馆事业应该发展：就读者方面，只是供给少数对于学术有研究兴味的人的利用；就读物方面，当然是收罗外国文的专门名著和中国古籍，明知很少人能读，更少人喜读，但希望因此能产生出多数人能读喜读的适宜读物出来。

因此，梁启超主张中华图书馆协会的成立应该负有两种责任，一是建设"中国的图书馆学"，二是养成管理图书馆的人才。他重点论述了关于中国图书馆学建设的问题。他说学问无国界，图书馆学怎么会有"中国的"呢？虽然图书馆学的原则是世界共通的，中国诚不能有所立异，但中国书籍的历史甚长，书籍的性质极复杂，和近世欧美书籍有许多不相同之点。我们应用现代图书馆学的原则去整理它，也要很费心裁，绝不是一件容易的事。从事整理之人，须要对于中国的目录学（广义的）和现代的图书馆学都有充分认识，且能神明变化之，庶几有功。这种学问，非经许多专门家继续研究不可，研究的结果，一定能在图书馆学里头成为一独立学科无疑，所以我们可以叫它作"中国的图书馆学"。

对于中国的图书馆学的建设内容，梁启超提出了3个方面的建设任务，即图书分类、图书编目和编纂"新式类书"。在当时的历史条件下，传统的四部分类法难以类分西学东渐后产生的大量文献，《杜威十进分类法》也无法处理中国历代留存下来的大量古籍。中国传统古典目录学的特点在辨章学术、考镜源流，但却拙于检索、不便利用。而编制新式类书的关键问题在于解决汉字排检问题。因此研制新的图书分类法、确定新的编目规则以及解决汉字的排检问题是图书馆学研究当时面临的主要问题，也就是建设中国的图书馆学的主要课题[①]。

考察清末和民国时期中国图书馆事业的发展历史，可以看到中国图书馆事业发展中两条清晰的发展路径，这两条路径分别代表两种不同的图书馆类型。一种类型的图书馆是在清末公共图书馆运动中发展起来的，以省立图书馆和京师图书馆、京师图书馆分馆为主要代表的服务学术研究的图书馆。其办馆目的或宗旨在"保存国粹，造就通才，以备硕学专家研究学问，学生士人检阅考证之用"[②]，或"保存国粹，输入文明，开通智识，使藏书不多及旅居未曾携带书籍者，得资博览，学校教员学生得所考证为主义"[③]。梁启超反对发展美国式的公共图书馆，主张建设以图书分类、图书编目和新式类书编纂为主要内容的"中国的图书馆学"，更多的是对这种服务学术研究的图书馆类型的传统的重视和继承。后来的国立北平图书馆、国立中央图书馆、各省立图书馆和大学图书馆继承和发展了这种类型图书馆。这种类型图书馆自创立之初起，就为我国学术文化的发展和科学技术的进步发挥了重要的历史作用。

另外一种类型的图书馆则是以中华民国的创建和国民政府教育部大力倡导社会教育为背景，以1913年10月京师通俗图书馆的建成开放为契机，在京师通俗图书馆的示范指导和稍后颁布的《通俗图书馆规程》的规范促进作用的基础上发展起来的通俗图书馆。1912年1月国民政府教育部在筹组之初即在普通教育司、专门教育司之外设立社会教育司。社会教育司之设原是为了发展社会教育，京师通俗图书馆也是为了配合国民政府教育部倡导社会教育而开办的。1913年10月设立京师通俗图书馆，1915年10月颁布《通俗图书馆规程》，通

---

① 梁启超.中华图书馆协会成立会演说辞.中华图书馆协会会报,1925,1（1）:11—14.
② 学部奏拟定京师及各省图书馆通行章程折//李希泌,张椒华.中国古代藏书与近代图书馆史料（春秋至五四前后）.北京:中华书局,1982:128—131.
③ 湘抚庞鸿书奏建设图书馆折//李希泌,张椒华.中国古代藏书与近代图书馆史料（春秋至五四前后）.北京:中华书局,1982:151—158.

俗图书馆的兴起就是沿着这条服务社会教育的路径发展起来的。通俗图书馆的兴起形成了省立图书馆和京师图书馆服务学术研究、通俗图书馆服务社会教育，两种类型的图书馆共同发展的局面。1928 年，国民政府通令各省、县设立民众教育馆，以民众教育馆为社会教育的中心机构。因此，通俗图书馆作为社会教育机构之一，纷纷并入民众教育馆。民众教育馆内部虽然也设有图书阅报室，但通俗图书馆并入民众教育馆后，严重影响了通俗图书馆的独立发展。有的通俗图书馆并入省立、市立图书馆，有的成为教育馆、民众教育馆的一部分，绝大多数通俗图书馆演变成市、县级图书馆，这种变化直接影响了通俗图书馆事业的发展①。归并到民众教育馆后，通俗图书馆的发展虽然受到很大影响，但通俗图书馆服务社会教育的目的和宗旨在后来民众教育馆中继续得到体现。

早在 1910 年，谢荫昌在为其翻译的《图书馆教育》一书所做的绪言中特别指出："今日之言图书馆教育者，必须分培养学者，教育国民二种。其大致区甲乙如左。（甲）培养学者之图书馆，以各国参考图书馆之性能范围定之，而区左之二种。（一）帝国图书馆，以学部京师图书馆，参酌各国国立大图书馆改设其性能范围，以备硕学通儒之研究为原则。凡地球上有形象之文物，皆当蒐备。其经费占全国图书馆之最高额。（二）某某省高等图书馆，以提学司自办图书馆，参酌各国州立大图书馆改设。其性能范围以备高等人才之研究为原则。凡本国有形象之文物，及各国主要之文物，皆当蒐备。（乙）教育国民之图书馆，以各国国民图书馆、通俗图书馆之性能范围定之，而区左之二种。（一）某某府厅州县中等图书馆，以现时府厅州县图书馆，参酌各国公立图书馆及国民图书馆改设。其性能范围以备中等教育国民之研究为原则。凡本国切要之文物皆备，各国主要之文物亦略备。暂附设于师范学堂或中学堂。（二）某某府厅州县某某城镇乡初等图书馆，另参酌各国市町村图书馆及通俗图书馆定之。其性能范围以培养国民之常识为主。凡本国有形象之切要文物，足以补助国民普通教育者，择要蒐备。暂附设于小学校或简易识字学塾内。"

他认为，"为图书馆员者，先当破除旧日曹仓邺架之谬见，而使之了解图

---

① 范并思等 . 20 世纪西方与中国的图书馆学——基于德尔斐法测评的理论史纲 . 北京：北京图书馆出版社，2004：179.

书馆之性质，不在培养一二学者，而在教育千万国民，并当随时对于平民为'图书馆非求高深学问之地方，乃求寻常日用知识之地'之演说"。显然，谢荫昌认为当时的中国，发展通俗图书馆为代表的公共图书馆，比发展为学术研究服务的图书馆更为急切、重要①。

民国初年，服务社会教育的通俗图书馆与服务学术研究的京师图书馆、各省立图书馆相互补充，使得我国图书馆类型更加完善。《图书馆规程》和《通俗图书馆规程》于1915年底在同一时期由国民政府教育部颁布，正是为了适应这两种类型图书馆共同发展的客观历史需要。《图书馆规程》用于指导和规范服务学术研究的普通图书馆的发展，而《通俗图书馆规程》则用以指导和规范通俗图书馆事业的发展②。

梁启超在文化学术界和图书馆界有巨大影响力，他作为中华图书馆协会董事部部长在成立大会发表演说，提倡建设中国的图书馆学，反对在当时的历史条件下建立美国式的公共图书馆，希望通过建设中国的图书馆学来发展为学术研究服务的图书馆，除了将建设中国的图书馆学作为中华图书馆协会此后的重要课题之外，不能不说对此后中国图书馆事业的发展方向产生了巨大影响。

4.2 研究图书馆学术

4.2.1 中国图书分类之研究

4.2.1.1 协会成立以前现代图书分类法的研究和编制

图书分类法，是图书分类学研究的对象。图书馆如何有序地保存文献，科学地组织文献，以方便读者的利用，主要是通过图书分类法来实现的。图书分类是图书馆实践中特有的现象，伴随着图书馆产生、发展，经过漫长的历史过程③。西方现代科学技术自明末清初西学东渐时开始传入中国。鸦片战争以后，

---

① 户野周二郎.图书馆教育.谢荫昌,译 // 王余光.清末民国图书馆史料汇编（2）.范凡等选辑.北京:国家图书馆出版社,2014:97—107.

② 李彭元.京师通俗图书馆百年回望.国家图书馆学刊,2014（2）:96—99.

③ 王子舟.杜定友和中国图书馆学.北京:北京图书出版社,2002:64.

由于引进西方学术文化的需要，翻译出版的东西洋书籍不断增加。图书馆等藏书机构在类分书籍时，传统的四库分类法已然无法满足时代发展的需要。当时图书馆面临的主要问题，一是传统的经、史、子、集四部分类法已经无法容纳新出版的书籍，二是中国历来不配号的分类法不适应近现代图书馆藏书排架和目录组织的需要。在这种情况下，有识之士开始探索新的类分图书的方法。探索的结果一是仿照日本和美国的分类法（如《日本书目志》和《杜威十进分类法》）设计新的分类体系，代表性成果是 1904 年徐树兰编撰的《古越藏书楼书目》和 1917 年沈祖荣、胡庆生合编的《仿杜威书目十类法》①；二是开始对图书分类法进行编号，但采用的是传统编号方法，例如京师通俗图书馆用子、丑、寅、卯……十二地支，直隶省立图书馆则用甲、乙、丙、丁……十天干等。这些简单的顺序制处理不仅发挥不了分类号码固定类目次序，显示类目关系的功能，而且不能很好地解决组织藏书、排列目录的问题。

《古越藏书楼书目》已经不再遵守传统的四部法或五部法，而是将所有的图书分为"学部"与"政部"两大类。同一时期，《上海南洋中学藏书目录》则分为 14 类。传统的四库分类法体制由此被打破。但这一时期由于缺乏科学的理论指导，分类法体系不够科学，牵强附会之处甚多。1909 年孙毓修《图书馆》一文开始在《教育杂志》上连载，《杜威十进分类法》被介绍到中国。在中国学者自己找不到科学的分类体系来组织新出图书，对分类法的结构及功能缺乏科学认识的情况下，《杜威十进分类法》成为编制中国新型分类法的直接模仿对象。

1917 年，沈祖荣、胡庆生合编了《仿杜威书目十类法》。这个分类表和以前的分类表不同，在于根据图书的内容与形式而建立门类，适用于一般图书馆，摆脱了过去以一馆藏书为立类基础的局限。此前，所谓分类法只是被某一种藏书书目所采用，只能依附于书目而存在，并不是现代真正意义上的图书分类法。但是《仿杜威书目十类法》对于中国图书的特质没有全面兼顾，标记制度完全采用十进制，内容和杜威法差不多，而且事属草创，不免简略。尽管如此，《仿杜威书目十类法》对于中国图书馆的管理方法，特别是对于分类编目，曾经起

---

① 来新夏等.中国近代图书事业史.上海：上海人民出版社，2000：222—223.

到过很好的革新和推动作用。

1922 年，杜定友发表《世界图书分类法》，首先提出中外文统一分类法的编制，并取消了《杜威十进分类法》的"宗教"大类，而代之以"教育"大类，把"宗教"并入"哲学"，改为"哲理科学"。这是中国图书分类法在沈祖荣、胡庆生《仿杜威书目十类法》的基础上，再一次突破《杜威法》十大类的类目设置体制，但是标记符号仍用十进制。1924 年，查修编《杜威书目十类法补编》，在杜威法原有的号码中，补入有关中国的门类。《杜威书目十类法补编》对于杜威法的不足全盘接收，使中国处于"附庸"的地位，中国图书分类问题并未获得解决①。

从《古越藏书楼书目》到《杜威书目十类法补编》等一系列的仿《杜威十进分类法》的编制实践，虽然部分解决了传统的四库分类法在类分新出图书时所面临的无类可归的尴尬局面，但在类分中西文献时都有不同程度的捉襟见肘、削足适履的问题。编制图书分类法这样的工程，需要群策群力、集思广益，方能收到事半功倍之效。中华图书馆协会的成立适逢其时，正好契合了图书分类法编制这一工程的需要。编制图书分类法遂成为中华图书馆协会研究图书馆学术的一个重要主题。

4.2.1.2 对图书分类法的理论研究

1925 年 6 月 2 日，中华图书馆协会成立大会上，协会董事部部长梁启超发表演说，呼吁建设中国的图书馆学。他认为"图书馆学里头主要的条理，自然是在分类和编目。就分类论，呆分经史子集四部，穷屈不适用，早已为人所公认；若勉强比附杜威的分类，其穷屈只怕比四部更甚；所以我们不能不重新求出个分类标准来。但这事说来似易，越做下去越感困难：头一件，分类要为'科学的'（最少也要近于科学的）。第二件，要能把古今书籍的性质无遗。依我看，这里头就包含许多冲突的问题，非经多数人的继续研究实地试验，不能决定"②。梁启超认识到，要解决图书分类问题，"非经多数人的继续研究实地试验，不

---

① 杜定友.图书分类法史略.钱亚新,钱亮,钱唐,整编.广东图书馆学刊,1987（1）:1—9,13;宋明亮.国外分类法引进的回顾与前瞻.图书与情报,1995（1）:21—26.

② 梁启超.中华图书馆协会成立会演说辞.中华图书馆协会会报,1925,1（1）:11—14.

能决定"。

因此，1925 年 7 月，中华图书馆协会为共同研究学术或处理特别问题，依据《组织大纲》第四章第十六条第四项之规定，由执行部组织成立了图书馆教育委员会、分类委员会、编目委员会、索引委员会和出版委员会。梁启超亲自担任分类委员会主任，徐鸿宝任副主任，袁同礼任秘书，委员则有马叙伦、查修、顾颉刚、黄文弼、施廷镛、杜定友和李笠等学界名宿。1929 年 3 月，协会第一次年会后改组分类委员会，刘国钧任分类委员会主席，蒋复璁任书记，委员有单丕（不厂）、查修、王文山和毛坤等。为了集思广益，更好地开展分类法的编制，分类委员会特别发出《中华图书馆协会分类委员会启事》，"特为广征一切所创制之中籍分类法，如用四库或已刊行之分类法，则亦请示知其效用及可以商榷之点，以备参考"[①]。1932 年第一次执行委员会会议再次对分类委员会进行改组，刘国钧仍担任主席，曹祖彬任书记。1933 年协会第二次年会后新增审定《杜威十进分类法》关于中国细目委员会，桂质柏任主席，陈尺楼任书记，委员有查修、曾宪三、裘开明、蒋复璁和刘国钧等。

协会会员围绕分类问题进行了艰苦细致的研究。《文华图书科季刊》和协会的机关刊物《图书馆学季刊》成为发表分类法研究成果的主要阵地。据统计，《图书馆学季刊》自 1926 年 1 月创刊至 1931 年 3 月，共发表图书分类研究论文 16 篇，译述 3 篇，共 19 篇，平均每年发表 4 篇[②]。仅第 1 卷第 2 期就推出了黄文弼《对于改革中国图书部类之意见》和朱家治《杜威及其十进分类法》两篇论文以及沈学植（即沈丹泥）翻译 E. A. Richardson 的《图书分类法原理》1篇。第 1 卷第 3 期又推出刘国钧《四库分类法之研究》、吴敬轩《对于中文旧书分类的感想》和洪有丰《克特氏及其展开分类法》3 篇论文。第 2 卷第 1 期、3 期、4 期则分别推出刘国钧《中国现在图书分类法之问题》、章新民译《图书馆分类规则》和杜定友《类例论》等论文和译述。第 3 卷第 1、2 合期和第 4期再次推出蒋复璁《中国图书分类问题之商榷》和严文郁《美国国会图书馆及其分类法》。此后，《图书馆学季刊》第 4 卷第 3、4 合期发表傅振伦《中国史

---

① 中华图书馆协会分类委员会启事. 图书馆学季刊，1929，3（4）：刊前页.

② 宇. 图书馆学季刊所载关于分类文字. 中华图书馆协会会报，1932，7（6）：8.

籍分类之沿革及其得失》足为乙部书分类之考证，第 5 卷第 1 期发表金敏甫翻译 Berwick Sayers 之《图书类分条例》，第 7 卷第 3 期和第 4 期分别刊载钱亚新《类分图书的要诀》和杜定友《中国史地图书分类商榷》，在分类理论上发表了各自的卓见。江苏省立国学图书馆藏书宏富，该馆所编《江苏省立国学图书馆编目分类纲要》类目精详，若纲在网，《中华图书馆协会会报》第 8 卷第 5 期特为刊布，以供各图书馆从事分类者之参考。及至 1934 年《中华图书馆协会会报》第 10 卷第 1 期发表喻友信译作《论图书分类法标记》，对分类法中标记符号重要性的认识达到了新的高度，标志着中国图书分类法的研究已经踏上科学化的道路。1935 年吕绍虞编《图书分类的原理与方法》一书由上海大夏大学出版。该书为论文集，收论文凡 15 篇，可以说是我国此前历年分类法研究成果之总结 ①。

《文华图书科季刊》自 1929 年 1 月创刊到 1931 年 6 月第 3 卷第 2 期止，在不到三年的时间里，就发表图书分类研究论文和译述 8 篇 ②。以后又陆续发表了陈普炎《增修杜威氏十进分类法一部份之商榷》（载第 3 卷第 4 期），童世纲《法律图书的分类》（载第 4 卷第 3、4 合期），戴镏龄《西洋分类法沿革略说》和陈鸿飞《中文书籍分类法比较》（载第 6 卷第 1 期），汪应文《子部分类管窥》（上、下）（载第 6 卷第 1 期、3 期），刘子欣《分类之理论与实际》（上、下）（载第 6 卷第 3 期、4 期），章新民《图书分类的理论》（载第 7 卷第 1 期），张鸿书《图书分类指南》（上、下）（载第 7 卷第 1 期、2 期），胡延钧的《介绍蓝氏双点（：）分类法》和《蓝氏双点分类法各种说明》（即印度阮冈纳赞之冒号分类法）（载第 8 卷第 3 期、4 期）。

1929 年协会第一次年会上，分类编目组通过了由金敏甫、欧阳祖经、中大区立苏州图书馆等所提议案《由分类委员会编制分类法》，并议决供该委员会采择之规定分类原则四项：中西分类一致；以创造为原则；分类标记须易写、易记、易识、易明；须合中国图书情形 ③。协会考虑到自创立新式图书馆以后，部

---

① 宋建成. 中华图书馆协会. 台北：育英社文化事业有限公司，1980：150.
② 文华图书科季刊所载关于分类文字. 中华图书馆协会会报，1932，7（6）：8.
③ 中华图书馆协会第一次年会纪事. 中华图书馆协会会报，1929，4（4）：5—14.

勒储藏，虽已大为改观，但中文书籍之分类，迄无完美妥善之法，致影响及于全图书馆之进步。因此，除组织分类委员会开展专门研究外，还"念分类虽编制互有异同，而固各馆所必备，特为广征一切所创制之中籍分类法，如用四库或已刊行之分类法，则亦请示知其效用及可以商榷之点，以备参考"①。1933 年协会第二次年会上分类编目组议决通过《审定杜威十进分类法关于中国历史地理语言文学金石字画等项之分类细目案》②。1936 年 7 月协会第三次年会上，皮高品发表题为"关于分类之几点意见"的演讲。分类编目组议决通过了议案多项：①《各省立图书馆划一图书分类法案》；②《本会应从速编定图书分类法俾全国图书馆的图书分类有一定标准案》；③《请协会规定政府机关出版品分类标准以便各图书馆有所遵循案》；④《各图书馆应统一图书分类法案》；⑤《请拟定儿童图书分类法以备全国儿童图书馆采用案》；⑥《请制定图书分类统一办法案等》③。议案多集中在划一图书分类法方面。

协会会员围绕分类法研究分工努力，或译述东西洋之名论，或研讨海外权威之成法，或整理中国旧籍分类之历史，或专究某部门之分类得失，而终不失殊途同归之旨④。这些研究和译述，推动了中国图书分类法研究的进步，为确保图书分类法编制和图书馆图书分类业务工作的开展提供了科学依据，同时也推动了中国图书馆学的建设。

4.2.1.3 协会成立后图书分类法的编制实践

协会执行部组织成立分类委员会以及协会会员围绕图书分类所开展的研究，其主要目的在为图书分类法的编制提供科学依据和理论指导。由于有协会的大力提倡和协会会员的共同努力，新的图书分类法大量出现。20 世纪 20 年代至 30 年代是新编中国图书分类法的高峰时期，这一时期出现的分类法达 30 种以上。表 4-1 所列为 20 世纪 20 年代至 40 年代具有代表性的图书分类法。其中尤以杜定友的《图书分类法》以及由此扩增而成的《杜氏图书分类法》，

① 中华图书馆协会分类委员会启事 . 中华图书馆协会会报,1930,6（2）:34.
② 中华图书馆协会第二次年会纪事 . 中华图书馆协会会报,1933,9（2）:22—26.
③ 李文裿 . 写在第三届年会之后 . 中华图书馆协会会报,1936,12（1）:1—5.
④ 中华图书馆协会执行委员会 . 中华图书馆协会概况 . 北平:中华图书馆协会事务所,1933:24.

王云五《中外图书统一分类法》和刘国钧《中国图书分类法》在 20 年代后期
开始到 50 年代初期的中国图书馆界使用最多，影响最大。李小缘在 1936 年发
表的《中国图书馆事业十年来之进步》一文中说，"即以分类一端而论，各家
信仰主义，各有不同。或采四库对于新类加以扩充；或采王云五氏之分类法，
而加以改正；或采用金陵大学图书馆分类法，而加以改正；或直取杜定友氏之
世界图书分类法；或自行创立分类法等等，不一而足"，"四库分类不足以利新
科学之发展。全采西法亦不适于所谓'国学'书籍之用。于焉所谓新式分类法
蜂拥而起。重要方法要以上列三者为主"①，又以刘国钧《中国图书分类法》"较
其他几种都要合乎中国书籍的情形些"②。

表 4-1 20 世纪 20 年代至 40 年代国内主要图书分类法③

分类法	著者	出版时间	出版者
图书馆分类法	洪有丰	1924 年	东南大学孟芳图书馆
杜威书目十类法补编	查修	1925 年	清华大学图书馆
图书分类法	杜定友	1925 年	上海图书馆协会
中外一贯实用图书分类法	陈天鸿	1926 年	上海民立中学
中外图书统一分类法	王云五	1928 年	上海商务印书馆
中国图书分类法	刘国钧	1929 年（1936 年修订）	南京金陵大学图书馆
江苏省立图书馆图书分类法	陈子彝	1929 年	江苏省立苏州图书馆
安徽省立图书馆分类法	安徽省立图书馆	1929 年	安徽省立图书馆
清华大学图书馆中文图书分类法	施廷镛	1931 年	北平国立清华大学图书馆
杜氏图书分类法	杜定友	1934 年	上海中国图书馆服务社（据 1925 年《图书分类法》扩增）

---

① 李小缘. 中国图书馆事业十年来之进步. 图书馆学季刊,1936,10（4）:507—549.
② 毛坤. 编目时所要用的几种参考书. 文华图书科季刊,1929,1（4）:391—401.
③ 分类法出版预告. 中华图书馆协会会报,1925,1（1）:15;教育部. 第二次中国教育年
鉴. 上海:商务印书馆,1948:1112;宋建成. 中华图书馆协会. 台北:育英社文化事业有限公司,
1980:234—235;王子舟. 杜定友和中国图书馆学. 北京:北京图书出版社,2002:72—73.

续表

分类法	著者	出版时间	出版者
中国十进分类法	皮高品	1934 年	武昌文华图书馆学专科学校
中国图书馆十进分类法	何日章、袁涌进	1934 年	北平师范大学图书馆
分类大全	桂质柏	1935 年	南京中央大学图书馆
安徽省立图书馆图书分类法	安徽省立图书馆	1935 年	安徽省立图书馆
三民主义化图书分类法	杜定友	1943 年	广东省图书馆
三民主义化的图书分类标准	沈宝环	1946 年	武昌文华图书馆学专科学校三青团分部
浙江省立图书馆中文图书分类表	金天游	1946 年	浙江省立图书馆
汉和图书分类法	裘开明	1946 年	美国哈佛大学图书馆
三民主义中心图书分类法	杜定友	1948 年	广州国立中山大学图书馆

　　早在 20 世纪 20 年代，杜定友还在菲律宾大学留学攻读图书馆学时，鉴于中国四部法之陈旧，西方分类法之隔膜，就曾以《杜威十进分类法》为蓝本，结合中国典籍及分类传统，开始着手编制适合中国图书馆的新型图书分类法。1921 年，杜定友毕业获得图书馆学士学位从菲律宾回国，在沪粤等地演讲图书馆学时首次提出了他的新分类法体系，名曰《世界图书分类法》。1922 年，杜定友出任广东图书馆员养成所所长，《世界图书分类法》因教学需要就以广东全省教育委员会名义发表，凡64页。1925 年，杜定友对原分类法做进一步完善，以《图书分类法》之名作为上海图书馆协会丛书之一出版，凡407页。1935 年，《图书分类法》经进一步修订，更名为《杜氏图书分类法》，由中国图书馆服务社出版。

　　从整体上看，杜定友的分类体系仍是以《杜威十进分类法》为蓝本编制而成的，但两者也有很大不同。首先是分类体系上有很大区别。杜定友打破了杜威分类法的学术体系，取消了"宗教"大类，将其归入哲学，代之以"教育"。此前，1917 年沈祖荣、胡庆生所编《仿杜威书目十类法》已意识到这一问题，他们取消"宗教"而更换为"社会学与教育"。杜定友则更进一步，直接名之曰"教育"。自近代图书分类法产生以来，"教育"独立成为一级大类由杜定友分类体系开始。此外，他还将"艺术"大类由700调换至400，而将"语言学"由400变为700，与"800文学"相邻接，使之更合乎学术体系的内在逻辑。其次，杜定友并未抛弃我国旧有类目，而是取其所长列入相应位置，使其适合中国图书馆藏书情形。如传统固有之经部，为我国学术之源泉，在世界学术体系中也算特殊，故仍旧保存，而入"000 总记"内之第二类。一以崇扬传统国粹，一以辨清学源，此等分类，可称至当。再次，补足了相应有关中国图书的门类，如"120 中国哲学家""420 中国字画""720 中国语言学""820 中国文学""920中国史地"等，以"2"为"中国"之助记符号，故分类、检阅极为方便。总之，杜定友的分类系统，在《杜威十进分类法》的基础上经过添删，变动达40% 左右。杜定友的《世界图书分类法》自出版以后，影响过陈天鸿、陈子彝、何日章和安徽省立图书馆等编制的分类法[1]。

王云五的《中外图书统一分类法》原是为类分商务印书馆东方图书馆藏书而编。1924 年，东方图书馆建成开放后，藏书增至 20 多万册，且多各科现代科学图书。原来使用的四部分类法、八字分类法等已然不敷图书分类使用。在这样的背景之下，王云五的《中外图书统一分类法》应运而生。王云五时任商务印书馆编译所所长兼东方图书馆长。他检定当时国内图书馆采用的各种分类法时，发现不少图书馆多采用两套分类体系，分别收藏中外图书，结果是古今中外图书不能兼顾，同类书分散各处。王云五认为中外学术有相通之处，如果因为分类法的原因，将本来相通的书籍分处排列，不仅参考使用上不便，而且割裂了中西学术应有的联系。同时中外图书分列不同地方也使得一本西文书和它的翻译本分置两处，失去了图书分类的意义。王云五分类法所要解决的主要问题，就是如何将中外文图书集中排列在一起，打破原来收藏中外图书的并行体系。经过几年的研究和试验，王云五于 1928 年推出了《中外图书统一分类法》。

《中外图书统一分类法》全书 271 页，除"分类表"占 95 页，"中西文索引"占 133 页外，还有 43 页分作 5 章，分别是"绪论""中外图书统一分类法""中

---

[1] 王子舟.杜定友和中国图书馆学.北京:北京图书出版社,2002:72—73.

外著者统一分类法""标题法"和"索引"①。

《中外图书统一分类法》与当时国内许多新编图书分类法一样，也是以美国的《杜威十进分类法》为蓝本而编制的。但一般的"仿杜""补杜"和"改杜"分类法，都或多或少地改变了杜威原来分类法中某些类目的名称和位序，而王云五的分类法却可以维持杜威成法、大纲、子目而不加变动。杜威的十进制分类法是按照西方的学科分类进行编制的，因而对于有些中国特有的图书杜威分类法是无类可归的。为解决这一难题，王云五发明了3种新的类号，分别是"+""++"和"±"，然后将这3种类号，排在与杜威分类法相当或有关类号的前面，作为容纳中国特有图书的补充类目。其中，"+"表示"中国的"，凡有"+"的号码，必须排在无"+"的同号码之前；加"++"的号码表示该号码必须排在"+"位相同的任何号码之前，此类号码用以解决小数的细分问题；加"±"的号码则表示不论有无小数及小数大小，该号码一律排在整数相同的号码之前，功用介于"+"和"++"之间。通过这种方法，王云五在维护《杜威十进分类法》体系的前提下，既提高或提前了中国类目的位序，又便于我国旧籍类目的扩充，有一定的合理性，比较适合我国当时图书馆中外图书统一分类的需要。王云五分类法不仅使"译本与原本绝对放在一起，而中国古籍与西方图书性质尽同或大同小异者，无不分别置于相同或相近之地位"。

《中外图书统一分类法》最先应用于东方图书馆几十万册藏书的分类排架和目录组织，后来商务印书馆又把《中外图书统一分类法》用到出版业。商务印书馆在1929—1935年间出版了《万有文库》第一、二集共4000册，1935年出版了《丛书集成》初编共4000册。两套丛书都依据王云五的分类法，把类号都印在书脊或封面上。《万有文库》还随书附赠数千张四角号码法书名卡片，满足购买丛书的图书馆和普通读者检索需要。由于《万有文库》的巨大销量，全国使用《中外图书统一分类法》的中小图书馆大增。1928年7—9月，商务印书馆在其附设的尚公学校主办全国性暑期图书馆讲习班，由王云五讲授《中外图书统一分类法》和《四角号码检字法》。此后，王云五的分类法在大中型图书馆中逐渐得到推广和使用。

---

① 金敏甫.王云五中外图书统一分类法评.图书馆学季刊,1929,3（1/2）:279—288.

当然，王云五的《中外图书统一分类法》也有其不足之处。将中外图书统一起来进行分类固然有便于检索和查找等诸多优点，尤其对于那些层次较高、懂得西文的读者而言自然方便，但是对于当时大多数人而言，把中文图书和西文图书放在一起并无多大意义。而且一般的小图书馆外文图书极少，此一分类的优点也难以充分发挥。但作为改革近代图书分类的一种有效的尝试和满足当时中国图书馆界类分图书的迫切需要，《中外图书统一分类法》的意义不容低估①。

刘国钧《中国图书分类法》的编制动机在为当时的南京金陵大学图书馆中文图书"求一适当而便用之分类法"。刘国钧"深感四库分类法不能适用于现在一切之中籍，且其原则亦多互相刺谬之处，不合于图书馆之用；而采用新旧并行制，往往因新旧标准之无定，以致牵强附会，进退失据，言之似易，行之实难；至于采用西人之成法，则因中西学术范围方法问题不同者太多，难于一一适合，勉强模仿，近于削足适履。故决定采新旧书统一之原则，试造一新表"②。刘国钧于是自 1925 年 9 月开始，经过三年多的努力编成《中国图书分类法》，1929 年 1 月由南京金陵大学图书馆印行，以后为多个图书馆试用，广受好评。1936 年增订再版后，更被多种类型的大型图书馆所采用。据中央文化部文物局 1950 年"最近全国各大图书馆图书分类调查"统计，在当时流行的 1948 年以前编制的十多部中外图书分类法和此后编制的多部新分类法中，使用最多最广者均为刘国钧的《中国图书分类法》。中华人民共和国成立初期，为适应图书馆过渡时期图书分类的需要，《中国图书分类法》于 1957 年修订再版。原使用《中国图书分类法》的各大图书馆，直至 20 世纪 70 年代才改用新法。台湾大学赖永祥教授对刘国钧分类法加以修订，易"部"为"类"，只扩充类目，大类名称及次第不变，仍以原名称行世，现为台湾地区各类型图书馆所采用。台湾"中央图书馆"编印和使用的分类法也是以刘法为蓝本编制而成的③。

---

① 郑帮军.商务印书馆与中国近代图书馆事业关系之考察——以张元济、王云五为中心.杭州：浙江大学，2007：37—39.

② 刘国钧.中国图书分类法导言//刘国钧图书馆学论文选集.北京：书目文献出版社，1983：54—60.

③ 罗德运，黄宗忠.刘国钧先生和中国图书馆事业.图书馆工作与研究，1999（6）：1—7.

《中国图书分类法》将图书分作部，总涵一切的图书目录之学称为总部，是为冠。总部之下依次为哲学部、宗教部、自然科学部、应用科学部、社会科学部、史地部（中国）、史地部（外国）、语文部、美术部。标记符号为数字，十部数字相应为000—999。粗看似与《杜威十进分类法》无异，实则有较大的区别。区别在于"杜威以十进为主，每类凡皆十分，其弊流于强类目以就数字，而成机械的分类。今虽仍以数号为号码，且用层累之原则，然每类不必十分，而同等序之数字不必用以表同等序之类目"[①]。

自1917年沈祖荣、胡庆生合编《仿杜威书目十类法》开始，直到以杜定友《图书分类法》、王云五《中外图书统一分类法》和刘国钧《中国图书分类法》为代表的一大批图书分类法出现，它们多是一些仿杜、补杜或改杜的图书分类法，没有突破杜威分类法的十大部类分类体系和小数层累制[②]。而杜威分类法本身则是19世纪图书馆学发展的产物，其社会意识和科学上的局限性是显而易见的。以后其为布路塞尔（今译布鲁塞尔）万国书目学会所改编的《国际十进分类法》（简称U.D.C.）所代替[③]。宋建成认为这些分类法短长互见，难称完备，此乃必然现象，凡事业学术之成功，不能一蹴而就[④]，因此，"为今之计，欲谋分类法之完善，自非先从中籍方面作彻底之改革不可。然此事重大，断非一人之力所能胜任。故莫如集多人而研究之，然图书分类又非空言所能有济，是以各当以其实地之经验，互相告诉，以便修改。质言之，即合作两字而已。故凡采用同一种分类法者，宜有一组织。此组织之目的，在促进使用此种分类者之互相研究，如有疑难之点，得由众解决之。如一人有修正或扩充之处，宜即通知其他各员，请其采用或参考。如此，则或有较完美之分类法出现也。杜威法之详备，著闻于世久矣，至今伯拉西学会犹有此种组织，况我国图书馆事业方在萌芽时代乎？近时中华图书馆协会之设分类委员会，其目的盖即为是，惜尚

---

① 刘国钧.中国图书分类法:自序//刘国钧图书馆学论文选集.北京:书目文献出版社.1983:52—53.

② 宋明亮.国外分类法引进的回顾与前瞻.图书与情报,1995（1）:21—26.

③ 杜定友.图书分类法史略.钱亚新,钱亮,钱唐,整编.广东图书馆学刊,1987（1）:1—9,13.

④ 宋建成.中华图书馆协会.台北:育英社文化事业有限公司,1980:235.

未见其成绩耳"①。经过中华图书馆协会的倡导和协会会员的共同努力，一批仿杜、补杜或改杜分类法的面世，适应了当时中国图书馆事业发展类分文献的需要，它们的进步意义和历史作用是不容忽视的。至此梁启超所倡导的建立中国的图书馆学之首要任务之一——中国图书分类法的编制已告一段落，所剩下的问题是各家分类法的进一步完善及全国图书分类法的统一。抗战全面爆发后，国立中央图书馆由南京西迁重庆。当时馆长蒋复璁认为国立中央图书馆重要任务之一即为制定一全国适用的图书分类表及编目规则。因此自 1940 年即开始编纂分类表的工作，抗战胜利时已全部编制完毕。全表分四十大类，曾参考美国国会图书馆分类法，兼采欧美各家之长，并尽量保存图书分类固有的系统。每类均请全国专家学者慎重研究讨论。后来全稿带去台湾，未曾公之于世②。

4.2.2　中国图书编目之研究

梁启超在中华图书馆协会成立大会上发表演讲，主张建设"中国的图书馆学"，并将编目与分类并列为"图书馆学里头主要的条理"。他认为"就编目论，表面上看，像是分类问题决定之后，编目是迎刃而解，其他如书名人名的便检目录，只要采用外国通行方法，更没有什么问题。其实不然：分类虽定，到底那部书应归那类，试随举十部书，大概总有四五部发生问题。非用极麻烦工夫将逐部内容审查清楚之后，不能归类；而且越审查越觉其所跨之类甚多，任归何类，皆有偏枯不适之处。章实斋对于这问题的救济，提出两个极重要而极繁难的原则：一曰'互见'二曰'裁篇别出'。这两个原则，在章氏以前，惟山阴祁家澹生堂编目曾经用过，此后竟没人再试。我以为中国若要编成一部科学的利便的图书目录，非从这方面下苦工不可"③。

梁启超认为编目问题是中国图书馆学建设的重要内容之一。而中国图书馆学的建设，其目的在指导中国图书馆事业的发展，解决中国图书馆事业发展过程中遇到的理论和实践问题。1929 年，中华图书馆协会第一次年会期间，编

---

① 蒋元卿.中国图书分类之沿革.3 版.上海：中华书局,1941:255—256.
② 宋建成.中华图书馆协会.台北：育英社文化事业有限公司,1980:236.
③ 梁启超.中华图书馆协会成立会演说辞.中华图书馆协会会报,1925,1（1）:11—14.

目委员会主席李小缘报告编目委员会应有之工作四点：曰编制普通民众图书馆编目法，曰编制中文旧籍编目条例，曰编制编目所用参考书，曰由协会印行卡片①。会后李小缘特别发出意见书征集编目条例。意见书谓："我国著录，旧法皆混分类、编目、标题为一事。其实三者范围各有不同。本委员会职权仅限于编目问题，即编目手续、编目条例、或编目与分类之关系，如何可以互相利用。考吾国近代图书馆之进步甚速，故而对于编目方法之要求亦大。惜尚无书籍可解决此项问题。故为求实用及功效普遍计，个人以为本委员会之责，以编制各种普通图书编目条例为第一急务。盖普通图书馆平日所购置商务、中华及普通版本书，图书为最多，亦为最要。然较大之馆则旧籍善本皆与焉。编目当为另一问题；故编制中文旧籍条例当为本委员会第二急务。若二者目的既达，则本委员会可奋力更进。为各图书馆中之编目诸君设想，将关于编目可参考之中文书籍，另为一目。故以中文书籍编目参考书书目为第三要务，如《人名大辞典》及各家目录之类。编目法果能一致，且各馆皆采卡片式目录，为利益各馆起见，吾人可请愿协会仿美国国会图书馆之成规，印售完成目录片。则馆无大小，定书时同时可定目录片。书与片俱到，立刻编目成功。编目者只须小费若干而书目即成，协会方面则一劳而众逸，何惮而不为。故由协会编印目录片出售为第四要务。急务者如今必求以最短时间达最佳之目的。要务者则事虽关重要而时间上可略缓者也。急务成则要务亦易成功。急务不成则要务亦难进行。"②

编目委员会的四项责任中，前两项急务为编目条例的制定，后两项要务为编目方法的改进。但无论是编目条例的制定还是编目方法的改进，都必须有科学的目录学理论的指导，因此梁启超将图书编目列为中国的图书馆学建设的主要内容和任务之一。

将分类、编目混为一谈，是中国传统目录学的一大弊端。查修认为"我国向来的目录，只是将书名连缀起来，既没有排列的统系，又缺乏检查的捷径，简直是一团糟。而且目录同分类法混为一谈，分类法本身又没有什么精密的组

---

① 中华图书馆协会第一次年会纪事.中华图书馆协会会报,1929,4（4）:5—14.
② 中华图书馆协会编目委员会征集编目条例.图书馆学季刊,1927,2（1）:169—170.

织。目录办法既不能叫阅者容易找书，所以与残疾者也没有什么分别"[①]。刘国钧也说"我国历来著录之士，皆并分类与编目为一事。以为编目云者，即分别部居之意，殆亦由于昔人皆以分类目录为目录之正轨所致。盖目录既无不分类，所以便将目录看为学术分野之记载，而以条别源流、辨章学术为目录之大任也。不知分类以书之内容为主，而编目以书之实质为主，二者性质绝然不同。近代图书馆之书，固无不分类之理，而分类非即编目。所编之目更不限于分类一种。故认分类与编目为一事，实我国由来著录家一大错误，不可不正之者也"[②]，"自昔国人习于分类目录，以为不分类则不可为目录……夫分类目录，特为目录之一体，编制适当，可以见一类书籍之次第，亦即可以瞻其学之源流，诚为研究学术之利器；然而匆遽之中，欲检一书之有无，则不可骤得，欲寻一某作者之著述，亦不可骤得，其为用实有不便。故必以著者目录与书名目录辅之，始相得而益彰。抑吾人研究学术之际，使用图书，往往不能限于一定之类目，故分类目录之用，至此而穷，而主题目录以起，此为近代目录之一大特点"[③]。

中国近代图书馆事业的兴起，各图书馆除了迫切需要解决类分图书的问题外，图书编目也是当时图书馆事业发展面临的重要问题之一。即要解决"在目录之中不管是著者、书名或标题及其他种种都要叫阅者一索即得，不像在四库全书目录中找书，非要知道类别才可"。显然，中国传统的古典目录学是无法胜任这种"都要叫阅者一索即得"的任务的。因此，查修认为"中文书籍编目里第一步必做的，就是要将分类与目录完完全全分作两件事。打破《四库全书总目提要》以分类及目录混淆为一谈的观念。然后再研究分类应采取那种办法，目录应趋向那种途径。庶几乎头绪不乱，运用自如了"[⑤]。

科学的编目实践必须要有科学的目录学理论的指导。中华图书馆协会成立以前，就已有学者开始引入西方目录学，思考有关中文书籍的编目问题，如1923年11、12月查修发表于《东方杂志》第20卷第22、23期上的《编制中文书籍目录的几个方法》，1924年9月在《新教育》第9卷1、2期合期上发表

①④ 查修. 编制中文书籍目录的几个方法（续）. 东方杂志,1923,20（23）:86—103.

② 刘国钧. 图书目录略说. 图书馆学季刊,1928,2（2）:197—208.

③ 刘国钧. 现代图书馆编目法序. 图书馆学季刊,1934,8（1）:142—143.

⑤ 查修. 中文书籍编目问题. 新教育,1924,9（12）:191—207.

的《中文书籍编目问题》，黄维廉1924年5月在《新教育》第8卷第4期上发表的《中文书籍编目法》等论文。

查修认为，"我国旧式编目，除一太简单的四库分类法外，简直说不上有什么现在我们观念上的目录"，"幸喜在十九世纪，我们西方几个姊妹国，能于他们文化之中，辟出这条造就学问的目录路来（我想西洋目录办法，若换上'指南'这个名词，就更切当了）"。西洋目录学的"目录办法，是有科学意味的。在组织上，精密非常。在实用上，简洁了当。在编制上，手续单纯。在统系上，条例清晰。目录同分类，在这里纯是全两样事了。在目录之中不管是著者，书名，或标题及其他种种都要叫阅者一索即得，不像在四库全书目录中找书，非要知道类别才可。至于要使这目录与时俱新，那自然是要用片子的办法了"①。

黄维廉也认为"吾国目录之编制，历来仅有书式目录而无卡片目录，仅有书名目录而无著者或标题目录。近今科学进步，刊印日夥；书式目录，脱稿付印，在在费时；况馆中书籍，每日增添，不能一一列入，而每本目录，只能应一人之用。故近来书式目录，已成为过渡时代之陈物，代之者为卡片目录，盖以其便于增减而适于使用也"②。借鉴西方目录学的图书编目方法，解决中国近现代图书馆事业发展所面临的图书编目问题，遂成为当时解决阻碍中国图书馆事业发展问题的一个重要主题。

由于认识到图书分类与图书编目对于现代图书馆的重要性，中华图书馆协会甫经成立，即组织了编目委员会，傅增湘任编目委员会主席，沈祖荣任副主席，洪有丰为书记，委员有章箴、李小缘、谭新嘉、单丕、何澄一、王文山、李燕亭、陈宗鋆、陈德芸、徐绍棨等。1926年12月，编目委员会改组，李小缘任主席，章箴副之，委员有沈祖荣、查修、蒋复璁、爨汝僖、施廷镛、王文山，稍后又增聘赵万里、范希曾、毛坤为委员③。1932年第一次执行委员会会议改组编目委员会，裘开明任主席，冯汉骥任书记。1935年，各专门委员会调整，裘开明、冯汉骥仍然出任编目委员会主席和书记，委员则有袁同礼、沈祖

---

① 查修.编制中文书籍目录的几个方法（续）.东方杂志，1923，20（23）:86—103.
② 黄维廉.中文书籍编目法.新教育，1924，8（4）:583—612.
③ 中华图书馆协会第三周年报告.中华图书馆协会会报，1928，4（2）:3—6.

荣、刘国钧、李小缘、黄星辉、洪有丰、王文山、查修等。

　　协会成立以后，协会会员继续开展有关中文图书编目理论与实践的研究与探索，其研究成果中翻译介绍西方目录学的文章占了相当的比例，表明这一时期图书编目研究的一个重要内容就是学习和借鉴西方目录学的理论和方法，用以建设中国的图书馆学，指导中文图书编目工作实践。

表 4-2　《图书馆学季刊》发表图书编目研究著译情况 ①

序号	著者	题目	年 / 卷 / 期	备注
1	沈祖荣	中国图书馆目录应采取书本式抑卡片式	1926/1/3	著
2	杜定友	西洋图书馆目录史略	1926/1/3	著
3	沈祖荣	图书馆编目之管测	1927/2/1	著
4	刘国钧	图书目录略说	1928/2/2	著
5	徐家麟	中文编目论略之论略	1929/3/1，2	著
6	沈祖荣	中文编目中一个重要问题——标题	1929/3/1，2	著
7	黄星辉	中文编目中之标题问题	1929/3/1，2	著
8	（美）毕孝普著① 金敏甫译	编目室及其设备	1929/3/3	译
9	刘国钧	中文图书编目条例草案	1929/3/4	著
10	岳良木	试拟图书登录条例	1930/4/1	著
11	（日）林靖一著 金敏甫译	图书改装费与登录价格等问题	1930/4/2	译
12	（美）毕孝普著 金敏甫译	编目部之组织	1931/5/3，4	译
13	金敏甫译	目录设计法及印刷目录卡片之使用	1932/6/1	译
14	金敏甫译	图书馆编目史略	1932/6/2	译
15	金敏甫译	编目方法	1932/6/3	译
16	金敏甫译	主题标题	1932/6/4	译
17	金敏甫	印刷目录卡述略	1933/7/1	著
18	邢云林	簿式目录中著录详略之研究	1933/7/2	著

　　① 本表所列著译不包括传统目录学研究论文和专题研究目录。

　　② 又译毕少博、毕寿普。

续表

序号	著者	题目	年/卷/期	备注
19	于震寰	善本图书编目法	1933/7/4	著
20	Boothman 著 吕绍虞译	图书馆的四个钥匙	1934/8/2	翻译 话剧
21	严文郁	德国联合目录概述	1934//8/3	著
22	（日）小见山寿海著 李尚友译	书志学	1934//8/3	译
23	汪兆荣	西洋标题参照法	1934/8/4	著
24	金敏甫	铁道部图书室之显明记录制	1935/9/2	著
25	（日）小见山寿海著 李尚友译	书志学（续完）	1935/9/2	译
26	毛裕良、毛裕芳	中国方志编录条例草案	1936/10/2	著
27	汪应文	中文书登录应以书名为主	1936/10/3	著
28	钱亚新编译	编目部底组织与管理	1936/10/4	编译
29	邢云林	图书目录著录法与编辑法论	1937/11/1	著
30	邢云林	图书目录著录法与编辑法论（续完）	1937/11/2	著

表 4–3 《文华图书科季刊》发表图书编目研究论文与译著情况 [①]

序号	著者	题目	年/卷/期	备注
1	毛坤	译书编目法	1929/1/3	著
2	曾宪文	儿童图书之分类与编目	1929/1/4	著
3	毛坤	编目时所要用的几种参考书	1929/1/4	著
4	（英）福开森著 耿靖民译	目录学论略[①]	1929/1/4	译
5	沈祖荣	西文编目参考书	1930/2/3，4	著
6	邓衍林	中文编目法中之著者问题	1931/3/1	著
7	王光译	目录学之意义	1931/3/1	译
8	舒纪维	著述卡商榷	1931/3/2	著

---

① 《文华图书科季刊》从 1932 年第 4 卷第 1 期改名为《文华图书馆学专科学校季刊》，本表所列著译不包括传统目录学研究论文和专题研究目录。

续表

序号	著者	题目	年/卷/期	备注
9		图书馆参考员眼中之编目工作观	1932/4/1	述评
10	毛坤	著录西洋古印本书应注意的几点	1932/4/1，2	著
11	毛坤	主片问题	1933/5/1	著
12	龙永信	编目部之组织与行政述略	1933/5/1	著
13	陈季杰	此中人语	1933/5/1	对谈
14	于震寰译	日本图书馆协会和汉图书目录法	1933/5/1	译
15	吕绍虞译	书目之编制	1933/5/1	译
16	毛坤	经书之编目	1934/6/1	著
17	（英）福开森著 耿靖民译	目录学论略①	1934/6/1	译
18	（日）加藤宗厚著 李尚友译	标题目录要论	1934/6/3	译
19	（日）加藤宗厚著 李尚友译	标题目录要论（续完）	1934/6/4	译
20	（美）西尔士著 沈培风译	初学标题须知	1934/6/4	译
21	汪应文	书架目录论	1936/8/1	著
22	邢云林	书目与目录编辑法	1936/8/2	著
23	邢云林	集中编目法与合作编目法	1937/9/2	著
24	顾家杰	公共图书馆音乐书籍之分类与编目	1937/9/2	著
25	程时学	从目录学的方法谈到专题研究	1937/9/3，4	著
26	刘子欣	官书编目法	1937/9/3，4	著

　　除了通过《文华图书科季刊》刊发大量图书编目研究的论文和译述、译著外，文华图书馆学专科学校还出版了大量关于图书分类和编目的专著和译著，如美国爱克斯著、沈祖荣翻译《简明编目法》（1929 年），黄星辉著《普通图书编目法》（1933 年），皮高品著《中国十进分类法》（1934 年），日本加藤宗厚著、李尚友翻译《标题目录要论》（1934 年），刘子钦著《分类之理论与实际》（1934

---

　　①　耿靖民翻译《目录学论略》曾在《文化图书科季刊》第 1 卷第 4 期发表，因登载该文的期刊已经售罄，因此特为读者重印一次。

年），英国福开森著、耿靖民翻译《目录学论略》（1934 年），美国利尔著、张鸿书翻译《图书分类指南》（1935 年）①，初步解决了起步时期的中国图书馆事业所面临的分类编目问题。中华图书馆协会也出版了金敏甫翻译的美国著名图书馆学家毕孝普《现代图书馆编目法》等②。协会会员除了将《图书馆学季刊》和《文华图书科季刊》（含《文华图书馆学专科学校季刊》）作为发表图书编目研究著译的主要平台外，还在其他学术刊物和报纸如《学风》《民众教育月刊》《大公报》上发表了大量的相关著译③。

为了总结和借鉴中国古典目录学的优秀成果，为建设中国的图书馆学服务，协会会员还在《图书馆学季刊》《文华图书科季刊》和《中华图书馆协会会报》等刊物上发表了大量的中国古典目录学的研究论文和各类专题文献目录。仅协会第二周年一年之内（1926 年 5 月至 1927 年 6 月），协会会员发表的专题目录中比较著名的就有蒋复璁《论语集目》《孟子集目》《四书集目》、施廷镛《天禄琳琅查存书目》、李俨《明代算学书志》、陈准《瑞安孙氏玉海楼藏书》、叶玉虎《旅顺关东厅博物馆所存敦煌出土之佛教经典》、王重民《史记的版本》等④。另据李小缘《中国图书馆事业十年来之进步》一文，协会成立后的十年间，国学书目之重要者就有胡适《一个最低限度的国学书目》、梁启超《国学入门书要目及其读法》、章太炎《中学国文书目》、钟泰《国学书目举要》、吴虞《中国文学选读书目》、支伟成《国学用书类述》、徐敬修《国学常识书目》、汤济沧《治国学门径》、李笠《三订国学用书撰要》、曹功济《国学用书举要》、王浣溪《中国文学精要书目》、范希曾《书目答问补正》5 卷、钱基博《古籍举要》。其他重要专科或专题研究书目还有杨增仪《中国地质文献目录》《水利图书目录》《医籍考》，王重民《老子考》7 卷，谢国桢《晚明史籍考》20 卷，宋春舫《褐木庐藏剧目附录》，孙祖基《中国历代法家著述考》，邵子风《甲骨书录解题》，容媛辑、容庚校《金石书录目》10 卷，福开森编、商锡永校《历代著录画目》，余绍宋《书画书录解题》12 卷，于震寰、李文祎合编《中国体育

---

① 文华图书馆学专科学校出版书籍.文华图书馆学专科学校季刊,1934,6（1）:封底.
② 中华图书馆协会出版书籍.中华图书馆协会会报,1934,9（6）:38.
③ 李钟履.图书馆学论文索引（第一辑）.北京:商务印书馆,1959:146—157.
④ 中华图书馆协会第二周年报告.中华图书馆协会会报,1927,3（2）:3—5.

图书汇目》等①。

除了利用学术刊物发表西方目录学名著和图书编目研究成果外，学术年会也成为协会会员集中切磋研究图书编目问题的重要平台。1929年协会第一次年会上，编目委员会主席李小缘报告编目委员会应有之工作四点外，1月30和31日的分组会议议决通过了文华图书科、李小缘、杨昭悊、黄星辉、秦毓钧所提议案《由编目委员会编订标准编目条例于下届年会发表》和杜定友、李小缘、徐家璧、朱家治、南开大学图书馆所提议案《组织标题编纂委员会并将协同编纂事交编目委员会负责》。杜定友演讲《中国无目录学》，刘国钧演讲《分类目录与标题目录之比较》。徐家麟论文《中文编目论略之论略》、沈祖荣论文《中文编目中一个重要问题》、黄星辉论文《中文标题问题》在分组会议上宣读②。徐家麟《中文编目论略之论略》、沈祖荣《中文编目中一个重要问题——标题》和黄星辉《中文编目中之标题问题》等后来在《图书馆学季刊》第3卷第1、2合期上发表。1933年协会第二次年会期间，冯陈祖怡在8月29日分类编目组分组会议上演讲《介绍一个排架编目法》。分组会议还议决通过《请全国各图书馆于卡片目录外应酌量情形增编书本目录以便编制联合目录案》《由本会建议书业联合会编制出版物联合目录案》和《请协会根据上次会议从速规定分类编目标题及排字标准案》等议案。8月30日分组会议上，于震寰提交论文《善本图书编目法》因时间关系未及在分组会上宣读，后在《图书馆学季刊》第7卷第4期上发表③。1936年协会第三次年会期间，7月21日下午分组讨论会通过关于编印各种书目之议案有：①《呈请教育部筹拨经费刊印全国图书馆联合目录案》；②《刊发全国出版物编目汇刊案》；③《应编全国图书馆善本联合书目案》；④《请教部明令各大书店每年编制出版联合目录案》④；⑤《请本会设法编印出版月刊及中国图书年鉴案》；⑥《请协会负责印行全国图书馆藏书簿

---

① 李小缘.中国图书馆事业十年来之进步.图书馆学季刊,1936,10（4）:507—549.

② 中华图书馆协会第一次年会纪事.中华图书馆协会会报,1929,4（4）:5—14.

③ 于震寰.中华图书馆协会第二次年会纪事.中华图书馆协会会报,1933,9（2）:22—26.

④ 教部即教育部。

式联合目录案》; ⑦《请由协会编辑关于编目时所用最基本之参考书籍案》①。

目录学的理论研究为编目条例制定和图书编目实践提供了理论指导, 编目条例制定和图书编目实践又为目录学的理论研究提供了实践需求, 而中国现代图书馆事业的发展对目录学理论研究、编目条例制定和图书编目实践提供了历史舞台。因此, 从 1925 年协会成立到 1948 年协会无形解散期间, 由协会会员出版的编目条例及编目用书大量出现, 具有代表性的著作见表 4-4。其中以刘国钧《中文图书编目条例草案》和《国立中央图书馆暂行中文图书编目规则》影响最大。

表 4-4　中华图书馆协会会员发表的部分目录学著作 ②

序号	书名	著者	出版年	出版者
1	著者号码编制法	杜定友	1925	上海图书馆协会
2	图书目录学	杜定友	1926	上海商务印书馆
3	拼音著者号码编制法	钱亚新	1928	武昌文华图书科
4	中外著者统一排列法（中外图书统一分类法第3章）	王云五	1928	上海商务印书馆
5	著者号码编制法	陈子彝	1929	江苏省立苏州图书馆
6	中文图书编目条例草案	刘国钧	1929	南京中华图书馆协会
7	简明图书编目法	沈祖荣译	1929	武昌文华图书科
8	中国图书编目法	裘开明	1931	上海商务印书馆
9	善本图书编目法	于震寰	1933	编者
10	图书编目法	何多源	1933	广州大学图书馆
11	杜氏著者号码表	杜定友	1933	上海中国图书馆服务社
12	中日著者号码表	张英敏	1933	编者
13	普通图书编目法	黄星辉	1934	武昌文华图书馆学专科学校
14	类名标题总录	钱亚新	1934	河北女子师范学院
15	中文图书编目规则	桂质柏	1936	南京中央大学图书馆
16	西文图书编目规则	桂质柏	1936	南京中央大学图书馆
17	明见式编目法	杜定友	1936	上海中国图书馆服务社

① 李文裿. 写在第三届年会之后. 中华图书馆协会会报, 1936, 12（1）:1—5.
② 宋建成. 中华图书馆协会. 台北:育英社文化事业有限公司, 1980:237—238.

续表

序号	书名	著者	出版年	出版者
18	现代图书馆编目法	金敏甫译	1936	上海商务印书馆
19	中文标题总录	吕绍虞	1937	上海中国图书馆服务社
20	中国著者拼音号码表	景培元	1938	编者
21	标题总录	沈祖荣	1938	武昌文华图书馆学专科学校
22	中国帝号标题一览	胡正友	1939	北平燕大引得校印所
23	国立中央图书馆编目规则	于震寰等	1946	上海商务印书馆
24	笔顺著者号码表	彭道真	1946	编者
25	图书编目学	金敏甫	1947	南京正中书局

刘国钧《中文图书编目条例草案》先是于 1929 年 12 月在《图书馆学季刊》第 3 卷第 4 期上刊出，旋即由中华图书馆协会以《中文图书编目条例草案》名称出版单行本。《中文图书编目条例草案》分上下两编，上编论著录之事项，下编论著录之格式。为了编制《中文图书编目条例草案》，刘国钧"绅绎宋元以来之公私著录，抉其通例，征之于西方目录学家之规定，而略为变通，笔之于纸，以为临事之一助，盖五年于此矣。稿凡数易。其间得之于实地之经验者固多，而得之于友朋之切磋，若蒋君慰堂[1]，曹君祖彬，李君小缘，袁君守和之所赐者，尤不一而足。今中华图书馆协会有征求编目条例之举，遂假《季刊》之纸幅以献之，且以求明哲之教正。名曰草案者，不敢自以为定论也"[2]。《中文图书编目条例草案》的编制既借鉴和吸收了中国传统目录学和西方目录学的优秀成果，又经过当时多个图书馆编目实践的检验并与当时多位目录学时贤切磋交流，经历了一个不断完善的过程，可谓当时我国目录学理论研究和图书编目实践集大成之作。自问世伊始就受到图书馆界的普遍欢迎，日后还长期影响海峡两岸图书馆编目规则的制定，赢得了两岸同仁一致赞誉[3]。

1932 年，协会执行委员会第一次会议改组各专门委员会，裘开明继李小缘之后任编目委员会主席，制定全国图书馆编目调查表，调查各图书馆编目状况，

---

① 即蒋复璁，号慰堂。
② 刘国钧.中文图书编目条例草案.图书馆学季刊,1929,3（4）:473—508.
③ 罗德运,黄宗忠.刘国钧先生和中国图书馆事业.图书馆工作与研究,1999（6）:1—7.

以为改进编目方法之划一及编目条例之准备，得到各图书馆的积极响应①。这一调查工作可视为第一次年会后编目委员会主席李小缘发表意见书征集编目条例努力的继续，其目的仍然是谋各图书馆编目方法之划一。《国立中央图书馆暂行中文图书编目规则》发表于 1936 年《学觚》第 1 卷第 5 期和第 6 期，可视为协会会员多年努力的具有代表性的重要成果。该编目规则以后也成为我国图书馆中文图书编目的标准②。

编目条例的制定和统一之外，"中文书籍编目参考书书目"为编目委员会要务之一。协会编目委员会委员毛坤在 1929 年第 1 卷第 4 期《文华图书科季刊》上发表《编目时所要用的几种参考书》，提供了中文图书编目需要参考的中外文图书。编目委员会副主任沈祖荣在《文华图书科季刊》第 2 卷第 3、4 合期上发表了《西文编目参考书》一文，提供了西文书籍编目需要参考的中外文图书。可以说两份目录正好解决了"中文书籍编目参考书书目"这一编目委员会所要完成的要务。《编目时所要用的几种参考书》精选了各种中外文编目参考书共计 9 大类 49 种，分为"查字、查人、查时、查地、查书时所要用的书"和"分类、制片、标题时所要用的书"以及"查著者号码及排列时所要用的书"③。《西文编目参考书》所列参考书有"查字义、查人名、查出版人、查出版地、查无名伪名氏、查书名所用之书"与"分类所用之书、查标题所用之书、制片所用之书"和"规定写法之书""排卡片所用之书""订购印成目录片所用之书"12 大类 99 种参考书④。

编目委员会的另外一项要务"由协会编印目录片出售"也由协会会员和国立北平图书馆等的努力而最终得以完成。"吾国目录之编制，历来仅有书式目录而无卡片目录，仅有书名目录而无著者或标题目录。近今科学进步，刊印日夥；书式目录，脱稿付印，在在费时；况馆中书籍，每日增添，不能——列入，而每本目录，只能应一人之用。故近来书式目录，已成为过渡时代之陈物，代

① 中华图书馆协会第八年度报告 . 中华图书馆协会会报，1933，9（1）：2—5.
② 宋建成 . 中华图书馆协会 . 台北：育英社文化事业有限公司，1980：239.
③ 毛坤 . 编目时所要用的几种参考书 . 文华图书科季刊，1929，1（4）：391—401.
④ 沈祖荣 . 西文编目参考书 . 文华图书馆学专科学校季刊，1930，2（3/4）：351—379.

之者为卡片目录；盖以其便于增减而适于使用也"①。中国传统目录学重分类而轻编目，有解题而无引得，以辨章学术、考镜源流见长，但却拙于检索，目录利用者往往不能"一索即得"。晚清西学东渐，西方目录学渐次传入中国，字典式目录和卡片式目录的理念也开始被中国图书馆界所接受。各图书馆"既感分类之未便检查，于是有字典式目录之编，又感书本目录之不易增删，于是有卡片目录之法，此深受西洋图书馆学之影响耳。其初因人材缺乏，卡片式字典目录之编，尚不多觏，大抵只在著名之大学图书馆中见之，且亦只局限于西文图书。殆从各处设短期之图书馆学讲习班，由专家讲授新法编目，而中文编目法，渐为图书馆界所注意，于是图书馆中之将中文图书编制卡片、字典式目录者渐多，此则中国图书馆目录一大改革"②。

国立北平图书馆为便利学界起见，从 1936 年 1 月开始发售藏书目录卡片。李小缘所谓编目委员会的要务之一"由协会编印目录片出售"得以基本实现，尽管目录卡片的编印机构非协会而是协会机构会员之一的国立北平图书馆，目录卡片的范围也仅限于国立北平图书馆藏书。同年 10 月国立北平图书馆陆续扩大印制卡片之范围，包括民国出版者、民国以前出版者、中外各大图书馆委托编印者、丛书分析片、专门问题片。以后又在卡片目录的基础上，编印书本式目录，附赠各卡片目录订户③。采用之馆，其所采分类法如与北平图书馆无异，标题亦同。编目难题则已由发行者为之解决，吾人购得，即实际情形，稍加更动，即可配置使用。诚事半而功倍，节省他馆编目之经费、人工，体例一致，不易矛盾，印字准确可靠，字体清晰美观，购置手续简易，有百利而无一弊④。

经过协会会员的共同努力，梁启超所寄望于中华图书馆协会的"科学的利便的图书目录"的编纂终于在抗战全面爆发以前基本实现。"创立伊始，虽未臻于完善，然既已树立规模，且行推广，切磋琢磨之功，不难力求之矣"⑤。

————————

① 黄维廉.中文书籍编目法.新教育,1924,8（4）:583—612.

② 宋建成.中华图书馆协会.台北:育英社文化事业有限公司,1980:152.

③ 国立北平图书馆发售目录片启示及国立北平图书馆排印卡片书本目录出版.中华图书馆协会会报,1936,12（3）:60.

④⑤ 李小缘.中国图书馆事业十年来之进步.图书馆学季刊,1936,10（4）:507—549.

4.2.3 检字法研究与索引编制

1925 年中华图书馆协会成立之际，鲍士伟博士代表美国图书馆协会来华考察中国的图书馆事业。鲍士伟博士在他向中华图书馆协会和中华教育改进社提供的第一次报告书中，认为"今日中国图书馆界共认为研究不可缓者，实为图书馆建筑及中国文字排列之方法二事，此二问题如不早日解决，于将来图书馆事业之发展，实多窒碍也"①。汉字与拼音文字不同，拼音文字依字母顺序排检，一目了然，非常方便。汉字的排检却不像拼音文字那样有一种公认的直观的排检方法。由于汉字有形、音、义三要素，汉字排检法也有形序法、音序法和义序法三种。千百年来，部首法作为形序法的主要代表，一直处于主导地位。20世纪初，社会进步，事物日繁，书报增多，俗字、简字、新起字，层出不穷。文牍管理、电报查字、印刷排版、名录编排，均离不开汉字排检。图书目录除分类目录外，其他书名目录、著者目录、标题目录（今之主题目录）的组织均涉及汉字排检问题。传统的汉字排检方法已经不能适应社会发展的需要。

协会董事部部长梁启超在中华图书馆协会成立大会上发表演讲，倡导建设中国的图书馆学。建设中国的图书馆学的主要内容除了图书分类和图书编目外，梁启超还特别呼吁"编纂新式类书"。他说中国很早就开始了类书的编纂，梁武帝时已经编成多种，其目见于《隋书·经籍志》。此后如《太平御览》《永乐大典》《图书集成》等，历代皆有，大率靠政府力量编成。这些书或存或佚，其存者，供后人研究的利便实不少。但编纂方法，用今日眼光看来，当然缺点甚多，有改造的必要。这件事，若以历史的先例而论，自应由政府担任；但在今日的政治现状之下，断然谈不到此。而且官局编书总有种种毛病，不能适合我们的理想。我以为应由社会上学术团体努力从事，而最适宜者莫如图书馆协会。因为图书馆最大任务，在使阅览人对于任何问题着手研究，立刻可以在图书馆中得着资料，而且馆中所有设备可以当他的顾问。我们中国图书馆想达到这种目的吗？以"浩如烟海"的古籍，真所谓"一部十七史从何说起"。所以

---

① 鲍士伟.鲍士伟博士致本会及中华教育改进社报告书.朱家治,译.中华图书馆协会会报,1925,1（2）:5—7.

除需要精良的分类和编目之外，还须有这样一部大而适用的类书，才能令图书馆的应用效率增高①。梁启超将"编制新式类书"与分类、编目并列为"建设中国的图书馆学"的重要内容之一。那么，什么是"新式类书"呢？他没有给出进一步的说明。宋建成认为梁启超所谓的"这个新式类书，即主要系指索引而言"②。

1927 年 6 月 12 日，梁启超在致北京图书馆委员会"请求津贴编纂《图书大辞典》"一函中说："图书馆最大职责，在指导学人以对于书籍鉴别审检之能力。中国书籍，浩如烟海，存佚不常，版刻复杂。专门藏家尚苦钩稽之难，一般学者益觉无从搜择。谓宜亟编制一《图书大辞典》，将中国数千年来曾有书籍若干种，现存者若干种，悉数网罗，分别说明，以近世最精密简易之表式，作古今典册总汇之簿录。此不独为本国学子急切之需求，即各国研究中国文化之人，亦当各手一编，以作津逮也。"③ 结合《图书大辞典》编纂内容概要包括"上编：存本及残本，下编：佚本及未见本，第一附录：统计表，第二附录：索引"来看④，梁启超所谓"新式类书"并非仅仅是指"索引"，而是指为学术研究之便而编制的包括索引在内的各种工具书。而编制工具书必然涉及汉字的排检和索引编制的理论与实践问题，或者说"新式类书"的编纂所要解决的问题包括汉字排检、索引研究和索引编制问题。钱亚新指出："要研究索引法至于尽善的地步，不得不同时研究排字法，要使索引法获得最大的效果，尤其不得不讲究检字法。"⑤ 因此，汉字排检与索引研究、索引编制是与图书分类、图书编目鼎足而三的影响到中国近现代图书馆事业发展的重要学术问题，被梁启超列为中国的图书馆学建设的主要内容之一。

4.2.3.1 汉字排检法研究

汉字排检法不仅与图书馆目录组织有关，而且和字典、辞典、百科全书、

---

① 梁启超.中华图书馆协会成立会演说辞.中华图书馆协会会报,1925,1（1）:11—14.

② 宋建成.中华图书馆协会.台北:育英社文化事业有限公司,1980:155.

③ 梁任公先生致北京图书馆委员会请津贴编纂图书大辞典原函.中华图书馆协会会报,1927,2（6）:14.

④《中国图书馆大辞典》编纂内容概要.中华图书馆协会会报,1927,2（6）:14—15.

⑤ 钱亚新.从索引法去谈谈排字法和检字法.图书馆学季刊,1929,3（1/2）:123—130.

索引、序列以及人名录、商品名录、电话簿、电报号码之类有密切关系。汉字排检问题成为当时社会经济文化发展面临的亟须解决的问题。万国鼎认为，排检迅速，节省时间，即所以增加求学及治事之效率。其关系于日常应用及文化前途，实重且大也。顾汉字形体复杂，欲求一自然次序，通俗易晓，排检便捷者，殊非易易，此所以成为当时之问题也①。

蒋一前在《汉字检字法沿革史略及近代七十七种新法表》一文中指出，最初感到汉字排检不便而从事创造者，反而为西方人。盖西人欲究东方之学，必须自识汉字起。而识汉字，对于中国字典部首查法，太形扞格，不便沿用。故最初以罗马字拼音编制字典，以代替旧作。其后因从音方法，不便初学，多改从形体研究，从事创造。分析归纳完全科学方法，故所遗制度，均心血结晶，成绩斐然。如 Poletti 之《双部首法》、俄人瓦西里业夫之《汉俄画法字典》、Rosenberg 之《五段排列字典》，尤创思新颖，殊费匠心。至于国人之研究发明尚视西人为后。是西人尤为晚近新法之先河。此则西人不囿于六书成见，尤能敝屣《康熙字典》所致。本西方科学之骄子，遂为东方新法之先驱②。

晚清以后西方思想文化加速传入中国，国人开始认识到西方拼音字母排检法的优越性，也逐渐认识到中国传统的部首检字法、声韵检字法的种种弊端，于是产生了革新检字法的强烈意愿。此后，国人渐有从事创制新检字法者，其中不得不推高梦旦为第一人。高氏约民元前后即有改革部首草案之议问世。研究检字法最早者，为林语堂。林语堂研究首笔（即取字之首先笔画）的《汉字索引制》最早发表于 1918 年《新青年》杂志。

新文化运动以后，中国图书馆事业迎来了新的发展时期。而图书馆事业中的图书编目与汉字排检密不可分，于是汉字排检成为图书馆事业发展面临的一个亟待解决的问题。在基于传统汉字排检法和吸收西方拼音文字排检法的基础上，创制新的汉字排检法成为唯一的出路。中华图书馆协会成立以后，因有协会的组织和倡导，许多会员积极投身汉字排检法研究，并且取得了丰硕的成果。

---

① 万国鼎．汉字排检问题．图书馆学季刊，1929，3（1/2）：109—122.
② 蒋一前．汉字检字法沿革史略及近代七十七种新法表．图书馆学季刊，1933，7（4）：631—654.

1928 年 12 月，万国鼎发表在协会机关刊物《图书馆学季刊》第 12 卷第 4 期上的《各家新检字法评述》一文，总结民国以来的检字法有 40 种之多，这些检字法可大别之为五类：音序法 5 种；母笔法 10 种；部首法 8 种；计数法 10 种；号码法 7 种。除音序法 5 种外，其余均为形序法。万国鼎认为，衡量一种检字法是否完善有 4 个标准：①条例整齐严密，简单明白，易晓易忆，不可有例外；②各字有一定位次，即在二字之小范围内，亦须绝对不能先后易位，否则在排检辞语上即发生不少困难；③无论何字，须一望而能知其所在之处，不可有推敲部首，计算划数，或先查附表，或先算号码等周折，盖一经周折，即费若干时间，减低排检便捷之程度；④不可根据于面、角、笔顺等不固定的基础，盖基础不固定，则疑似难定或不规则之弊将随之而生。万国鼎认为以此标准来衡量自民国创立至 1928 年所出现的 40 种新的汉字排检法，诸法"各有长短，求其完善，能合前述四条件者，盖无一焉。是不得不一方面望同志努力，向不同途径尽量开发；一方面各弃成见，勿以己得为满足，勿以异己为斥人，均抱学术为公之心，协力以求一最完善之法"①。

1925 年 9 月，中华图书馆协会成立了教育、分类、编目和索引委员会，1929 年 3 月又增加成立了检字委员会。沈祖荣和万国鼎被聘为检字委员会主席和书记，委员有王云五、张凤、赵元任和蒋一前等。由于有索引和检字委员会的组织和倡导，新检字法如雨后春笋般大量出现。据卢震京《图书馆学辞典》（1958 年修订出版）统计，从 20 世纪 20 年代到 50 年代，新创各种汉字排检法104 种，其中 20 年代和 30 年代产生的就有 70 种，另有 16 种年代不详②。

表 4-5　20 世纪 20 年代到 50 年代新创检字法数量

20 年代以前	20 年代	30 年代	40 年代	50 年代	年代不详
9	42	28	8	1	16

1929 年 1 月 28 日至 2 月 1 日，中华图书馆协会在南京金陵大学召开第一次年会。1 月 28 日晚七时半，协会在金陵大学科学馆召开检字法专场演讲会，

---

① 万国鼎．各家新检字法述评．图书馆学季刊,1928,2（4）:545—579.
② 邓咏秋．漫议四角号码检字法．图书馆杂志,1999（5）:43—45.

由杜定友主持，听众 120 余人。会上张凤演讲"面线点检字法"，瞿重福演讲"瞿氏号码检字法"，毛坤演讲钱亚新之"拼音著者号码检字法"，蒋家骧演讲"蒋氏汉字序次法"，万国鼎演讲"各家检字法述评"。1 月 29 日上午协会分组会议在金陵大学北大楼举行，索引检字组由沈祖荣任主席，万国鼎任书记，讨论完善检字法之标准，未有结果而散。1 月 30 日上午继续举行分组会议。索引检字组继续首次会议讨论完善检字法之标准，通过 3 条原则：简易，准确，便捷。"简易"为简单、自然、普及；"准确"为一贯、有定序、无例外；"便捷"为便当、直接、迅速。并通过李小缘、孔敏中、杜定友所提《设立汉字排检法研究委员会》一案。会上胡庆生临时动议"本会决定对于各种检字法，原以研究试验及鼓励发明之态度为原则，暂不规定采用某一种方法"，徐旭临时提议"请各检字法发明者或出版机关将新检字法印刷品寄交各图书馆研究试用将经验报告委员会"，均经出席会员一致通过。会议期间索引检字组共收到论文 6 篇：张凤《排检中国字标准之要则》、万国鼎《汉字排检问题》、钱亚新《从索引法去谈谈排字法和检字法》、何公敢《单体检字法》、蒋一前《汉字次序法》、王崔《崔巢字典》。6 篇论文与陈文关于检字之讨论来函两通，均限于时间关系未能宣读，仅由各图书馆代表，报告试用各种新检字法之经验[①]。

南京年会之后，汉字排检新法进一步增加。1933 年协会会员、索引委员会书记蒋一前在《图书馆学季刊》第 7 卷第 4 期发表《汉字排检法沿革史略及近代七十七种新法表》统计，当时各种汉字检字法已经达到 77 种之多。同时各家新法，在陶百川的主持下，借《民国日报》之《觉悟栏》展开检字法学理探讨和切磋，气氛热烈，成绩斐然。仅 1928 年 11 月 24 日至 12 月 29 日两个月内就发表新法 9 种。讨论将这次检字法研讨推上了新的高峰。参与者如王云五、万国鼎、蒋一前等多为中华图书馆协会会员。至于将汉字排检问题编为专著者，则有万国鼎、杜定友、洪业、钱亚新等索引委员会委员。沈祖荣及吴光清更将检字法研究成果撰为文章，在海外发表，昭告友邦，愈形其国际性之重要[②]。

---

① 中华图书馆协会第一次年会纪事. 中华图书馆协会会报,1929,4（4）:5—14.
② 蒋一前. 汉字检字法沿革史略及近代七十七种新法表. 图书馆学季刊,1933,7（4）:631—654.

万国鼎在《汉字排检问题》一文中指出，基于字形的汉字形序检字法的研究还应该与汉字改革联系起来考虑。他认为欲求汉字检字法之彻底解决，尚须改革汉字。且汉字难识难写，打字与印刷亦均不便，不独于检字法上发生困难，实有亟谋改革之必要。改革时须注意下列数点：易识，易写，容易排检，容易印刷及打字。改革之法有二：改用简笔字以为过渡；创造新字以垂永久。新字须以汉语为基本，并须力求符合现今汉字之性质[①]。

4.2.3.2 索引理论探索

有关索引的理论知识是明末清初西学东渐以后，西方思想文化在中国传播的产物。晚清以来，受西方学术思潮的影响，中国现代学术体系次第建立。这一过程中，我国传统的治学方法已经不能适应现代学术研究发展的需要，亟须加以改革。科学的读书方法、提高学术研究效率的工具备受重视。西方索引理论和编撰方法作为学术研究的利器被引入中国[②]。1917 年，林语堂在《科学》杂志上发表《创设汉字索引制议》一文，首次把"索引"一词引入中国。1923 年，胡适首先从整理国故、提倡国学的角度指出索引对于学术研究的重要性。

1925 年 6 月 2 日，中华图书馆协会成立大会上，梁启超发表演讲，主张把"新式类书的编纂"作为协会的重要工作之一。7 月协会执行委员会为"处理特别学术问题起见"组织了分类、编目和索引等专门委员会。林语堂、赵元任、洪业分别被聘请为索引委员会主任、副主任和书记，胡适、陈宗登、杜定友、王云五、万国鼎、胡庆生、丁绪宝等则被聘为委员。1929 年 3 月第一次年会后索引委员会改组，杜定友和钱亚新分别出任索引委员会主席和书记。委员则有毛坤、万国鼎和刘国钧。1932 年索引委员会经第一次执行委员会会议改组，万国鼎任主席，蒋一前任书记。索引委员会与图书馆界、学术界和出版界一道共同努力，有力地推动了索引理论研究的进步和索引事业的发展。

1928 年万国鼎在《图书馆学季刊》第 2 卷第 3 期上发表《索引与序列》一文，他指出："索引者，分析图书内容，别为一表，指示某种事项或参考材料见于书中或其他刊物中之某处，借便检查者也。"文章比较了索引与书目、目次的区别，

---

① 万国鼎.汉字排检问题.图书馆学季刊,1929,3（1/2）:109—122.
② 王余光.索引运动的发生.出版发行研究,2003（6）:74—76.

论述了索引的效用，介绍了欧美和日本的索引编制情况。"十六七世纪所刊书籍，附有详备完善之索引者甚多。对于发刊图书而不附索引者，反对之声，时有所闻。英人 Lord Campbell 且创议向国会提案，凡刊行书籍而不附索引者，剥夺其版权。美人 Horace Binnery 亦有同样建议，并谓'有价值之书籍而无索引，则其为用消失一半。盖若无索引以为向导，则书中最动人之思想或事实，于需要引证时或继续考量时，欲其再现，几属不可能'。故近世欧美书籍，除一部分文学作品及本身依字排列者外，几无不附有索引。英国并于西历一八七七年，创设索引学会，拟定条例，编制重要书籍索引。今欧美不独一书有一书之索引，尚有群书联合索引。各杂志亦各编索引，复有大规模之联合索引，甚至日报亦编制索引"。而中国当时的情况则是"书籍之附有索引者，几如凤毛麟角，且体例欠善，检阅仍难。杂志索引仅清华政治学研究会编印之《政治书报指南》一种，报纸仅有杜定友氏主编之《时报索引》一种，且均分类排列，规模狭小，偶然从事，未能继续。方之欧美索引，相殊悬绝。我国学术界之不幸也"。虽然当时学术界重视索引者亦不乏其人，如胡适认为编制索引为整理国学之第一步，何炳松也有《拟编中国旧籍索引义例》之作，但当时面临的问题主要是"索引体例，编辑手续，排印款式，以及序列之编制、防误、取还、抽存、用品等，将如何乎？若编旧籍索引，或杂志索引，如何始能成功乎？索引与序列之排比，最重要者为依字为序，而汉字向无自然次序，近年始有新创之检字法多种，是否已有一二完善之法可为依据乎？如其无也，将如何采取众法之长，合编一法，或另创新法，务使完善无弊，通俗易知，排检迅速乎"①。

1929 年，索引委员会书记钱亚新在《图书馆学季刊》第 3 卷第 1、2 合期上发表《从索引法去谈谈排字法和检字法》一文。钱亚新从索引法和汉字排检法关系的角度探讨什么是索引和索引法，索引法和排字法、检字法的区别。钱亚新认为索引是检查特种范围内各项知识的工具。因此，索引法就是造成这种供检查工具的方法。拿这个定义去同排字法或检字法相互比较，它们根本上的差异，即不难发现。这就是说排字法和检字法专涉及选就、被排或被检的单体字或集团字，而索引法则须究及索引材料的来源、选择、分析、综合等。简单

---

① 万国鼎．索引与序列．图书馆学季刊，1928，2（3）：373—383.

说，排字法和检字法仅着重于外表，而索引法则注意于内容。要研究索引法至于尽善的地步，不得不同时研究排字法；要使索引法获得最大的效果，尤其不得不讲究检字法。他进一步指出索引法是一种分析综合的工作。由此做成的索引，无论以书籍、杂志、日报为单位，总是那些书报表现内容的东西，施用它们的锁钥。因此索引法不仅是编制一张指定讨论所及材料的地位就算了事，还须着重那些材料的本质和表现的方法。这一点根本观念弄清楚，就不会将排字法或检字法误为索引法或喧宾夺主了。在西方已经是书籍有书籍的索引，杂志有杂志的索引，日报有日报的索引，各种科学有各种的专门索引。在参考方面来说，索引几乎成了一刻都不能少的工具的时候，而回头看看我们的这种事业，可以说还未开始[①]。

中华图书馆协会第一次年会后不久，索引委员会发表启事，公布研究计划3项：①编辑《中国索引条例》。《中国索引条例》之编辑，实为当今中国索引事业中最重要之急务。对于从事索引事业者言之，则此项条例，犹规矩绳墨之于工人，宪法之于国家，为其从事之利器及标准也。对于施用索引者言之，则随时随地所见之索引，均有同一之规则及方式，于检查使用上，可获莫大之便利。同人等拟于年内从速编辑此书，以供参考。②索引实际工作。吾人试察欧美各国所刊行之书报，除文学、小说及无关重要之刊物外，莫不备有索引。回顾我国出版界，相差何啻天壤。西人有言曰："索引者，一书之锁钥也。"同人等有见于此，是以拟选我国重要新旧图书，一一编制索引，以资提倡而便学者。今已开始从事者，有该委员会主席杜定友君之《九通索引》及该会委员钱亚新君之《四书字汇及索引》[②]二书。而在计划中者，则有十三经、廿四史、《资治通鉴》等索引。③出版界及阅读者。自17世纪以还，欧美各国出版界，对于索引一项，业已非常注意。而政府取缔及阅者非难不备索引书籍之刊行，亦不一而足。彼等视一书之索引，为其中必不可少之部分，并视索引之编制，为出版者应尽之义务而为阅者应享之权利。但在我国，鲜有注意及此者。同人等为发展文化起见，故拟广为宣传，促成索引之事业，而增加索引之效用。另外，索引委员会因为编辑《中国索引条例》希望海内硕学鸿儒及图书馆界同仁赐惠

---

① 钱亚新. 从索引法去谈谈排字法和检字法. 图书馆学季刊, 1929, 3（1/2）: 123—130.

② 《四书字汇及索引》与《四书字汇索引》应是同一本书。《图书馆学季刊》作《四书字汇及索引》,《中华图书馆协会会报》作《四书字汇索引》。

有关此类著作，或示明该出版品曾经何人、何地、何时出版，见载于某种杂志某卷某号某日。如未曾发表者，索引委员会可酌量代为发表，以资参考①。

此后，钱亚新的《索引和索引法》及洪业的《引得说》相继问世。1930年钱亚新《索引和索引法》一书由商务印书馆出版。该书取材于布朗（G. B. Brown）《索引法》（*Indexing：A Handbook of Instruction*）及其他资料，对索引和索引法的定义以及索引的功用、种类、索引法的编制方法做了系统的论述，被认为是中国索引学建立的奠基之作，标志着中国现代索引学理论体系的建立。该书问世后，杜定友即指出该书是我国关于索引和索引法的第一部著作，希望阅者不要等闲视之。并希望此书一出，对于著作界、学术界有重大的影响，更希望出版界、著作界即知即行。那么以后对于我们读书人，能够使用索引的方法，以节省时间，便于参考了。1932年洪业出版《引得说》，该书乃洪业以编制古籍索引之经验与心得而撰成，共分三篇：①何谓引得；②中国字庋撷；③引得编纂法，其中重点介绍古籍索引编纂方法。洪业在书中特别强调引得在现代社会的作用。他说："且引得之法岂专为古经旧史设哉？西人之政府法令，机关章程报告，通行杂志，报纸，往往以期编纂引得，印发传布，不仅有关学术之书籍而已也。"②

这一时期重要的索引研究文献还有1929年钱亚新在《文华图书科季刊》1929年第1卷第2期发表的《杂志和索引》一文，文章对"杂志为什么要有索引""怎样去索引杂志""欧美最著名的杂志索引是哪些"和"中国有没有杂志索引"进行了研究③。1930年，罗晓峰也在《文华图书科季刊》第2卷第2期上发表了《索引法概要》一文，对索引及索引法的意义、索引的范围、目的、原理、功用、专用名词、种类和编制方法等做了详细论述④。1937年6月、12月钱亚新在《文华图书馆学专科学校季刊》第9卷第2期和第3、4合期发表《中国索引论著汇编初稿》，收录1936年以前发表的"讨论索引及索引法之著述"和"各种普通索引及各种专科索引"，每条记录列出"篇名、著者、出处、出版项、

---

① 中华图书馆协会索引委员会启事.图书馆学季刊,1929,3（1/2）:308.
② 王余光.索引运动的发生.出版发行研究,2003（6）:74—76.
③ 钱亚新.杂志和索引.文华图书科季刊,1929,1（2）:137—157.
④ 罗晓峰.索引法概要.文华图书科季刊,1930,2（2）:157—183.

篇幅项和提要，是研究此前中国索引发展的必备之参考资料"①。

　　索引除了与图书馆业务工作密切相关外，还与学术研究、工具书编纂等密切相关。因此除协会积极组织力量进行研究，钱亚新、杜定友、万国鼎、王重民等在索引理论和索引编制方面卓有建树外，学术界如林语堂、胡适、何炳松、洪业、郑振铎、钱玄同、蔡元培、刘复、赵元任，出版界如叶圣陶、李小峰都曾积极参与索引理论的探讨和索引的编撰。20 世纪 20 年代的索引理论探索为 20 世纪 30 年代中国索引研究的成熟提供了坚实的基础②。同时，索引理论探索也为各种索引编制提供了科学指导。

4.2.3.3 索引编制成就

　　汉字排检法和索引理论的研究，为索引编制取得丰硕成果打下了坚实的理论基础。根据郑恒雄《汉学索引编制的回顾与前瞻》一文统计，民国以前国内所编索引只有书籍索引 7 种，未见有期刊索引和报纸索引。而民国时期出版的书籍索引有 148 种，期刊索引 217 种，报纸索引 10 种③。另据钱亚新《中国索引论著汇编初稿》一文所列 1936 年以前出版的 366 种各种书籍、杂志和报纸索引论著中，1925 年中华图书馆协会成立以后所出版者 311 种，占全部索引论著的 92.56%，此前出版的只有 20 种，占全部索引论著的 5.95%，另有 5 种出版时间不详，占 1.49%④。

　　李小缘发表在《图书馆学季刊》1936 年第 10 卷第 4 期上的《中国图书馆事业十年来之进步》一文，总结了中华图书馆协会成立十年来中国图书馆事业所取得的成就，其中"专门索引于此十年内，其已成专书者则有教育、农业、文学、国学、地学等论文索引，或为分类，或为机械之排列……《人文杂志》按月将上两月杂志论文公布出版，甚为便利。近有《期刊索引月刊》与《日报索引月刊》，二者皆由中山文化教育馆编纂，《期刊索引》所示范围，较《人文杂

---

①　钱亚新.中国索引论著汇编初稿.文华图书馆学专科学校季刊,1937,9（2）:249—287;钱亚新.中国索引论著汇编初稿（续）.文华图书馆学专科学校季刊,1937,9（3/4）:405—457.

②　王余光.索引运动的发生.出版发行研究,2003（6）:74—76.

③　宋建成.中华图书馆协会.台北:育英社文化事业有限公司,1980:159.

④　钱亚新.中国索引论著汇编初稿.文华图书馆学专科学校季刊,1937,9（2）:249—287;钱亚新.中国索引论著汇编初稿（续）.文华图书馆学专科学校季刊,1937,9（3/4）:405—457.

志》稍多而排比不同，正形成一种互相作用。《日报索引》，对史料研究，尤为便利，吾人不能不认为一种进步也"。这段时间出版的具有代表性的重要专科索引见表4-6[①]。

表4-6　中华图书馆协会成立十周年时所见之专科索引

序号	书名	编辑者	出版者	出版年
1	国学论文索引一至四编		中华图书馆协会丛书	1929
2	三十三种清代传记综合引得第9号	燕京大学引得编纂处		1932年12月
3	艺文志廿种综合索引（4册）	北平燕京大学引得编纂处		1933年
4	水经注引得2册《引得》第17号			1934年5月
5	中国地学论文索引二册	王庸、茅乃文辑	北平图书馆	1934年6月
6	太平御览索引	钱亚新编	商务印书馆	1934年
7	十三经索引	叶绍钧	开明书店	1934年
8	二十五史人名索引	章锡琛编	开明书店	1935年2月
9	八十九种明代传记综合引得第24号	燕京大学引得编纂处		1935年6月
10	丛书子目索引增修再版	金步瀛	开明书店	1935年9月
11	文选注引书引得《引得》第26号			1935年10月
12	清代文集篇目分类索引	北平图书馆索引组		1935年11月
13	藏书纪事诗人名索引	张慕骞	浙江省立图书馆馆刊	1935年12月
14	水利论文索引	全国经济委员会水利处编	水利专刊第3种	1935年12月
15	丛书子目备检著者之部	曹祖彬	金陵大学图书馆	1935年

---

① 李小缘.中国图书馆事业十年来之进步.图书馆学季刊,1936,10（4）:507—549.

续表

序号	书名	编辑者	出版者	出版年
16	农业论文索引正续编	金陵大学农业图书研究部、农业经济系、金大图书馆杂志小册部		1935 年
17	太平御览《引得》第 23 号	燕京大学引得编纂处		1935 年
18	中文杂志索引第一集（2 册）	岭南大学图书馆编辑		1935 年
19	丛书子目书名索引	施廷镛	清华大学图书馆	1936 年
20	文学论文索引一至三编		中华图书馆协会丛书	1936 年
21	碑传集补人名索引			
22	册府元龟引得	燕京大学引得编纂处		
23	道藏子目引得	燕京大学引得编纂处		
24	日本期刊三十八种中东方学论文篇目附引得		燕京大学	
25	室名索引	陈乃乾陶毓英合编	开明书店	

　　仅协会第六年度索引编制所取得的成果就有交通大学图书馆编《中东铁路事件索引》、杜定友编《中国电报号码》、武昌文华图书科编《图书集成索引》、杜定友编《九通索引》、钱亚新著《四书字汇及索引》、陈彬和编《三民主义注释与索引》、《人文杂志》中之《最近杂志要目索引》、《中华教育界》中之《教育新书提要索引》，这些索引或已辑成或已出版或正在进行中。其中北平燕京大学引得编纂处就出版引得 3 种：《说苑引得》《读史年表附引得》和《白虎通引得》。正在编纂者还有：①《考古质疑引得》②《崔东壁遗书引得》③《书林清话及余话引得》④《仪礼引得附郑注引书引得附贾疏引书引得》⑤《明儒学案引得》⑥《四库全书总目及未收书目引得》⑦《大藏经及续藏经中书名及译著人名引得》⑧《十九种艺文志综合引得》等①。第七年度协会会员有关索引编

---

① 中华图书馆协会第六年度报告 . 中华图书馆协会会报，1931，7（1）：1—6.

制成果则有李小缘《史姓韵编索引》、林斯德《全唐诗文作家引得合编》等 3 种、钱亚新《四书字汇索引》、房兆颖《清代传记总计索引》①、杜定友《九通索引》等著②。

在索引的编制方面最具成就者，当推中华图书馆协会索引委员会书记洪业主持的哈佛燕京学社引得编纂处。从 1931 年到 1951 年，该引得编纂处出版"哈佛燕京学社汉学引得丛刊"64 种计 81 册，其中正刊 41 种，特刊 23 种；索引对象主要是群经、正史、诸子及宋、辽、金、元、明、清传记，佛、道藏子目，类书等。这套引得丛刊的问世，在学术界有着较广泛的影响，对读者提高查找古籍的效率和利用古籍的深度和广度都有极重要的作用。此外，丛刊还开创了一整套编制中国古籍索引的科学方法③。

协会机构会员国立北平图书馆对于索引编制高度重视，除已编成各种索引见于该馆报告外，1932 年正在编纂的索引就有《地理论文索引》《社会科学论文索引》《丛书子目索引》《满汉蒙藏四体文鉴汉藏文索引》《丹珠经梵文索引》《印度西藏所出护法人名录藏文索引》《丹珠经著者索引》和《药师七佛供仪轨经所出汉满蒙藏文名词索引》等多种④。

除哈佛燕京学社引得编纂处外，中法汉学研究所聂崇歧主持编纂之通检丛刊，为当时国内索引编纂规模最大者。其所编均为古籍索引。至于期刊方面，以上海人文编译所出版《人文月刊》所附《最近杂志要目索引》及中山文化教育馆之《期刊索引》历史最是悠久。至若专科索引可谓众多，以国学论文索引、文学论文索引、中国地学论文索引、农业论文索引、教育论文索引等较为著名。索引编制之理论虽未大量问世——李小缘《中国图书馆事业十年来之进步》仅列王云五《第二次改订四角号码检字法附检字表三版》(商务印书馆 1928 年铅印)、钱亚新《索引和索引法》(商务印书馆 1930 年铅印)、杜定友《汉字形位排检法》(中华书局 1932 年)、洪业《引得说》(燕京大学 1932 年铅印) 和蒋一前《中国检字

① 房兆颖一名房兆楹。《清代传记总计索引》在引得编纂处编《三十三种清代传记综合引得》一书正文部分题作"清代传记总纪索引"。
② 中华图书馆协会第七年度报告 . 中华图书馆协会会报，1932，8 (1/2)：1—4.
③ 王余光 . 索引运动的发生 . 出版发行研究，2003 (6)：74—76.
④ 国立北平图书馆编纂中之索引 . 中华图书馆协会会报，1932，7 (6)：28.

法沿革史略及七十七种新检字法表》(《图书馆学季刊》1933 年第 7 卷第 4 期) 5
种——然而以西方方法编制中国文字索引之观念已经逐步得到普及①。

　　《中华图书馆协会会报》《图书馆学季刊》《文华图书馆学专科学校季刊》
除了登载大量汉字排检法、索引理论的研究论文外，还刊登了大量专题研究索
引。较为著名者如孔敏中《中国图书馆学术文字索引》载《中华图书馆协会会
报》1928 年第 4 卷第 3 期，著录 1928 年以前中国图书馆学研究图书 36 种、期
刊 6 种，另外著录论文 200 余篇，每条记录列出篇名、著者、出处等信息②。钱
存训《东北事件之言论索引》载《中华图书馆协会会报》1932 年第 7 卷第 5 期，
著录 1931 年 9 月 18 日至 11 月 30 日期间出版的有关"九一八事变"之重要图
书 6 册以及期刊 34 种、日报 5 种上发表的文章 190 余篇，每条记录著录题目、
著者及出处等信息③。碑传集的编辑始于宋代杜大珪所辑《名臣碑传集》，至清
更加发达，先后有钱仪吉所编《碑传集》164 卷，缪荃孙所辑《续碑传集》86
卷，闵尔昌所编《碑传集补》60 卷又卷末 1 卷。其中《续碑传集》和《碑传集
补》是研究近代史重要的参考资料。国立北平图书馆索引组《碑传集补人名索
引》载《中华图书馆协会会报》1932 年第 8 卷第 1、2 合期，以闵尔昌纂录《碑
传集补》60 卷卷末 1 卷北平燕京大学图书馆学研究所铅印本为据，每条记录著
录人名、文体、著者、卷页等信息，排检先以笔画，次以部首④。吕绍虞、于震
寰合编《册府元龟索引》载《中华图书馆协会会报》1933 年第 8 卷第 6 期，以
《册府元龟》1000 卷为范围。每条记录著录部目、门目、部别、卷页面数。排
检以汉字形位排检法为次⑤。丁瓒编《有关儿童图书馆问题之杂志论文目录》载
《图书馆学季刊》1936 年第 10 卷第 1 期，收有关儿童图书馆研究论文 122 篇，
分类排列，每条记录著录篇名、著者和出处等信息⑥。中华图书馆协会还出版有
《国学论文索引》(1—5 编)(王重民、刘修业编)，《文学论文索引》(1—3 编)。

---

① 宋建成.中华图书馆协会.台北:育英社文化事业有限公司,1980:241.
② 孔敏中.中国图书馆学术文字索引.中华图书馆协会会报,1928,4(3):3—11.
③ 钱存训.东北事件之言论索引.中华图书馆协会会报,1932,7(5):6—18.
④ 碑传集补人名索引.中华图书馆协会会报,1932,8(1/2):5—26.
⑤ 吕绍虞,于震寰.册府元龟索引.中华图书馆协会会报,1933,8(6):1—24.
⑥ 丁瓒.有关儿童图书馆问题之杂志论文目录.图书馆学季刊,1936,10(1):153—162.

表4-7 《图书馆学季刊》和《文华图书科季刊》发表汉字排检法及索引研究论文统计

序号	著者	书名	年/卷/期	备注
1	万国鼎	字典论略（内有一节论及排检法）	1926/1/1	
2	林语堂	图书索引之一新法	1926/1/1	
3	万国鼎	修正汉字母笔排列法大纲	1926/1/2	
4	万国鼎	索引与序列	1928/2/3	
5	万国鼎	各家检字新法述评	1928/2/4	发表于《图书馆学季刊》
6	万国鼎	汉字排检问题	1929/3/1，2	
7	钱亚新	从索引法去谈排字法和检字法	1929/3/1，2	
8	陈光尧	一个治标的部首法	1929/3/4	
9	蒋一前	汉字检字法沿革史略及近代七十七种新法表	1933/7/4	
10	王树伟	中文著者号码编制法的探讨	1936/10/2	
11	钱亚新	杂志和索引	1929/1/2	
12	吴鸿志	检字法之研究	1930/2/1	
13	钱亚新	颜色位置序列法	1930/2/2	
14	罗晓峰	索引法概要	1930/2/2	
15	邓衍林、吴立邦董铸仁、舒纪维	编制四库全书总简明目录索引简述	1931/3/2	发表于《文华图书科季刊》及《文华图书馆学专科学校季刊》
16	钱亚新	排检法的规则	1931/3/4	
17	Charles N. Lurie 著童世纲译述	一九三零年纽约时报之索引	1931/3/4	
18	钱亚新	排检法的原理	1932/4/1	
19	戴镏龄	字典简论（内有一章论及排检法）	1935/7/1	
20	钱亚新	中国索引论著汇编初稿	1936/9/2	
21	钱亚新	中国索引论著汇编初稿（续完）	1936/9/3，4	

　　民国时期是继清末之后，东西方学术文化交流进一步加强并取得丰硕成果的重要历史时期。汉字排检法和索引理论研究以及索引编制成绩斐然，有多方

面的原因：①社会经济文化和科学技术的进步以及现代图书馆事业的发展，为汉字排检、索引理论研究、索引编制实践提供了客观需要。正如恩格斯所指出的那样，社会一旦有技术上的需要，则这种需要就会比十所大学更能把科学推向前进。②我国古代有关汉字排检和索引研究的文化遗产得到创造性的继承，西方现代图书馆学理论东来并得到科学合理的借鉴。汉字排检和索引理论研究以及索引编制能够成绩斐然，正是这种继承和借鉴的结果。③中华图书馆协会成立以后及时成立索引委员会和检字委员会，大力倡导新的检字法和编制新式类书，顺应了时代发展的需要。由于有了协会广大会员的积极响应和共同努力，汉字排检和索引理论研究以及索引编制得到加强并由此取得丰硕的成果①。借着图书分类、图书编目和新式类书编纂的相关研究，梁启超所倡导的建设中国图书馆学的呼吁也逐步得到落实。

4.3 发展图书馆事业

中华图书馆协会《组织大纲》第二章"宗旨"第二条规定"本会以研究图书馆学术，发展图书馆事业，并谋图书馆之协助为宗旨"，因此，发展图书馆事业始终是协会努力不懈的主要目的之一。

4.3.1 致力发展图书馆事业的经费保障

喻友信在《图书馆法律论》中说"夫图书馆之建设，首在经费"②。中国近现代图书馆事业自清末萌芽并开始起步，直至整个民国时期，缺乏经费保障始终是制约和阻挠图书馆事业发展的主要困难之一。虽说中华图书馆协会的成立有其历史和时代的必然性，但争取利用美国退还之部分庚子赔款能够用于发展中国的图书馆事业，乃是促成协会成立最直接的原因之一。协会成立以后，也始终不懈地为发展中国图书馆事业致力于争取经费保障。

中华图书馆协会于 1925 年 4 月 25 日在上海成立，同年 6 月 2 日在北京

---

① 宋建成.中华图书馆协会.台北:育英社文化事业有限公司,1980:159.
② 喻友信.图书馆法律论.图书馆学季刊,1937,11（2）:189—205.

举行成立大会。成立大会当日，协会董事部举行第二次会议，讨论中华教育改进社图书馆教育研究委员会拟以美国退还庚子赔款三分之一建设图书馆事业之提议及鲍士伟博士之意见书。议决大体赞同，唯附说明三项：①提出美国退还庚款本利三分之一，发展图书馆事业；②假定中华教育文化基金董事会决定只准用利，本协会为确定图书馆事业基础起见，认为有立即创办第一图书馆及图书馆学校之必要，拟请将前三年之本，准予拨给，每年约10万美元，共30万美元；③假定中华教育文化基金董事会决定许用本，则照原计划进行；但其中详细办法，得由中华图书馆协会董事部随时斟酌决定之①。中华图书馆协会就此致函中华教育文化基金董事会后，于8月18日接得基金会复函："贵会请求补助经费书，业经收到；兹因本会议决分配款项原则，亟行奉寄，即希查阅为荷！"《中华教育文化基金董事会分配款项原则》称"现在会务方始，关于事业中之各项问题，尚待调查考虑。惟阅各方送到多数之请款意见书，属望甚奢，而收回赔款为数有限。且经议定以赔款之一部分留作永久基金，庶赔款期满后，仍得以其息金办理必须继续之事业。因此，目前可以支拨之金额更属不多。本会甚愿就此有限之资力，进谋最大最良之效果"。基金会虽"现在会务方始，关于事业中之各项问题，尚待调查考虑"，未明确答复协会董事部之请款要求，但基金会6月3日通过之议决案中有"美国所退还之赔款，委托于中华教育文化基金董事会管理者，应用以：（一）发展科学知识及此项知识适于中国情形之应用，其道在增进技术教育，科学之研究试验与表证，及科学教学法之训练；（二）促进有永久性质之文化事业，如图书馆之类"②。为美国退还之部分庚款用于发展图书馆等"促进有永久性质之文化事业"提供了依据。

　　1926年2月26至28日，中华教育文化基金董事会在北京举行董事会议，协会提前于1925年12月14日致函基金董事会，重申拟用美国退还庚款三分

---

　　① 关于庚款之进行.中华图书馆协会会报,1925,1（1）:7—8;中华图书馆协会第一周年报告.中华图书馆协会会报,1926,2（1）:3—5.

　　② 关于庚款之进行.中华图书馆协会会报,1925,1（2）:12—14;各国庚款余额退还情形//教育部.第一次中国教育年鉴·戊·教育杂录第二·庚款与教育文化.上海:开明书店,1934:88—89.

之一建设图书馆事业及鲍士伟博士意见书之前请，"务请将该提议列入议事日程，予以考虑"①。遗憾的是 1926 年 3 月 1 日协会接基金会复函称"业经提出讨论，未得通过至以为歉"②。

后经中华图书馆协会及有关各方的努力争取，从 1925 年到 1949 年中华教育文化基金董事会对包括国立北平图书馆、北京大学图书馆、清华大学图书馆、武昌文华图书馆学专科学校和中国科学社明复图书馆等项目的建设提供了资金资助。其中国立北平图书馆是最成功、也最有影响的资助项目，"后来发展成为一项中国文化的主要财富"③。除了国立北平图书馆文津街新馆的建筑外，基金会还长期资助国立北平图书馆的建设。北平沦陷后，中华教育文化基金董事会继续资助国立北平图书馆和其设在上海、香港的办事处。自 1927 年至 1945 年，中华教育文化基金董事会对国立北平图书馆的经费资助（包括经常费、购书费、建筑费等），合计约 600 万元④。

1926 年，基金会通过决议，自 1926 年至 1929 年，每年资助文华图书馆学专科学校 1 万元，其中 5000 元为教席金，另外 5000 元为助学金，资助 25 名学生，每名 200 元。1929 年，武昌文华图书馆学专科学校董事会成立时，其最大经费来源是美国庚款补助费，每年 13 500 元。从 1930 年到 1932 年连续每年补助 13 500 元，1933 年 7 月 14 日又决议增加补助维持费和研究设备费 15 000 元，1934 年、1935 年又各补助维持费 15 000 元，1939 年 15 000 元，1941 年拨发紧急补助 25 000 元⑤。

除了向中华教育文化基金董事会争取经费用于中国的图书馆事业建设外，中华图书馆协会还争取管理中英庚款董事会对中国图书馆事业建设经费之补助。由于中华图书馆协会的努力，1938 年 7 月 2 日，管理中英庚款董事会在香港举行董事会年会，议决补助国立中央图书馆出版品国际交换处经费 9000 元，

---

①　关于庚款之进行. 中华图书馆协会会报，1925，1（4）：16—17.

②　本会请款未允. 中华图书馆协会会报，1926，1（5）：24.

③　费正清，费维恺. 剑桥中华民国史（1912—1949 年）. 下卷. 北京：中国社会科学出版社，1994：404.

④　北京图书馆业务研究委员会. 北京图书馆馆史资料汇编. 北京：书目文献出版社，1992：1120—1121.

⑤　程焕文. 中国图书馆学教育之父——沈祖荣评传. 台北：台湾学生书局，1997：54—58.

国立编译馆特种图书费 4000 元外，四川大学理学院图书等设备费 60 000 元，昆明图书馆建筑费 50 000 元，贵阳科学馆建筑费 70 000 元（内设图书部，借广效用）[①]。1938 年，管理中英庚款董事会在经费十分困难的情况下，再次补助文华图书馆学专科学校建筑设备费 5500 元，四川省立图书馆图书费 30 000 元，国立西南联合大学及国立北平图书馆编纂中日战史购书及出版费 10 000 元，教育部出版品国际交换处 12 000 元[②]。

除了致力于中华教育文化基金董事会和管理中英庚款董事会补助经费支持中国现代图书馆事业建设外，图书馆经费也是中华图书馆协会历次年会的重要议题之一。1929 年 1 月 28 日至 9 月 1 日，协会在南京金陵大学召开第一次年会，大会收到有关图书馆经费的议案有顾天枢《呈请教育部通令全国各学校于每年经常费中规定百分之三十为购书费并通令各省教育厅及各特别市教育局县教育局应于每年经常费中规定百分之二十为办理图书馆事业费》、暨南大学图书馆《大学图书馆经费应占全校经常费百分之二十并保障其独立》和沈祖荣《确定县市立图书馆之经费案》等十案。经大会议决合并修正后通过《呈请教育部通令各大学区各省教育厅各特别市应于每年经常费中规定百分之二十为办理图书馆事业费并通令全国各学校于每年经常费中规定百分之二十为购书费案》。另外通过《呈请教育部对于捐助图书馆书籍或经费者及私人创办之图书馆应予褒奖案》奖励私人捐助图书馆经费和私立图书馆的办理，对缓解民国时期政府办馆经费的窘迫，起到了积极作用[③]。实际上，民国时期办理私立图书馆和捐助图书馆经费的行为并不鲜见。

1927 年 12 月 20 日，中华民国大学院公布《图书馆条例》十五条，其中第十一条规定"公立图书馆之经费，应于会计年度开始之前，由主管机关列入预算，呈报大学院。但不得少于该地方教育经费总额百分之五"。1930 年 5

---

① 管理中英庚款董事会本年度对于图书馆事业之补助. 中华图书馆协会会报, 1938, 13（2）: 23.

② 管理中英庚款董事会本年度对于图书馆事业之补助. 中华图书馆协会会报, 1939, 14（2/3）: 14.

③ 中华图书馆协会执行委员会. 中华图书馆协会第一次年会报告. 北平: 中华图书馆协会事务所, 1929: 103—110; 中华图书馆协会第一次年会纪事. 中华图书馆协会会报, 1929, 4（4）: 5—14.

月 10 日，国民政府教育部公布《图书馆规程》十四条，对于公立图书馆之经费应占地方教育经费总额的比例，不再有任何规定。因此 1933 年协会第二次年会遂以图书馆经费为重要议题之一。年会之后，为了进一步致力于发展中国现代图书馆事业的经费保障，同时为了"研究专门问题并执行第二次年会议决案起见"新增两个专门委员会，其中之一为图书馆经费标准委员会，柳诒徵（即柳翼谋）任主席，陈东原任书记，委员有王献唐、柯璜、陈训慈、杨立诚和蒋希曾①。

1933 年 8 月 28 日至 9 月 1 日，协会在北平清华大学召开第二次年会。开幕宣言中特别提到经费问题对于图书馆事业发展之重要，"关于图书馆经费之安定与独立，有望于政府当局及社会人士之维持与赞助……经费既定既安，图书馆事业始足以言发皇张大，始足以从事于大多数国民民智之启迪，而为国家奠磐石之安"。闭幕宣言再次重申经费问题之重要，"今次年会之先，由实际之考虑，曾以保障图书馆经费之安定与独立，与推宏图书馆之用于大多数民众，尤应为今后尽力之二要点。故开会期间有详尽之讨论。如拟定各图书馆经费之比率与其保障，请求政府拨款扩充图书馆事业……皆将以本身之努力与当局之赞助，而求其实现"②，将"保障图书馆经费之安定与独立"作为协会"今后尽力之二要点"之一。

由于图书馆经费的重要，年会专门成立经费组讨论图书馆经费问题。此次年会共收到有关图书馆经费议案 21 件，经 8 月 29 日晚年会经费组召开会议讨论，议决合并修正后通过有关发展图书馆事业经费四案：《拟定各级图书馆经费标准请教育部列入图书馆规程案》《向中英庚款董事会请速拨款建设中央图书馆并请中美庚款董事会补助各省图书馆经费案》《呈请教育部规定补助私立图书馆临时及经常费案》《请中央拨棉麦借款美金一百万元扩充全国图书馆事业案》③。其中呈请教育部之《拟定各级图书馆经费标准请教育部列入图书馆规

---

① 本会新组织之两委员会. 中华图书馆协会会报, 1933, 9（2）: 27.

② 中华图书馆协会执行委员会. 中华图书馆协会第二次年会报告. 北平: 中华图书馆协会事务所, 1933: 1—3.

③ 于震寰. 中华图书馆协会第二次年会纪事. 中华图书馆协会会报, 1933, 9（2）: 23—26; 中华图书馆协会执行委员会. 中华图书馆协会第二次年会报告. 北平: 中华图书馆协会事务所, 1933: 42—51.

程案》和《呈请教育部规定补助私立图书馆临时及经常费案》会后由协会执行委员会呈请教育部鉴核恳准分别施行 ①。《请中央拨麦借款美金一百万元扩充全国图书馆事业》一案由安徽省立图书馆馆长陈东原提出，经大会议决通过后及时致电中央政治会议行政院及教育部申请。旋复推举会员陈东原、洪有丰、柳诒徵 3 人为代表，至南京向行政院及教育部面洽。后来接行政院秘书处第 3173 号复函，谓已移交全国经济委员会核办 ②。《向中英庚款董事会请速拨款建设中央图书馆并请中美庚款董事会补助各省图书馆经费》一案，执行委员会年会后根据原案并引两会分配款项议案及原则，致函中英庚款董事会及中华教育文化基金董事会力请。顷得中英庚款董事会来函，已允届时提付审议，中华教育文化基金董事会则尚未见复 ③。

中华图书馆协会第三次年会于 1936 年 7 月 22 至 24 日与中国博物馆协会年会在青岛山东大学（山东大学时在青岛）联合举行。通过关于图书馆经费的议案有：《由本会呈请中央通令各省市县确定并保障各馆经费案》《本会应设法请求各庚款委员会拨款补助各省市县公私立图书馆事业案》《由本会呈请教育部拨款补助各省市县优良公私立图书馆案》④。

1934 年 1 月 11 至 12 日，教育部在南京召集民众教育委员会会议，由部方送交协会之议案凡九案，其中第七案为《改进及充实全国图书馆案》，大致系就协会第二次年会议决案改编而成。协会为慎重起见，事前曾将原案寄请各委员先行研究，以便到会讨论；同时送致委员会外其他专家及距京较近之各省市教育厅局，请其充分发表意见。该案包括：①图书馆经费及其设备；②补助乡村图书馆；③市县图书馆；④辅导图书馆事业；⑤训练图书馆人才；⑥其他等 6 项凡 18 小项。涉及图书馆经费者为"图书馆经费及其设备"部分，共有规定省市县图书馆经费应占各该省市县社教经费之成数、规定各级图书馆等级及其经费标准、规定图书馆之经常费之支配标准（比照民众教育规程规定经常费之

---

① 呈教育部推广议案 . 中华图书馆协会会报，1933，9（2）：26—27.

② 请拨棉麦借款 . 中华图书馆协会会报，1933，9（2）：26.

③ 英美庚款 . 中华图书馆协会会报，1933，9（3）：19.

④ 李文祎 . 写在第三届年会之后 . 中华图书馆协会会报，1936，12（1）：1—5.

支配标准）等 7 小项。协会图书馆经费标准委员会以民众教育委员会开会期迫，不及征求全体委员意见，由主席柳诒徵、书记陈东原临时就该案第一项提出意见草案 [①]。

针对教育部交议之民众教育委员会会议即将讨论之议案中关于图书馆经费及设备部分，柳诒徵、陈东原代表中华图书馆协会图书馆经费标准委员会，提出了《对于图书馆经费案之意见草案》，主要内容如下：

4.3.1.1 规定图书馆经费应占社教费成数问题

各省市县图书馆经费应占各该省市县社教经费之成数，应视其社教费所占全教费成数而定。若该省市县社教费成数甚低，则其图书馆经费成数不能不略高。议拟标准如表 4-8。

表 4-8　代教育部拟议之图书馆经费应占社教费比例

	社教费已占全教费之成数	图书馆经费应占社教费之成数
甲	不足百分之十者	百分之四十
乙	不足百分之十五者	百分之三十
丙	不足百分之二十者	百分之二十五
丁	不足百分之三十者	百分之二十

查当时社教费达全教费 10% 以上者，仅江苏、浙江数省，其图书馆经费已占社教费 20% 以上。其余若皖、赣、鄂、鲁图书馆经费有占社教费 30% 以上者，以该省社教费成数甚低之故。故欲照现状略为增进，必须合上列标准。然以社教所包含事业，除图书馆外，尚有民众教育、识字运动等多种，故图书馆经费最高标准，仅以占 40% 为适当。

4.3.1.2 规定各级图书馆等级及其经费标准问题

省市县三级图书馆，拟以十等分之。每级适用四等。其标准最高一等每月 1 万元，最低一等每月 300 元，列表如表 4-9。

表 4-9　代教育部拟议之图书馆等级及经费标准

级别	省			市			县			
等级	甲	乙	丙	丁	戊	己	庚	辛	壬	癸
每月	10 000	6000	4500	3500	2500	2000	1500	1000	500	300
全年	120 000	72 000	54 000	42 000	30 000	24 000	18 000	12 000	6000	3600

查当时全国大多数之省馆，年俱 2 万余元（山东 2.9 万余元，安徽、湖北 2.6 万余元，云南 2.5 万余元，江苏省立国学图书馆 2.2 万余元，苏州、江西、福建均 2.0 万元，）在戊己两等之间。市立图书馆如南京、天津均 1.0 万余元，在庚辛之间。县立图书馆有每月仅一二百元者。故莫不感经费困难，有捉襟见肘之叹。若照上表实行，便均可稍有增进，同一级中，又可视其教费丰啬而伸缩于四等之中。

4.3.1.3 规定图书馆经常费支配标准问题

图书馆经常费之支配，殊不便定一固定之标准。若笼统订定，比照民众教育馆规程（薪工不得高于 50%，事业费不得低于 40%，办公费 10%）亦无不可。唯卡片之购置，书报之装订修整等，若照此标准，更应归为事业费，否则办公费需占 15%，方觉合式，但目前各图书馆薪工，无不在 50% 以上。安徽省立图书馆薪工最低，亦占 53%。余如江西 55%、浙江 57%、河南 58%。陕西、苏州均占 60%。比额如此，尚感有聘任之困难，故订定时不能过存理想。故分为 5 个标准如下。

表 4-10　代教育部拟议之图书馆经常费支配标准

	每月经费数	薪工最高百分比	书报杂志及购置百分比	办公费百分比	合于某等
子	1000 元以内	55	30	15	辛壬癸
丑	2500 元以内	52	35	15	戊己庚
寅	4500 元以内	50	38	12	丙　丁
卯	6000 元以内	45	43	12	乙
辰	100 000 元者	40	50	10	甲

4.3.1.4 规定各级学校图书馆最低应占全校经费成数

学校图书馆之经费，视各该学校常年经费多寡而定。大学校经费在 100 万元以上者，其图书馆经费应占 10%，50 万元以上者，占 15%，不足 50 万元者，占 20%。中学校常年经费在 5 万元以上者，其经费应占 15%，不足 5 万元者，应占 10%。小学校常年经费在 1 万元以上者，其图书馆经费应占 15%，0.5 万元以上者，应占 10%，0.5 万以内者，应占 5%。

4.3.1.5 学校图书馆经费应由学校及教职员、学生三方面共同负担问题

除学校在经常费内规定经费外，教职员之担负，可按月抽费，拟如下表。

表 4-11　代教育部拟议之学校图书馆经费来源及标准

薪金数目	月纳图书费
一百元以内者	百分之一
一百另一元至二百元者	百分之二
二百另一元至三百元者	百分之三
三百另一元至四百元者	百分之四
四百元以上者	百分之五

学生纳费以学期为单位，小学每学期每人五角，中学每学期每人 1 元，大学每学期每人 2 元。

4.3.1.6 辅助私立图书馆问题

①各省市政府应于教育经费内规定的款做补助私立图书馆之用，以为发展图书馆事业之倡劝。②其补助项目以馆舍之建筑及图书器具之设备为限。③补助标准，可按各该私立图书馆已筹经费三分之一或四分之一补助之。④私立图书馆之请求补助者，事先须将已筹经费及支配办法呈送省教育厅或市教育局审定。事后须呈报收验核销，务期款不虚糜，事无白费。⑤各县立图书馆之困于经费者，可与私立图书馆同等待遇，请求省款补助[①]。民众教育委员会分别予以修正通过。

1939 年 7 月 22 日，教育部公布《修正图书馆规程》三十三条，1941 年

---

① 中华图书馆协会图书馆经费标准委员会拟 . 对于图书馆经费案之意见草案 . 中华图书馆协会会报,1934,9（4）:3—5.

2 月 24 日公布《普及全国图书馆教育办法》十五条。《修正图书馆规程》第二十六条对图书馆经费的使用标准做了明确规定。《普及全国图书馆教育办法》第十条更是明确规定，"图书馆经常费，省市立者每年不得少于五万元，县立者不得少于一万五千元，乡镇书报阅览室每年不得少于两千元"。以法规的形式确立对图书馆经费来源标准以及使用分配办法，对于图书馆事业的发展无疑有着重要的意义。这些规程中关于图书馆经费问题的重新确立，未始不是协会多年努力的结果。

4.3.2　研究图书馆法规和标准

与建设中国的图书馆学所包括的图书分类、编目、汉字排检和索引编制比较起来，协会有关图书馆法律和标准的研究稍显滞后。虽然如此，由于开始认识到图书馆法规和标准对图书馆事业发展的重要意义，自协会第一次年会开始，图书馆法律和标准一直是中华图书馆协会关注的重要议题。1929 年 1 月，中华图书馆协会第一次年会在南京召开，29 日上午分组会议图书馆行政组第二次会议有孙心磐、李小缘提出的《请教育部颁布设立图书馆标准法令案》，经会议议决"并案讨论照主文通过"①。

桂质柏在《图书馆学季刊》1932 年第 6 卷第 1 期发表《大学图书馆之标准》一文，从藏书、流通、经费和馆员任职资格 4 个方面提出了图书馆应有之标准。作者认为"现在吾国较称完备之大学，虽云设立图书馆者不少，然大半数尚缺而未备，或备而少精神组织。述其根本理由，虽因新旧教育变迁太速，以致毫无历史上之准备；亦因图书馆本身缺少标准"。"大学图书馆究竟有何标准，此吾人从事教育界者，所应考虑者也"。"现在大学图书馆，组织日渐复杂，事业繁多，如欲考核之结果，有根据，能证实；同时能指优劣之所在，而谋相当之改革，不得不搜集统计"，而"大学图书馆之事业，能使用统计者，可简而分为四大部：（一）藏书多少问题；（二）书籍流通问题；（三）经费问题；（四）馆员问题"。

关于大学图书馆藏书量标准问题，作者比较分析了美国加州大学、哥伦比

---

① 中华图书馆协会执行委员会 . 中华图书馆协会第一次年会报告 . 北平 : 中华图书馆协会事务所 , 1929 : 42.

亚大学、康奈尔大学、意利诺爱大学（今译伊利诺伊州立大学）和雅礼大学（今译耶鲁大学）五大学图书馆生均藏书量后，认为"教育部应可颁令我国大学图书馆最低之书籍数；及以后仍须逐年增加之规定"，即馆藏生均藏书量和年生均新书入藏量。关于书籍流通标准应包括：每年借书总数（由日至月，由月至年）；每年借书人数；每日开馆之时间；每星期开馆之日数；每学年开馆之日数。关于图书馆经费标准，应包括：图书馆之经费，须列入全校经费预算表中且确定占全校经费之百分比；图书馆之经费每学员每年平均多少；图书馆之经费中应以百分之多少购买书籍；图书馆之经费中应以百分之多少作为薪金；图书馆之经费中应以百分之多少作为杂用。馆员任职资格问题，应制定：馆长之学识经验及酬报，馆员之学识经验及酬报[①]。

协会会员李蓉盛在《文华图书馆学专科学校季刊》1932年第4卷第2期发表《中国图书馆立法之研究》一文，从图书馆是否免费开放、馆长任职条件、图书馆经费标准等方面，对自民国创立至该文发表前教育部颁布的《图书馆规程》（1915年11月）、《通俗图书馆规程》（1915年11月）和《图书馆条例》（1927年12月）进行了比较分析，他充分肯定了《通俗图书馆规程》第七条关于免费阅览的规定"盖因时而设法，殊为得当"，而《图书馆规程》第九条"明昭大号，而规定图书馆得酌收阅览费，未悉意义何在？"，充分肯定免费阅览在图书馆立法中的必要性。对于《图书馆条例》规定馆长任职资格的3条标准——①国内外图书馆专科毕业者；②在图书馆服务三年以上而有成绩者；③对于图书馆事业有相当学识及经验者——则认为要求太高，"良以我国图书馆事业时在发轫之始，若限制太严，恐有才难之虞"。《图书馆条例》第十一条规定"公立图书馆之经费应于会计年度开始之前，由主管机关列入预算呈报大学院，但不得少于该地方教育经费总额百分之五"是"并未论及经常费或开办临时费"。总之，"观前后所公布之条文，后者颇优于前"。虽然"此次公布之《条例》，仍是不赅不全"，"然较诸以往改进实多"[②]。

①　桂质柏.大学图书馆之标准.图书馆学季刊,1932,6（1）:1—6.

②　李蓉盛.中国图书馆立法之研究.文华图书馆学专科学校季刊,1932,4（2）:163—176.

喻友信在《图书馆学季刊》1937年第11卷第2期发表《图书馆法律论》一文，认为我国虽然有图书馆法规之颁布，虽其中不乏奖励之条例，"然其进步所以迟缓，原因固然复杂，其显著者即在图书馆法规不完善"。因此《图书馆法律论》一文，"意在检讨图书馆法规与图书馆事业之相互关系，供诸图书馆界先进之参考，俾来日重订法规时，不无参考之小补焉"！文章介绍了英国、美国、加拿大和非洲好望角图书馆立法概况，回顾了中国图书馆立法之沿革，提出将来图书馆法规理想之8条标准为：图书馆种类之决定；图书馆设立之手续；图书馆经费之保障与独立；图书馆行政必须有独立权；图书馆处罚之规定；规定公立图书馆经费之来源；规定古书珍本不得出口；图书馆长及馆员应须聘用受有图书馆学训练者，至少在目前因人才缺乏，但馆长必须有图书馆学识者方为合格①。

第二次年会期间，除图书馆经费问题受到特别关注，收到多项有关图书馆经费标准之议案并通过《拟定各级图书馆经费标准请教育部列入图书馆规程案》外，还收到并通过其他有关图书馆工作标准议案多件。如铜山县公共图书馆原案之《规定各种图书馆应办民众教育事业之标准呈请教育当局通令遵守以利民众教育案》后并入民众教育组通过之《请本会通函全国各图书馆注重民众教育事业案》，陈颂原案之《请由协会编印本国出版书籍之标准卡片及书本丛书子目案》后并入分类编目组通过之《由本会建议书业联合会编制出版物联合目录案》，陈长伟原案之《请协会根据上次会议从速规定分类编目标题及排字法标准案》和《请本会督促标题编纂委员会从速编制中文标准标题表出版案》后并入分类编目组通过之《请协会根据上次会议从速规定分类编目标题及排字法标准案》等。这些议案的提出表明图书馆工作标准已经越来越受到会员和协会的重视，同时也是图书馆事业发展过程中需要法规保障和标准指导的反映。

协会第三次年会前夕，协会会员田洪都为全国基督教教育协会整顿教会中学图书馆，草拟《中学图书馆最低限度设备之大纲》。从组织机构、馆舍及设备、图书馆经费、图书馆业务工作4个方面草拟了供中学图书馆开展工作之参考标

---

① 喻友信.图书馆法律论.图书馆学季刊,1937,11（2）:189—205.

准，并建议另聘专家编制中学图书馆手册以供各校图书馆之参考①。

1936 年 7 月 20 至 24 日，中华图书馆协会在青岛山东大学与中国博物馆协会联合召开第三次年会。年会之前，协会接到教育部交议之提案 7 件。协会为慎重起见，事先将议案分寄各地方协会征求意见后，就各地方协会拟复之各方意见报告全体会员。年会议决另组一专门委员会整理后，再行具复教育部。教育部交议之提案中，就有关于图书馆标准者三案：①《县立图书馆至少限度应备图书之标准》；②《县立民众教育馆阅览部应备图书标准》；③《县立图书馆工作标准》。另外年会还收到并讨论通过有关图书馆工作标准多案，如《请本会建议教育部就法规中明定各省市至少应设一所省立图书馆不得随意改组并分函各省市政府予以保障助其发展案》《拟请本会组织委员会从速审定图书馆学名词术语公布备用案》《请教育部保障图书馆服务人员并令饬订颁待遇标准案》《本会应从速编定图书馆分类法俾全国图书馆的图书分类有一定标准案》等。

1929 年 3 月，第一次年会后协会组建图书馆建筑与设备委员会，戴志骞任主席，袁同礼任书记，委员有洪有丰、关颂声和李小缘等。1932 年以后改由吴光清任书记，袁同礼转任委员。该委员会之设，其主旨在为经费不等之各种图书馆预先研究计划其建筑之图样，以供当事者之参照应用。另外在研究各种图书馆用具（如书架等）之标准尺寸及容量方面，经协会协助颇著具体之成绩。如江西省立图书馆之建筑即一例②。图书馆建筑和设备相关标准研究成为图书馆建筑与设备委员会的重要工作之一。

1934 年 1 月，教育部在南京召集民众教育委员会会议前，教育部交办并由柳诒徵、陈东原代表中华图书馆协会图书馆经费标准委员会提出的《对于图书馆经费案之意见草案》，除了重点对图书馆经费应占社教费成数问题进行规定外，还特别规定各级学校图书馆设备之最低标准，提供会议参考。各级学校图书馆设备包括图书设备、馆舍设备和用具设备等。关于图书设备，据 1925 年之统计，美国各大学之图书馆设备，每学生可用图书 50 册至 380 余册之多；在

---

① 田洪都 . 中学图书馆最低限度设备之大纲 . 中华图书馆协会会报，1936，11（6）:2—3.
② 中华图书馆协会执行委员会 . 中华图书馆协会概况 . 北平:中华图书馆协会事务所，1933:31—32.

中国方面，据 1930 年对国立中央、北京、清华、中山，及私立金陵、燕京六大学之统计，每学生可用西文图书十余册至 80 余册，中文图书 30 余册至 400 余册。故大学图书馆，应以每学生有书 100 册为最低标准。至中学及小学图书馆，虽无统计可稽，然悬拟中学图书馆应每学生有书 50 册为标准，小学图书馆应以每学生有书 10 册为标准。关于馆舍设备，据 1871 至 1925 年之统计，美国各大学图书馆馆舍房屋系专建者，共 127 所，占 90%；中国方面除中大、清华少数外，多系改建，不合图书馆之用。无论如何，大学图书馆应占校舍一层楼，至少有六、七间房屋，方可敷用：一间可容 5 万至 10 万册书之书库，一间可容 100 余人之阅览及出纳，一间参考室，一间杂志报章室，储藏室，办公室，其他。至中学及小学图书馆，最低标准需有两间：一间开架的阅览及出纳室，一间储藏及办公室。关于用具设备，可视上二项图书及阅览座位而定标准[①]。

年会期间会员所提关于图书馆标准的议案经协会呈教育部等政府机关参考，后在《图书馆规程》（1930 年 5 月 10 日教育部公布）和《修正图书馆规程》（1939 年 7 月 22 日教育部公布）等政府关于图书馆的法规文件中体现出来，对推动图书馆事业的发展发挥了积极的作用。

1936 年协会第三次年会前夕，教育部社会教育司鉴于各县市立图书馆或民众教育馆阅览部购置图书漫无标准，工作活动多未规定，深感有厘定图书馆设备及工作标准之必要，爰特拟订改进县市图书馆行政要点七则，致函协会请提交该届年会，商定一具体办法，于闭会后，详为函复。协会接到教育部社教司公函后，即分函各地图书馆之于县市图书馆有经验者，请其详加研讨，拟具方案于年会之前，寄交协会，以便汇集于年会时讨论，而收集思广益之效。如期收到者，不在少数，并于年会之第三日（即 7 月 22 日），召开全体会员大会，专事讨论此项问题。除书面之意见外，临时抒发者颇多，俱皆汇入纪录。会议历 3 小时始毕，金以为仍有再事慎重研究讨论之必要。爰又有特别委员会之产生于会后，复一再研究讨论具体办法，始告完成。

改进县市图书馆行政要点七则包括：①县立图书馆至少限度应备图书标准；

---

① 中华图书馆协会图书馆经费标准委员会. 对于图书馆经费案之意见草案. 中华图书馆协会会报,1934,9（4）:3—5.

②县立民众教育馆阅览部应购图书标准；③县立图书馆工作标准；④县立图书馆全县巡回图书办法；⑤各县木刻古板保存办法；⑥县立图书馆或民众教育馆阅览部分类编目标准；⑦省立图书馆辅导及推进全省图书馆教育工作办法①。

4.3.3　营造图书馆事业发展的有利环境

除却经费的保障和法规标准的规范作用外，图书馆事业的发展一如其他文化事业，需要一定的社会环境方能得到健康有序的发展。在营造图书馆事业发展的有利社会环境方面，协会开展了大量的工作，取得了良好的效果。

中华图书馆协会第一次年会后，执行委员会对年会议决案进行整理。年会中各项议案应由政府推行者，分别呈请国民政府及教育部审核实行。国民政府接到呈文后，即由主席谕交文官处函转行政院审核办理，行政院复交教育部审核。教育部审核意见如下：

（一）广设专门图书馆案。查专门图书馆之设置，本部正在规划进行，原案主张令中央各院部各就主管范围设立专门图书馆，并酌量开放。既可供在职人员之参考，又可公诸民众，用意至善。现在中央及各地方党政机关，间有此项设备，惟以预算关系，未能普通，或因地方狭小，未便开放，故效能尚未大著。拟请由中央暨国民政府分别令行各级党政机关，先行酌量添设专门图书馆，其已设者，亦应量力扩充，将所需经费列入该机关正式预算，并于可能范围内，酌量开放，予民众以阅览参考之便利。

（二）颁发全国各行政机关之出版品于各图书馆案。查原案意在宣扬政府法令及政情，自是要图。惟全国公私立图书馆数量不少，必责各机关将所有刊物悉行分赠，势非增加各该机关大批印刷费不可，此又须视经费状况为衡，未能以命令强制执行者。现拟改订补救办法，拟请由国民政府令行各机关，凡所发行之印刷物，对于各图书馆特定廉价优待办法，在各机关既不致感受困难，在各图书馆亦可以廉价添置刊物。似属两利，且易

① 教育部委本会拟具改进图书馆行政要点．中华图书馆协会会报，1936，12（1）：18；教部社教司提交年会议案议决具覆．中华图书馆协会会报，1936，12（2）：21—24.

推行。

（三）防止古籍流出国境案。查国内所存古籍珍本，年来散佚颇多，究其原因，多系外人转运出口，自宜设法防止，本部对于保存古籍珍本，向极注意，遇有此项事实发生，屡经咨请各当地军政机关暨财政交通铁道各部，饬属严查在案。若由政府明令上列关系各部，转饬各关口暨各交通机关严厉稽查，不准运输出口，效能自更宏大。原案拟请准予照办。

（四）组织中央档案局案。查原案主张成立设计委员会，以科学方法整理，并典藏各项档案，自系要图。此项委员会拟请先由本部组织，俟研究得有结果，即行呈请通令施行，至特设中央档案局，将各项档案集中一处一节，查各机关散处各地，档案集中，于办公上恐多不便，原案拟请复议。

（五）减轻图书馆寄书邮费案。查图书馆流通书籍，专赖邮寄，现在各图书馆经费均甚困难，自非设法将寄费减轻不可，按新闻邮电减费办法，业奉发交交通部执行在案，图书馆流通书报，似可援照办理，拟请院长核发交通部核办。

除第四项应从缓议，第五项事属交通部主管，另由行政院令行该部核议外，前面三项当经行政院转呈国民政府鉴核施行在案。旋奉指令第一零七八号内开："呈件均悉。所议各节，尚属可行；候送中央党部查照办理，并由该院分行遵照可也。此令。"行政院当分别函咨令行，已有第二二六七号训令教部查照办理。

至于减轻图书馆邮费一案由院令交交通部核议后，交通部认为"国内书籍类邮费，现行资例尚系民国九年一月起更订，实行以来，已历十稔，现在社会生活程度日高，百物腾贵，各地邮局所付运费较前增高数倍，而内地及边远尤觉高昂，远非十年前所可同日而语，邮局转运书籍报纸等，赔折甚巨"，因此对于所请减轻邮费一节，认为窒碍难行。该项呈文已由教育部抄示协会①。

年会议决案中关于应由各地方图书馆协会及各图书馆办理者，执行委员会经过整理后附同《第一次年会报告》函请全国各图书馆采择施行，并要求将办

---

① 国民政府对于南京年会议案之采纳.中华图书馆协会会报，1930，6（1）：26—27.

理情形随时报告中华图书馆协会。同时在《中华图书馆协会会报》和《图书馆学季刊》发表《中华图书馆协会致全国各图书馆书》如下：

本会第一次年会，于本年一月廿八日至二月一日，举行于首都。同人讨论之结果，有下列各端应请特予注意。

一、采访与流通　图书馆图书搜集，不外二途：一曰国故之保存，一曰新知之扩充，而其目的则为流通。同人等对于国故之保存，认为各大图书馆应注意搜集有清一代官书及满蒙回藏文字书籍；复应搜集金石拓片，遇必要时得设立金石部以资保存；各省立及各地方图书馆应尽力收藏乡贤著作，兼应刊行掌故丛书及先哲遗著；图书而外，亦得斟酌各地情形添设历史博物部。对于新知之扩充，认为各馆应注意搜集关于实业、自然科学、佛学、军事及革命史实之书籍。对于流通，认为各馆应设立流通借书部以求普及。

二、专门人才与其保障及待遇　图书馆专门之事业，任用职员必须有图书馆学识及宏富之经验。至于职员之位置，务须有确实保障，并须予以优良待遇。

三、编辑周年报告　图书馆为表明内容于社会，为报告一年度之成绩，为自身事业之按步进行，应按年编辑周年报告。

又"圕"新字，为图书馆三字之缩写，于图书馆界同人事务上至为经济便利，已经大会议决通过，亦望广为应用。

以上所举各案，其理由与办法，俱详载于本会第一次年会报告，至祈采择施行。并望将办理情形随时赐示，不胜纫感之至！[①]

协会第二次年会后，由执行委员会对议决案进行整理，其中须由教育部明令施行者经执行委员会汇总呈送教育部鉴核。呈文如下：

---

① 中华图书馆协会致全国各图书馆书.中华图书馆协会会报,1929,5（1/2）:2;中华图书馆协会致全国各图书馆书.图书馆学季刊,1929,3（1/2）:封二.

窃本会于本年八月二十八日至三十一日在北平举行第二次年会，各地图书馆代表出席者，共有十七省市，以民众教育及图书馆经费为讨论中心，综计各项提案判为四类：（一）推广民众教育；（二）订定图书馆经费标准；（三）专材之培植与指导事业；（四）善本之流传。综上四端，经到会代表，本其经验悉心讨论。其最称扼要而便于实施者，共予通过十一案，靡不系于图书馆事业之发展。惟是推行实践，固为本会所当尽力。而奖劝策励仍有仰赖大部之提携。理合开列各项议决案，分类清单一纸，原案理由办法一册，具文呈请核鉴。恳准分别施行，实为公便，谨呈教育部长。

附送中华图书馆协会第二次年会议决案清单（共 11 案，略）①

教育部接到协会呈文后，将第二次年会议决案汇编为《改进及充实全国图书馆案》，于 1934 年 1 月 11 至 12 日在京召集民众教育委员会会议时交付讨论。协会执行委员刘国钧、洪有丰和蒋复璁，曾联合对该案表示意见，以供与会委员参考，结果该案全体通过。教育部于 6 月 13 日批复协会云："呈及附件均悉。查该会第二次年会议决各案，尚多可采，应俟本部分别性质，陆续饬办，仰即知照。"②

协会第二次年会议决通过各案中直接关系各图书馆馆务者数条，执行委员会于整理议案时特为提出，函请全国各图书馆查照办理。其文如下：

民众教育之实施，在今日中国应实为急务，除各地方设立之民众教育机关外，其促进有力者厥为图书馆。缘图书馆之设，在国内有相当之历史，民众之认识已深，以之推广民众教育，所收效果必大。

本会有鉴于此，当举行第二次年会于北平，即以民众教育为讨论之中心，其他专门问题亦附讨论。议决要案多件，均系推广民众教育，发展图书馆事业，亟宜力行推行。兹特分别整理，计有：

一、请本会通函全国各图书馆注重民众教育事业案

二、国内各馆馆员得互相交换以资观摩案

三、通函各县市应设立儿童图书馆并附设儿童阅览室案

……

上列各案，业经大会议决通过，均为发展图书馆事业当务之急，相应函请查照办理。仍希将进行各情形随时见复，至纫公谊！[1]

对邮寄图书课税，图书馆与出版发行机构经营成本无疑相应加重。1930年，天津第二统税局对于寄运图书忽令缴纳统税。每值百元，征收六元五角。平津两地书业，以图书系教育用品，各国均无征税之例，即我国亦向无此办法，当由平津两地联合上呈财政厅力争。中华图书馆协会亦向北平税务监督公署及河北省财政厅提出质问。财政厅于七月十六日先后批复，俟查明所扣之书籍，如无他情，即仍照原例准予免费放行[2]。此后再无图书邮寄课税的事情发生。

1932年5月初，交通部定订邮票加价办法，对本来就因经费拮据而举步维艰的图书馆事业大有影响。协会执行委员会特别就图书馆界之立场，于5月3日致电行政院，痛陈邮票加价办法之不可行。原电如下：

查邮资加价办法曾经各团体力争在案，就中关于书籍印刷品规定，尤为严苛，影响全国图书馆事业以及文化前途者甚巨。窃查图书馆之设，不仅以供给学者读书机会，且负流通中西文化之使命，年来各地图书馆以金价暴涨，于购置西文书籍咸感困难。爰有与国外图书馆交换书籍之办法，然而邮资负担已属不赀，因此各馆均以经费支绌无由发展。诚为吾国文化事业最可痛心之现象。今政府对于发扬民智之图书馆事业，未闻加以提倡与鼓励，反从而增加印刷之邮资，以摧残之。是无异欲推广教育而税及读者，欲发扬文化而阻其传播，蔽痼民智，莫此为甚。昔军阀时代所不敢为者，今为民请命之国民政府竟毅然为之，国帑纵能增加，亦不过千百分

---

[1] 促进各图书馆馆务.中华图书馆协会会报,1933,9（3）:18.

[2] 力争平津书籍免税.中华图书馆协会会报,1930,6（1）:28.

之一二，而其贻害于国家前途民族生命者，实无穷极。兹特代表全国图书馆请求贵院对于增加书籍、印刷品邮资之举，收回成命，以利文化，不胜盼祷之至。窃维民十五年北洋军阀增加邮资，其时革命军北伐为民除暴，全国莫不向往，以为最少此事可以除民于疾苦。荏苒数载，乃变本加厉。钧座最近有努力办点契合人心之事，以慰民望之言，其说之信否，将于此次觇之矣。①

由于协会力争，结果邮资仍延续原来标准，未有变更。

1934 年 10 月，立法院通过宪法草案，其中第九章第一百五十条规定私立学校成绩优良者予以奖励或补助，但对于私立图书馆及社会教育机关并无是项规定。图书馆在教育上之使命与学校不相上下，而私立图书馆之办理有成绩者亦颇不鲜，今拒图书馆于补助范围之外，似不合理。浙江省立第一学区图书馆协会及个人会员陈独醒咸请协会力争。协会执行委员会因与中国社会教育社联衔向立法院电争。电文由协会主稿，全文如下：

敬读十月十六日修正完毕之宪法草案，规定私立学校成绩优良者予以奖励或补助，似于其它教育机关未能顾及。查我国学校教育尚未普及，辅助之者端赖社会教育。学校教育之期限、年龄及财力，俱足厄人进取。社会教育之设施，则无贫富老稚，以逮聋瞽喑哑之别，机会莫不均等。至于图书馆事业，尤不仅使国民读书益智而已，实更负有保存古今文献及沟通世界文化之使命。此等社会教育机关，经私人举办而有成绩者，历历可数，正宜加以鼓励，用昭奖劝。今竟屏之于政府奖励补助之外，是何异业种植者，见有自生之苗而不予灌溉，诚非国家提倡教育，启发民智之道。兹谨代表全国社会教育机关及全国图书馆，请求钧院将私立社会教育机关，如图书馆民众教育馆等，列入宪法草案条文，俾得同蒙法律之障庇。幸甚，幸甚。

中国社会教育社　中华图书馆协会同叩

---

① 电争书籍印刷品邮资加价. 中华图书馆协会会报，1932，7（6）：26.

协会旋接立法院秘书处 1934 年 11 月 28 日复函，谓奉院长发下来电一件，"为请将私立社会教育机关，如图书馆民众教育馆等列入宪法草案条文，俾得同蒙法律之障庇"等情。奉此"交法制委员会备考"等因，除函交外，相应函达查照^①。遗憾的是协会力争奖励或补助私立图书馆一事，并未有满意的结果。1936 年协会第三次年会期间，中华图书馆协会会员提案仍有《本会应设法请求各庚款委员会拨款补助各省市县立公私图书馆事业案》和《由本会呈请教育部拨款补助各省市县优良公私图书馆案》，继续呼吁补助"私立图书馆之办理有成绩者"。早在 1915 年教育部同时颁布的《图书馆规程》和《通俗图书馆规程》就有"私人以赀财设立或捐助图书馆者，由地方长官依照捐赀兴学褒奖条例，咨陈教育部核明给奖"^②。后来国民政府有关发展图书馆事业的法规文件中再无此类规定，虽经中华图书馆协会与中国社会教育社联衔向立法院电争，也未有令人满意的结果，这不能不说是一个退步。

图书馆购书向承各书店按八折优待，自 1936 年 4 月 7 日教育部颁布图书划一出售办法后，图书馆购书遂由原来之八折而改为九折，各馆购书经费因此大受影响。协会第三次年会时各馆均以为有恢复八折优待办法之必要，爰经会议议决由协会积极请求恢复既往办法。协会因此致函上海市书业同业公会，商请恢复八折办法，该会甚表赞同，惟以部令所关，不便擅改，碍难即允所请。协会于是复具呈教育部请求令行该书业同业公会，凡属图书馆购书，仍准照八折优待，所购部分仍以普通书 2 部、辞书 5 部为限。协会上教育部呈文（1937年 5 月 12 日）如下：

> 案查全国各图书馆购书，向承上海市书业同业公会，照八折优待收款，凡属图书馆界同感便利。上年四月七日大部颁布图书划一出售办法，对于图书馆之购书，改订为九折，普通书可购两部，辞书可购五部等因。但全国各图书馆之购书经费，率皆不丰，时感支绌，折扣减少，在一书之价虽

① 力争私立图书馆及民教馆之奖励或补助应列入宪法.中华图书馆协会会报,1934,10（3）:10—11.

② 呈准图书馆规程,通俗图书馆规程,通俗教育演讲所规程,通俗教育演讲规则 // 王余光.清末民国图书馆史料汇编（1）.范凡等选辑.北京:国家图书出版社,2014:1—17.

属甚微，而统计全年购书费，则影响极大，金以宣扬文化，发展学术起见，仍望恢复八折优待办法，以资挹注。事属特殊，如蒙格外准予通融，除全国各图书馆外，他人自不能援以为例，与前项图书划一出售办法，当无抵触。拟请大部准予令行该书业同业公会，凡属图书馆购书，仍准照八折优待，所购部数，仍以普通书二部，辞书五部为限，以资便利。理合具文呈请，伏乞鉴核批准实行，实为公便。①

根据《中华图书馆协会组织大纲》，各地方协会一经成立，即为协会当然会员，应将一切进行状态随时具报，并披露于协会会报，以便互通声息。民国时期，各地方图书馆协会因种种原因多有停止活动者，边远之地尚未成立地方协会者亦属不少。而各省市地方图书馆协会对当地图书馆事业之发达关系密切。1932 年安徽省图书馆协会呈请协会函促各省组织图书馆协会，因之中华图书馆协会当即通函尚未成立协会之省市立图书馆从速组织，其已成立者则应从速将进行状况具报②。

河北省立第一图书馆位于天津河北公园，插架之富，甲于全省。1927 年前后因有第三集团军第四师第七团借驻，致使馆务无形停顿，书库亦被占用。该馆屡向当局交涉，均无结果。中华图书馆协会虑其藏书若有散失，关系文化甚巨，因此，除向河北省政府、教育厅代为进言外，并径函平津卫戍司令部及天津警备司令部，请饬该部队迅为转徙。终使该驻军择地转移，迁出图书馆，馆务恢复正常③。

自刊号起，《中华图书馆协会会报》创辟有"新书介绍"专栏，选择国内外最近出版新书，介绍其主要内容，推荐给各图书馆作为采访之参考。取材范围先后以国立北平图书馆及北京大学图书馆购入之新书为主。另外，协会特别委托国立北平图书馆中文期刊组编辑《中文期刊生卒调查表》在《中华图书馆协会会报》1934 年第 9 卷第 5 期开始连载。调查表所录期刊以 1934 年 1 月 1

---

① 呈请教部恢复图书馆购书八折办法.中华图书馆协会会报,1937,12（5）:16—17.
② 函各省组织图书馆协会.中华图书馆协会会报,1932,8（3）:15.
③ 河北省立第一图书馆驻军迁移.中华图书馆协会会报,1928,4（3）:27.

日起创刊及停刊之期刊，以国立北平图书馆入藏期刊为根据，作为全国各图书馆订阅期刊之参考。

另外，协会还充分利用两大机关刊物《中华图书馆协会会报》和《图书馆学季刊》传播图书馆学专业知识。如《中华图书馆协会会报》1925 年第 1 卷第 3 期刊载《图书馆学中西书目举要》作为图书馆学入门书目，收录中日文著作 15 种，西文 43 种。1925 年第 1 卷第 4 期载《欧美各国图书馆学杂志目录》，收录英国、美国、加拿大、澳大利亚、德国、奥地利、法国、意大利、西班牙、葡萄牙、巴西、比利时、荷兰、瑞典、挪威、丹麦、俄国、波兰等国出版发行的有关图书馆学期刊 74 种，每种期刊提供刊名、出版机构及出版地等信息。1926 年第 1 卷第 6 期载《日本图书馆学杂志目录》，收录日文图书馆学期刊 12 种，每种期刊提供刊名、刊期、出版机构及出版地等信息。1928 年第 4 卷第 3 期发表孔敏中编《中国图书馆学术文字索引》，收录有关图书馆学的期刊论文、学术专著共约 400 条，内容包括学术研究、行政管理、各馆概况、调查报告等。1934 年第 9 卷第 4 期起，每期增 "期刊要目汇志" 专栏，刊载国内主要图书馆学专业期刊上发表的重要图书馆学论文，提供题名、作者及出处等信息。"新书介绍" 则主要介绍有关图书馆学、目录学之专著。

《图书馆学季刊》自创刊起始除重点发表图书馆学、目录学研究论文外，专门设立 "书目" "书评" 和 "记载" 等专栏，注重介绍中外各种书目及关于目录学之研究，发表新近出版之图书馆学、目录学著作书评，披露图书馆界之大事零讯。1929 年第 3 卷第 1、2 合期开始，增辟 "时论撮要" 一栏，将中外各杂志中图书馆及目录学之文字，汇录其名目，著明其篇卷次第，以便检查，并略述旨要，以资参考[①]。

协会采取多种举措，努力营造中国图书馆事业发展的有利环境，并取得了良好的效果，有力地促进了中国现代图书馆事业的健康有序发展。

4.3.4 发展图书馆事业的其他措施

协会发展图书馆事业的其他举措还有保护珍贵学术资料使其免于流失，呈

---

① 本刊启事二 . 图书馆学季刊,1929,3（1/2）:刊前页 .

请教育部从速筹办国立中央图书馆，倡议各县市应设立儿童图书馆并规定各图书馆附设儿童阅览室，提议监狱附设小图书馆函请司法行政部采纳实施等。

4.3.4.1 保护珍贵学术资料免于流失海外

梁启超在中华图书馆协会的成立大会上发表演说，认为图书馆有两个要素，一是"读者"，二是"读物"，并将建设"中国的图书馆学"列为中华图书馆协会两项主要任务之一。在梁启超看来，学问无国界，图书馆学之所以有"中国的"，最重要的原因之一乃是"中国书籍的历史甚长，书籍的性质极复杂，和近世欧美书籍有许多不相同之点"。这些"历史甚长""性质极复杂"且"和近世欧美书籍有许多不相同之点"的中国古籍是建设中国的图书馆学的基础。没有这个基础即没有中国的图书馆学建设。因此保护这些珍贵学术资料使免于散失外流是中华图书馆协会义不容辞的责任和义务。

1929 年协会第一次年会期间，行政组第一次、第二次分组会议讨论通过了《呈请国民政府防止古籍流出国境并明令全国各海关禁止出口案》（中央大学区图书馆联合会、北平图书馆协会、李小缘原案，议决：合并讨论照主文全体通过）和《请教育部对于假借图书馆及文化事业名义实行文化侵略之外人予以注意及防止盗卖文物案》（张致祥、沈启永原案，议决：通过）[①]。执行委员会将议案呈送国民政府，由主席谕交文官处函转行政院审核办理，行政院再交教育部审核。教育部意见为"查国内所存古籍珍本，年来散失颇多，究其原因，多系外人转运出口，自宜设法防止，本部对于保存古籍珍本，向极注意，遇有此项事实发生，屡经咨请各当地军政机关暨财政交通铁道各部，饬属严查在案。若由政府明令上列关系各部，转饬各关口暨各交通机关严厉稽查，不准运输出口，效能自更宏大。原案拟请准予照办"[②]。

由于 1929 年协会第一次年会通过有关防止古籍外流议案并呈送国民政府，以及其他学术机构的共同努力，促使 1930 年国民政府公布并于 6 月起实行《古物保护法》，同时行政院制定该法施行细则，令各省市遵照，注意古物古籍之

---

① 中华图书馆协会执行委员会.中华图书馆协会第一次年会报告.北平:中华图书馆协会事务所,1929:78—80;中华图书馆协会第一次年会纪事.中华图书馆协会会报,1929,4（4）:5—14.

② 国民政府对于南京年会议案之采纳.中华图书馆协会会报,1930,6（1）:26—27.

保存①。

　　1929 年 9 月，天津海关曾两次奉到国民政府电令，谓清宫古书，传闻被人盗卖，深恐流落海外，致与我国文化有损，特电令各海关严密检查，遇有此等书籍，即予扣留呈报。又山东聊城杨氏所藏唐宋书籍凡百余种，均为中国现在仅有之物，亦被盗卖，应一并检查扣留。9 月中旬由平运津之古书，装赴大连者甚多，因此均在塘沽扣留，须俟海关检查与前述两项书籍无关，方准放行。协会得此消息后，当即根据第一次年会议案，函询经过情形；并恐海关员司疏于版本知识，特请国立北平图书馆主任徐森玉（即徐鸿宝），前往会同检查②。

　　1930 年 9 月，中华图书馆协会执行委员会就查禁北平书肆偷鬻古籍售予外人事件致函古物保管委员会。全文如下：

　　　　查古籍出口，政府悬为厉禁，教育部近并特行严订范围，凡五十年前之木板图书一律认为古籍。近有隆福寺街文奎堂书肆，以《备急众效方》一书，偷鬻日人。是书为北宋椠，乃海内孤本。该书肆昧于私利，不知先期向国内设法求售，实为我国文化之蟊贼。国粹散佚，良堪痛惜，诚宜予以惩戒，用儆将来。夙仰贵会，维护文物，不遗余力，特敢奉闻。应如何办理之处，统祈尊裁，并希复示为荷。

　　同月，古物保管委员会复函中华图书馆协会，希望对偷鬻古籍售予外人事协力调查，并复函如下：

　　　　前接贵会来函称：近有隆福寺街文奎堂书肆，以宋版《备急众效方》一书，私行售与日人，应如何设法予以惩戒，用儆将来。等因到会。业经本会提出联席会议议决，应行函请负责机关严厉执行，以便追究。唯查平市各书肆近来偷鬻古籍已成习惯，类中者必不止文奎堂一家。且事前须先调查其所售书各售出日期及售与外人之国籍、姓氏，庶几案有实据，不能

---

①　宋建成.中华图书馆协会.台北:育英社文化事业有限公司,1980:226.
②　本会派员检查津关扣书.中华图书馆协会会报,1929,5（1/2）:40—41.

狡赖。素仰贵会关心古籍，耳目较周，祈协力调查，详细开示，以凭办理。至纫公谊。①

4.3.4.2 呈请教育部从速筹设国立中央图书馆等

民国时期，先后有国立图书馆多所，但长期存在且发挥示范和带头作用的只有国立北平图书馆和国立中央图书馆。协会协助创设国立中央图书馆对发展整个国家的图书馆事业具有重要的示范和推动作用。

1928 年 5 月 15 日，中华民国大学院于首都南京召开全国教育会议，决议筹设国立中央图书馆，由大学院负责组织实施。1929 年 1 月 28 日至 2 月 1 日，中华图书馆协会第一次年会期间，图书馆行政组第一次会议讨论议案中有顾天枢、蒋一前、民立中学图书馆、陈钟凡原案之《由本会呈请教育部从速筹办中央图书馆案》，分组会议中图书馆行政组议决合并各案全体通过，并由协会执行委员会呈请教育部依据全国教育会议之议决案筹办。此后教育部于 1933 年 1 月 20 日任命协会会员蒋复璁为筹备委员，假国立编译馆准备国立中央图书馆的筹备工作。后教育部任命蒋复璁为筹备处主任，于 4 月 20 日租定南京沙塘园 7 号新盖民房，迁入办公，正式开始筹备国立中央图书馆②。

协会除了呈请教育部从速筹办国立中央图书馆案外，第二次年会还通过了《各县市应设立儿童图书馆并规定各图书馆附设儿童阅览室》案，执行委员会除通函全国各图书馆查照外，并通函各省教育厅转令所属照办。全函如下：

> 国内各地图书馆年来推广设立极形踊跃，一般人士均觉便利。惟儿童图书馆创立者尚不甚多，于儿童课余假期颇乏阅书之机会，似有亟待提倡之必要。顷本会举行第二次年会于北平，对于《各县市应设立儿童

---

① 中华图书馆协会执行委员会与古物保管委员会协力查禁北平书肆偷鬻古籍售予外国人往来函 // 中国第二历史档案馆.中华民国史档案资料汇编第五编第一辑（文化二）.南京：江苏古籍出版社，1994：720—721.

② 蒋复璁.国立中央图书馆筹备之经过及现在进行概况 // 王余光.清末民国图书馆史料汇编（7）.范凡等选辑.北京：国家图书馆出版社，2014：167—174.

图书馆并规定各图书馆附设儿童阅览室》一案，业经议决通过。查上项议决办法，于辅助学校教育，养成儿童阅书之习惯兼以促进义务教育之推行，最关重要。相应检同原案（见中华图书馆协会第二次年会报告第五四页），函请贵厅查照转令所属照办。并希将办理情形，随时见复。至纫公谊。①

协会第二次年会期间，会员陈长伟提出《监狱附设小图书馆》一案经年会议决通过，执行委员会即函请司法行政部采纳施行。该部即抄发原案，分令所属监狱、反省院、感化所等参考办理。协会致司法行政部函如下：

我国监狱人犯，除固定工作外，别无消遣，身被牢禁之刑，固属罪有应得，而知识方面亦连带受其影响，殊堪悯惜。且监狱之设，原所以促其悔悔，如能斟酌情形，附设小图书馆用供人犯浏览，不仅可以增其学识，且培植其道德，俾能改过迁善，将来刑满出狱后，于个人知识社会安宁不无裨益。顷本会举行第二次年会于北平，议决监狱应附设小图书馆一案，相应函请贵部采纳，通饬全国各监狱及反省院感化所等，克日附设小图书馆，以惠监犯，兹特检附原案（见中华图书馆协会第二次年会报告第五五页），至希查照并祈赐复为荷。

司法行政部复协会函如下：

公函请饬令各监狱附设小图书馆，并送第二次年会报告一册到部。查各省新监狱及反省院，多数已设置图书室，其尚未设置者，亦在筹划进行中。兹准前由，除抄发监狱附设小图书馆案理由办法分令参考外，相应函复查照。②

---

① 儿童图书馆. 中华图书馆协会会报, 1933, 9（3）: 19.
② 监狱小图书馆. 中华图书馆协会会报, 1933, 9（3）: 19—20.

4.4 培养图书馆专才

中华图书馆协会成立以前，我国图书馆学专业教育虽然已经起步，毕竟规模较小，能够向图书馆界输送的专业人才十分有限（前"起步阶段的近现代图书馆事业"之"中国图书馆学教育之起步"部分有述），相对于中国图书馆事业发展对图书馆专业人才的需要而言，可谓杯水车薪。因此，梁启超在中华图书馆协会成立大会上发表演说，将"养成管理图书馆人才"与"建设中国的图书馆学"并列，作为中华图书馆协会应负的两种责任之一。协会成立以后，鉴于我国图书馆事业发展对人才的迫切需要，在最初（1925 年 9 月）组建的 5 个专门委员会中，第一个就是图书馆教育委员会，而且在 5 个专门委员会中人数最多。洪有丰出任图书馆教育委员会主任，胡庆生出任副主任，书记由朱家治担任，委员则有袁同礼、冯陈祖怡、戴志骞、杨昭悊、徐鸿宝、王文山、刘国钧、李小缘、施廷镛、杜定友、彭清鹏、章篯、沈祖荣、韦棣华、李燕亭、姬振铎和吴敬轩。1929 年第一年会以后，图书馆教育委员会改组，胡庆生任主席，毛坤任书记，委员有沈祖荣、戴志骞、刘国钧和洪有丰。1932 年协会第一次执行委员会会议再次改组各专门委员会委员，沈祖荣出任图书馆教育委员会主席，书记则由徐家麟担任。1935 年中华图书馆协会调整各专门委员会，沈祖荣和徐家麟仍旧分别担任图书馆教育委员会主席和书记，委员则有戴志骞、洪有丰、杜定友、陈东原、蒋复璁、王文山和查修等。

4.4.1 年会呼吁加强人才培养

抗战全面爆发前，协会第一、二、三次年会通过有关图书馆教育议案多件。1929 年 1 月协会第一次年会收到有关图书馆教育的提案凡 20 件。分组会议期间，图书馆教育组分组会议第一次会议讨论图书馆人才培养分专门与普通两种。专门人才之培养如创立图书馆专门学校、在大学添设图书馆系、资遣留学员生出洋研究及考察等。普通人才之培养如设立图书馆员速成班、讲习所、暑期学校，在中等学校添加图书馆学课程，添设职业科等。图书馆教育组通过有关图书馆教育之议案有：①《由中华图书馆协会拟定图书馆学课程请教育部核定实行案》；②《训练图书馆专门人才案》；③《请中华图书馆协会在每暑假期内组织图书馆学暑期学校案》①。1933年8月协会第二次年会收到有关图书馆教育提案亦有多件。分组会议期间，图书馆教育组讨论通过有关图书馆教育的议案有：①《请协会建议行政院及教育部指拨的款于北平设立图书馆学专科学校案》；②《再请教育部令国立大学添设图书馆学专科案》；③《请本会函请各省市图书馆人材经费设备充足者附设图书馆学讲习所以培育人材案》；④《函请各省教育厅每年考选学生二名分送国内图书馆学学校肄业其学膳宿费由教育费中指拨案》；⑤《由本会函请图书馆学校应注重语言案》②。1936年第三次年会期间，年会通过有关图书馆教育案有：①《请各省教育当局办理图书馆学暑期讲习会并请以训练图书馆服务人员案》；②《为图书馆员谋进修机会请厘定方案案》；③《武昌文华图书馆学专科学校增设图书馆学函授部案》；④《呈请教育部在每届英庚款及清华留美公费生名额内列入图书馆学一科俾资深造案》③。

　　尽管协会多次呼吁加强图书馆专业人才的培养及年会通过众多有关图书馆人才培养的议案，但是抗战全面爆发以前，受多种条件的限制，除了原已存在的私立武昌文华图书馆学专科学校外，建议行政院及教育部指拨的款于北平设立图书馆学专科学校一案，因中央财政困难并未得到落实；请协会函请各省市图书馆人才、经费、设备充足者附设图书馆学讲习所以培育人才一案，因当时国内图书馆人才、经费、设备均充足者并不多见，正式附设图书馆学讲习所者很少，而各馆为增进本馆馆员学识，组织讲习会补习班者所在多有，收效也大；呈请教育部在每届英庚款及清华留美公费生名额内列入图书馆学一科俾资深造案，最终也未能付诸实践。作为全国性图书馆行业组织，中华图书馆协会在图书馆人才培养方面除了通过举办暑期图书馆学校和暑假讲习会外，受中华教育文化基金董事会委托，协助文华图书馆学专科学校招考免费生，则长期坚持，

---

　　① 中华图书馆协会执行委员会.中华图书馆协会第一次年会报告.北平:中华图书馆协会事务所,1929:50—52,173—190;中华图书馆协会第一次年会纪事.中华图书馆协会会报,1929,4（4）:5—14.

　　② 中华图书馆协会执行委员会.中华图书馆协会第二次年会报告.北平:中华图书馆协会事务所,1933:62—66;于震寰.中华图书馆协会第二次年会纪事.中华图书馆协会会报,1933,9（2）:22—26.

　　③ 李文裿.写在第三届年会之后.中华图书馆协会会报,1936,12（1）:1—5.

取得了显著成效。

4.4.2 举办暑期图书馆学校

1925 年夏，国立东南大学与中华职业教育社、江苏省教育会拟于 7 月 15 日至 8 月 15 日在该校举办暑期学校，特邀中华图书馆协会参加。协会"第思如此办理，轻而易举，爰加入之，于学科中设图书馆学科，所有关于图书馆学科事务，则仍由委员会主持，庶并行而不悖。议既定，于是聘请国内图书馆学专家及与版本或校勘研究有素者，担任教授，而所设之学科，凡于图书馆有关者，均列入之"。暑期学校所设学程分小学教育组、自然科学组、国语组、职业教育组、中学毕业生组、图书馆学组 6 个组。图书馆学组拟开课程如表 4-12。

表 4-12 暑期学校图书馆学组拟开课程

学程名	学分	每周课时	教员姓名
图书馆学术史	$\frac{1}{2}$	2	袁同礼
图书馆学术集要	1	4	全组教员
图书馆行政	$1\frac{1}{2}$	6	全组教员
儿童图书馆	$\frac{1}{2}$	2	李小缘、刘国钧
学校图书馆	$\frac{1}{2}$	2	杜定友
分类法	$1\frac{1}{2}$	6	袁同礼、杜定友、洪有丰
编目法	1	4	李小缘
目录学	1	4	袁同礼
参考部	$\frac{1}{2}$	2	洪有丰
图书选购法	$\frac{1}{2}$	2	洪有丰
图书馆流通法	$\frac{1}{2}$	3	杜定友
图书馆建筑与设备	$\frac{1}{2}$	2	涂羽卿、杜定友、洪有丰
图书馆典藏法	$\frac{1}{2}$	2	杜定友

以上学程任个人需要而选习，每人限以 3 学分以上 5 学分以下，正课之外，并请名人演讲。招生办法，除登报并刊登章程外，另由委员会将办理情形，通函各省教育厅及各图书馆协会，请其保送学员。届截止报名，统计各学程选习人数，其能开办者，只有"图书馆学术集要""学校图书馆""儿童图书馆"和"分类法"4 种。其余不能开班之原因，系由于选习人数过少，与规定之数相差甚远。综计专选图书馆学科者 13 人，兼选者 56 人。教学法除于教室讲演外，并分组实习，俾可参证学理，并参观各图书馆，以资观摩。所有考核成绩或在教室实验，或根据笔记与参观报告定之，及格者给以学业证明书。经费承清华学校捐助 200 元，除为付图书馆学科之办公费及教员膳食费计 104.6 元外，尚余 95.4 元，因合组机关开支不敷，悉数补助[①]。遗憾的是，此类图书馆学暑期学校仅仅举办了这一届，后来再未见继续办理。

协会第三次年会召开前后，协会图书馆教育委员会鉴于"全国图书馆大小在一千以上，馆员最少亦有数千人，就中曾受图书馆学训练者固不乏人，未受训练而欲努力求得新知识者，苦无机会。各省之县市民众图书馆员，若能于暑假期间聚集一处，施以相当之训练，则全省图书馆事业工作之效率之增进为必然之事"，协会第三次年会教育委员会报告认为，图书馆学教育可办之事甚多，但因协会人才有限，而此有限之人才，又复各有工作，故嗣后拟办之事业须眷顾人才及时间，集中人才于一定时间内，做一事业，始能有显著效果。协会在推进图书馆人才培养方面，以为此后数年内应每年联络各省教育厅办理暑假讲习会，主要通过暑假讲习会的方式培养图书馆专业人才。为此，图书馆教育委员会还从办法、课程、教员、经费及设备、毕业等方面拟定详尽的实施方案。可惜，后来因抗战全面爆发等原因，图书馆学暑期讲习会未见举办[②]。

4.4.3　会同文华图专招考图书馆学免费生

中华教育文化基金董事会成立后，鉴于国内图书馆学专门人才严重缺乏，

---

① 暑期学校 . 中华图书馆协会会报，1925，1（1）:8；中华图书馆协会图书馆学暑期学校之经过 . 中华图书馆协会会报，1925，1（4）:3.

② 沈祖荣 . 中华图书馆协会第三次年会图书馆教育委员会报告 . 中华图书馆协会会报，1936，12（2）:1—2.

于是根据《中华教育文化基金董事会分配款项原则》中"美国所退还之赔款，委托于中华教育文化基金董事会管理者"，应用以"（1）发展科学知识及此项知识适于中国情形之应用，其道在增进技术教育，科学之研究试验与表证，及科学教学法之训练，及（2）促进有永久性质之文化事业，如图书馆之类"的规定，于1926年2月特别制定《中华教育文化基金董事会图书馆学助学金规程》六条[①]，规定自1926年8月起每年设立图书馆学助学金额25名，每名国币200圆（其中170圆为学膳宿费，余30圆分四期发给充杂费），补助武昌华中大学文华图书科（1930年独立为"私立武昌文华图书馆学专科学校"）并扩充其课程，以期养成图书馆人才，在北京、上海、南京、汉口和广州5处招生，于6月8日特函中华图书馆协会，请会同该校办理。原函如下：

> 敝会文化事业，拟从图书馆入手，现已决定先在北京设立图书馆一所。顾图书馆学一科，系专门学术，此项人才，培养尤不容缓。查武昌华中大学文华图书科，为国内唯一之图书馆学校。主任韦棣华女士，对于我国图书馆之发展，素具热心。敝会二月间常会决定，委托该校养成此项专才，因特设置图书馆学教席及助学金名额，俾克实现预期之目的。此项办法，业经该校承诺，并商定进行手续在案。惟此次招收新生，系于北京、南京、上海、武昌、广州五处举行，旨在普及全国，以宏效益；贵会为吾国图书馆事业之重要团体，对于此举谅荷赞同，所有此次招收新生事宜，特请贵会会同该校办理，以资协助，而利进行。[②]

协会遂与武昌华中大学文华图书科制订颁布《中华图书馆协会、武昌华中大学文华图书科招考图书馆学免费生规程》七条，并推荐协会董事部董事戴志骞、执行部副部长刘国钧与文华图书科合组考试委员会，主持招考事宜[③]。根据《招考图书馆学免费生规程》，凡欲获得助学金者，须具下列各项资

① 中华教育文化基金董事会图书馆学助学金规程.中华图书馆协会会报,1926,1（6）:12.
② 中华教育文化基金董事会委托本会招生.中华图书馆协会会报,1926,1（6）:11—12.
③ 中华图书馆协会第二周年报告.中华图书馆协会会报,1927,3（2）:3—5.

格：①有关于图书馆事业之经验或兴趣；②至少在大学本科一年级肄业期满成绩及格；③须身体强健品行端正。凡具上项资格者须经入学考试，考试科目有国文，英文，历史（本国史及西洋史），物理学、化学，社会学、经济学，其中"物理学、化学"和"社会学、经济学"两项任选一项。凡实验及格者须按照武昌华中大学文华图书科所定课程在校肄业两年，肄业期满考试成绩及格者给予图书科证书①。根据《中华教育文化基金董事会图书馆学免费学额简章》第四条，"免费学额之给予，不限于一年。例与修业之期限相同。但在每学年内领受本学额之学生，如品行不佳，其应得之免费学额当予停止。又如中途退学或毕业后不愿在图书馆界服务，均有负中华教育文化基金董事会培植人才之厚意。其已经领受之免费款额，应悉数追还"。第五条规定"本免费学额之给与，以宁缺毋滥为原则"②。经过考试，第一年共录取学生共 9 人，计京兆 1 人，郑铭勋；江苏 2 人，钱亚新、王慕尊；安徽 1 人，沈晋升③；湖北 2 人，李哲昶、汪辑熙；湖南 2 人，于熙俊、李巽言；四川 1 人，毛坤。均于 10 月底前往武昌入学④。

　　1927 年 5 月中旬，因时局关系，该校教职员大半离校引避，致使校务暂行停顿。这一年中华教育文化基金董事会所设之免费生额也因之暂停，未能按计划招生⑤。1928 年夏恢复招生，仍照旧例在北平、南京、上海、广州和武昌五处进行考试，唯助学金额提高为 250 元，充作学膳宿杂费。因资格及程度限制甚严，且考试认真，故录取者仅 12 名，均来自国内著名大学如北平清华大学、燕京大学、师范大学，武昌华中大学，长沙雅礼大学，上海复旦大学、沪江大学及广州中山大学等。到校报到上课者有徐家璧（湖北）、曾宪文（湖北）、刘华锦（湖北）、耿靖民（湖南）、陈颂（湖南）、陶述先（江苏）、吴鸿志（江苏）、

---

① 中华图书馆协会、武昌华中大学文华图书科招考图书馆学免费生规程. 中华图书馆协会会报，1926，1（6）：12—13.

② 二十四年度私立武昌文华图书馆学专科学校一览 // 王余光. 清末民国图书馆史料汇编（2）. 范凡等选辑. 北京：国家图书馆出版社，2014：426.

③ 因资料缺乏，无法确定沈晋升与本书 6.1.3.1 部分"年会总委员会委员"沈缙绅是否为同一人，姑且作两人对待。

④ 中华图书馆协会第二周年报告. 中华图书馆协会会报，1927，3（2）：3—5.

⑤ 文华图书科之停顿. 中华图书馆协会会报，1927，2（6）：20.

李继先（浙江）和周连宽（广州）9人①。

1929年图书馆学免费生因故未招。1930年文华图书科正式在教育部立案，定名为私立武昌文华图书馆学专科学校，并继续与中华图书馆协会会同招考图书馆学免费生。此次招生设立图书馆学助学金额25名，其中正式专科生10名两年毕业，讲习班生15名一年毕业。讲习班生从中等学校毕业生中录取。凡被录取者给予助学金200元作为学膳宿费等用。报考地点为北平北海公园中华图书馆协会、南京中央大学图书馆、上海第一交通大学图书馆、武昌文华图书馆学专科学校、广州中山大学图书馆和沈阳东北大学图书馆六处。考试科目在原来基础上增加党义一门②。考试评阅结果，专科免费生正取5名（钱存训、徐亮、朱瑛、朱用彝、张保箴），备取2名（李钟履、吕绍虞）；讲习班免费生正取14名，备取2名；专科自费生正取1名，讲习班自费生正取3名③。结果专科生只取5人，讲习班取14人，入学者12人④。

1931年夏，本拟继续招收专科班及讲习班各1班，因学校方面原因，讲习班暂停，拟继续招收专科生15名，结果只录取于震寰、吕绍虞、吴光清、陶善缜、陈季杰、陈鸿飞、童世纲、张佩芬和赵福来9名⑤。

1932年，图书馆学免费生停止招考一年。1933年协会与文华图专继续招考图书馆学免费生。本年度除招考专科生外，复于晋、陕、甘、蜀、云、贵、广、鄂八处招考民众班免费新生14名，文华图专北平同学会及国立北平图书馆馆长袁同礼各委托文华图专招考免费生1名，以促进图书馆学教育及造就管理专门图书馆与民众图书馆之适当人才。报名时间为7月1至10日，专门班报名者应分别向武昌县华林文华图专教务处、北平文津街中华图书馆协会、南京金陵大学图书馆、广州岭南大学图书馆和成都四川省政府教育厅各招考处报名。民众班报名者应向山西、陕西、甘肃、四川、云南、贵州和广西各省教育

---

① 招考图书馆学生免费生.中华图书馆协会会报,1928,3（6）:16—17;华中大学文华图书科消息.中华图书馆协会会报,1928,4（3）:24.
② 招考图书馆学免费生.中华图书馆协会会报,1930,5（5）:35—36;中华图书馆协会第五年度报告.中华图书馆协会会报,1930,6（1）:3—9.
③ 图书馆学免费新生与基金会之新补助.中华图书馆协会会报,1930,6（1）:27—28.
④ 中华图书馆协会第六年度报告.中华图书馆协会会报,1931,7（1）:1—6.
⑤ 图书馆学免费新生.中华图书馆协会会报,1931,7（1）:10.

厅招考处及文华图专教务处报名。考试时间为 7 月 17 至 18 日，两班共同考试科目有党义、国文、英文、历史 4 科及口试。专科班自物理学、化学或社会学、经济学 2 组科目中任选 1 组参加考试，民众班则考试中国文化史。入学考试各科平均分数须在 70 分以上者方能及格，70 分以下及 60 分以上者得以自费入学。免费生每人每年可获得 200 元作为学费、食宿费和书杂费等，但在校期间期考或年考平均分数在 70 分以下者，取消免费待遇[①]。稍后于 8 月 11、12 两日又在平、汉两处各续招一次[②]。结果录取并毕业汪应文、李永安、戴镏龄、黄元幅、熊毓文、李景新、张鸿书和彭明江 8 人[③]。

1934 年，协会与文华图专继续招考图书馆学免费生，录取杨漪如、王铭悌、唐月萱、蒋元枚、胡文同（以上 5 名女生）、胡延钧、顾家杰、颜泽霍、李永增（以上 4 名男生）9 人。籍贯湖南、湖北、河北、山东、广州各 1 人，江苏、安徽各 2 人[④]。

1935 年，协会继续与文华图专合办招考图书馆学免费生，在北平、武昌、南京、上海四地同时招考。7 月 15 至 20 日报名，25、26 两日举行考试。四地报名参加考试者共计 28 人，被录取者 13 人，最后照章入学者有刘济华（河北）、张行仪（河北）、黄募龄（广东）、廖维祜（四川）、彭道襄（安徽）、吴尔中（浙江）、杨承禄（湖北）、杨桂籍（辽宁）、黄作平（广东）9 人[⑤]。

1936 年，协会仍旧与文华图专在北平、上海、南京、广州、成都和武昌六地联合招考图书馆学免费生，共计录取官费生 12 人、自费生 1 人、袁太夫人奖学金[⑥] 1 人，其中男生 13 人、女生 1 人。名录如下：

蓝乾章　男　四川　燕京大学

张正鹄　男　湖北　华中大学

---

① 图书馆学免费新生招考 . 中华图书馆协会会报,1933,8（6）:24—26.
② 续考图书馆学免费新生 . 中华图书馆协会会报,1933,9（1）:15.
③④ 中华图书馆协会第十度会务报告 . 中华图书馆协会会报,1935,10（6）:3—7.
⑤ 招考新生 . 中华图书馆协会会报,1935,11（1）:16.
⑥ 袁同礼为纪念其母韩太夫人并培养图书馆学专门人才,于 1933 年秋季起在文华图专设免费奖学金学额一名,定名为"袁母韩太夫人图书馆学奖学金"。

张遵俭	男	河北	清华大学
陈友潜	女	广东	燕京大学
程时学	男	四川	清华大学
胡宝康	男	广东	燕京大学
李启寿	男	湖北	武汉大学
王　熔	男	河北	北京大学
张桂森	男	河北	财政专门学校
任宗炎	男	江苏	南开大学
熊　飞	男	江西	中华大学
陶维勋	男	湖北	中华大学
姜文锦	男	江苏	辅仁大学
罗维勤	男	河北	高等考试检定及格

另外，文华图专为造就中学图书馆人才起见，开办第三届讲习班，在鄂、湘、川、陕、甘、豫、皖、苏、浙、闽十省招收公费生 10 名。由各省教育厅从各该省省立高级中学或师范学校中择定一校，保送学生 1 人赴文华图专肄业，计有韩宗唐、胡寿宝、邱亦高、雷甲荣、张鉴、章作人、刘铨远、章达夫 8 人入学①。

我国近现代图书馆事业从清末产生以来，发展到抗战全面爆发前夕，逐渐深入人心并得到国人的重视。创设新馆及改革旧馆者，时有所闻，需用专才之处甚多，专才之供给时感不足。中华图书馆协会与文华图专于 1937 年夏继续合办招考图书馆学免费生，招考计划已经拟定，并在《中华图书馆协会会报》等报刊登载招考启事，地点仍设北平、南京、武昌、上海、广州和成都六地，"甚望有志从事图书馆事业者，及已在图书馆界供职而愿深造者，今年均可踊跃参加考试"②。不料"七七"事变后抗战全面爆发，举国进入抗日救亡的战时体制，国立北平图书馆奉命南迁长沙，1938 年 3 月再迁昆明，协会亦随国立北平图书

---

① 文华图书馆专校近讯. 中华图书馆协会会报,1936,12（2）:37.
② 招考图书馆学免费生. 中华图书馆协会会报,1937,12（5）:17.

馆南迁昆明。文华图书馆学专科学校也奉命西迁重庆，协会与文华图专合办招考图书馆学免费生一事遂告结束。

在国内图书馆学专门人才严重缺乏，派赴海外留学攻读图书馆学及国内图书馆学专业教育均无法满足图书馆事业发展对专业人才需求的情况下，受中华教育文化基金董事会资助和委托，中华图书馆协会与文华图书馆学专科学校合办招考图书馆学免费生，为我国图书馆事业培养了大批人才，为推动我国图书馆事业的发展做出了积极的贡献。他们中的钱存训、毛坤、钱亚新、李钟履、周连宽、于震寰、吴光清、蓝乾章等一大批后来在我国乃至世界图书馆界颇著声誉的图书馆学家，均出自图书馆学免费生班，可为明证。

4.4.4　各地图书馆学短期讲习班的开办

1925 年中华图书馆协会成立以前，已有个别教育文化机构和图书馆通过举办图书馆学短期讲习班等方式，讲授图书馆学理论知识和增进图书馆从业人员的专业技能。1920 年夏，北京高师应各省之请，举办暑期图书馆学讲习会。各地赴京学习者 70 余人，由戴志骞、沈祖荣和程伯庐等负责授课。1922 年 3 月，杜定友在广州举办广东省图书馆员养成所。省教育委员会通令全省中等以上学校，各派教职员 1 名前往学习。参加学习者有 60 余人，杜定友、穆耀枢和陈德芸授课。1923 年夏，南京东南大学暑期学校开始举办图书馆讲习班，此后多次举办。开始由洪有丰主持并指导学员实习，以后刘国钧、朱家治和王云五也参与授课，先后有 80 余人参加学习。1924 年夏，同时有三地举办图书馆学讲习会。穆耀枢在成都主持暑期图书馆演讲会。河南小学校教员讲习会设小学图书馆管理法一科，请杜定友担任主讲，为期 3 周。上海圣约翰大学海氏图书馆设图书馆讲习会[①]。

1925 年夏，中华图书馆协会甫经成立，适国立东南大学与中华职业教育社、江苏省教育会拟于 7 月 15 日至 8 月 15 日在该校举办暑期学校，于是特邀中华图书馆协会参加会同举办。因此，暑期学校在小学教育组、自然科学组、国语组、职业教育组和中学毕业生组外增加图书馆学组，特别聘请袁同礼、杜定友、

---

① 金敏甫 . 中国现代图书馆教育述略 . 国立中山大学图书馆周刊,1928:2（4）:1—2;严文郁 . 中国图书馆发展史——自清末至抗战胜利 . 台北:"中国图书馆学会",1983:194—195.

刘国钧、李小缘、洪有丰等担任教授，凡与图书馆学有关之课程均被列入，备报名者选习。报名截止后，统计各学程选习人数，其能开办者，只有"图书馆学术集要""学校图书馆""儿童图书馆"和"分类法"4种。综计专选图书馆学科者13人，兼选者56人①。虽然中华图书馆协会此类图书馆学暑期学校仅仅举办了这一届，后来未见继续办理，但影响所及，各地会员纷纷起而举办图书馆学短期讲习班。

1926年7月8日至8月7日，华东各教会大学假苏州东吴大学校址，举办华东基督教暑期大学。课程设置中有初级图书馆科一门，注重讲授当时流行的实用图书馆方法，以适合儿童图书馆、学校图书馆和大学图书馆为主。有学生8人报名入学。共上课22次，每次平均3小时，上午上课，下午参观或实习。由协会会员、东吴大学图书馆主任黄星辉担任教授②。

1927年夏，湖北省教育厅在汉口举办暑期图书馆学讲习科。1931年夏，武昌湖北省教育厅举办暑假图书馆学科。1930年秋至1931年夏，武昌文华图书馆学专科学校举办图书馆学讲习班③。

1928年7月，上海商务印书馆举办暑期图书馆讲习班，由商务印书馆东方图书馆邀请全国大中学校及公私立图书馆各选派1人参加。王云五讲授检字法、编卷（目）法、中外图书馆统一分类法等课程，同时邀请上海图书馆协会孙心磐、沈学植、陈伯奎、宋景祁和陈友松等分别演讲图书馆学及其他应用学术，到班受训者146人。课程安排包括上课及实习，共计6周。1930年夏，再次举办暑期图书馆讲习班，参加人数增加至200余人④。

1929年，广州市立职业学校添办图书管理科⑤。

1930年10月，安徽省教育厅鉴于该省图书馆事业发展缓慢，各学校图书馆管理乏人，指令省立图书馆开办图书馆专修班，在高中毕业或旧制中学毕业

---

① 暑期学校.中华图书馆协会会报,1925,1（1）:8;中华图书馆协会图书馆学暑期学校之经过.中华图书馆协会会报,1925,1（4）:3.

② 华东基督教暑期大学图书馆科.图书馆学季刊,1926,1（3）:539.

③ 卢震京.图书馆学大辞典.长沙:商务印书馆,1940:78;宋建成.中华图书馆协会.台北:育英社文化事业有限公司,1980:232.

④ 丁致聘.中国近七十年来教育记事.上海:上海书店,1990:168.

⑤ 宋建成.中华图书馆协会.台北:育英社文化事业有限公司,1980:231.

生中，招收曾服务两年者 40 名，进行为期 6 个月的培训。结业后派往各中学图书馆或县立图书馆工作①。

1930 至 1931 年，江苏省立教育学院社会教育暑期学校设民众图书馆学②。

1931 年，浙江省教育厅举办教育服务人员暑期进修讲习会。

1932 年，山东省立民众图书馆为普及民众图书馆之组织、设备、管理知识与技能起见，特举办民众图书馆讲习会。简章发出后，各方踊跃报名，计有 198 人之多，其中女性居半。讲习会为期 4 周，3 月 19 日开始讲授，授课地点在该馆大礼堂，教师赵波隐，所用讲义为自编之《民众图书馆设施法》③。

1932 年，河北省教育厅在天津举办图书馆讲习会。

1935 年，湖北省教育厅举办中小学教员讲习会，1936 年举办全省民众教育馆讲习会，设有图书馆课程④。

1937 年，商务印书馆函授学校设图书馆学科。

4.5 调查图书馆事业及资源

"欲求事业之发展，研究之切实，调查之事至关重要。"⑤中华图书馆协会成立以后，及时组织力量对全国图书馆概况和各地方图书馆发展状况，以及与图书馆事业发展密切相关的书店、新书、期刊、善本、版片等进行调查。这些调查对图书馆事业的发展和学术研究发挥了重要作用。

4.5.1 图书馆事业调查

协会对图书馆的调查主要有全国图书馆概况调查和各地区及重要都市图书馆调查。

---

① 严文郁.中国图书馆发展史——自清末至抗战胜利.台北:"中国图书馆学会",1983:196.

②④ 宋建成.中华图书馆协会.台北:育英社文化事业有限公司,1980:232.

③ 本馆举行盛大之图书馆讲习会.山东民众教育月刊,1932,3（3）:87—88.

⑤ 中华图书馆协会执行委员会.中华图书馆协会概况.北平:中华图书馆协会事务所,1933:37.

4.5.1.1 全国图书馆概况调查

"现在全国共有图书馆若干所？其名称为何？地点何在？非但从事于图书馆者欲知之，即一般人亦莫不欲知之。"全国图书馆情况调查非但对图书馆事业的发展有重要意义，一般利用图书馆的读者也需要相关信息①。对全国图书馆进行调查，以1916年教育部所做调查为最早。根据该项调查，当时是全国有图书馆260所，其中通俗图书馆22所②。1918年3月，沈祖荣最早以私人之力调查全国省立图书馆，调查显示当时全国有省立图书馆33所③。1922年，沈祖荣再做调查，全国有图书馆52所，其中学校图书馆22所④。

协会成立后对全国图书馆先后进行过5次大规模调查。1925年协会第一次对全国图书馆进行调查，调查结果发表在《中华图书馆协会会报》第1卷第3期，结果显示当时全国共有各类图书馆502个⑤。嗣后仍然继续调查以求完备，1926年增补20余馆，1927年增补10余馆⑥。第一次全国图书馆调查结果的发表，受到图书馆界、出版机构和政府机关的普遍欢迎，"莫不引以为便，纷纷函索"。协会鉴于"年来各省行政刷新，图书馆之创立者甚夥"，加以原调查表早已绝版，于是1928年再次调查全国图书馆情况，并将调查结果整理后编成新的《全国图书馆调查表》，以应事业发展和读者检索之需。第二次调查全国共有各类图书馆642个。调查结果发表在《中华图书馆协会会报》1928年第4卷第2期⑦。1929年12月，协会对全国图书馆进行第三次调查。调查结果显示全国有国立图书馆1所，省立图书馆47所，普通图书馆（市县立图书馆及私立图书馆）878所，学校图书馆387所，会社图书馆38所，机关图

---

① 中华图书馆协会执行委员会.中华图书馆协会概况.北平:中华图书馆协会事务所，1933:37.

②④ 严文郁.中国图书馆发展史——自清末至抗战胜利.台北:"中国图书馆学会"，1983:110.

③ 沈祖荣.中国各省图书馆调查表//丁道凡搜集编注.中国图书馆界先驱沈祖荣文集.杭州:杭州大学出版社，1991:1—9.

⑤ 中华图书馆协会.全国图书馆调查表.中华图书馆协会会报，1925,1（3）:7—19.

⑥ 全国图书馆调查表再补.中华图书馆协会会报，1926,2（2）:9—10;中华图书馆协会第二周年报告.中华图书馆协会会报，1927,3（2）:3—5.

⑦ 中华图书馆协会.全国图书馆调查表.中华图书馆协会会报，1928,4（2）:7—20.

书馆 36 所，专门图书馆（儿童图书馆占多数）41 所，总计全国图书馆共有各类图书馆 1428 所。虽然此次调查，山西、江西、湖南等省未见教育厅调查，仍然有遗漏，新疆、内蒙古、西藏各地图书馆则请俟之将来，但其他边远省份如西康、宁夏、青海均有材料收入，自有全国图书馆调查以来，此次是最为全面的一次调查[①]。1931 年 2 月，协会对全国图书馆进行第四次调查，结果显示全国共有各类图书馆 1527 所。分省统计，图书馆最多的 3 个省分别是江苏（274 馆）、河南（187 馆）和河北（161 馆），而西康省最少，只有 1 馆，辽宁、青海、热河也只有 5 所。1527 所图书馆中，国立图书馆 1 所、省立图书馆 49 所、普通图书馆（市县立图书馆及私立图书馆）921 所、学校图书馆 413 所、会社图书馆 45 所、机关图书馆 44 所、专门图书馆（小学及儿童图书馆占多数）54 所。调查结果与 1929 年 12 月协会第 3 次调查结果相比，新增加图书馆 99 所。第四次全国图书馆调查表除刊登在《中华图书馆协会会报》1931 年第 7 卷第 3 期外，另印刷成单行本出售[②]。1935 年 2 月，协会对全国图书馆进行了第五次调查，调查表单独发行，调查时间截至 1934 年 12 月。此次调查不独全国各地图书馆著录无遗，而且兼及各地民众教育馆，但规模太小之阅书报处则不予列入[③]。调查结果显示，全国共有各类图书馆 1816 所，民众教育馆 1002 所，共计 2818 所[④]。

协会对全国图书馆的调查还包括对各图书馆图片资料的调查。为保藏国内各图书馆摄影图片资料，协会最初在 1925 年为参加美国费城博览会搜集过图片资料复本。1929 年，协会又从沈祖荣携往罗马参加第一次国际图书馆及目录学大会展品中收回部分图片资料。以后新建图书馆渐多，协会也不时收到各图书馆赠送的摄影资料。1935 年，协会调查各地图书馆实况，作为编纂《全国图

---

① 中华图书馆协会.全国图书馆调查表.中华图书馆协会会报,1930,5（5）:5—34.

② 中华图书馆协会.全国图书馆调查表.中华图书馆协会会报,1931,7（3）:3—44.

③ 中华图书馆协会.全国图书馆及民众教育馆调查表//王余光.清末民国图书馆史料汇编（3）.范凡等选辑.北京:国家图书馆出版社,2014:409—473.

④ 宋建成.中华图书馆协会.台北:育英社文化事业有限公司,1980:160.

书馆一览》之资料，又受赠不少摄影资料。因此汇录总目，以便观览。摄影图片藏目包括中华图书馆协会及各省市图书馆协会会议摄影，国立北平图书馆、国立大学图书馆、中学图书馆、各省市图书馆、民众教育馆、日本图书馆和瑞士日内瓦中国国际图书馆等馆宇摄影图片等①。

除了中华图书馆协会对全国图书馆的调查外，还有1930年教育部社会教育司对全国图书馆的调查，调查结果编印为《全国公私立图书馆一览表》，显示全国公私立图书馆共计2935所②。1935年2月，教育部社会教育司再次编印《全国公私立图书馆一览表》，寄发各省市教育厅局及其他设有图书馆之机关，要求详细填报回复。此次调查全国各地图书馆数为4032所③。浙江省立图书馆调查全国图书馆后于1931年3月编辑出版《全国图书馆一览》，调查显示全国有各类图书馆1411所④。1935年，上海女中许晚成以私人身份调查全国图书馆，编辑出版《全国图书馆调查录》，统计全国图书馆有3000余所⑤。

另外，上海世界文化合作中国协会也曾调查过全国图书馆⑥。

抗战全面爆发以前，除了中华图书馆协会外，政府机关和学术团体如教育部社会教育司、浙江省立图书馆、上海世界文化合作中国协会，个人如沈祖荣、许晚成等都曾调查过全国图书馆。但这些调查中，以中华图书馆协会对全国图书馆之调查次数最多，连续性最好，系统最强，而且最有价值。

4.5.1.2 地区图书馆事业调查

鲍士伟博士调查重要都市图书馆。中华图书馆协会成立之际，鲍士伟博士代表美国图书馆协会来华考察中国的图书馆事业。鲍士伟博士事后两次向中华

---

① 袁仲灿.各省市图书馆馆宇摄影藏目.中华图书馆协会会报,1935,11（1）:9—15.

② 教育部社会教育司.全国公私立图书馆一览表 // 王余光.清末民国图书馆史料汇编（3）.范凡等选辑.北京:国家图书馆出版社,2014:51—236.

③ 教育部社会教育司.全国公私立图书馆一览表 // 王余光.清末民国图书馆史料汇编（3）.范凡等选辑.北京:国家图书馆出版社,2014:475—534;教育部社会教育司.全国公私立图书馆一览表 // 王余光.清末民国图书馆史料汇编（4）.范凡等选辑.北京:国家图书馆出版社,2014:1—228（续完）.

④ 浙江省立图书馆.全国图书馆一览 // 王余光.清末民国图书馆史料汇编（3）.范凡等选辑.北京:国家图书馆出版社,2014:283—407.

⑤ 许晚成.全国图书馆调查录.中华图书馆协会会报,1935,11（3）:35.

⑥ 调查全国图书馆及教育馆.中华图书馆协会会报,1934,9（4）:9—10.

图书馆协会和中华教育改进社提交报告书。第一次报告为鲍士伟博士经过上海、杭州、苏州、南京、长沙、汉口、武昌、开封、太原到达北京时所作。沿途考察图书馆类型有：中等学校、专门学校及大学校之图书馆，省立图书馆，城市图书馆，会社图书馆和商业图书馆五类。鲍士伟博士在考察结果中认为，当时的中国还普遍缺乏美国式的现代公共图书馆，主要不足有：公费来源之缺乏或不足，现代图书之缺乏或稀少，不借出馆外之限制，书架不开放，编目法之不适用，推广事业及加增阅览能力之薄弱和适用建筑之缺乏，并对中国图书馆事业的建设和发展提出建议[1]。之后，鲍士伟博士又继续考察了济南、奉天等地的图书馆。考察结束以后，鲍士伟博士向中华图书馆协会和中华教育改进社第二次提交报告书，对武昌文华公书林实行开架阅览和设立巡回文库，杭州浙江省立图书馆设立通俗图书馆和开封河南省立图书馆采取新式方法组织一中学图书馆，以及其他图书馆的新举措等给予充分肯定。此外，鲍士伟博士还就图书馆的防火问题、图书馆藏书的利用和传播问题、图书馆经费等问题多有建议[2]。

李文裿调查河北省图书馆。1932 年春，河北省教育厅为了改进全省图书馆事业，举办全省巡回文库以调剂藏书缺失，特别委托国立北平图书馆选派专家视察并指导工作，协会会员李文裿受托接受此项任务后，历时 3 个月，所至四、五十处。每至一馆，则重点调查组织与经费，书籍之征购与登录，分类与编目，藏书，阅览及参考，且记录各馆之优劣，并附加改进意见，最后报告教育厅。考察期间，李文裿陆续将部分调查结果撰成《河北省立三学院图书馆视察记》和《河北省立图书馆视察记》发表在《中华图书馆协会会报》1932 年第 7 卷第 5 期、6 期[3]。事后撰写《河北全省图书馆视察记》发表在《图书馆学季刊》第 6 卷第 2 期[4]。

毛坤调查四川省图书馆。四川僻处西南，交通不便。协会为了解四川省图

---

① 鲍士伟.鲍士伟博士致本会及中华教育改进社报告书.朱家治,译.中华图书馆协会会报,1925,1（2）:5—7.

② 鲍士伟.鲍士伟博士致本会及中华教育改进社第二次报告书.中华图书馆协会会报,1925,1（3）:3—4.

③ 李文裿.河北省立三学院图书馆视察记.中华图书馆协会会报,1932,7（5）:3—5;李文裿.河北省立图书馆视察记.中华图书馆协会会报,1932,7（6）:3—5.

④ 李文裿.河北全省图书馆视察记.图书馆学季刊,1932,6（2）:279—289.

书馆事业发展状况，特别备函委托协会会员、武昌文华图书馆学专科学校教授毛坤，于1932年暑假自鄂返蜀省亲之便，就近代为调查四川省各图书馆，并随宜加以指导。毛坤于8月初接受委托后，初步决定先由宜宾起程，经过自流井、资中、资阳、简州而至成都；次由成都东下，经彭山、新津、青神、眉山、嘉定而至叙府（后因故未经此路）；再由叙府东下，经南溪、江安、泸州、重庆、万县、夔府出宜昌而还武汉。后因患目疾延宕至8月15日方首途赴蓉开始调查。协会此次调查四川省图书馆事业之动机，"一是中华图书馆协会乃为全国图书馆事业及会员谋利益者，为明了各地情形之故，各省各市皆在着手调查，川省自亦在调查之列；二是四川近年来颇注意于建设，凡道路、市街、公园、图书馆多有可观者。借此调查知其优劣之处何在，可以借镜，或辅助也"。"此次调查之目的，则是设法使川省图书馆事业，得以发展促进。因此，每到一处，有报纸者，即以此意揭诸报端；调查之时，遇各图书馆负责人，即以此意详为解释焉"。调查结束后，毛坤将此行调查四川各图书馆情况撰为《调查四川省图书馆报告》一文，发表于《中华图书馆协会会报》1932年第8卷第3期 ①。

沈祖荣调查北平、上海、南京等地图书馆。1932年，协会执行委员会为改进图书馆教育方针，并促进图书馆事业发展起见，特委托协会执行委员、武昌文华图书馆学专科学校校长沈祖荣自鄂经赣、皖、江、浙等省至北平，沿途调查各图书馆一次 ②。沈祖荣接受协会委托后，于1933年4月初自武汉北上，复由平津转赴江浙回校，历时一月，调查了河南、河北、北平、天津、山东、上海、浙江、南京等地国立图书馆、省立图书馆、大学图书馆、中学图书馆、军校图书馆、协会图书馆及政府机关图书馆等具有代表性的图书馆30个。调查中，沈祖荣发现有若干大学当局常常干预图书馆正常管理，教授对图书馆工作缺乏好感且不遵守图书馆借阅书籍规定，学生则缺乏与图书馆应有的合作精神，大学庶务办就各件，非不合图书馆之用，便以价贱品劣货充数等。沈祖荣建议各地宜成立图书馆学研究会或图书馆学俱乐部，以谋推进图书馆事业发展；图书馆学训练与各专门学术研究亟须打成一片；因民众教育的发展，民众图书馆管

---

① 毛坤.调查四川省图书馆报告.中华图书馆协会会报,1932,8（3）:1—6.
② 各省图书馆之调查.中华图书馆协会会报,1932,8（3）:15.

理人才之训练刻不容缓等。事后，沈祖荣将此次调查结果撰写成《中国图书馆及图书馆教育调查报告》一文刊登在《中华图书馆协会会报》①。

4.5.2 图书馆事业相关资源调查

除调查全国图书馆概况和地区图书馆发展状况外，协会还致力于与图书馆事业发展密切相关的书店、新书、期刊、版片、善本等资源调查。这些调查对图书馆事业的发展和学术研究的重要意义不言而喻。

4.5.2.1 书店调查

图书馆藏书多采集自书店，因而调查并提供全国或其他主要国家书店信息，对图书馆采集图书具有重要参考价值。协会成立以后，即重视国内外书店情况的调查。为了使书店调查更具系统性，协会先是通函各都市公立图书馆请其协助，后来又委托各地大学图书馆代为调查，调查结果陆续发表在《中华图书馆协会会报》②。

表 4-13　全国各地书店调查统计

序号	地区	书店数量	所列书店信息	发表卷期
1	北京	131	店名、地址	1926，1（5）：5—7 1927，3（2）：10—11
2	山西	8	店名、地址	1926，2（1）：11—12
3	杭州	31	店名、地址	
4	济南	24	店名、地址	1926，2（3）：6—10 1927，2（5）：12—13
5	上海	65	店名、地址	
6	苏州	14	店名、地址	
7	长沙	52	店名、地址	
8	福州	7	店名、地址	
9	厦门	6	店名、地址	
10	昆明	23	店名、地址	

① 沈祖荣.中国图书馆及图书馆教育调查报告.中华图书馆协会会报,1933,9（2）:1—8.
② 调查书店.中华图书馆协会会报,1926,2（3）:10.

续表

序号	地区	书店数量	所列书店信息	发表卷期
11	南京	49	店名、地址、经理姓名、新旧书业、书籍种类、有无书目、定价折扣、创办时期	1927，2（4）：13—16
12	宁波	13	店名、地址	1927，2（5）：12—13
13	桂林	11+11	店名、地址	1933，9（3）：17
14	哈尔滨	33	店名、地址	1929，5（1/2）：5
15	沈阳	25	店名、地址	1930，5（4）：12
16	安庆	8	店号、店址、性质、资本、年营业额、售书种类、经理姓名、店员人数	1932，8（1/2）：43
17	广西	39	店名、地址、开设年月、店东姓名籍贯、经理姓名籍贯、资本组织、资本总数、年营业总数、代理何处书局	1932，8（3）：10—13
18	温州	9	店名、所在地址、经费规模、代理书局等	1933，9（3）：17—18

*说明：广西数据包括桂林、百色、南宁、梧州四地书店。

抗战全面爆发以前，协会仅对华北、华东、华南和东北部分地区的书店进行了调查，西南及西北地区尚未进行。且书店调查大都只注明书店名称及地址，仅南京、安庆和广西书店的调查提供了相对较为详尽的信息。

除调查国内书店外，《中华图书馆协会会报》还注意刊登有关国外书店的资料，如《中华图书馆协会会报》第1卷第4期载有《德法著名书店一览》，著录德国著名书店29家、法国著名书店24家的店名、地址等基本信息。第1卷第6期载有《日本著名书店一览》及《英美著名书店一览》，向国内图书馆界提供日本著名书店44家、英国著名书店31家和美国主要书店59家的店名、地址等基本信息。此外，李景新还编译《各国出版事业社团表》，向国内图书馆界介绍万国著作物保护同盟、国际文艺协会和国际出版业者会议及各主要国家出版事业社团共50家，附有组织、事务所、职员、刊物等基本信息①。

---

① 李景新．各国出版事业社团表．中华图书馆协会会报，1935，10（4）：8—15.

4.5.2.2 图书期刊调查

协会对于图书之调查，既有新出书籍之调查，也有专题研究书籍之调查，且以图书馆学、目录学、国学等社会科学书籍为多。新出图书调查如爨汝僖（颂生）之于国学，于震寰之于译书；专题研究书籍调查如李文裿（冷衷）关于中日问题研究参考书目①，关于民国时期出版地方志简目等。

1928 年，爨汝僖调查新出版国学书籍后发表《近两年来出版之国学书籍简目》②。1930 年，于震寰发表《近见译书目录》，共著录哲学、心理学和教育学等方面的译书共 15 类 180 种。每书列有著者、书名、译者和出版社等信息。所收大半为 1930 年后所见，以社会科学书籍为最多③。

1930 年，《中华图书馆协会会报》发表作者和辑录的《民国十九年来出版之地志书简目》，共著录河北、山东、山西等24省市民国时期出版地方志245种。每书著录书名、卷数、编著者及出版时间等信息④。

1931 年，李文裿发表《研究中日问题参考书目》，是继杜定友《对日问题研究书目》、吴宣易《关于中日问题之中国书目》、章浩之《满蒙问题书籍举要》、徐旭《研究日本与我国东北问题参考书目》和张绍典《满蒙问题日文书籍目录》之后的又一中日问题研究书目，著录研究中日问题参考书 145 种，每书提供书名、著者、出版社等信息⑤。

期刊作为时代信息的重要载体，既是现代学术交流的重要工具，也是政府机关传达政令、互通信息的重要手段，是图书馆的重要收藏对象。民国时期，期刊出版繁多，而"书店目录向无期刊总目之印行"，因而各图书馆对于期刊订购均感困难。协会自 1927 年开始，"拟从事调查其名称及性质以供各图书馆之参考"，陆续将期刊调查目录刊载于《中华图书馆协会会报》，供各图书馆参考。因此，中华图书馆协会的一系列调查活动中，期刊调查占有十分重要的地

---

① 中华图书馆协会执行委员会.中华图书馆协会概况.北平:中华图书馆协会事务所，1933:39.

② 颂生.近两年来出版之国学书籍简目.中华图书馆协会会报，1928,4（3）:12—15.

③ 于震寰.近见译书目录.中华图书馆协会会报，1930,6（3）:5—10.

④ 和.民国十九年来出版之地志书简目.中华图书馆协会会报，1930,6（2）:7—13.

⑤ 冷衷.研究中日问题参考书目.中华图书馆协会会报，1931,7（2）:8—12.

位，而协会会员李文裿则用力最勤[①]。

1927 年，李文裿撰《中国定期刊物调查表》收录定期刊物 103 种，按刊名首字笔画数排列，著录有期刊名称、编辑发行机关地址等信息，刊登在《中华图书馆协会会报》1927 年第 2 卷第 5 期。以后又有一续（收定期刊物 154 种，载《中华图书馆协会会报》1927 年第 2 卷第 6 期）、再续（183 种，载《中华图书馆协会会报》1927 年第 3 卷第 1 期）、三续（60 种，载《中华图书馆协会会报》1927 年第 3 卷第 2 期）、四续（247 种，载《中华图书馆协会会报》1928 年第 4 卷第 1 期）、五续（209 种，载《中华图书馆协会会报》1930 年第 5 卷第 6 期）等发表。1930 年，李文裿鉴于中央各部院和省市县各机关，例有定期之出版品，唯我国幅员辽阔，交通时有梗阻，欲搜求完全，大非易事，于是编辑《中国政府出版期刊调查表》，收录中央、特别市和省、市、县政府刊物 257 种以供参考[②]。1931 年，李文裿受北平图书馆协会委托，编辑《图书馆最低限度应备之期刊目录》，共辑录期刊 93 种，报纸 9 种，著录有期刊或报纸名称、出版地、出版者、每年征订价格等，"所举固未能博洽，而北平一隅，各图书馆中据此亦可无征购不易之烦"。在单印成册，公诸北平图书馆协会各会员之前，先于《中华图书馆协会会报》刊布，以快先睹[③]。

日本是我国近邻，也是近代对中国影响最大的列强国家。撇开日本对中华民族造成的巨大伤害，仅就向先进文明学习而言，日本颇多值得我们学习借鉴的地方。古代日本先是输入中华文明，及至近世，稗贩西欧之风极盛，往往欧美新著一出，逾月而译本充盈市上，其得风气之先有若此者。就每年新刊书籍言之，其数量已可惊人，晚近期刊蔚起，颇多巨制，对于我国政治、外交、经济、财政、历史、地理，以及诗词文艺种种方面，均有专攻研究之人，各杂志上时见论文发表，大有风起云涌之势。然我国图书馆采访常感到无所凭借，加以种类繁多，取舍尤无标准可循。因此，李文裿编辑《现代图书馆应备之日文期刊目录》，收录日本出版之哲学、宗教、自然科学等杂志 295 种，著录信

---

① 调查杂志.中华图书馆协会会报,1927,2（4）:16;中华图书馆协会第七年度报告.中华图书馆协会会报,1932,8（1/2）:1—4.

② 冷裒.中国政府出版期刊调查表.中华图书馆协会会报,1930,6（1）:15—24.

③ 冷裒.图书馆最低限度应备之期刊目录.中华图书馆协会会报,1931,7（3）:45—48.

息包括期刊名称、期刊编辑发行地和期刊地址等，供国内图书馆及学者参考①。

除了李文裿系列期刊调查外，协会还组织有专题期刊、年度新刊、美国华文报纸、杂志专号和期刊创刊停刊信息之调查。《中华图书馆协会会报》1931年发表陆铨《江苏各县社会教育期刊表》，共收录社会教育类期刊81种，每种期刊著录刊名、刊期、编辑发行机构、创刊时间等，是一种专题期刊目录②。1932年，陈丽泉鉴于"中国杂志种类繁杂，而殊鲜持久性，且多困于经济，故昙花一现即杳无声息；求之如《东方杂志》三十年不中辍者，实百无一二焉。故搜辑使成一有系统之记录，亦非易事"，就管理期刊之便，编成《二十年度新刊中国期刊调查表》，专收1931年度出版之期刊211种，著录信息包括期刊名称，期刊所在机构等，借供参考③。其文对我们了解1931年度国内期刊出版情况极有价值。协会除进行国内期刊调查外，1932年，协会会员严文郁还调查了美国出版的华文报纸。调查显示，美国华侨报纸以旧金山为最多，纽约次之。其言论皆带有色彩，有价值之新闻甚少。且以各派意见甚深，视报纸为党争之工具，互相攻讦而舍侨胞生活之苦痛于不顾，置宣扬国光之天职于脑后，至为可惜。因此，调查了旧金山、纽约和芝加哥等地美国之华文报纸16种，以供关心侨胞者之参考④。1935年，丁濬和于震寰发表《杂志专号集目》，收杂志171种，以1934年12月为止，共约560条，以专门讨论某一问题为限，其特大号、新年号、革新号等概不入录⑤。

另外，协会还特别委托国立北平图书馆中文期刊组组长孙诚书，自1934年1月1日起连续编辑《中文期刊生卒调查表》，专门著录期刊之创刊与停刊信息，每两月制为一表，在《中华图书馆协会会报》按期刊布，所收期刊大致以国立北平图书馆所入藏者为根据。这一调查工作因"七七"事变后抗战全面爆发而中断（抗战全面爆发后，该项工作改由国立西南联合大学图书馆承办，代之以《全国期刊调查表》）。创刊期刊之著录次序为首名称、附注刊期如周刊、

① 冷衷. 现代图书馆应备之日文期刊目录. 中华图书馆协会会报，1931，6（5）：10—21.
② 陆铨. 江苏各县社会教育期刊表. 中华图书馆协会会报，1931，6（4）：8—10.
③ 陈丽泉. 二十年度新刊中国期刊调查表. 中华图书馆协会会报，1932，7（4）：12—17.
④ 严文郁. 美国之华文报纸. 中华图书馆协会会报，1932，7（5）：1—2.
⑤ 丁濬，于震寰. 杂志专号集目. 中华图书馆协会会报，1935，10（5）：5—18.

季刊之类，次出版地及初版者，又次出版年月，必要时兼详某日，最后列价目。停刊期刊之著录次序为首名称，次出版者，次最后期数，末列停刊年月。排列前后皆依笔画之多寡①。

4.5.2.3 版片和善本调查

藏书之家，网罗珍秘，校订之士，考索源流，而往往于印行所资之版片，反多忽略。饲蠹投炉，不可胜计。协会成立之初，会员刘纯即于1926年有南京家刻版片之调查②。刘纯以为，"金陵素为文化之区，海禁未通以前，尤为书贾所走集，学士大夫，竞以刊书相尚，流风于今犹未全泯。然数十年来，时势推移，新刊既寡，旧藏复多零落，而漫灭蠹蚀者，尤所在多有。窃恐其或日就渐灭，或埋没终古，乃有调查南京现存版片之举。列表分目，计有版权、署名、卷数或页数、开刊年月、刊成年月、版存处所六项。一年以来，各方搜讨，盖南京版本，约分局刻、坊刻、家刻三种，前二者或有目录可稽，调查尚易。独家刻一种，既无集中之处所，复往往畏为人知，深秘固藏，甚难得其真象，调查所及，独多缺漏。然佳籍往往在是，吾人之愿知此消息者，当更胜于前之二项。因先摘录此部，就版权人、书名、现在处所等，公于众；其余各项，俟调查完成，再行公布。倘有同好，益以所未知，则尤幸甚"③。刘纯此次版片调查，共得72种，各种版片著录其版权所有者、书名和现存处所等信息。

1929年，第一次中华图书馆协会年会后，执行委员会重组各专门委员会，特别组建了版片调查委员会。徐鸿宝任主席，王重民任书记，委员则有庄严、杨立诚、赵鸿谦、柳诒徵、陈乃乾、欧阳祖经、胡广治、侯鸿鉴、徐绍棨、何日章和聂光甫。会后版片调查委员会特别在《中华图书馆协会会报》和《图书馆学季刊》上发布《中华图书馆协会版片调查委员会启事》。

> 版籍尚矣，萌始于隋唐，大盛于五季；闽雕蜀刻，传古香于后世；坊刊监本，播嘉惠于士林。溯元迄明，士夫不学，读书而义愈晦，刻书而书

---

① 孙诚书.中文期刊生卒调查表.中华图书馆协会会报,1934,9（4）:7—9.

② 中华图书馆协会执行委员会.中华图书馆协会概况.北平:中华图书馆协会事务所,1933:40—41.

③ 南京家刻版片调查初录.中华图书馆协会会报,1926,2（2）:11—13.

愈亡。有清朴学独炽，订讹补佚，必以宋刻为征，于是百宋一廛之赋，宋元行格之表，见重于世矣。独叹夫藏书之家，网罗珍秘，校订之士，考索源流，而于板片反多忽焉！宜乎，五百年后，欲求勤有堂陈道人之刻书掌故者，已云不易，况板片乎？即汲古阁刻板存亡考一书，亦因时尚不远，故得存千百于十一，若再五百年后，亦将有如勤有堂陈道人者矣。中华图书馆协会有鉴于此，特组织板片调查委员会，拟及时广为调查，详为登记，板片不限新旧，一概著录。同人等谬庸重寄，唯恐限于人地，有未周者，念国人不乏好古同志，若肯就地调查，邮筒相寄，将来得共汇一编，不惟敝会所私庆，抑亦全国学术之幸也。敝会现制有版片调查表，请向北平国立北平图书馆徐鸿宝君或王重民君函索，即当奉上不误。[①]

1932 年，第一次执行委员会会议改组各专门委员会委员，善本调查委员会并入版片调查委员会，改以柳诒徵为主席，缪凤林为书记[②]。1935 年，执行委员会再次调整各专门委员，柳诒徵和缪凤林继续担任版片调查委员会主席和书记，委员则有赵万里、傅增湘、张元济、董康、徐鸿宝、周暹、陈乃乾、瞿启甲、杨立诚、欧阳祖经、周延年、王重民、庄严、赵怡谦、侯鸿鉴、徐绍棨、何日章和聂光甫。

虽经版片调查委员会多方努力，终因困难较多，版片调查成效不彰。完成调查者只有河南、江苏、江西等部分地区[③]。

1929 年，第一次中华图书馆协会年会后，各专门委员会进行了重组，除版片调查委员会之外，还组织了宋元善本书调查委员会，以柳诒徵为主席，赵万里为书记，傅增湘、张元济、董康、徐鸿宝、周暹、陈乃乾、瞿启甲、单丕、杨立诚、欧阳祖经、周延年为委员，"意在周知国宝，协卫书林，昭名实之存亡，

①　中华图书馆协会版片调查委员会启事.中华图书馆协会会报,1929,5（1/2）:2;中华图书馆协会版片调查委员会启事.图书馆学季刊,1929,3（1/2）:313.

②　中华图书馆协会执行委员会.中华图书馆协会概况.北平:中华图书馆协会事务所,1933:40—41.

③　中华图书馆协会第五年度报告.中华图书馆协会会报,1930,6（1）:3—9.

谋公私之补救"①。还在善本书调查委员会成立之前，即有协会会员施廷镛将昭仁殿藏书编为目录，又有会员陈准将瑞安孙氏玉海楼藏书中的善本书目，刊登在《图书馆学季刊》第 1 卷第 3 期②。善本书调查委员会成立之后，曾在《中华图书馆协会会报》和《图书馆学季刊》上发布《中华图书馆协会善本调查委员会启事》③。

> 故籍湮沦，旧闻放失，纤儿薪黉，异域航藏；匪唯笃古之士所嗟，抑亦立国于世之耻。中华图书馆协会爰有调查宋元善本之议。意在周知国宝，协卫书林，昭名实之存亡，谋公私之补救。谨负博访旁搜之责，绝无巧偷豪夺之怀。薄海英贤谅同赞许。谨拟表式一纸，乞赐鉴裁。标目不厌求详，填注但期得实。庶几汇为一编，垂之千祀。官非杨慎，冀永保夫缣缃；业绍陈农，倘增光于流略。此启。

善本调查委员会成立后，"印制详表，广为调查，书籍不限一种，凡属名藏，必期悉录而归，以备将来编制总目"④，先是完成了江苏省立国学图书馆、山东省文化委员会图书馆、国立北平图书馆、江苏省立苏州图书馆和浙江省立图书馆馆藏善本调查，再接着进行其余国内重要图书馆馆藏善本的调查⑤。1932 年，第一次执行委员会会议改组各专门委员会，善本调查委员会并入版片调查委员会，仍由柳诒徵任主席，继续开展有关调查工作，对嘉业堂藏书楼藏书、松江韩氏藏书和南海康氏藏书中的善本进行调查⑥。

《永乐大典》为明初编纂的我国历史上最大的类书，保存了明以前大量的古代文献。可惜后来散佚，其残卷为国内外各公私图书馆及私人藏书家收藏。1923 年冬，袁同礼旅居英伦，得阅英国所藏《永乐大典》残本，曾记其卷数，

---

① ④　中华图书馆协会执行委员会.中华图书馆协会概况.北平:中华图书馆协会事务所，1933:39—40.

②　中华图书馆协会第二周年报告.中华图书馆协会会报,1927,3（2）:3—5.

③　中华图书馆协会善本调查委员会启事.图书馆学季刊,1929,3（1/2）:307;中华图书馆协会善本调查委员会启事.中华图书馆协会会报,1929,5（1/2）:2.

⑤　中华图书馆协会第五年度报告.中华图书馆协会会报,1930,6（1）:3—9.

⑥　中华图书馆协会第八年度报告.中华图书馆协会会报,1933,9（1）:2—5.

刊入《学衡》杂志第 26 期。次年春游德、奥，再发现 4 册。1925 年又在大连
得见 2 册。袁同礼就其个人当时所见闻之《永乐大典》卷数，包括涵芬楼藏 7 册，
其他藏书家如傅氏、李氏、陶氏、罗氏、周氏，日人大仓氏各有数册（卷数不
明），撰成《永乐大典现存卷目》（收录《永乐大典》161 册）及《永乐大典现
存卷数续目》（收录《永乐大典》58 册），所存卷目皆列卷数、韵、标题、页数
及收藏机构，分别发表在《中华图书馆协会会报》[①]。1927 年 6 月袁同礼在日本
东洋文库等公私藏书处又得见《永乐大典》27 册，另附在京中北京图书馆、燕
京大学图书馆等处所见《永乐大典》12 册，再以《永乐大典现存卷数续目》（收
录《永乐大典》39 册）发表在《中华图书馆协会会报》[②]。

4.5.3　协会其他调查活动

除图书馆、书店、图书期刊和版片、善本调查之外，协会开展的调查活动
还有各地方图书馆协会章程调查，杂志状况及编制索引与图书装订调查，与国
内各学术团体合组西北科学考察团赴新疆等地考查学术资源等。

协会成立之初，曾对各地方图书馆协会章程进行调查，收集了北京图书馆
协会、天津图书馆协会和济南图书馆协会等 10 个地方图书馆协会的章程，在
《中华图书馆协会会报》发表《各市图书馆协会章程汇录》[③]。1930 年，各地图
书馆协会多感旧规章已不适用，于是加以修改或直接变更组织以图改进。也有
数地于年内创立地方图书馆协会。中华图书馆协会为便明了此项状况起见，特
函各地方图书馆协会，调查其会章及会员，并索取其会议记录以供参考，得到
苏州、广州、北平、南京等地方图书馆协会的及时函复[④]。

1928 年 4 月，协会董事、武昌华中大学文华图书科教授沈祖荣制定"杂志
状况及认编索引调查表"和"书籍装订调查表"两表，分别向国内各图书馆
进行调查，以为研究改进之根据。"杂志状况及认编索引调查表"调查内容有：

---

①　袁同礼 . 永乐大典现存卷目 . 中华图书馆协会会报,1925,1（4）:4—10;袁同礼,刘国
钧 . 永乐大典现存卷数续目 . 中华图书馆协会会报,1925,2（4）:9—13.

②　永乐大典现存卷数续目 . 中华图书馆协会会报,1927,3（1）:9—11.

③　各市图书馆协会章程汇录 . 中华图书馆协会会报,1926,1（5）:7—12.

④　中华图书馆协会第五年度报告 . 中华图书馆协会会报,1930,6（1）:3—9.

①图书馆名称及地址；②订购杂志之名目及其选择标准；③图书馆订购杂志有无一定期间？是零售还是整购？占全年图书费若干等 12 项内容。"书籍装订调查表"包括：①中国书籍旧装法是否必须改良，其理由为何？②图书馆是否改良装法并普及各种图书，装式有几请分举见示，并记每册之平均价；③雇工装订与交店装订，二者孰为经济？图书馆究采何法等 5 项内容①。

1927 年 3 月，瑞典人斯文·海定组织大规模之远征队（Seven Hedin Central Asia Expedition），赴我国西北各省考察地质，希图尽力搜索古物及特种学术材料。京中各学术团体如中央观象台、天文学会和历史博物馆等在北京大学研究所召开会议，邀请中华图书馆协会参加，议决组织北京学术团体联席会，反对斯文·海定远征队对我国西北地区的"科学考察"，并发表《北京学术团体联席会议为反对瑞典远征队宣言》如下：

> 凡一国内所有之特种学术材料，如历史材料，及稀有之古生物动植矿物等，因便利研究，尊重国权等理由，胥宜由本国各学术团体自为妥实保存，以供学者之研究，绝对不允输出国外。此在文化优越之国家，已经著为典则，无有例外。乃近数十年来，常有外人所组织之采集队，擅往中国各处搜掘，将我国最稀有之学术材料，如甘肃新疆之经卷、壁画及陶器、蒙古之有脊动物化石、陕甘川贵之植物，莫不大宗捆载以去。一若不平等条约蚀吾国权之不足，更欲用其精神以蚀吾学术。当时虽亦有人呼号反对，而政府社会，置若罔闻，遂致材料分散，研究不便，致学术上受莫大损失。与言及此，良堪痛心。近且闻瑞典人斯文·赫丁组织大队，希图尽量搜取我国所有特种学术材料，第观其西文原名为 Seven Hedin Central Asia Expedition，已令人万难忍受。夫 Expedition 云者，探险远征之谓，对于巴庇伦、迦太基等现已不存在之国家，或可一用，独立国家断未有能靦颜忍受者。试问如有我国学者对于瑞典组织同名义之团体，瑞典国家能否不认为侮蔑？同人等痛国权之丧失，惧特种学术材料之攘夺将尽，我国学术前途将蒙无可补救之损失，是故联合宣言，对于斯文·赫丁此种国际上学术

---

① 杂志状况及编制索引与图书装订之调查 . 中华图书馆协会会报,1928,4（1）:14.

上之不合法行为，极端反对。我国近年，因时局不靖，致学术事业未能充分进行，实堪慨叹。但同人等数年来就绵力所及，谋本国文化之发展，已有相当之效果。现更鉴于协作之必要，组织联合团体，作大规模之计划，加速进行，将来并可将采集或研究之所得，与世界学者共同讨论。一方面对于侵犯国权，损害学术之一切不良行为，自当本此宣言之精神，联合全国学术团体，妥筹办法，督促政府，严加禁止。当此吾民日趋觉悟，举国呼号废除不平等条约之时，邦人君子，爱国之心，谁不如我。谅能急起直追，使中国文化前途，有所保障。是则同人等所馨香顶祝者也。北京学术团体联席会议加入者如下：北京大学考古学会，历史博物馆，古物陈列所，故宫博物院，清华学校研究院，中华图书馆协会，中央观象台，京师图书馆，北京图书馆，天文学会，中国画学研究会。

会议还拟即以该联席会作为永久机关，严密监视外人，不得购买、窃取或发掘古物及学术上稀有之品；同时积极互相协作，采集保存学术上之材料，主动联合开始举办科学之采集发掘等事 ①。1927 年 4 月，协会与国内各学术团体合组之西北科学考察团，出发对西北地区学术资源进行考察。协会会员黄文弼参与从事考古工作，发现文籍简片之类甚多。1930 年第二次出发之陈宗器，又在额济河沿岸古墩子发现木简大小 250 余片，为研究中国历史之珍贵资料。文字均为隶书，记载有原始、元康、地节、始元等年号，当为前汉之遗物 ②。

---

① 保存古物运动之参加 . 中华图书馆协会会报,1927,2（4）:16—17.
② 简书之新发现 . 中华图书馆协会会报,1930,6（2）:15.

5 非常时期的中华图书馆协会（1937—1948）

5.1 促进图书馆事业发展

"七七"事变后抗战全面爆发，中华图书馆协会继续遵循协会《组织大纲》规定的宗旨并根据全面抗战的需要，提出战时协会工作方针如下：①协助中央及地方政府在西南、西北各省发展图书馆事业，指导各图书馆积极推进文化建设，训练专门人才，并予以技术方面之合作，俾能在抗战期间，扫除文盲，促进民教，唤醒民族意识，激发抗战情绪，以增强抗战之力量。②在国外继续做有系统之宣传，分请欧美各国学术界、出版界，寄赠大批图书，协助我国被毁之图书馆从事复兴，以符中央抗战建国之本旨，而供给战时及战后全国学术界之需要。抗战初期协会开展的主要工作则有：拟订战时工作大纲在各地设立通讯处，集中力量发展后方图书馆事业；调查全国图书馆被毁状况，以英文编成报告做国际之宣传；协助被毁之图书馆向国内外征求书籍积极复兴[①]。

全面抗战期间及抗战胜利后中华图书馆协会在促进图书馆事业发展方面开展的主要工作有：指导战时图书馆事业建设；协助发展西南图书馆事业；继续图书馆相关调查。

5.1.1 指导战时图书馆建设

卢沟桥事变后，日本发动了大规模的侵华战争，接着平津沦陷，战事蔓延。作为文化教育事业重要组成部分的图书馆事业受到极大破坏。根据教育部1935年统计，国内图书馆大小凡4000余所。抗战全面爆发前夕，我国图书馆事业又有进一步的发展，数量当不止于此。而截止到1938年底，我国图书馆之遭

---

① 本会呈报中央党部会务进行概况. 中华图书馆协会会报, 1938, 13（3）: 15—16.

到敌毁、沦入敌手者，估计已达 2500 余所，且沿海各大都市藏书丰美之图书馆，尽在其中。1938 年 11 月 27 至 30 日，由全国 12 个教育学术团体组成的中国教育学术团体在战时首都重庆市区川东联立师范学校礼堂联合召开学术年会。年会期间，中国教育学术团体联合年会发表《致各国文化教育团体宣言》，揭露日本侵略者自"七七"事变以来对中国大学、图书馆及其他教育文化机关大规模的毁灭与掠夺。吁请各国文化教育团体对日本肆意摧毁中国教育学术文化之暴行予以谴责和制裁，恳请各国文化教育团体对中国在图书与设备方面继续给予协助，并代表全国教育学术界在世界文化与教育学术合作进展共同目标之下，尽其绵薄之努力①。联合年会还通过了有关发展图书馆事业的多项议案，如：《全国各文化机关征购图书应集中办理案》《分区编制联合目录案》《请教育部咨军事委员会政治部设立专门机关办理军营图书馆及战区内公私书藏之安全事项案》《设立难童及难民图书阅览室案》《请开办西南及西北各省图书馆服务人员讲习会案》《请筹设文化机关及图书馆旧书复本交换处案》《拟请建议中央拨款补助内地各省普设县市乡镇图书馆案》《请教育部筹设国立图书馆专科学校在未成立前先于各师范学院添设图书馆学系并指定目录学及参考书使用法为大学一年级必修课程案》②。这些议案多为中华图书馆协会或协会会员所提，均针对战时图书馆事业的建设而发。议案之通过对指导战时我国图书馆事业的建设和发展起到了积极的推动作用。

面对强敌入侵，国民政府之国策由"先建国后抗战"而变为"抗战以谋建国"。为了适应国家抗战建国国策的需要，1939 年 1 月，协会在《中华图书馆协会会报》第 13 卷第 4 期发表《抗战建国时期中之图书馆》一文，指出"战时图书馆乃所以增加抗战之力量"，即战时图书馆事业的建设应服务于全民族抗战的需要，并以增加抗战力量为目的，而图书馆在战后时期之建设，应充分考虑"战后之复兴"，开展 7 个方面的工作：

一是制度之确立。战前教育部虽有图书馆规程之颁布，但历时已久，需要

---

① 中国教育学术团体联合年会致各国文化教育团体宣言 . 中华图书馆协会会报,1939,13（4）:7.

② 中国教育学术团体联合年会有关图书馆事业议决案汇录 . 中华图书馆协会会报,1939,13（4）:9—10.

修订补充。图书馆虽有国、省、市、县立之分，然向无统属，且无标准宗旨。何者为省立图书馆所应务，何者为县立图书馆所应备，向无规定，亦无监督。各听其自由进行，功效发挥大受影响。战时国、省、市、县立各图书馆应分为若干等级联成相当系统，配合相当需要，各接受其上级之辅导。同时负有监督责任之教育行政机关也应设员专司其事，与相当图书馆联络，认真视察，层层节制，严施奖惩。至于国立、省立、县、市立各图书馆与学校、会社机关儿童等各专门图书馆，其对象不同，机能亦异，各级各种图书馆业务之项目如何，进行之限度如何，设备之繁简如何，人员之进用如何，应以法令详订其标准，以观其成效。

二是设置之普及。抗战时期，举凡文化建设、学术研究、国际外交，以及民众职业之调整与训练、民族意识与政治思想之发扬与宣传，在在需要图书馆事业予以配合与服务。后方各省图书馆事业原本落后，因此战时图书馆普及刻不容缓。各县皆应设县立图书馆，并于每一地方自治最小单位（例如一保或一乡镇）内，斟酌人口多寡及地方情形设置分馆或存书站。各省应视地域广狭与需要分为若干区，每区设立区立图书馆或省立图书馆分馆，以辅助县立图书馆之工作。战地工作宜从速成立战区图书馆，统辖若干随军图书馆。按照战区分配，专事其事，向前方将士及战区人民提供精神食粮。因受战事影响而内迁之图书馆，中央更应预为计划指导，俾其事业得继续进行。其搜藏得慎守勿失。

三是人才之培养。事业之兴举，全赖服务之得人。发展图书馆事业，不可不注重人才之训练、进修与保障。图书馆事业之人才培养方面，图书馆学专科学校亟应加以扩充，并酌设新校；师范学院及各级师范学校宜设置图书馆学科系，同时订定课程标准以宏造就。现有图书馆人员之未受专门训练或经验未充者，宜由省教育厅分期召集举办讲习班，予以相当时期之训练。并尽量利用现有之图书馆学专门刊物，指导图书馆业务，以推广进修之机会。图书馆员之等级与待遇，养老金与恤金之给予宜早明定，以使与其他公务员及教育人员立于同等地位，保障其安心任事，以图书馆为终身之业。

四是图书之搜采。藏书是图书馆开展一切业务之基础。考虑到战时选采适用书籍之不易，藏书不在多而在致用，故分科范围应有相当之分配。与抗战有关之书籍，如军事政治及应用科学等类，如伤兵难民之读物，如地方乡土资料与时代史料，皆应慎重顾及。藏书范围无妨推广，兼及于图书照片以及留声机片、幻灯影片之类，不适用之书则毋宁舍除。为求经济上之效率，各馆入藏书籍宜分工合作，除必备之参考书外，每馆应有一特长，搜罗一类或两类性质完备之书籍，并宜有一中心机关，专司交换有无，以为调剂。至于搜集残逸古籍，罗致世界重要典籍，则国立、省立及大学图书馆之责也。战区中之重要书藏，无论公私，有沦毁之虞者，事先宜指定专门机关负责设法救护，运移安全地带之责。尤应鼓励私人将其无力保护之书籍捐赠或寄存图书馆以资应用，而免散失。其公私藏书及馆舍受战事损害而毁失者，更应及时精密调查统计，以备停战谈判时之参考。

五是经费之支配。图书馆事业的发展必须有财力的支撑。战前全部教育经费中，社会教育经费仅占百分之七，图书馆又在社教费中沾润少数，其微末诚不堪言。战时国家财政艰难，但为推进事业发展，图书馆事业与其他事业费应有相当之比额，俾不致有所偏枯。至于各馆经费支配，更应合理化，以求费少量之金钱，得多量之效果。其各馆图书或因学术上之急需，或在战区遭受损失，有待补充时，又图书馆向内地转移时，则望政府特筹之款，斟酌补益也。

六是建筑与设备。图书馆建筑在欧美为每一都市中重要之建筑，故应宏大美观，吾国虽不能与欧美比美，近数年来亦多有费数十万或百余万元者。但今当非常时期，似不应以巨款付之建筑，而建筑更应力避华丽，以适用、坚实、简朴、便于扩展为原则，现有房舍可以利用者，无妨加以改造。至于设备及用品须尽量采用国产，并依标准制作，俾节漏卮。

七是政策与技术。以往各图书馆事务进行，大半无预定之方针与政策，以致自身动力甚微，进步甚缓，又皆馆自为政，各行其是，以致难收协进互助之益。战时图书馆尤需联络合作，以谋财力与人力之节约，俾技术与效率提高，充分发挥图书馆教育之力量，与政治军事建设打成一片，不仅为民众教育之机关，亦为社会服务之机关。各馆应互相联络，避免同一地点彼此工作重复。于必要时，各机关、学校、会社等得举办联立图书馆，大图书馆中得设立专部或另组织专门图书馆设于相当地点。对于读者服务，力谋改进；求更妥善、更敏捷之保存图书与运用之方法。利用无线电播音及幻灯电影等以推广图书馆之效用；对于有专门兴趣者，举行个别指导，并利用索引剪贴等法，将散见报纸杂志上有关抗战之文献，分门别类，钩稽整理，以供研究之便利，增进参考工作之效能[①]。

总之，抗战全面爆发后，中华图书馆协会充分发挥全国性图书馆事业行业和学术组织的地位和作用，根据形势发展的需要，从制度建设、设置普及、人才培养、藏书建设、经费支配、建筑设备、协作协调等方面，给予全国图书馆事业发展以及时的建议和指导。

1939 年 11 月 4 日，教育部公布《图书馆辅导各地社会教育机关图书教育办法大纲》15 条。1940 年，协会积极协助政府推进落实，促请各地方图书馆实施推进，并商讨研究推进过程中之各项实际问题[②]。

5.1.2　协助发展西南图书馆事业

抗战全面爆发后，国民政府迁都重庆，西南各省遂成为抗战大后方。西南各省，僻处边陲，文化落后。因此，推进西南各省文化建设，实为当务之急。中华图书馆协会为发展西南文化起见，对于西南文化机关曾做系统之调查，深觉图书设备诸多简陋，以致教育颇难发展。因此，曾于 1939 年分函西南各省教育当局，请多筹设备，以应战时文化需要。同时函请管理中英庚款董事会斟酌缓急，分别补助西南各省图书馆，俾能充实其内容。结果由协会之提议，云南昆明图书馆已由管理中英庚款董事会拨付建筑费 5 万元，并与云南省政府合组委员会进行筹备。四川省立图书馆，亦由协会之申请，管理中英庚款董事会议决拨给该馆购书费 3 万元。除促进西南各地图书馆事业之发展与改进，以求适应抗战期中之需要外，协会还拟订计划，积极推进西北各省图书馆事业。陕西城固及甘肃兰州均有多所图书馆相继成立，借以扫除文盲，促进社教，唤醒民族意识，激发抗战情绪，而增强抗战之力量。

1938 年 6 月，协会致函管理中英庚款董事会，请参照发展西北文化办法筹拨巨款，在西南各省积极推进文化。协会致管理中英庚款董事会公函如下[③]：

---

① 中华图书馆协会.抗战建国时期中之图书馆.中华图书馆协会会报,1939,13（4）:2—4.
② 本会民国二十九年度会务报告.中华图书馆协会会报,1941,15（5）:6—7.
③ 发展西南图书馆计划.中华图书馆协会会报,1938,13（2）:17.

我国以历史关系，文化建设，偏重沿江沿海一带，分布失均，积重难返。当兹全面抗战期间，惩前毖后，亟有调整之必要。前贵会为发展西北文化起见，曾拨款二十万元，协助绥、青、甘、宁各省推进边疆教育，深谋远虑，无任钦仰！此次暴日侵华，西南各省，已成国防重地，惟民智未开，文化落后，以致教育事业，推动甚难。敝会为协助发展西南文化起见，对于西南文化机关，曾作系统之调查，深觉图书馆之设备，诸多简陋，以致社会教育，无由发展。素仰贵会对于全国教育文化事业，统筹兼顾，拟请参照发展西北文化办法，筹拨巨款，在西南各省，积极推进文化，前途实利赖焉。为处理便利起见，似宜组织委员会，先为设计，俾能根据实际情形，制定方案，逐步推行，收效较易。敝会能力所及，极愿略贡刍荛，借资参考，即希察夺实行，西南文化幸甚！

管理中英庚款董事会复函中华图书馆协会，准予在昆明设立图书馆一所。原文录后①：

前准大函，以西南各省，文化落后，社会教育，无从发展。嘱本会参照发展西北文化办法，筹拨巨款，在西南各省，广设图书馆，组织委员会设计进行等由，并附发展西南各省图书馆意见书。准此，业经提出第四八次董事会议，于支配息金案内汇列讨论，并参照贵会意见，议决筹设昆明图书馆一所，指定建筑费五万元；现已计划筹备，特函奉达，即希查照，此致。

协会以管理中英庚款董事会第四十八次会议议决在贵阳筹设科学馆，在昆明筹设图书馆各一所，借以推进西南文化，而对于西南另一政治文化中心的四川成都尚无拨款，不无遗憾。因中英庚款董事会定于1939年5月杪在香港举行董事会年会，于是协会于3月21日再函该董事会，请筹拨巨款在成都设大

---

① 管理中英庚款董事会复函本会准于在昆明筹设图书馆一所．中华图书馆协会会报，1939,13（5）:13.

规模图书馆一所，借以推进西南文化，增强后方文化之建设。原函录后[①]：

> 敝会前鉴于我国文化建设，大都偏重沿江沿海一带，分布失均，积重难返，当兹全面抗战期间，惩前毖后，亟有调整之必要。曾于去岁六月函请贵会参照发展西北文化办法，筹拨巨款，协助西南各省发展教育文化事业。蒙贵会于第四十八次董事会议议决，在贵阳筹设科学馆，在昆明筹设图书馆各一所，借以推进西南文化，而增强抗战力量，热心毅力，薄海同钦。惟对于四川一省，尚付阙如，不无遗憾！际兹第二期抗战开始，四川为政治文化中心，地位重要，毋待赘述。敝会为协助发展该省文化起见，曾派专家前往调查，深觉图书馆之设备，诸多简陋，以致社会教育之推动，不无困难，从速建设，似不容缓。素仰贵会对于全国教育文化事业，统筹兼顾，拟请筹拨巨款，在成都设立大规模之图书馆一所，借以推进西南文化，而增强后方之建设，殊于建国前途，不无裨益。即乞提出本届年会审议施行，并希见复，不胜盼祷。

管理中英庚款董事会事务所于 3 月 31 日函复协会，允予汇提审查，复于 10 月 21 日正式函复协会，以协会"前请补助设立成都图书馆一案，业经本会教育委员会于本届支配息金案内，汇提审查，金以本年息金收入，因战事影响，远不如前，过去董事会议决应继续补助各款，既须尽先提拨，而本会自办事业，又势难中止，此外非常时期各项临时救济，如协助科学工作人员及设置研究助理之类，亦不能不继续办理，支配掊注，实感困难。但在后方文化中心设置图书馆，亦属至要，适四川教育厅亦有设立成都图书馆之计划，本会爰就该案决定补助图书费三万元，对于贵理事会所请，用意相同，因不另再补助"[②]。

昆明图书馆经管理中英庚款董事会决定补助建筑费国币 5 万元后，由该基金董事会与云南省政府合组筹备委员会，并聘定李书华为主任委员，龚自知为

---

① 本会致函管理中英庚款董事会请在成都筹设大规模之图书馆一所．中华图书馆协会会报，1939，13（6）：11．
② 管理中英庚款董事会复函本会准予补助成都图书馆购书费三万元．中华图书馆协会会报，1939，14（2/3）：11．

副主任委员，蒋梦麟、袁同礼、梅贻琦、熊庆来、任鸿隽等为委员。于是袁同礼遂代表中华图书馆协会积极参与昆明图书馆之筹建。1939 年 3 月 25 日，筹委会于云南省教育厅会议室开会成立，并议决昆明图书馆建筑地址为昆明大西门外，以便与学校区接近；昆明图书馆之性质及收藏偏重社会科学及普通图书，供给大中学生及中学教员参考阅览之用；会议请袁同礼调查省会（昆明）各方面现有书籍及以后之需要，作为图书馆建成后之购书标准①。

协会除向中英庚款董事会积极争取经费在西南各省建设大规模之图书馆，促进西南文化发展外，还接受四川中山图书馆邀请，代向四川省政府请求对于该馆经费与馆址二项，予以切实扶助。协会为求明了中山图书馆实际情况，以便代向该省政府请求起见，特先函托协会理事刘国钧、会员曹祖彬代表前往视察。刘国钧、曹祖彬于 1939 年 1 月 11 日下午前往成都中山图书馆视察，之后于 1 月 15 日向协会提交《视察四川中山图书馆报告》。报告认为中山图书馆，"以目下之情形而论，规模较小，设备复简，编目分类多未得法。但该馆纯系私人所创办，该创办人兼馆长陈福涉先生，奔走经营，辛勤擘划，其热心毅力，实堪钦佩！管理方面虽不免有缺点，亦缘经费不足，非任意敷衍者可比。现在抗战时期，推行社会教育不能忽视，亟宜就原有基础，加以改进。扩充馆址，增聘人员，改良编目分类之法，皆属应行之事，在在均需经费。据云，所拟改造计划书及预算表已由该馆长邮达协会，如能准其所请，代向四川省政府请款，亦不失为提倡奖励之道也"②。

1939 年，协会理事长袁同礼赴渝出席全国教育会议之便，曾往成都各地视察四川省各公私图书馆，深觉该省此项设备，诸多简陋，极有补充之必要。除由协会继续向中英庚款董事会建议，促其对于四川省文化事业积极援助外，3 月 1 日袁同礼理事长亲自复函该省教育厅郭有守厅长，请其拟具设置省立图书馆详细计划，正式向中英庚款董事会申请补助，协会自当从旁赞助③。

四川省于民国初年即曾设立图书馆，但以规模狭小，书籍不多，省款支绌，

① 昆明图书馆筹委会正式成立.中华图书馆协会会报,1939,13（6）:24.
② 视察四川中山图书馆报告.中华图书馆协会会报,1939,13（5）:14.
③ 本会袁理事长为筹建成都图书馆事致四川教育厅郭厅长函.中华图书馆协会会报,1939,13（6）:11.

于 1927 年 8 月划归成都市政府管理，改为市立图书馆。1935 年，省政府鉴于图书馆事业之重要，议决筹设省立图书馆，于 1937 年 3 月 26 日成立四川省立图书馆筹设委员会，决议图书馆建设经费由教育厅斟酌情形分年筹拨。后以抗战爆发，经费困难而停止筹办。郭有守担任省教育厅厅长后，以四川为民族复兴之基地，而文化之启迪，乃复兴之根本，而图书馆之设置，于社会教育与学术研讨关系至切至大，毅然重申旧案，即付实施。于应筹拨之款项，尽力设法即行补拨。并函请中英庚款董事会补助 3 万元作为图书购置费，重新组织筹设委员会。聘请蒋复璁、沈祖荣、向仙乔、蒙文通、顾颉刚、李小缘、刘国钧、桂质柏、汤茂如、章柳泉、赖兴儒、詹钟泰、陈建恒、岳良木、曹祖彬 15 人为常务委员，于 1939 年 10 月 12 日在教育厅召开常务会议，着手筹办。省政府则聘请岳良木为筹备主任、曹祖彬为副主任，于 1940 年元旦在成都城守街前中城小学内正式成立筹备处。1940 年 4 月 10 日，筹备大致就绪，四川省立图书馆于成都城守街正式宣告成立[①]。

5.1.3 继续图书馆相关调查

抗战全面爆发前，协会会员李文裿所做系列期刊调查和国立北平图书馆中文期刊组组长孙诚书接受中华图书馆协会委托所做系列期刊调查，分别以《中国定期刊物调查表》和《中文期刊生卒调查表》等为题发表在《中华图书馆协会会报》各期，详见"4.5　调查图书馆事业及资源"。抗战全面爆发后，协会会员国立北平图书馆毛宗荫继续对全国期刊进行调查，调查结果经整理后以《全国杂志调查表》和《全国杂志调查表续编》分别发表在《中华图书馆协会会报》第 13 卷第 1、2、3、5、6 各期。其中《全国杂志调查表》所收期刊包括：旧刊在 1937 年 7 月 7 日以后仍照常出版者；新刊在 1937 年 7 月 7 日以前创刊者；已停刊物，而在 1937 年 7 月以前复刊者。期刊排列方法，先以笔画多寡为序，再依五笔检字法详为次第。如第一字相同者，则再视第二字之起笔以为先后。著录刊物包括期刊名称、刊期、出版地及出版者、全年价目和创刊年月等

---

① 四川省立图书馆概况 . 中华图书馆协会会报,1940,14（5）:6—7;四川省立图书馆正式成立 . 中华图书馆协会会报,1940,14（6）:10—11.

信息。由于国立北平图书馆与西南联大合组图书馆地处云南边陲，期刊调查见闻难周，遗漏不全或谬误之处在所难免①。《全国杂志调查表续编》所收期刊包括：旧刊在1937年7月以后仍照常出版而在《全国杂志调查表》中未及备载者；新刊在1938年10月以前创刊者；已停刊物，而在1938年10月以前复刊者②。

全面抗战期间，成都为西南地区文化中心，书店一直比较发达。其中专售经史子集等线装书或木刻书之书店，大多集中在学道街、卧龙桥、东城根街及西玉龙街；出售新教科书及新出版书籍之书店，则大都集中在少城祠堂街及春熙路。各书店多印有单张书目，印成书本式目录者则数量较少，且往往有目无书，或有书无目，给购书者按图索骥带来困难。至于价格，则因战时物价飞涨，无论何种书籍，都照原价增加至10倍以上，毫无标准可言，目录所载亦不足凭。因空袭危险，各大书店将贵重书籍疏散各处，每购一书，须下乡检取，往往费时累日，不能即得。书店又多有兼营出版业者。四川出版业历史悠久，"蜀本"如宋蜀刻七史最为著名。又刻十三经，亦以蜀本为佳。抗战时期人工纸张，及其他材料亦随价高涨，书店缺乏资本，刻板印书，殊非易事。新书业所印之书，多用土纸，既易损坏，且颜色模糊，妨碍目力。新旧书业出版之困难，对于文化事业推进实在是一大障碍。至于杂志则由书店购自上海、香港等地，因交通梗阻，无法递寄；昆明、贵阳、重庆等地新出杂志，虽可达到，也难以按时准期。至于自行出版之杂志，则寥若晨星之可数。协会会员陈长伟有鉴于此，特别编辑《成都书店调查表》，调查新旧书店159家，其中旧书业110家，新书业49家。旧书业列其书店名称、出售类别（或收售或刊刻或刊印）、负责人姓名、籍贯、地址，新书业则列其书店名称、性质（或经营书籍文具，或经营书籍文具杂志，或经营书籍杂志教育用品）、经理姓名、籍贯、地址，以为图书馆采访之一助③。

---

① 毛宗荫. 全国杂志调查表. 中华图书馆协会会报, 1938, 13（1）:5—14; 毛宗荫. 全国杂志调查表（续完）. 中华图书馆协会会报, 1938, 13（2）:7—16.

② 钢锋. 全国杂志调查表续编（一）. 中华图书馆协会会报, 1938, 13（3）:10—14; 毛宗荫. 全国杂志调查表续编（二）. 中华图书馆协会会报, 1939, 13（5）:5—11; 毛宗荫. 全国杂志调查表续编二（续）. 中华图书馆协会会报, 1939, 13（6）:7—10.

③ 陈长伟. 成都书店调查表. 中华图书馆协会会报, 1941, 15（3/4）:7—10; 陈长伟. 成都书店调查表新书业（续完）. 中华图书馆协会会报, 1941, 15（5）:5—6.

1941 年，协会理事杜定友曾制作《大学图书馆调查表》发表在《中华图书馆协会会报》第 15 卷第 3、4 合期，拟对大学图书馆做全面调查。调查项目包括：名称、地址、组织、藏书、经费、阅览、出纳、建议等。其中"组织"包括：图书馆在大学之地位，是直隶校长与各学院并行，或隶属教务处与出版处注册处并行，还是隶属其他部处；馆内组织，分若干部及各部名称，是否有分馆及分馆名称，有分馆者则调查总分馆对于图书之分配及分馆自购另由总馆拨用等内容；馆员及薪俸则调查馆长是兼任或专任、月薪若干，各部（股）人数及薪额，各分馆人数及薪额，职员人数薪额与全校职员之比较等；"藏书"则调查"原藏""现藏""分配"和"采购"等项 ①。调查内容极为详尽，可惜调查结果未见发表。

抗战全面爆发以前，上海为全国文化中心，图书馆事业发达。就其数量而言，为国内各大都市之冠，如规模较大、设备完善之专门及大学图书馆，多达20 余所。战前上海图书馆之创设，东方图书馆之复兴，鸿英图书馆之捐款，在在表示上海图书馆事业之兴旺。不幸的是，正当上海地区图书馆事业方兴未艾之际，日军大举侵略上海，淞沪抗战因之爆发，图书馆与其他文化事业一道同遭浩劫。特别是各重要馆址均地处上海四郊，成为日军炮火摧残目标。郊外各著名大学及文化机关，尽遭破坏，大学图书馆损失尤为惨重。即或馆舍幸存，馆藏及其他设备亦归一空。所幸各馆多于事前将藏书尽力设法迁移安全地点，因而得获保存于万一。然终因时间促迫、地点难觅，仍有图书馆全未迁移或仅迁出一部分者。就上海一隅而论，各重要图书馆直接遭受破坏或损失者约有 10所，被占据者 1 所，因战事而停顿者 2 所，原在安全区域未受损害者不过 4、5所而已。协会会员钱存训，就访询所得，撰为《上海各图书馆被毁及现况调查》一文，发表在《中华图书馆协会会报》。调查内容包括：被毁各馆调查，被占各馆调查，停顿各馆消息，未受损害各馆现况，新设各馆近讯 ②。

"七七"事变以后，北平各图书馆处于非常状态。各馆既缺乏显著者之提倡，又无图书馆协会之联络，而且人心惶惶，不能安于所事。因此图书馆停办者有

① 杜定友.大学图书馆调查表.中华图书馆协会会报,1941,15（3/4）:5—7.
② 存训.上海各图书馆被毁及现况调查.中华图书馆协会会报,1938,13（3）:5—8.

之，移让者有之。其他继续维持苟延残喘者，无非碍于他故，敷衍了事而已，与"七七"事变前生机勃勃之状况相比较，诚不堪以道里计。协会为关心北平图书馆界状况者明了起见，经多方设法托人调查后，于1941年9月将北平图书馆规模之较大者，就调查所得之次序，披露于《中华图书馆协会会报》，惟不详及失实之处，因限于当日北平之状况，在所难免。调查图书馆包括：国立北平图书馆状况、国立清华大学图书馆状况、国立北京大学图书馆状况、国立北平师范大学暨所属各校图书馆、燕京大学图书馆、北平协和医学院图书馆等[①]。

1942年，协会对重庆市内之国际团体图书馆曾做专题调查。调查对象有中美文化协会图书馆、中英文化协会图书馆、中印文化协会图书馆、中法比瑞文化协会图书馆、中苏文化协会图书馆、中华基督教青年协会蟾秋图书馆、英国大使馆新闻处图书馆、苏联全国粮食出口协会图书部、国际反侵略活动大会及自由世界协会中国分会图书馆等，调查结果以《重庆市内图书馆一览》发表于《中华图书馆协会会报》。各馆调查内容主要包括：沿革、宗旨、藏书、工作情形、会员、出版物、经费、职员、地址、电话等。为了解抗战时期重庆市内国际团体图书馆状况提供了方便[②]。

民国时期，广州僻处南疆，图书馆之规模虽不足以与北平、南京、上海比拟，然其发展之速度，则不遑多让。抗战全面爆发前，广州规模最大、历史最悠久之图书馆当推国立中山大学图书馆与岭南大学图书馆；以建筑华丽名著华南者则有市立中山图书馆；而建筑中之中山大学图书馆，规模尤为宏大。然而令人扼腕的是，抗战全面爆发后广州沦陷，馆藏图籍同遭兵燹。其中幸获保存者，也为日寇巧取豪夺，损失惨重。抗战胜利后，战前迁往粤北之中大、岭大、广大和广东省立图书馆等纷纷复员返穗，董理丛残，收拾遗佚，从事恢复重建。为了解抗战胜利后广州地区各主要图书馆复员建设现状，《中华图书馆协会会报》1946年第20卷第4、5、6合期特别发表《广州香港各图书馆近况》一文，

---

①　七七事变后平市图书馆状况调查.中华图书馆协会会报,1941,16（1/2）:4—12;七七事变后平市图书馆状况调查（续）.中华图书馆协会会报,1942,16（3/4）:14—18.

②　重庆市内图书馆一览.中华图书馆协会会报,1942,17（1/2）:10—12.

是为对国立中山大学图书馆、岭南大学图书馆、广东省立文理学院图书馆、广州大学图书馆、广东省立图书馆、广州市立中山图书馆、广东文献馆图书室、香港大学图书馆等进行调查之结果。香港虽与广州比邻，联系密切，但其图书馆当时尚不为国人所知，因此一并附纪①。

除对期刊、书店和图书馆之调查外，抗战期间协会还特别注重对战区图书馆人员及抗战爆发以后协会会员之调查，详见"3.2　协会会员"。

5.2　调查图书馆事业损失

早在中日甲午战争期间，日本就开始利用发动侵略战争之机对中国文献进行掠夺。甲午海战爆发后不久，日本宫中顾问官兼帝国博物馆总长的九鬼隆一就曾向日本政府和陆海军高级军官赠送过名为《战时清国宝物搜集方法》的小册子。这里的"清国宝物"是指"中国朝鲜历代古物"，即古董或者古代美术品，也包括古籍在内。《战时清国宝物搜集方法》由"要旨""方法""费用"组成。其中要旨共9条："①本邦② 文化之根底，与中国朝鲜有密切之关系。为明了我国③固有之性质，有必要与之对照。故搜集大陆邻邦之遗存品，乃属学术上之最大要务。②本邦实可称为东亚之宝库。中国朝鲜历代古物，亡于本国而存于我者实夥。今若更充实之，则至于东洋之宝物，其粹钟集于本邦，以夸示国力，为东洋学术之据点，以雄进国产。此诚所以发扬国光，平时自当利用一切之机会，不可不计其实行也。③战时搜集之便，在于得到平时不能到手之名品。④战时搜集之便，在于较之平时，可以极低廉之价格得到名品。⑤战时搜集之便，在于较之平时，可以解决搬运沉重物品之方法。⑥战时搜集之要，在于防止名品之灭亡。战争致宝物破坏湮灭，各国皆然，然无甚于古来中国者。且名品之保存，亦为世界所必要。故战时搜集于此点最为有益。⑦战时搜集，有平时不能实施之探险之便利。⑧于战时搜集名品，则伴以战胜之荣誉，可存千岁之纪念，足以大力发扬国威。⑨于慎重处理收买上，战时之搜集毫无可归于国际公法之

---

① 何观泽.广州香港各图书馆近况.中华图书馆协会会报,1946,20（4/5/6）:3—7.
②③ 原文如此,指日本。

通义之所。《战时清国宝物搜集方法》对中国及朝鲜文化遗产的'搜集'做了具体而明确的指示和规定，对文化遗产的'搜集'要求在陆海军大臣或军团长（军司令官）的指挥下统一进行，搜集品应先送到兵站，再送到日本，之后即作为帝室的御藏或作为帝国博物馆的藏品。军队应对这种'搜集'活动予以协助，搜集人员应以'有识者'充任之。"①

此后，日本每利用所谓科学考察之名或发动战争之机对中国文献进行恣意掠夺，对中国图书馆事业进行肆意破坏。日本人西德二郎、福岛安、日野强、林出贤次郎、付乌次郎、远滕利男等在19世纪末，大谷光瑞等在20世纪初就曾组织所谓的科学考察队和探险队，远赴中国西部考察和收集中国文物，盗走大量敦煌吐鲁番文书、木简、壁画、雕像、丝织品和世俗文书等文献。1918年，日本高等师范教授、文学博士林泰辅亲赴河南安阳调查和搜购文物。1931年"九一八"事变期间，日军的炮火曾造成了包括沈阳东北大学图书馆、黑龙江省立图书馆和东北大学教授王华隆私人藏书在内的大量公私藏书的损失。事变发生之时，日军掠夺了原藏于沈阳故宫的文溯阁《四库全书》，存于其控制下的"满铁"办公处，预备掠往日本，抗战胜利后始被追回②。

1932年"一·二八"事变期间，商务印书馆东方图书馆先是被日军的炮火击中，后又被日本浪人蓄意纵火，馆舍被火焚毁，藏书荡然无存。早年的商务印书馆以整理出版中国传统古籍、编写出版中小学课本和翻译介绍西方新思想、新学说著称。相应地商务印书馆编译所的图书资料室涵芬楼藏书则以收藏珍贵古籍、地方志和西文图书著名。1926年，商务印书馆成立30周年之际，作为纪念活动之一，董事会议决定将涵芬楼除善本书籍外，全部改为独立于编译所的东方图书馆，对外开放，服务社会。而善本书仍属涵芬楼，由东方图书馆另辟专库代为保管。至1932年遭日军炮火焚毁前，东方图书馆包括涵芬楼藏书已达40万余册，是当时国内甚至亚洲最精、最富的图书馆之一。1932年1月28日，日军进犯上海闸北。29日，日军用飞机投掷燃烧弹6枚于商务印书馆

---

① 松本冈.略奪した文化.東京：岩波書店,1993:40—42.

② 李彭元.日本对我国图书馆事业的侵略与破坏之研究（晚清至民国时期）.广州：中山大学,1998:10—13,28—29.

总厂，将商务印书馆印刷制造总厂及尚公小学全部炸毁。2 月 2 日，编译所及东方图书馆又遭日本浪人纵火。藏书除宋元精本 574 种 5000 多册因预感时局紧张提前移藏金城银行保险库而得幸免外，其余藏书尽成灰烬。商务印书馆苦心经营 35 年，致力于文化建设的基础付之一炬。据 1932 年 3 月 22 日《中华民国教育部呈报上海商务印书馆股份有限公司损失清册》载：编译所损失图书中文 3500 部，外文 5250 部；东方图书馆损失图书普通本中文 268 000 册，外文 80 000 册，图表照片 50 000 套；善本书经部 275 种 2364 册，史部 996 种 10 201 册，子部 876 种 8438 册，集部 1057 种 8710 册，购进何氏善本约 40 000 册，方志 2641 部 25 682 册，报章杂志若干①。后经国际联盟派李顿调查团调查统计证实，东方图书馆损失中文藏书 268 000 册，西文藏书约 80 000 册，图表照片约 5000 册；中外杂志报章约 40 000 册；经史子集善本书 3203 种 29 713 册；新购进何氏私人藏书约 40 000 册，方志 2641 种 25 682 册；目录卡片 40 余万张②。

"一·二八"事变中，除涵芬楼及东方图书馆外，上海多所院校及图书馆都曾遭到日军炮火的摧残，其中持志学院及附属中学的新建教学楼和图书馆、办公室等，全部被日军纵火焚烧，所有图书 30 000 册均遭焚毁；国立中央大学商学院新建教学楼、办公楼及宿舍全部被毁，所有公私财产及图书 40 000 册（内有宋明善本）被焚；中国公学的校舍及图书仪器，教职员、学生之行箧、书籍被焚无遗③。此外，日军混成第九师团卫生队第一中队第一小队第一分队长杉下兼藏于复旦大学校园内见日本天皇御用菊纹被踏在地上，顿起杀机，计划在上海杀害 100 名中国人以泄其愤，并于 2 月 7 日在复旦大学校园内，将约 300 册书籍烧毁④。

1931 年，日本关东军在沈阳挑起事端，发动"九一八"事变，随即攻占中国东北三省主要城市，不到半年的时间里，东北三省全境沦陷。1932 年初，日

---

① 中华民国教育部呈报上海商务印书馆股份有限公司损失清册 // 中央档案馆，中国第二历史档案馆，吉林省社会科学院.日本帝国主义侵华档案资料选编：九·一八事变.北京：中华书局，1988：642—645.

② 杨杞.侵华日军对中国图书的浩劫.文史杂志，1995（4）：12—14.

③ 王春雨.侵华战争中日本对中国文化的摧残.抗日战争研究，1993（1）：157—171.

④ 杉下兼藏口供 // 中央档案馆，中国第二历史档案馆，吉林省社会科学院.日本帝国主义侵华档案资料选编：九·一八事变.北京：中华书局，1988：656—657.

本又在上海发动战争，迫使中国政府签订《淞沪停战协议》。同年，扶植清废帝溥仪成立伪满洲国。1933 年，日军进攻热河、古北口以东长城一线，企图攻占冀东地区。中国军队在山海关、古北口、喜峰口等要隘奋起还击，"长城抗战"爆发。长城抗战历时两个多月，冀东各县先后被日军占领，中国军队则退守北平、天津附近，日军事实上已从东、南、北 3 个方向对北平形成包围。"九一八"事变后，华北局势日益恶化，长城抗战后，北平实际上已成为一座孤城，随时可能惨遭日军荼毒①。

鉴于"九一八"事变后日军侵占东北，东三省很快陷入敌手，大量图书馆被毁，公私珍贵图书被劫，1933 年 5 月 2 日，教育部冬电国立北平图书馆蔡元培馆长、袁同礼副馆长，指示善本图书装箱南运，以避不测。"国立北平图书馆蔡馆长、袁副馆长鉴密：北平图书馆承文内阁（引者注：原电文如此）、清学部藏书之遗，为全国图书馆之最大者，所藏宋元精本及《永乐大典》甚夥。而明代实录及明人集仍系本来面目，远非《四库全书》删改者可比，尤为重要，特电。仰将挑有精本南迁，以防不虞为要。教育部冬"②。此后，国立北平图书馆奉命将珍本书籍装箱准备南迁。1935 年 11 月 25 日，国立北平图书馆委员会函呈教育部，报告运书情形并请拨装箱运租费："查国立北平图书馆所藏珍本书籍，至可宝贵，目下北方时局日趋严重，已由同人商决，择其重要者于日前运出一百三十箱，此后仍当陆续南移，以期安全。惟此项制箱、装运、租栈等费系在该馆预算之外，拟请大部一次拨给四千元，俾资应用。并恳早予汇平，以便支付，无任感荷，专此奉达，诸希垂照是幸。"③1936 年 7 月 20 至 24 日，中华图书馆协会第三次年会在山东青岛召开。会议期间，协会会员提出《拟请本会函请教育当局及各大学于所属各重要图书馆拨款建筑地下室或其他适当方法以防意外事变案》并经过会议议决通过，同样是考虑到"九一八"事变和"一·二八"淞沪抗战期间，我国图书馆事业受到日军炮火袭击损失惨重的前

---

①　李致忠 . 中国国家图书馆馆史（1909—2009）. 北京：国家图书馆出版社，2009：99.

②　北京图书馆业务研究委员会 . 北京图书馆馆史资料汇编（1909—1949）：上册 . 北京：书目文献出版社，1992：370—375.

③　北京图书馆业务研究委员会 . 北京图书馆馆史资料汇编（1909—1949）：上册 . 北京：书目文献出版社，1992：415—416.

车之覆而做出的保护图书馆藏书安全的权宜之计①。然而"七七"事变之后，日军很快占领平津，8月13日进攻上海，8月15日轰炸国民政府首都南京，不久京、沪、杭中国军队防线后撤，接着国民党政府决定西迁重庆。于是，全国规模的图书馆西迁大转移开始。当时的图书馆等文化机关西迁大潮包括两个流向，就某个地区、省市而言，是要尽量避开沿海、沿江及铁路沿线，避敌锋芒，就近迁移西部山区。就全国而论，则是从沦陷区、抗战前线迁移西南、西北大后方，保护祖国珍贵的文化遗产少受损失②。

尽管有部分图书馆曾预做准备，并组织西迁和内迁，但是能够从沦陷区、抗战前线迁移至西南、西北大后方的图书馆藏书毕竟只是极少数，而大部分的公私藏书却没有那么幸运，它们在日军的炮火攻击之下蒙受了巨大的损失。根据教育部1935年统计，国内图书馆大小凡4000余所。抗战全面爆发前夕，我国图书馆事业又有进一步的发展，数量当不止于此。而截止到1938年底，抗战全面爆发仅一年半，我国图书馆之遭到敌毁、沦入敌手者，已达2500余所，且沿海各大都市藏书丰美之图书馆，尽在其中③。面对日本侵略者对中国图书馆事业的侵略和破坏，中华图书馆协会除了参与中国教育学术团体发表《致各国文化教育团体宣言》揭露日本侵略者的暴行外，还吁请各国文化教育团体对日本肆意摧毁中国教育学术文化之暴行予以谴责和制裁，恳请各国文化教育团体对中国在图书与设备方面继续给予捐助。自1937年10月开始，中华图书馆协会就委托中外人士亲自到各地访问调查，编辑出版《中国图书馆被毁经过》，分别寄送各友好国家作为国际宣传，也作为战后对敌索赔的重要依据。同时，抗战期间中华图书馆协会调查全国图书馆损失数据，也表明了协会全体同人对中华民族驱逐日寇、抗战必胜的坚定信念和爱国情怀。

抗战全面爆发后，中华图书馆协会自1937年10月起重点从事两种工作：一是调查全国图书馆被毁状况，二是协助全国图书馆积极复兴。关于全国图书馆被毁状况调查，协会曾托中外人士亲至各地访问，惠寄确实报告，分类保存，

---

① 李文裿.写在第三届年会之后.中华图书馆协会会报，1936，12（1）：1—5.
② 关健文.抗战时期图书馆西迁转移回顾.图书馆学研究，1993（4）：96—98，68.
③ 中华图书馆协会.抗战建国时期中之图书馆.中华图书馆协会会报，1939，13（4）：2—4.

并将报告所载者，予以剪裁，编辑成英文报告，进行国际宣传[①]。关于全国图书馆复兴工作，首先将各图书馆被毁概况通报欧美各国；其次则征求书籍，在各国通都大邑，指定收书地点，广募图书，免费运华，并与美国图书馆协会商妥，一俟战事结束，即由该会选派专家一人来华视察，协助我国图书馆积极复兴[②]。

为征求全国图书馆被毁事实及此项照片起见，协会于 1938 年 4 月分别在武昌文华公书林、长沙湖南大学图书馆、成都金大图书馆、重庆国立中央图书馆、城固西北联大图书馆、鸡公山河南大学图书馆、广州岭南大学图书馆、桂林广西省政府图书馆、福州福建省立图书馆、贵阳贵州省立图书馆、昆明西南联大图书馆、永康浙江省立图书馆、上海震旦大学图书馆以及香港国立北平图书馆香港通讯处十四地设立通讯处，调查并征集有关资料[③]。协会先将各地收集到的图书馆等文化机关被毁经过，编辑成《中国教育文化机关被毁记实》分别寄送各国，后又将各教育文化机关被毁实况，以英文撰成报告，一做对外宣传之用，二为日后对日索赔之依据[④]。

此后，协会继续调查全国图书馆被毁状况，《中华图书馆协会》也继续登载各馆被毁情况，各地图书馆和教育文化机关亦以实地调查所得相寄。《中华图书馆协会》1938 年第 13 卷第 1 期复刊付印后，又陆续收到各地图书馆被毁之报告。其中被毁灭者有汕头市立图书馆，情况不明者有庐山图书馆、安徽省立图书馆，协会均委托该地西方人士就近调查，协会并发通启，函征实际被毁情况。原文如下：

> 倭寇侵略，城郭为墟，文化机关，被毁尤甚。同人等谊切同舟，弥增愤慨！本会自移滇办公以来，对于全国图书馆摧毁惨状，曾作国际之宣传，俾得同情之助，早日复兴。惟是闻来继往，经纬万端，非群策群力，无由达此弘愿。兹为征求事实，俾作宣传根据起见，特制就表格，请予填注，

---

① YUAN T L. Library situation in China. Library Journal, 1944（3）:235—238.
② 复兴工作. 中华图书馆协会会报,1938,13（1）:15.
③ 本会设立通讯处. 中华图书馆协会会报,1938,13（1）:17.
④ 《中国教育文化机关被毁记实》脱稿. 中华图书馆协会会报,1938,13（2）:17.

倘承协力进行，无任感幸！专此奉达，即希查照见复为荷。[①]

1938 年 8 月，日机轰炸广西梧州，广西大学理工学院及梧州高级中学均遭投弹，损失颇重。中华图书馆协会为求明了该两校被毁实况起见，当即去函调查。

报载十月敌机袭梧，竟在贵校投弹多枚，损失颇重，远闻之下，无任愤慨！敝会现正调查全国教育文化机关被毁状况，俾作国际之宣传，拟请贵校将被毁情形，详细见告，并盼以此项照片及记载此事之日报，一并检寄全份。至深纫感。即希查照办理见复为荷。

广西大学复函如下：

准廿七年八月廿七日大函，敬悉一切。查本年八月廿五日正午十二时三十分，敌机空袭梧州，在梧州本校校区内共投弹一十六枚。本校理工学院第一学生宿舍炸塌三楼及二楼，第二学生宿舍炸塌三楼二楼及地面房间一部分，其余门窗被震坏者颇多。留校学生之衣物书籍损失亦巨，饭厅正中中一弹，掀去瓦面，穴地成巨孔。又梧州本校校区内之高中教室中三弹，由三楼至地面全部倒塌四分之三，其余各馆、厂、厅、舍之门窗等被震坏者亦属不少，并铲毁校区内松树多株。兹寄上被炸后照片四张，即希查收，并祈广为宣传。又本年八月十一日正午十二时十分，敌机十架袭梧，在梧州本校校区内理工学院办公厅后高中校舍前投弹四枚，裂孔均宽约三英丈，深约丈余，炸断自来水总管，及铲除松树约六十株。本年九月二日上午八时三十分，敌机十四架袭梧，在梧州本校校区内旧农学院及理工学院图书馆前投弹一十三枚，窗户多被震坏，顺此附及。

汕头市政府在接到中华图书馆协会通启后，复函如下：

---

① 继续调查全国图书馆被毁状况.中华图书馆协会会报,1938,13（2）:17.

现准大函，嘱寄敝市公立图书馆被炸影片，俾作国际宣传等由，具仰关怀文化，至深钦佩。查该馆于本年七月一日被敌机轰炸，东座中弹全部倒塌，损失图书杂志八千余册，报纸四百余本，其他器物悉数被毁，总计损失约值国币一万七千余元，而市立第四小学校中弹三枚，全校荡然，损失尤属不资。准函前由，相应检同炸后影片二张，函送查收，并希广为宣传，用张暴敌残酷为荷。①

《中华图书馆协会会报》1938 年第 13 卷第 3 期发表夏颂明《抗战一年来我国图书馆的损失》一文。据文章调查，抗战全面爆发一年后，我国损失的图书馆就有南京 53 所、上海 173 所、江苏 300 所、浙江 377 所、安徽 111 所、北平 96 所、天津 36 所、河北 176 所（冀东 22 县系一年前所失故未计入）、青岛 12 所、山东 276 所、威海卫 5 所、山西 127 所、河南 392 所、察哈尔 13 所（察北 6 县系一年前所失故未计入）、绥远 19 所。

南京国立中央图书馆及各机关图书馆藏书曾搬出一小部分。浙江省立图书馆和北平故宫博物院图书馆的《四库全书》均已运出。全馆图书悉数迁出的只有南京中央大学图书馆一馆。此次各学校图书馆藏书随学校迁出者以清华大学数量为最大，其他学校图书馆藏书有的甚至一册也未携出，全部沦入敌手。日军铁蹄所至多为交通便利之地，而图书馆设立最多的亦正是交通便利之处，所以即使将敌踪未至各县的图书馆减去，图书馆数字亦降低有限。何况此处所计，对于私人藏书楼并未加入，正可以将应减去的数字作为私人藏书楼损失的假设的数字。以藏书的数量而论，南京 53 所图书馆，除去 10 所不详外，其余 43 所共藏书 1 712 238 册，平均每馆约藏 4 万册。抗战全面爆发一年后损失的图书馆计共 2166 所，即使每馆藏书平均数仅及南京每馆藏书平均数的十分之一，以 4000 册计算，2166 所即达 8 664 000 册之巨。

战争对图书馆造成的损失是很难做到准确统计的。夏颂明的《抗战一年来我国图书馆的损失》一文所据是重庆青年会蟾秋图书馆所藏《全国机关公团名录》一书的第 12 卷，该卷专记全国各图书馆状况。该书系 1937 年 4 月出版，

---

① 继续调查全国教育文化机关被毁状况. 中华图书馆协会会报，1938，13（3）：16—17.

早于卢沟桥事变全面抗战爆发 3 个月，可视为抗战全面爆发前我国图书馆的数据。该书对于东北 4 省及冀东 22 县、冀北 6 县图书馆概未列入，所举图书馆共 3744 所，而抗战全面爆发后一年内损失竟达 2166 所之多①。

《中华图书馆协会会报》1938 年第 13 卷第 3 期发表《江浙私人藏书遭劫》一文，转载自当年 5 月 2 日上海《文汇报》。1937 年淞沪战事爆发后，我国损失最大而又最难计算者，是为文化典籍之损失。日本对我国进攻不仅在军事上有极充分之准备，在文化典籍的掠夺方面也极有计划，因此随军皆有摧毁劫掠我国文化典籍之系统组织。日军对文化机关的轰炸摧毁报纸记载已详，典籍被劫掠却少有记载。如云间姚石子先生，收藏我国典籍极为丰富，松江地区沦陷后，藏书全部为日人掠去。平湖尤为江浙藏书中心区，一家藏书所值每至数十万甚至百万，此番战事突起全未迁出，被日军强占后全部被运走。苏常一带私家藏书损失更是不可胜计。根据逃难到上海者述说，沿途时有帆船，满载典籍，驶向上海。日本军阀竟然宣称，因中国绝不肯赔款，将以物质抵偿，其攫取典籍，系其预定计划之一。

杭州更因私家藏书被劫而发生一大悲剧。杭州有尚未落成之东南藏书楼，系上海王绶珊所建。王氏为盐商，所藏典籍价至百万。所收地方志，达三千数百种，价值 50 万金，占我国地方志收藏之第二位。王以十数万金独建一藏书楼，欲以其藏书公之社会。不意布置就绪，战争即起。起初以为战事或不至蔓延至浙江，竟未预作搬迁，直到战火逼近杭垣，始迁移其重要部分于乡下。杭州陷沦，日本人探得该楼藏志书极多，遂将其留存藏书全部劫去。随即又侦得其移出部分去向，于是将其藏书一网打尽。王绶珊本居上海，闻此噩耗，一愤而绝。遭遇日军战火劫毁部分，著名者还有文学家、藏书家郑振铎之藏书。书籍而外，古董字画，亦在日人攫取之列。据内地来人称，日人辨别真伪之力极精。如系赝品即使款署为历史上著名书画家亦弃之于地，而精品则虽小不遗。日人为携带便利计，往往以刀割去其四周之镶纸，而仅取中心之画幅②。

1939 年，教育部根据各地调查发表一年来全国高等文化机关受日军摧残所

---

① 抗战一年来我国图书馆的损失 . 中华图书馆协会会报,1938,13（3）:21—22.
② 江浙私人藏书遭劫 . 中华图书馆协会会报,1938,13（3）:22.

蒙受损失之统计。从"七七"事变到1938年12月底，各大学之设备、图书、仪器，或焚或劫，或遭轰炸，损失大半。在各大学之损失中又以图书为甚，就国立学校而言损失1 191 447册，省立学校104 950册，私立学校1 533 980册，总计达283万余册之巨。此仅就沦陷区内之40所学校而言，其损失已是如此之巨，其余在战区内之学校，因迁移过迟不及运出者，损失亦大，例如国立山东大学之图书仪器800箱，中有藏书76 724册，均在浦口车站全部损失，则各校损失之总数，可以见其庞大矣①。

　　教育部为及时掌握全国图书馆战时工作概况，特别指令中华图书馆协会，注意对各地图书馆被敌炸毁与劫掠情形及各馆工作概况进行调查，并按期呈报教育部备案。协会遵教育部令分函各馆，并随附报告书格式一张，要求各馆将工作概况，每两月报告一次，以便汇呈报部。协会致全国图书馆函如下：

　　　　本会前奉教育部令，嘱对于各地图书馆被敌炸毁与劫掠情形及各馆工作概况，注意调查，按期呈报备查在案，除被炸毁之图书馆，随时由本会派人调查具报外，兹特函请贵馆自二十九年一月起，将贵馆工作概况，每两月择要报告本会一次，俾能汇集此项资料，按期呈报教育部备案，借资稽考，事关图书馆事业之改进与发展，即希查照办理见复为荷。②

　　"七七"事变以后，北平各图书馆处于非常状态。协会经多方设法托人调查国立北平图书馆、国立清华大学图书馆、国立北京大学图书馆、国立北平师范大学暨所属各校图书馆、燕京大学图书馆和北平协和医学院图书馆后，在《中华图书馆协会会报》第16卷第1、2合期和第3、4合期发表《七七事变后平市图书馆状况调查》。据该调查，北平沦陷后，日本人桥川石雄被委派为国立北平图书馆顾问，曾数次到馆视察。由于该馆藏书浩博，内中或不乏所谓"有碍邦交"之文字，曾于1937年冬，经审慎检查，提出中文新书2245册、中文

<hr />

　　①　教部发布全国高等文化机关受敌摧毁之下所蒙损失统计.中华图书馆协会会报，1939，13（6）:13—14.

　　②　本会调查全国图书馆战后工作概况.中华图书馆协会会报，1940，14（5）:12—13;本会民国二十九年度会务报告.中华图书馆协会会报，1941，15（5）:6—7.

旧书 220 册、中文官书 1270 册、中文教科书 368 册、《万有文库》6 册、中文连环图书等 53 册、西文书 311 册、总计 4473 册，均经装箱封存，嗣于 1938 年 6 月间，全部为伪北平新民会取去。该馆为慎重起见，其后又经人详查一次，类凡疑似者，又提出若干册，就中以期刊为多，悉数封存一室，名为禁书库，一概禁止阅览。

1937 年 10 月底，清华校园之前部（河以南）为日本华北陆军病院分院所占用。1938 年 2 月底，清华校园全部悉为病院所占用。自此，清华校园遂成军管重地，华人不得擅入，内中情形，于焉不明。清华大学图书馆被占用后，即作为病院之本部。除新扩充之书库外，其他部分，全被利用。楼上大阅览室为普通病室，研究室为将校军官病室，办公室则为诊疗室药房之类。病者多系骨伤，故病室多标为"骨伤病室第几××"等字。各阅览室、研究室、办公室内之参考书及用具，以及由各处移来之教职员及学生衣物图书等，为利用空房，多被移集一处，有移入书库者，有焚毁者，亦有多不知下落者，例如大部参考书，如《大英百科全书》《韦氏大字典》及打字机之类，无一幸存。1941 年 5 月中旬，日军华北司令部（多田部队本部）始有整理清华图书、标本、模型之议，并拟有规程（日文）4 种：①押收图书、标本、模型整理中央委员会则；②北京清华大学押收图书、标本、模型整理实施要领；③押收图书、标本、模型整理要纲；④押收图书、标本、模型整理实施要领。同时指定的参与之机关为多田部队本部、兴亚院华北联络部、华北政务委员会、伪新民会、"满铁"北支经济调查所、华北交通株式会社等 7 个部会。

国立北京大学图书馆于北平沦陷后即行封闭，馆中重要职员率多离平南下。图书馆之垣墙颇低，且内墙多有倾圮处，故时有越墙穿窗，窃取图书者，馆藏不无损失。嗣经日本特务机关下令，禁止擅入，其害始息。1938 年 6 月 13 至 19 日，北平举行"剿共灭党运动周"，全市施行图书大检查。该馆所藏俄文图书八九架及杂志多种，分别为特务机关及伪新民会所取走 [1]。

"七七"事变后，国立北平师范大学数理学院及对门第一附小（均在南新华街）先后均为日军所占据，师大所驻为宪兵部队，第一附小所驻为宪兵特务

---

① 七七事变后平市图书馆状况调查 . 中华图书馆协会会报，1941，16（1/2）：4—12.

机关，图书馆即行封闭。当时馆长何日章及附小图书馆主任王柏年，均留平负责保管。其后经多方交涉，始允将师大图书馆一部分参考书籍，移在石驸马大街文学院图书馆，并在该馆办公。其他书籍用具，一概不准擅动。迨参考书迁出后，遂不准出入。

当宪兵进驻附小之日，校务常委兼图书馆主任王柏年氏，方往办公，至则不允进门。经极力交涉，始允图书仪器移至男附中教室。于是雇工人数十名搬运书籍，结果以书籍过多，乏架庋藏，遂弃置地上。及夜大雨，全室浸水，时为 1938 年初夏，雾气甚浓，损书颇多。未及二周，宪兵又拟占用男附中。第一附小图书馆，乃一并移至石驸马大街文学院，与师大图书馆同地办公。及后各校复学，文学院遂为日陆军广田部队所占据。

师大图书馆之损失。伪华北教育部成立后，师大改在师范学院开学。是时日宪兵队、特务机关新民会及北平□署合办兴亚纪念周，组织消灭抗日图书检查团，对于各图书馆书籍，封存颇多。斯际王谟任该院图书馆馆长，屡禁借阅。及钱稻孙为图书馆主任后，既惧图书犯禁，又惧罪及负责人，乃于 1938 年 5 月，请日本特务机关米谷荣一为检查长，野村武雄、川畑绫子为检查员，凡违禁书籍，一律送交新民会，一部另辟特藏，不准阅览，一部加盖"米谷查讫"方章，允许公开阅览。迄十月底，所有图书全部查讫。观此，图书损失虽微，而教育类全部什志完全损失。什志报章搜集齐全，大非易事，一旦尽失，殊堪痛心。此外，文学院图书，虽大部已移至师大总馆，然其损失，当不在少数。

师大南北附中之损失。辟才胡同附中北校（即女附中）图书馆为事变前半年新扩大者，然藏书亦无多，且因地址偏僻，未经驻兵，损失书籍约十分之一，杂志则全部失去。

师大附属儿童图书馆之损失。师大附属儿童图书馆及第一附小图书馆，搜集全国出版儿童读物及儿童杂志报章非常齐全，为全国入藏儿童读物最完备者。完全以科学方法管理，为美国儿童图书馆专家 Ruth A. Hill 女士所赞扬。所藏儿童教育参考书及杂志，亦极完备。事变以后，学校驻兵，屡经迁徙，先后经日本宪兵检查十余次，发生莫大之困难。盖中国新兴儿童读物，多为爱国思想之结晶品。所以损失书籍，达十之五六，教育及儿童杂志全份，可惜之至。然现存儿童读物 6000 余册，尤为占领区中之最完备者。

师大第二附小图书馆之损失。东铁匠胡同第二附小图书馆，本藏有儿童读物 4000 余册。事变以后，主任孙世庆为免是非起见，特将全部焚毁，并屡次扬言"儿童读物是抗日思想的结晶"云云[1]。

另外，美国图书馆协会鉴于此次大战中被毁之图书馆急待救济，特于 1941 年设立战区图书馆救济委员会，专事调查救济之需要以及如何复兴欧亚二洲被战祸毁损各图书馆之方法。"七七"事变后，中国各地图书馆迭遭日军惨烈轰炸，其全部或局部被毁者为数甚多。该委员会亟愿搜集关于此类之报告，例如图书馆之原来状况、入藏数量、被毁图书之数目、阅览人之种类、图书馆之性质等。中华图书馆协会受美国图书馆协会委托，代为调查相关情况[2]。

抗战胜利前夕，为了配合盟军作战需要，教育部专门成立战区文物保存委员会，并于抗战胜利后，对沦陷区图书文物等进行接收与整理。中华图书馆协会也积极协助教育部等政府机关，继续调查被日本掠夺之我国图书并向日本进行索赔。其中太平洋战争爆发以前，中华图书馆协会和国立北平图书馆、岭南大学等机关寄存香港大学冯平山图书馆之图书 300 余箱，在太平洋战争爆发后被日人掠夺。抗战胜利后，协会特呈教育部报告详况，请予备案，以作将来向日本索偿之根据，并电请陆军总司令部协助追查。遗憾的是，后接到陆军何应钦总司令复电称，经陆军总司令部向战犯酒井隆查询经过情形，并未追回此批文献。呈文全文如下：

> 查职会在太平洋事变以前，曾由美国图书馆协会寄赠图书多种，除一部分运至昆明外，其余书箱以内运困难，暂寄存于香港大学冯平山图书馆内。内中有北平图书馆、岭南大学图书馆一部分西文图书，共三百余箱，并有北平图书馆馆员王重民寄存图书三箱，馆员曾宪三寄存图书一箱，又中华教育文化基金董事会编译委员会寄存稿件及图书五箱，当时均置冯平山图书馆楼下书库之内。太平洋事变发生，即行封存。因系普通书籍，敌人始终未加注意。其时适有国立中央图书馆收购沪上藏书家刘翰怡、沈曾

①　七七事变后平市图书馆状况调查（续）．中华图书馆协会会报，1942，16（3/4）：14—18.
②　美国图书馆协会设战区图书馆救济委员会．中华图书馆协会会报，1944，18（3）：13.

植、费念慈等处之珍贵秘籍一百余箱，陈于楼上大阅览室之内，正待运美保存，每箱上均写"华盛顿中国大使馆查收"字样。一九四二年一月杪被日军调查班肥田木发现，乃开箱检查；在敌人军警监视之下，于二月初旬全部捆载以去；职会及其他学术机关寄存之书，亦被牵连，同遭掠夺。在未运出之前，每箱上均由敌人写明"东京参谋本部御中"字样，证明上列图书，均已运往东京。现日本正式投降，该项图书，自应由我追还，以免损失。理合具文，先行呈请备案，以作将来向日本索偿之根据，恳祈鉴核示遵，实沾德便。①

1947 年，收复区图书文物的接收整理工作大致完成，而对掠往日本的图书文物的追偿工作，后来因为国际形势的变化而未能取得预期结果。到 1948 年为止，对被劫往日本的图书文物之追索工作取得了一定的进展。日本共向中国归还书籍计 158 873 册，其中国立中央图书馆善本书籍先后分两次空运与船运回国②。后来，国内战争爆发，国民政府覆灭，接着朝鲜战争爆发。远东国际局势的变化以及美国对日占领政策的改变，加上战后相当长的一段时间内，日本当局追随美国政府，对中华人民共和国采取敌视态度，致使绝大多数被日本劫运出境的中国图书仍然滞留日本，至今未归还。

2011 年 9 月 18 日前夕，日本国立国会图书馆将原岭南大学图书馆部分藏书归还中山大学图书馆，因为岭南大学于 1952 年中国高校院系调整中合并到了中山大学。这批图书是日本国立国会图书馆在清理库存时发现的，内容为未经编目的 40 册原岭南大学学士学位论文③。这批图书是如何被劫到日本国立国会图书馆的？想必不是什么文化交流的结果，而只能是日本对中国进行文化掠夺的证据。因为这批藏书年代为 1939 年到 1941 年，其时正是太平洋战争爆发前夕日军占领广州时。日本国会图书馆能将此批藏书归还中国，其中有值得肯定的地方。物归原主本是道义所在，但同时也证明当年日本利用战争之机掠夺

---

① 本会呈教部报告香港存书被劫请向敌索赔.中华图书馆协会会报，1945，19（4/5/6）：13—14.

② 王春雨.侵华战争中日本对中国文化的摧残.抗日战争研究，1993（1）：157—171.

③ 程焕文.日本国会图书馆归还中山大学岭南大学藏书.［2012-11-07］.http://blog.sina.com.cn/s/blog_4978019f0102ds49.html.

中国公私藏书，以及被劫掠到日本的中国图书仍然滞留日本至今未予归还的历史事实。

5.3 对外募集图书资料

5.3.1 首倡向国外征集图书资料

抗战全面爆发后，日本军队迅速从华北、华东、华南等多个方向，向中国发起大规模的军事进攻。由于敌我军力对比悬殊，中国军队且战且退，华北、华东和华南大片国土沦入敌手。日军在进攻过程中肆意攻击我国教育文化机关等非军事设施，使得我国人民的生命财产遭受巨大损失。其中图书馆等文化事业损失极其惨烈，图书等被毁被劫尤为严重，中国教育科研和学术文化建设受到极大影响。有鉴于此，协会袁同礼理事长于1937年10月代表中华图书馆协会，致函以美英两国图书馆协会为主的各国图书馆协会，请求代为征集图书资料，支援因遭受侵略战争而受到严重破坏的中国图书馆事业。同时函寄美、英等国各大学和学术文化团体，并在各国通都大邑指定地点，广募图书。中华图书馆协会并与美国图书馆协会商妥，一俟战事结束，再由该会派定专家一人，来华视察指导，协助我国图书馆事业积极复兴[①]。

1938年8月，中华图书馆协会又致函中国政府各驻外使领馆，请求协助征集图书资料。全文录后[②]：

> 暴日侵华以来，叠陷名城，狂施轰炸，人民颠沛流离，百业咸遭蹂躏，内中以文化机关之摧毁，尤为空前未有之浩劫！迩来战区扩大，各省图书馆所藏之中西图书，秘笈珍本，多被毁于敌人炮火之下，文化精华，悉成灰烬。而东南半壁，向为吾国文化中心，私家藏书，尤称美富。自江浙沦陷，古今典籍，荡然无存，实为我国文献之重大损失。伏念文化事业，自有其

---

① 复兴工作．中华图书馆协会会报，1938，13（1）：15；徐家璧．袁守和先生在抗战期间之贡献．传记文学，1965，8（2）：40—45.

② 复兴事业．中华图书馆协会会报，1938，13（2）：17.

永久性，必须联续迈进，方能继长增高，经此浩劫，亟宜群策群力，力图恢复。敝会奉令协助全国图书馆从事复兴，除已在国内积极征募外，兹分向欧美各国，征求书籍，俾赖国际同情之助，协助复兴。事关文化，用特函恳贵馆予以匡助，或代为征募，或代予接受。兹将关于我国图书馆被毁情形，缮具备忘录一件，即希台阅，并乞查照办理见复为荷。

中华图书馆协会函请各国图书馆协会代为征集图书资料，得到美英等国图书馆协会和国际图书馆协会联合会的积极响应和大力支持，纷纷复函中华图书馆协会，表示愿意代为募捐图书资料，协助遭受侵略战争破坏的中国图书馆事业恢复和重建[①]。美国图书馆协会国际委员会复函协会袁同礼理事长如下：

我相信美国图书馆协会将不断的写信给贵会，讨论为战事而被毁的中国图书馆如何征集书籍的问题。我新任美国图书馆协会之国际关系委员会副主席。前主席 Savord 女士送来此项文件，内有阁下一九三七年十一月十九日致美国图书馆协会会长的信，还有阁下同日致 Milam 先生的信。Milam 先生来信将此事交国际关系委员会办理。去年十二月二十二日阁下致 Milam 先生的信，报告中国已有三十五个国立及私立大学惨遭毁坏，并深愿在美国能有一个中心负责替中国征收书籍，然后运至 Smithsonian Institute（即美国之国际出版品交换处——引者注）转到中国。当去年十二月二十九日 Savord 女士在美国图书馆协会冬季会议报告时，美国各图书馆馆员对于中国深表同情。并甚愿捐赠图籍以助之，但此时不宜集中书籍，因 Smithsonian Institute 一切面积均皆留作存积医药品之用。你的意见是不是将所征收的书籍由 Smithsonian Institute 运至香港，然后再由中国图书馆协会分送各图书馆？你可否贡献一点意见，关于何种书籍是最重要的。我曾经和前燕京大学博晨光先生讨论过，他告诉我你们需要科学杂志（装订与否皆可）。并其他书籍，适合美国各大学图书馆所收藏者。他不赞同捐送小说和儿童读物以及未装订的无科学价值的普通杂志，这是不是符合你的

---

① 各国图书馆协会覆函.中华图书馆协会会报,1938,13（1）:15—17.

意见与需要？假使那些书籍是由 Smithsonian Institute 运寄，我以为一切征集刊物及书籍，最好集中华盛顿，以便装运。敝意多有复本并无妨碍，因既有三十五个大学被毁，即使同样的书籍有五十部，亦是受欢迎的。我极愿接受你的意见，俾供六月十六日美图书馆协会在康城 Kansas City（今译堪萨斯市——引者注）举行年会时讨论的参考。（四月二十六日）

英国图书馆协会复函如下：

贵会去年十二月来函，业经本会执行委员会于前星期五举行会议予以考虑。本会对于中国各图书馆之横遭浩劫，深表同情，但同时阁下所提议之积极援助一节，此时尚嫌过早。一俟战事停止，复兴工作开始之时，本会将尽其所能，协助贵会，从事恢复，此则愿为预先声明者也。（二月十五日）

法国图书馆协会复函如下：

接奉一月二十一日大函，敬悉种切。关于贵国图书馆此次横遭空前之浩劫，吾等无任悲愤与同情。承嘱敝国图书馆协助复兴一节，自当照办。法国国立图书馆馆长阙恩先生，曾以尊意提交于图书馆执行委员会议决。一俟环境允许，敝国图书馆当局，经外交部之特许，自当尽量以所藏复本，全数赠与中国。法国图书馆界，除于大战后，协助鲁文大学图书馆积极复兴外，此其第二次也。法国图书馆协会同人，对于贵会以全力保护中国之图书馆，有功文化，深表敬意，兹谨献吾等深切及友谊的同情，敬希垂察。

德国图书馆协会复函如下：

一九三七年十二月六日贵会来函，业已收到。承嘱德国图书馆协会协助中国各图书馆征集书籍，俾能早日恢复一节，敝会极端赞助，业已通知各馆，对于此项请求，积极援助。此外并请柏林之书报交换处

Reichstauschstelle 代为收集德国各图书馆之复本书，该处亦复函照办。尊处愿得之书，当可源源寄上也。（三月二十二日）

新西兰图书馆协会复函如下：

阁下去年十二月二十日为贵国于此次事变遭受损失之图书馆征集图书之公函，业经收到。任何图书馆及书籍爱好者，对于珍贵图书之横遭浩劫，莫不表示惋惜及同情，此吾人所敢断言者也。尊函已交《新西兰图书馆界》（New Zealand Libraries）之编辑，请于该刊登载一征书启事，广为征募。惟敝国之出版品，皆用英文刊行，倘贵会能将贵国图书馆所需材料之性质与范围略为指示，必大有助于此间热心人士之进行也。（四月三十日）

国际图书馆协会联合会复函如下[①]：

前接尊处上年六月八日来函，内述关于此次因战事被毁之图书馆恢复藏书一节，业经本联合会主席歌德特先生（M. Godet 瑞士国立图书馆馆长）在大会中代为陈述，其讲演词曾印于国际委员会纪录第十卷第三三至三四页，兹随函附上，即希台阅。此项讲演词，曾发生极大之注意，及深刻之印象，用特专函奉达，即希台察。（二月二十四日）

此外，美国专门图书馆协会、犹他州图书馆协会、纽约医科专门学校图书馆、美国北达叩他州（今译北卡罗来纳州）图书馆协会、美国图书馆协会国际委员会主席但顿（J. Periam Danton，或译但藤）、英国图书馆协会秘书卫尔斯福特（P. S. J. Welsford）等也纷纷致函中华图书馆协会，表示愿意积极搜集中华图书馆协会所需书籍，以协助恢复中国图书馆因遭受侵略战争所蒙受之

---

① 各国复文. 中华图书馆协会会报, 1939, 13（6）:12.

损失 ①。

各国图书馆协会中，以美国图书馆协会对华代募图书资料最为用心，办法也更为切实。美国图书馆协会秘书米兰（Carl H. Milam，又译麦兰、米兰姆）致函中华图书馆协会，称代募图书资料一事，正由美国图书馆协会国际关系委员会主席但顿负责主持，并成立了赞助委员会。委员除胡适、王正廷两大（公）使外，其余委员均为美国一代著名人士，列名如下：

Mrs. John Alden Carpenter	音乐家
Mr. Paul. D. Cravath	法律专家
Dr. Stephen Duggan	教育家（国际教育会会长）
Dr. Harry Ederson Fosdick	宗教家
Bishop James Edward Freeman	华盛顿大主教
Pearl S. Buck（赛珍珠女士）	著作家
胡适	
Dr. Robert Maynard Hutchins	教育家（芝加哥大学校长）
Mr. Owen Latinmore	远东问题专家（太平洋杂志主任编辑）
Mr. Paul Monroe	教育家（前哥大师范学院院长）
Mr. Silas Strawn	法律专家（前关税会议美国全权代表）
王正廷	
Dr. Frederick M. Hunter	教育家（前斯丹佛大学校长）
Dr. Robert Millikan	物理学家（加省工业大学教授）
Dr. Ray Lyman Wilbur	教育家（斯丹佛大学校长，曾任内政部长）
Mr. Henry R. Luce	著作家（美国时报主任编辑）

该委员会分别向 226 所大学、专门学校和公共图书馆，81 个学术团体，44 个教科书出版机构发送倡议书《请国人捐书运华》，其内容大致如下：

---

① 各国覆函.中华图书馆协会会报,1938,13（2）:17—18;各国覆函.中华图书馆协会会报,1939,13（5）:15—16.

前据中华图书馆协会理事长袁同礼氏，致函美国图书馆协会代表，因日本侵略而被毁之图书馆，向本会申请予以援助，凡馆舍设备横遭摧残而不得不迁入内地继续工作之图书馆均在援助之列。美国图书馆协会在甘塞斯城举行年会，根据袁氏申请发起全国捐书运动，惟多数人认为应俟中日战事停止再为进行。嗣经本会理事会向袁氏几度函商，仍赞助袁氏之主张。同时美国国际出版品交换处，准备将代募书籍，运往香港，交予袁氏。

本会征求之范围：注重自然科学、应用科学、医学、文学，以及普通参考，包括期刊小册子，学术团体之刊物，以及政府出版品。凡于专科学校或大学之教授及学生有所裨益之书，均在征集之列，且美国大学认为有用之书，中国谅皆乐于接受也。……①

除了各国图书馆协会外，耶鲁大学图书馆也致函中华图书馆协会，特别通过华盛顿国际交换处，转寄中华图书馆协会书籍小册子500册②。日内瓦世界文化合作会国际知识合作股将中华图书馆协会来函，转呈世界文化合作会执行委员会审议后，复函中华图书馆协会表示，该会已决定对中国图书馆复兴工作加以考虑，将其列为实地技术协助方案之一，俟执行委员会决议具体办法后，当再函告③。接到中华图书馆协会袁同礼理事长函后，中国政府驻欧美各使领馆及中国国际图书馆先后复函，允予协助。驻比利时大使馆复函如下④：

准六月廿一日函开，以贵会奉令协助全国图书馆从事复兴，嘱征募书籍，或代予接受等因，并附关于我国图书馆被毁情形，缮具节略前来。查此事本馆业派员与比国图书馆协会接洽，请为协助，并将前项节略分缮多份，转送比国关系各机关，俟得有具体答复再行奉达外，先此奉复。（一九三八年九月六日）

---

① 美国援助中国之一般. 中华图书馆协会会报, 1938, 13（3）:17—18.
② 各国覆函. 中华图书馆协会会报, 1939, 13（5）:15—16.
③ 各国覆函. 中华图书馆协会会报, 1938, 13（3）:18.
④ 驻比国大使馆及中国国际图书馆复函. 中华图书馆协会会报, 1939, 13（5）:16.

驻英国大使郭泰祺复函如下 [1]：

> 阁下前致敝人之备忘录，已在英国获有良好之结果，牛津大学石博鼎（或译史博鼎）先生，已开始发起为中国各大学募集图书，想阁下闻此消息，必感无穷之欣慰。石先生本人愿先捐二千英镑，在英购置图书，以为之倡；并愿继续捐赠三千英镑，如牛津其他人士，亦能凑成同样或更较大之数额。现为此事已成立一委员会，专司选择图书事宜。其第一批募捐之书，并于本月内即可寄出矣。（一九三九年二月九日）

中国国际图书馆复函如下 [2]：

> 顷准十一月十九日贵会来函，内开："本会为在国外征集图籍便利起见，特委贵馆为本会驻欧通讯处"等因，事关祖国文艺复兴，敝馆馆址适设海外，理应尽力襄助，以成盛举，决于明年一月一日开始正式成立贵会通讯处，即希查照备案为荷。此复。（一九三八年十二月廿九日）

5.3.2　参与战时征集图书委员会

日本发动大规模侵华战争，各地图书馆被毁被劫严重影响我国教育科研和学术文化事业的正常开展。1938 年 12 月 26 日，全国各学术机关在重庆川东师范学校教员休息室集会，召开成立战时征集图书委员会发起人会议。中央大学罗家伦（唐诚代表出席）、中华农学会梁希、中国地理教育研究会胡焕庸、教育部郭有守、文华图书馆学专科学校沈祖荣、中央图书馆蒋复璁、中英庚款董事会杭立武、中央党部图书馆金家凤、中宣部江康黎、国立编译馆汪少伦等多家学术文化机关代表出席，张伯苓任会议主席，魏学智记录。教育部郭有守报告发起向国外征集图书运动经过。会议讨论并议决通过该会组织章程案和英文

---

① 驻英郭大使覆函.中华图书馆协会会报,1939,13（6）:12.
② 驻比大使馆及中国国际图书馆复函.中华图书馆协会会报,1939,13（5）:16.

名称（Chinese Campaign Committee for Books and Periodicals），会议推定执行委员并决议由中宣部、教育部、外交部、管理中英庚款董事会、国际出版品交换处和中华图书馆协会，各派代表一人及学术团体代表张伯苓，共同组成战时征集图书委员会执行委员会 ①。

战时征集图书委员会自 1938 年底成立，以后多次召开执行委员会会议，议决事项多起。其中 1939 年 1 月 14 日第二次执行委员会会议议决案有："凡在本会未成立以前，已向国外征集图书之团体，均拟请其加入本会统一办理，对于已征集之图书，均请集中本会由教育部作最后之分配。"由于自抗战全面爆发，我国学术团体为协助被毁各图书馆积极复兴，向国外征募书籍，且已获有巨大效果者，仅有中华图书馆协会一处。因此，战时征集图书委员会于 1939 年 1 月 9 日，特别致函协会袁同礼理事长征求意见。原函如下 ②：

> 守和先生大鉴：关于中华图书馆协会向美国图书馆协会征集图书事，经先生之努力，已获该会之同情，允向各方捐赠，我国文化前途，实深利赖。兹全国各学术机关团体，因感觉此项工作之重要，已在政府指导之下，联合成立战时征集图书委员会，并拟向各国作大规模之宣传与征集，刻正积极进行。为对国际间表示划一，俾收较宏大之效果起见，经本会第二次执行委员会会议决议："凡在本会未成立以前，已向国外征集图书之团体，均拟请其加入本会统一办理，对于已征集之图书，均请集中本会由教育部作最后之分配"记录在卷。此项决议，一方面可使国际间明了中国政府对于征集图书已有统一之组织，一方面可将已征得之图书，斟酌各方损失及需要情形，作适当之分配，谅荷赞同，尚祈惠示尊见，以利进行，无任企盼之至。再本会成立经告（经过）情形，想已由沈祖荣先生转达，兹特检送本会章程，暨历次会议纪录各一份。以供参考。

---

① 全国学术机关团体组织战时征集图书委员会.中华图书馆协会会报,1939,13（5）: 18—19.

② 战时征集图书委员会致本会袁理事长函.中华图书馆协会会报,1939,13（5）:12.

协会自接战时征集图书委员会来函后，即分请协会各理事签注意见。后来战时征集图书委员会鉴于抗战爆发，国内各学术团体为被毁各图书馆向国外尤其在美国征集图书已获有巨大效果者，只有中华图书馆协会一处，为使在美征集图书驾轻就熟进行便利起见，1939 年 3 月 7 日，战时征集图书委员会在川东师范学校召开第四次执行委员会会议正式议决，"由政府委托中华图书馆协会继续办理在美征集图书事宜"，并建议教育部予以经费补助。而在英国征集图书，则由战时征集图书委员会办理，并委托国际出版品交换处负责国内运输 [①]。

5.3.3 对外募集图书资料取得的成绩

5.3.3.1 美国

美国图书馆协会在接获中华图书馆协会致函请求代为募集图书资料后，于 1938 年 6 月 30 日至 7 月 18 日在 Kansas City Missouri（堪萨斯摩索里）举行第 60 届年会时，特由鲍士伟博士宣读中华图书馆协会请求，并呼吁各出席会员予以支持。结果产生了征书委员会。该委员会同国际小组相辅进行，并在 1938 年冬发起全美捐书援华运动。募集图书运华运动开始不过一月，即收到图书馆、出版界或其他学术团体27家赠送之图书、期刊和小册子等共计5000册 [②]。稍后，募集到的图书资料逐渐增多，首批运送至香港者即有百余箱，以后又有若干箱陆续运送来华。中华图书馆协会对于美国图书馆协会之相助深致谢意。1939 年 2 月 11 日，由协会袁同礼理事长致函该会总干事及国际关系委员会全体委员表示谢忱。协会原函译出如下 [③]：

> 米兰博士：兹接国际出版品交换处通知，得悉贵国各图书馆及文化机关惠赠之百余箱图书，业已起运来华，此外华盛顿积存之若干箱，当蒙继

---

① 政府委托本会继续办理在美征集图书事宜 . 中华图书馆协会会报，1939，13（5）：12—13.

② 美国图书馆协会发起捐书援华运动之成绩 . 中华图书馆协会会报，1939，13（5）：14—15.

③ 本会致美国图书馆协会总干事米兰博士谢函 . 中华图书馆协会会报，1939，13（5）：15.

续运送。当中国各大学及各科学机关被迫迁至西部，缺乏书籍正殷之时，蒙贵国图书馆协会主持捐书运动，惠赠图书，实予敝国教育界与文化界不少物质上之援助。在此国难时期，得此种同情赞助，当永志不忘。吾人今以万分欣喜与感谢，开始点查国际出版品交换处送到第一批三十二箱书籍，除将各书之捐赠者，一一登记外，谨以此函向阁下及各捐书机关给予吾人之学术上的合作与赞助，表示十二分之谢意。吾人现正计划在最近期间，编印贵国赠书书目，相信此目将为贵国对敝国同情及中美文化合作之永久纪念也。贵国方面中国之友，应请明了中国在此抗战时期，并未间断其科学及教育工作。今后书籍杂志之迫切需要，仍望贵国继续予以协助。谨以此函向阁下及国际关系委员会全体委员致深切之谢意，并对各领导捐书运动者之赞助热忱，深致景仰之意。诸位之工作，当为吾人永远感谢者也。

二月十一日

1940 年初，美国图书馆协会募集到的图书资料已经"分装二百余箱，免费运抵香港，现仍在继续征募中，每月均有二十箱按期寄到"。中华图书馆协会为应各大学急切需要起见，征得教育部之同意后，委托九龙海关由香港运入内地，再由教育部根据各方需要，作适当之分配。已运抵海防者共二十余箱，装箱候九龙海关提运者一百余箱①。

中华图书馆协会致函美国图书馆协会，请求代为征集图书取得了良好的成绩。1939 年底美国各图书馆、各学术机关、各出版机构便捐赠了图书期刊逾25 000 册。这些书刊都由美方先装运到国立北平图书馆香港办事处，再行转运入滇，按照各院校需要予以分配。张伯苓曾做若干建议，使分配事宜得以顺利进行。1941 年底，日军偷袭美国在太平洋的军事基地珍珠港，太平洋战争爆发，随即香港被日军占领，因之书籍无法运送，此事被迫中止②。

5.3.3.2 英国

英国牛津大学教授白郎（今译布朗）博士，受中华图书馆协会委托，于

---

① 本会呈请教育部续予经费补助.中华图书馆协会会报,1940,14（5）:10—12.

② 徐家璧.袁守和先生在抗战期间之贡献.传记文学,1965,8（2）:40—45.

1939 年 1 月在伦敦《泰晤士报》通讯栏内，详述中国各大学被毁之惨及迁移内地工作后缺乏应用图书之需要。牛津大学石博鼎先生（H. N. Spalding），前在该校发起对我国各大学所急需之图书仪器予以援助，先生夫妇并愿先捐 2000 英镑，以为之倡。2 月 20 日协会袁同礼理事长特致函申谢①。

英国图书馆协会对于中华图书馆协会之请求，原定于中日战事停止、复兴工作开始之时，再为进行征募，后鉴于美国图书馆协会捐书之踊跃、牛津大学石博鼎先生捐助图书之影响，遂于 1939 年 8 月间由执行委员会议决，即日发动捐书运动，并在该会会报 *Library Association Record* 第 41 卷第 8 期刊布征书启事，请求全体会员协助进行。图书馆、出版界及学术团体，与该会会员踊跃捐赠。本拟集有成数，即行运华，惜九月初欧战爆发，交通阻滞，致该会工作深受影响②。现将英国图书馆协会征书启事《供给中国精神食粮》（*Oil for the Lamps of China*）录后③：

一九三八年五月，接中华图书馆协会寄来之备忘录，申述该国自遭日本侵略以来，全国公私立图书馆所遭之损失，异常重大。自该备忘录发表以后，中国战区范围，益形扩大，举凡华北全部及华中、华南之大部，均被卷入。迨至十月，广州、汉口相继失守，中国文化所遭受之损失，尤为空前之浩劫！其中如国立中山大学所有之图书与教学仪器，均因仓促不及迁徙，而致大部丧失！损失中之尤足珍惜者，莫若私人珍藏之图书与艺术品。私人藏书中如南浔刘氏、苏州潘氏及顺德李氏，皆极负盛名。至私人收藏之美术品，亦与公家所有者，遭受同一之命运，如苏州顾氏及南浔庞氏两家所藏之历代名贵书画，扫数为侵略军队之官长掠为己有。日军蓄心破坏数千年遗传之中国文化，于此可见一斑。尤有甚者，日军破坏中国文化，非仅限于战区，有多数远处战区数百英里以外之中国文化机关，亦同样遭受日本空军之轰炸。此等学术机关，现虽时处于敌机威胁之下，然仍

---

① 本会呈请教部续予经费补助. 中华图书馆协会会报, 1940, 14（5）: 10—12.

② 本会呈请教部续予经费补助. 中华图书馆协会会报, 1940, 14（5）: 10—12. 石氏是远东问题专家, 曾到过中国, 所以对于中国教育学术机关在抗战中所遭受的苦难格外关心。

③ 英国图书馆协会发起捐书援华运动. 中华图书馆协会会报, 1939, 14（2/3）: 11—12.

均能照常埋首工作，未尝中辍，实堪钦佩！截止一九三八年十二月止，中国学术机关所受之损失，据可统计者，已达一千万英镑，其中尚有大部之科学与历史上之珍贵材料，有非金钱所能估计者！吾人对于中国文化之应保存，非尽为中国着想，实为发扬全世界文化之所必需也。中国政府现已竭其所能，设法保存已有之教育与文化团体，战前中国大学之设立，以及文化团体之分布，大都偏重沿江沿海一带。迨自战争发生，此种学术团体，已先后迁徙于偏远之内地各省，使此等未曾开发之地，得受高等教育文化熏陶之机会，对其未来资源之开辟，实予以莫大之贡献。此种教育文化团体，得由沿江沿海一带，而迁至内地，实为中国政府抗战建国中早已预定之计划。中国现已采行抗战建国教育政策，以期适合其战时之需要。中国教育当局，刻正极力发展实用科学，并鼓励各种科学研究与扩大各种科学及文化团体之活动范围，借资养成特别人才，以为抗战建国及战后复兴所尽力。但此等大学校及各种科学团体，被迫迁至西部以后，因受图书仪器之缺乏，致于研究工作，极感困难。故现时中国对于是项设备之需求，最为迫切。中国横遭侵略，牺牲惨重，吾人实深同情！吾人为尽同舟之谊，亟应对中华图书馆协会征书运动之伟大工作，予以热烈同情赞助。裴雪先生曾云："侵略者以为一旦将中国教育工具摧毁，即可以实行知识奴化政策，此显然为一种臆断。"但其图书仪器设备之需要，切为刻不容缓之事。吾国人士中，曾有一部分中国之友，深觉此项工作，应俟至战事结束复兴工作开始之时，再为进行。但此种见解，现显已被美国图书馆协会代中华图书馆协会征募图书所获之美满结果而打破，故吾人不得不急起直追，立予进行，开始征募。牛津大学石博鼎教授，因受中华图书馆协会之申请，已开始代中国各大学征集图书，石氏本人愿先捐二千英镑，购置图书，以为之倡，并愿继续捐赠三千英镑，而以牛津其他人士亦能凑成同样或更较大之数额为条件。刻为使征集图书运动团体正式起见，业已组织一委员会，董理其事，以牛津大学副校长任主席。现该会正企盼国内其他各大学及科学团体，纷起响应赞助云。同样，美国图书馆协会自接获中华图书馆协会申请后，已于一九三八年十月开始举行为中国图书馆募集图书运动，各地图书馆、出版界、学术团体以及私人均能纷起响应，故未久即已募得二百余箱图书杂志运往中国。本会甚盼全体会员，对于现时中国图书馆与各大学所急切需要之图书，予以尽力捐助。凡为本国各图书馆认为有用之书籍（除去现行通俗小说），谅必为中国所欢迎；尤其关于自然科学、应用科学、医学、文学以及普通参考等书，更为中国所急切需要。各馆中如有复本或藏有各该馆所不需要之书籍，均望能利用之以捐助中国。凡捐赠之图书杂志，均请径送伦敦中国学院（China Institute Gord on Square，London，W. C. I.）或牛津大学注册处（University Registry，Oxford）经收，以便集中运往中国收书中心机关，然后再视各大学及学术团体之需要，予以适当分配应用云。

协会接到此项同情之表示后，当即正式函谢。欧战爆发以前，英国图书馆协会等捐助中华图书馆协会的图书资料，有近万册运到中国西南大后方，稍微补充了我国抗战期间所蒙受的损失。1939年，欧战爆发以后，英国被迫卷入战事且同遭战祸，自顾不暇，捐赠我国图书资料事，遂戛然结束 [1]。

5.3.3.3 其他

除美英等国外，地处瑞士日内瓦的中国国际图书馆，自1938年为我国被毁各图书馆发起向欧美各大图书馆及各大书局征集图书，数月之间已募集有195册。该馆将此项书籍交由转运公司运递到港，馆长胡天石为此致函中华图书馆协会。中国国际图书馆来函如下：

抗战以来，日寇狂炸不设防市区，焚毁文化机关，著名学府，几无幸免，而图书馆所受之损失，尤为惨重。敝馆设于海外，有鉴于我国册籍之散失，内地学校书简之不备，处此抗战建国时期，教育当不可忽视，而复兴重工业及一切有关军事之建设，西文书籍，似亦更较迫切。爰于去岁发起征集图书之举，向欧美各大图书馆，各大书局呼吁，请其捐赠。月来陆续寄到者已有百九十五册之多，前曾与贵协会理事长袁守和先生函商，该书寄递办法。据袁先生复称，该书可由香港转交，运输费用，亦可由香港

---

① 徐家璧. 袁守和先生在抗战期间之贡献. 传记文学, 1965, 8（2）: 40—45.

收书时代付，兹将该书装一箱，于四月二十八日交此地 J. Veron，Grauer & Co. 转运公司起运，附寄上书籍清单一份，到祈检收见复为荷。[①]

中华图书馆协会向国外征集图书在滇越公路交通未被阻断以前，曾分寄西南各省之图书馆充实各馆藏书。但自交通梗阻以来，香港邮局即不再接收寄往内地各地各省印刷邮件，故只得暂存香港，俟交通恢复，当再设法转寄内地[②]。

全面抗战初期，由中华图书馆协会发起向欧美各主要国家图书馆协会和学术机构征集图书资料，补充内迁大后方的各大学图书馆用于所在大学的教学和研究，时间从 1937 年 10 月到 1941 年底太平洋战争爆发，所募得的图书资料以今天的标准来看并不算多，但却显得弥足珍贵。这一活动是烽火连天的战争岁月中进行的。美英等国图书馆界和学术机关对中国高校图书馆的图书捐助体现了各友好国家对中国人民抵抗日本侵略的同情和支持，中国人民自当感激和铭记。中华图书馆协会在艰难岁月中的积极作为体现了我国图书馆界同仁国难当头时可贵的爱国情怀和责任担当。所募得的图书资料对于战时的中国教育科研可谓雪中送炭，有力地支援了战时中国的教育事业和科学研究。日本企图破坏和摧毁中国教育科研及文化学术所赖以开展的图书馆事业，其狼子野心也因之宣告了可耻的失败。

5.4　谋划图书馆事业复兴

"七七"事变以后，日本大举增兵中国，发动了大规模的侵华战争。日军在攻击和占领中国各地后，肆意破坏和掠夺图书馆等文化机构。中华图书馆协会随即在全国各地设立通讯联络处，调查各地图书馆遭受日军炮火袭击造成的损失，为将来抗战胜利后向日本进行索赔预做准备。1937 年 10 月，袁同礼理事长以中华图书馆协会名义致函美英等国图书馆协会，为支援因战事而被迫西

---

①　中国国际图书馆在欧征集图书运到本会香港办事处. 中华图书馆协会会报,1939,14（1）:12—13.

②　本会民国二十九年度会务报告. 中华图书馆协会会报,1941,15（5）:6—7.

迁或内迁的图书馆向欧美等主要国家开展图书资料征集工作。这既表明了中华图书馆协会对中国人民驱除日寇出中国并取得全面抗战的最后胜利充满信心，也是对恢复重建遭到日本侵略者肆意破坏的中国图书馆事业预做准备。中华图书馆协会对外募集图书资料的工作后来因战争扩大，美英等国先后卷入战事，太平洋战争爆发后香港沦陷而被迫终止。

1943 年以后，中国及世界反法西斯战争胜利的曙光在望，中华图书馆协会适应形势的发展，主动采取了一系列措施，从国内和国际两个方面为战后我国图书馆事业的复兴预做准备。1943 年底，为了配合战后国家经济文化的重建，急需拟定图书馆事业复兴计划。中华图书馆协会为了集思广益，特别制订《全国图书馆复兴计划意见调查表》寄发全国各地图书馆征集意见。《全国图书馆复兴计划意见调查表》分甲、已、丙、丁、戊 5 项。

甲、一般。包括：馆名，负责人姓名，馆址，原设处所，成立年月（或略述扩充沿革）。

乙、现状大概。包括：隶属，职员人数（请寄职员表一份），常年经常费数（请寄最近预算表一份），经常费中购书费数，现有藏书册数（中文、西文、中文期刊、西文期刊各若干，合计若干），运出图书保管情形，现时馆舍情形，职员待遇［馆长薪津总数（米贴亦合计）、主任职员之最高待遇、低级职员之最低待遇］，行政当局（省府、市府或校长）对于图书馆事业之认识与其扶助程度。

丙、战事期间损失概况（包括图书房屋与人员遭难情形，及所传闻，未运出图书如何被敌人处置等）请另纸详述。

丁、复兴计划与改进意见（以下如表格地位不敷并请按照项目另纸填写）。包括：①战后如迁回原处重建或修建扩充经费如何？②战后如须另迁他处是否利用已有建筑改建，抑需另建，改建或另建之容积与估计经费各如何？（如不填上项则写此项）③如战后不拟迁移，现有建筑是否需要扩充，需款约若干？④战后迁运图书之经费估计；⑤对于组织或隶属问题之意见；⑥战后恢复所需职员人数与职员待遇改进之具体办法；⑦战后之中心工作与服务主要对象；⑧战后之采购计划（需要何种图书最切）；⑨战后之专门工作所需人员之约数；⑩整个复兴计划所需经费估计。

戊、其他。包括：对于辅导本省（本地）图书馆事业之意见；对于其他教育文化事业联络或辅导之意见；对于以图书馆事业促进国父事业计划之意见①。

《全国图书馆复兴计划意见调查表》先后收回 30 余份，各图书馆对于复兴计划提供了很多有益的意见和建议。协会经过汇集整理，并据以拟具提案多种，提交协会第六次年会讨论通过组织实施②。稍后，《中华图书馆协会会报》于 1944 年第 18 卷第 3 期刊登衫瑜著、述万译《战后我国图书馆复兴计划意见书》。原文载纽约《华美协进社社报》1943 年 10 月第 8 卷第 12 期。《战后我国图书馆复兴计划意见书》作者有鉴于"我国抗战所受之损失，不惟土地沦陷人民流亡，而文化文物之遭劫尤为重大，全国各大学各图书馆内迁，其仪器与图书之损失不可胜计，兹值战时（战事）胜利在望，吾人亟应从事于恢复和平之建设准备。按图书馆对于研究工作之促进，占重要地位，尚无适当设备，科学进步必受影响"，拟就其复兴计划 3 项：绝版书籍之摄制影片；最近出版刊物之搜集；图书影片实验室之设立。实施计划纲要有成立由 3—5 人组成之委员会等 8 项③。《战后我国图书馆复兴计划意见书》对战后图书馆事业的恢复重建不及《全国图书馆计划意见调查表》内容全面，主要集中在图书资料之搜集方面。

为了对抗战胜利后我国图书馆事业恢复重建预做准备，中华图书馆协会鉴于战时购置图书资料之困难，自 1944 年起设立图书服务部代为采购并选择国内各图书馆需要之图书及期刊。凡国内采购之书刊在战时未能邮寄者，协会并代为储藏，一俟战事结束即行付邮。战后中西交通恢复以后，协会拟代国内图书馆采购西文书籍，借以减轻其采访之手续而谋中西文化之交流④。

1944 年 5 月 5 至 6 日，中华图书馆协会第六次年会在重庆国立中央图书馆召开。战后图书馆事业的复兴建设成为大会主要议题之一。年会讨论通过《充实原有训练图书馆人员机构积极培养人材以应战后复兴之需要案》和《增加各省市县图书馆图书经费案》等议案。另有 3 件议案因关系重大，经协会理事会

---

① 本会征求全国图书馆复员计划 . 中华图书馆协会会报，1943，18（2）:20—21.

② 中华图书馆协会三十三年度工作报告 . 中华图书馆协会会报，1944，18（5/6）:12—13.

③ 衫瑜 . 战后我国图书馆复兴计划意见书 . 述万，译 . 中华图书馆协会会报，1944，18（3）:2—4.

④ 中华图书馆协会三十二年度工作报告 . 中华图书馆协会会报，1943，18（2）:18—20.

议决，提交同期召开的中国教育学术团体第三届联合年会大会讨论，以使之能够引起更大范围之注意而有利推行。其中一案为《关于抗战期间全国图书文物损失责成敌人赔偿本会应如何准备案》。对此，中华图书馆协会建议：①由协会联络中国教育学会等团体呈请中央党政机关，就行政院抗战损失调查委员会中，增聘图书教育有关人士参加，或特设图书文物一组，主持调查图书文物损失与设计要求赔偿事宜。②由协会协助教育部从事上项之调查。如各大图书馆损失图书文物之重要书名、品名目录以及日寇与德意二国所劫夺我国图书文物目录与说明等，皆得委托各地会员分别编拟，由协会汇编，提供政府参考。③关系战后要求敌人赔偿我国文物之损失，拟建议下列之标准：a. 凡日本、德、意三国向我国非法劫夺之图书文物，原物尚在者，应令全部归还；b. 图书文物之被敌伪损毁者，应责令日本依照现值赔偿；c. 凡珍本图书被敌伪损毁，其价值非钱币所能补偿者，应责令日本以该国所有之珍贵图书或文物补偿。经过大会讨论，议决删去其中第三条第三项外，其余照原案通过。

年会会务会议还通报了协会组织沦陷区文献损失调查，各省、市、县图书馆情况调查，民众教育馆之调查材料搜集整理，美国图书馆协会将派遣专家来华调查中国图书馆状况，准备为战后两国图书馆界合作参考，已经教育部同意并表示欢迎等①。

5月5日年会召开第一天，重庆《中央日报》副刊配合刊出袁同礼撰《中华图书馆协会之过去现在与将来》、蒋复璁撰《战后我国图书馆事业之展望》及沈祖荣撰《战后图书馆发展之途径》等文章，对战后我国图书馆的恢复重建进行规划。袁同礼在《中华图书馆协会之过去现在与将来》一文中，将战后图书馆的复兴分为提高与普及两种。提高工作在促进全国图书馆之专业化、标准化，增加各馆之经费，充实各馆之设备；普及工作则为督促各方广设图书馆，并使其联络成相当系统，配合相当需要，以增加互相联系，而收分工合作之效②。蒋复璁在《战后我国图书馆事业之展望》一文中，提出战后图书馆事业的

① 中华图书馆协会第六次年会第一次会议纪录. 中华图书馆协会会报,1944,18（4）:6—9;中华图书馆协会第六次年会第二次会议纪录. 中华图书馆协会会报,1944,18（4）:9—11.
② 袁同礼. 中华图书馆协会之过去现在与将来. 中华图书馆协会会报,1944,18（4）:2—3.

复兴，必须由政府统筹办理，拟定完整的计划，使之切合本国的国情，适应世界的潮流，而不能漫无目标，各自为政，徒有枝节局部的扩充，形成零乱畸形的局面。整个复兴计划必须从详思量与周密计划[①]。对于我国战后图书馆事业复兴中应注意事项，沈祖荣在《战后图书馆发展之途径》一文中提出：从事图书馆事业的人，要有坚强的信心与恒心；办理图书馆事业要同时注意现代化与中国化；图书馆应添设学术顾问或特设参考咨询部；图书馆要走到一般学校尤其普及中小学去；战后的图书馆要深入乡村去；战后的民众图书馆，更须负起民众识字教育的责任；战后的图书馆要和博物馆密切合作，与档案馆印刷所也要联络[②]。

1945 年 10 月 23 日，中华图书协会在重庆召开理事会会议。会议对于调查收复区图书文献之损失以备向敌人索取赔偿，议决由协会函请教育部特派员特予注意，并由协会委托收复区协会会员协助供给相关资料。会中还分发了英国伦敦教长会议草拟之向德、意法西斯索取赔偿文物损失办法，作为我国向日本侵略者索赔因遭受战事而损失图书文献之参考。会上，协会袁同礼理事长还报告了参与联合国图书中心之经过。联合国图书中心于 1944 年在英国成立，其目的为搜集公私所藏之复本图书，或愿意捐赠之图书，交该机关统筹分配。最初为联合国教长会议之附属机构，因为我国未加入该教长会议，故图书之分配中国未被包括在内。理事长袁同礼于 1945 年 7、8、9 月间，奉顾大使之命，参加该教长会议之图书馆委员会。袁同礼在会上特别说明中国在抗战中图书文献遭受之重大损失，并将备忘录分送各国代表，同时中国政府驻英大使馆捐赠该委员会 125 英镑，于是中国被邀请为联合国图书中心分配委员会委员之一，参与图书资料之分配[③]。

抗战期间协会继建议和协助政府在昆明、成都等西南大后方筹设图书馆之后，又积极协助教育部在兰州筹设国立西北图书馆，并推荐协会理事刘国钧博士由教育部聘请为国立西北图书馆筹备处主任。刘国钧于 1943 年 6 月起程赴兰州开始筹备[④]。1944 年 7 月，国立西北图书馆正式开馆接待读者。但该馆后

① 蒋复璁. 战后我国图书馆事业之展望. 中华图书馆协会会报,1944,18（4）:4,11.
② 沈祖荣. 战后图书馆发展之途径. 中华图书馆协会会报,1944,18（4）:5.
③ 本会理事会报告及决议事项. 中华图书馆协会会报,1945,19（4/5/6）:12—13.
④ 本会协助政府筹设国立西北图书馆. 中华图书馆协会会报,1943,17（5/6）:11.

以交通困难、经费短绌、藏书未富，虽经馆长刘国钧多方努力推进馆务，颇著成效，1945 年 6 月，国立西北图书馆仍奉教育部令暂时停办。中华图书馆协会以抗战胜利在望，以后复员建国，尤当注意教育文化普遍发扬，而西北交通不便，文化素衰，亟待复兴，故特呈请教育部恢复西北图书馆，以奠西北文化事业之基础。另外，当时国立图书馆仅有国立北平图书馆与国立中央图书馆两所。协会以图书馆之建立对于专门学术研究与一般社会教育均有莫大帮助，而唯有国立图书馆始可具较大规模，收较大成效。因此又呈请教育部于西北之外，在东北、西南、东南及华中各区域分别增设国立图书馆，以促进学术研究，提高教育水准。至于原设之国立图书馆，则请教育部于其经费与事业方面尽量予以充实与提高，俾得收更大成效①。

国立图书馆之外，协会还建议湖南省教育厅在常德添设图书馆。常德为抗战胜利纪念城，1943 年底，著名的常德会战在此打响。抗战胜利后常德道路、公园等建设规模粗具，中等学校已有多所，但图书馆建设尚付阙如。于是中华图书馆协会致函湖南省教育厅建议在常德添设图书馆一所，"以树风声而资百世之利"。协会原函如下②：

> 查图书馆为社会教育机构，启牖民智，裁成多士，较之学校尤易普及。我国近数十年来，对此事业极端重视，惟以幅员广大，通塞悬殊，图书馆之兴办，未能遍及偏远。中更抗战，文物荡然，胜利以还，所以补苴培养，以巩固教育建设者，舍此殆无他途。常法（常德）为湘西重镇，绾毂数省，抗战时期屏藩后方，照耀史册。独图书馆之筹设，尚付阙如，于文化方面，落后殊甚。本会有鉴于此，谨建议贵厅适应需要，在常德兴办一图书馆，以树风声而资百世之利，岂仅一方之幸？刍荛之言，伏祈察纳，无任盼荷。

除了制定"全国图书馆复兴计划意见调查表"征集图书馆复兴建议、年会

---

① 本会呈请教育部恢复西北图书馆并增设国立图书馆. 中华图书馆协会会报,1945,19（4/5/6）:13.

② 本会建议湘教厅兴办常德图书馆. 中华图书馆协会会报,1947,21（1/2）:11.

议决通过相关议案、呈请教育部恢复国立西北图书馆建设、建议湖南省教育厅在常德添设图书馆等多种措施外，积极争取战后图书馆事业建设的国际援助也是协会对于遭受战争重创的我国图书馆事业恢复重建的重要内容。

抗战胜利前夕，中华图书馆协会理事长、国立北平图书馆馆长袁同礼曾多次奉派赴美，代表中国图书馆界在美国有关政府机关和学术团体发表演说，宣传中国人民抵抗日本侵略及图书馆事业遭受战争损失的情况，并与美国朝野人士接洽共同发起捐书运动，争取中国图书馆事业战后重建之国际援助。当时二战尚未结束，交通阻隔，运输困难，只得决定先由美国各图书馆协会联合各学术团体及出版机关，共同组织捐书运动，成立"美国图书中心"（American Book Center）。征集到的资料无法及时运回国内，只得就地储存整理。抗战胜利后，这些资料均被催促邮寄回国立北平图书馆。当时预料募集图书，可达200万册至300万册。后来各国向美国请求申领图书资料者达36国之多。袁同礼1946春到美后，再度向美方接洽，说明中国经历战事时间长，遭受损失重，图书资料需要迫切。于是中国被列为接受美国捐赠图书资料的第一位，约可得全部赠书总数十分之一及全套之丛书及期刊多种。另外，美国图书馆协会得罗氏基金之补助，订购140余种学术期刊各2至5份，又赠送我战时出版书籍4套，每套约600册，美方希望此4套书籍能分配于各学术中心区域。以上两批书报（书刊），均委托联合国善后救济总署（联总）由美运沪。计第一批205箱，第二批257箱，均标明受赠机关。此外尚有教育部订购之学术期刊20份（自1940至1947年），共装700余箱。先后陆续运抵上海后分发国内各学术机关。英国方面成立之联合国图书中心（Allied Book Centre）原为伦敦教长会议成果之一。两年共捐书70万册，性质大都偏重专门学术，但普通书亦复不少。经袁同礼接洽，我国可得其中的十分之一，惟装运时均须自购木箱[①]。此次美英捐赠我国图书期刊数量较大，对图书期刊在中国各学术机关之分配，英美两国均希望我国由最高学术机关主持办理。因此国立中央研究院院长朱家骅与该院评议会秘书翁文灏二人，召集有关人士于1945年6月15日在渝开会，决定组织英美赠书分配委员会。委员会设委员11人，并公推翁文灏为主席，袁同礼

---

① 美国赠书助我图书馆复兴. 中华图书馆协会会报, 1946, 20（4/5/6）: 10—11.

为秘书，吴有训、周鲠生、陈裕光、杭立武、傅斯年、楼光来、李四光、任鸿隽、蒋复璁为委员，在袁同礼未返国以前，其秘书职务由傅斯年代理①。另外，美国图书馆协会对于中国各大学表示下列希望：①各大学复员后之地址希望能有合理化之分配，似不宜再集中于沿海一带。②各大学在同一区域者，应谋图书馆间之互助与互借，借以避免不必要之重复。例：南京地区农业研究机关如中央农业试验所、中央大学农学院、金陵大学农学院、中华农学会、农业部等，均应分工合作，避免重复。③中国在美捐募图书已由该会统筹办理，力劝各机关不必单独劝募。至美国捐赠之书，则希望我方由最高学术机关主持分配事宜。④为统筹兼顾起见，美国已组织一"图书中心"，专负搜集整理分配运输之责②。中国方面议决对于此项英美赠书之分配原则：①捐募之书可分"研究资料"和"普通书报"二大类。研究资料应分配于研究性质之图书馆，促成专门化，或使之成为有系统之书藏；普通书报应分配于普通性质之图书馆，但均应顾及区域之分配。②受赠之图书馆应尽量公开阅览。凡受赠之书如与该馆已有之书相重复时，应尽量与其他图书馆副本互相交换③。

1946年5月6日，英国图书馆协会于黑池（Blackpool）举行战后首次年会，商讨战后图书馆之善后与复兴工作。中华图书馆协会除派会员徐家璧代表协会出席参加外，理事长袁同礼于4月26日由华盛顿致函该会表示贺意，并特别说明图书馆事业复兴工作急需代表英国学术研究之各种出版物，希望联合国图书中心征集之图书及刊物于分配遭受战祸之各个国家时，中国能居于优先之地位。该函如下：

兹当贵会在黑池举行年会之际，中国图书馆界同人谨掬亲热之忱，以申贺意。当此和平复员之初，吾人即欣闻贵会计划贵国图书馆之善后与复兴工作，以贵国人士对于学术热爱之传统精神，组织能力优长与经济援助之适当，深信贵会在最短期内定可完成巨大之收获。当前工作至为艰巨，

---

① 英美赠书分配委员会之成立．中华图书馆协会会报，1945，19（1/2/3）：5．

② 本会理事会报告及决议事项．中华图书馆协会会报，1945，19（4/5/6）：12—13；罗益群．抗战时期的袁同礼先生．图书与情报，1996（1）：74—75．

③ 英美赠书助我图书馆复兴．中华图书馆协会会报，1946，20（4/5/6）：10—11．

吾人谨祝贵会圆满成功。回顾过去可怖之岁月中，我中英两国图书馆与文化机关同受暴力之摧残，吾人不得不信现代战争对于文明与人类进步之威胁。现代战争之本格（注："本格"为一来自日语之词汇，有"本质"之意）即属毁灭，积数世纪始获艰难缔造之成绩，在极短之时间内，即可毁灭无遗。在八年长期抗战中，中国牺牲极巨，图书馆与文物机关遭受严重与无可补偿之损失，中国学者缺少适当之资料与设备，以致研究工作无从进行，文化发展因此阻滞不前。惟在此重重困难中，吾人犹挣扎于保持此学术火炬之光明，不计其成就之细微，此则差足引以为慰者也。我国当前复兴工作中，急需代表英国学术研究之各种出版物。吾人希望联合国图书馆中心征集之图书及刊物于分配遭受战祸各国家时，中国能居于优先之地位，中国业已组织一图书分配委员会，以备接收此项来自图书中心及各方捐赠之书籍。吾人并当筹划将此项图书及杂志得以平均分置于各处冲要地点，以供研究。倘若战争所赐者，仅为破坏，则其至少可以警醒吾人，使知文化上之孤立，实应自吾人之思想及行动中永予驱除。我图书馆界同人当可努力于此，以求其实现。过去中英两国在文化事业上之关系素甚密切，此项联系将来当可更见增强，而贵我两会之合作，将来当更增其紧密。深信此次年会在贵会辉煌之事业中，将为一重要之指标焉。①

虽然中华图书馆协会对于抗战胜利后中国图书馆事业的恢复重建有过比较周密之谋划和具体之措施，各地图书馆对此也有积极响应和配合，英国和美国等国家对此也曾给予友好的支持和援助，但是由于战后国际形势的变化，特别是国内战争的爆发和之后国民政府政权的覆灭，饱受日本侵华战争破坏的中国近现代图书馆事业最终没有能够在民国时期实现复兴。甚至中华图书馆协会也因有的会员到了台湾，有的则漂洋过海去了异邦，有的留在大陆参加中华人民共和国图书馆事业的建设，从此天各一方，未能圆满实现协会《组织大纲》规定的宗旨，带着无尽的遗憾无形解散。

---

① 本会致贺英国图书馆协会年会 . 中华图书馆协会会报，1946，20（1/2/3）：14.

6 学术年会、国际交流与编辑出版

6.1 召开学术年会

召开学术年会是中华图书馆协会历史上最重要的学术活动之一。根据《中华图书馆协会组织大纲》第二十条之规定，协会应"每年召开年会一次，其地点及会期由前一年年会决定之。但遇必要时得开临时会"。中华图书馆协会从1925年成立到1948年无形解散，期间因社会动荡、战争频仍等原因，先后只召开过6次年会。这6次年会分别是1929年1月28日至2月1日在南京金陵大学召开的第一次年会，1933年8月28日至9月1日在北平清华大学召开的第二次年会，1936年7月20至24日在青岛山东大学召开的第三次年会，1938年11月27至30日在重庆川东师范学校召开的第四次年会，1942年2月8至9日和1944年5月5至6日在重庆国立中央图书馆召开的第五、第六次年会。6次年会中的第一、二次年会是中华图书馆协会独立举办学术年会。第三次年会是中华图书馆协会与中国博物馆协会联合举办的学术年会。第四、五、六次年会则是为了配合中国教育学术团体联合办事处举办联合年会而召开的。

6.1.1 第一次年会

1928年国民革命军北伐胜利，6月国民党政府宣布统一全国，定都南京，北京改称北平，中国由"军政"进入"训政"时期。中华图书馆协会以为训政开始，"政府自当努力于建设"，而图书馆"既为文化事业之根本设施，尤为社会民众教育之利器"，其发展"端赖政府及社会之提携"，遂计划于1928年9月在南京举行第一次学术年会，协会执行部函请南京图书馆协会承担年会筹备事宜。南京图书馆协会以时间仓促，筹备不及为由，请求延期，并建议中华图书馆协会派员南下协同办理大会筹备事宜。协会于是决定年会延至1929年1

月举行，并派协会董事部董事戴志骞赴京与南京图书馆协会共同协商年会筹备事宜[①]。

6.1.1.1 筹备经过

戴志骞赴京后，即与南京图书馆协会共同向教育当局接洽，蒙教育部转呈行政院准予拨给补助费 1000 元；不足之数，再向各方请求津贴。由年会筹备会聘定李小缘、杨杏佛、钱端升、陈剑翛、柳诒徵、崔萍村、王云五、何日章、沈祖荣、胡庆生、杜定友、徐鸿宝、洪有丰、万国鼎、章桐、陶行知、钟福庆、俞庆堂（棠）、刘季洪、戴志骞、刘国钧为年会筹备会委员，袁同礼为当然委员，并推定李小缘、柳诒徵、章桐、刘国钧（书记）、戴志骞（主席）为常务委员。先后举行筹备会议 3 次，议决：开会日期定为 1929 年 1 月 28 日至 2 月 1 日；地点暂定金陵大学；年会主题为训政时期之图书馆工作。年会事务组分为下列各组：

招待组。主持接送、游览、娱乐、宴会等事。委托南京图书馆协会及上海图书馆协会担任之。

议案组。审查各处提案及排定议事日程。由戴志骞、李小缘、袁同礼、柳诒徵、刘国钧担任之。

论文组。管理征求论文及演讲等。由戴志骞、沈祖荣、杨立诚、王云五、袁同礼、何日章担任之。

总务组。管理庶务、会计、注册、文书等事。由刘国钧、倪清源、宋琳、曹祖彬、于震寰、崔萍村及南京图书馆协会常务委员担任之。

征求会员组。主持征求会员等事。由杜定友、孙心磐、何日章担任之。

编辑组。整理会刊事务。由顾斗南、赵吉士、黄警顽、朱家治、金敏甫担任之。

年会会议分为演讲会、会务会、分组讨论会 3 组。分组讨论会应设各组及推定负责人员如次：

图书馆行政组：袁同礼、柳诒徵、洪有丰、刘季洪、章桐。

分类编目组：杜定友、李小缘、范希曾、刘国钧、黄星辉。

---

① 本会年会展至明年一月举行. 中华图书馆协会会报,1928,4（2）:23.

建筑组：戴志骞、欧阳祖经、李小缘、田洪都。

图书馆教育组：洪有丰、胡庆生、陈剑翛、俞庆棠。

索引组：拟请沈祖荣、王云五、陈立夫、万国鼎、陈文、张凤等参加组织。

大会推定蔡元培为主席，袁同礼、戴志骞为副主席，执行部长为秘书。会务会议主席即由董事部或执行部部长担任之。

赴会者如系非会员，则机关代表须携有该机关公函，个人会员须得会员二人之介绍，但无发言权，并不得出席会务会议①。

6.1.1.2 年会概况

1929 年 1 月 28 日至 2 月 1 日，中华图书馆协会第一次年会于南京金陵大学如期举行。年会中心议题为训政时期之图书馆工作。1 月 28 日上午为到会者注册时间。下午 2 时举行开幕典礼，时梅雪争春，新都郁丽，会员及来宾约200 余人，莫不踊跃欣忭。国民政府机关及国立中央大学、江苏省政府特遣代表与会，杜曜箕代表内政部，杨铎代表工商部，黄仲苏代表外交部，余梦庄代表卫生部，朱经农、陈剑翛代表教育部，俞凤岐、巢仲觉代表中央大学，章警秋代表江苏省政府出席会议。外宾则有德国图书馆协会代表莱斯米博士（Dr. G. Reismuller）。大会主席蔡元培因有要事赴沪，特委托杨杏佛为代表与会。何日章主持会议，大会副主席戴志骞报告开会并致开幕词。杨杏佛继之发表演讲，接着教育部陈剑翛（蒋梦麟部长代表），江苏省政府章警秋（钮惕生主席代表），中央大学俞庆棠（张君谋校长代表），中华教育改进社陶行知及金陵大学校长陈景唐相继发表演说。后由协会执行部长袁同礼致答谢辞。最后大会主席报告会序后开幕典礼结束。是晚 6 时，南京图书馆协会假金陵大学东楼设宴欢迎全体会员。刘国钧代表南京图书馆协会致欢迎辞，继之柳诒徵发言祝福协会将来有更好的发展，杜定友作为与会代表致答谢辞，宾主尽欢而散。

年会之主要内容为举行会务会议、分组会议、论文宣读及公开演讲等。期间 1 月 30 日晚七时半，年会在科学馆特别安排了交际会以娱同人并助雅趣。

---

① 本会年会筹备会之进行．中华图书馆协会会报，1928，4（3）:22—23；中华图书馆协会第一次年会筹备及经过报告//中华图书馆协会执行委员会．中华图书馆协会第一次年会报告．北平：中华图书馆协会事务所，1929:235—240.

1月31日正午12时，中央大学在学校大体育馆召开欢迎会。首由中央大学秘书长刘海萍代表张君谋校长致欢迎词，次由杜定友代表会员致答谢辞，年会主席蔡元培发表演说。时有会员多人邀请莱斯米博士报告德国国际出版品交换局情形，并于交换办法略有讨论。嗣遂同赴宴席，主宾交欢，至二时余始摄影而散。宴罢参观中央大学图书馆、中国科学社图书馆、通俗图书馆及国学图书馆。晚6时，会员公宴假座金陵中学举行。席间江苏省政府代表章警秋报告江苏省政府原拟设宴欢迎图书馆界同人，唯年会时间短促，聆教无由，极致怅意；希望明年年会，同志光临镇江（镇江时为江苏省省会所在地）。继由全国拒毒运动会代表报告该会进行运动事业，并分送《拒毒》月刊请教。

2月1日上午，会务会议举行职员选举。午后1时许，与会代表出发游览。首至金陵女子大学，年会各女会员即假寓是间。原定游览之地甚多，后以时间限制，仅至清凉山，北极阁（中央研究院气象研究所及观象台在此）等处略瞻金陵之胜概。4时半赴中国国民党中央执行委员会之欢迎会。首先由戴季陶代表国民党中央执行委员会致欢迎辞并发表演说。之后胡展堂发言。继由戴志骞代表协会致答谢词，会员代表冯陈祖怡致感谢词。欢迎会结束后，同赴安乐酒店教育部之欢迎晚宴。席间先由蒋梦麟部长致欢迎词。继由大会主席蔡元培代表会员致答词。之后吴稚晖、李石曾（即李煜瀛）、马夷初（教育部次长）等发表演说。最后由袁同礼代表协会致辞告别，不再举行闭幕式。中华图书馆协会第一次年会遂于此次盛宴之欢悦满足声中宣告闭幕[①]。

6.1.1.3 分组会议、会务会议、论文宣读和公开演讲

年会分组会议分图书馆行政组、编纂组、图书馆教育组、图书馆建筑组、分类编目组、索引检字组6组分别进行[②]。

图书馆行政组共召开会议5次，分别是1月29日上午8时45分举行第一

---

① 中华图书馆协会第一次年会纪事 . 中华图书馆协会会报,1929,4（4）:5—14;中华图书馆协会第一次年会筹备及经过报告 // 中华图书馆协会执行委员会 . 中华图书馆协会第一次年会报告 . 北平:中华图书馆协会事务所,1929:235—240.
② 中华图书馆协会第一次年会纪事 . 中华图书馆协会会报,1929,4（4）:5—14;分组会议纪要 // 中华图书馆协会执行委员会 . 中华图书馆协会第一次年会报告 . 北平:中华图书馆协会事务所,1929:37—62.

次会议，出席会议者 71 人，主席袁同礼，记录施廷镛。同日上午 10 时举行第二次会议，出席会议者 35 人，主席袁同礼，记录施廷镛。1 月 30 日上午 8 时 45 分举行第三次会议，出席会议者 40 人，主席袁同礼，记录施廷镛。同日上午 10 时举行第四次会议，出席会议者 40 人，主席袁同礼，记录俞家齐。1 月 31 日上午 9 时举行第五次会议，出席会议者 35 人，主席袁同礼，记录聂光甫。图书馆行政组第一次会议公推袁同礼为主席，柳诒徵为副主席。会议讨论了《由本会呈请教育部从速筹办中央图书馆案》（顾天枢、蒋一前、民立中学图书馆、陈钟凡原案，议决合并各案全体通过）、《呈请国民政府防止古籍流出国境并明令全国各海关禁止出口案》（中央大学区图书馆联合会、北平图书馆协会、李小缘原案，议决合并讨论照主文全体通过）、《本会调查登记国内外公私所藏善本书籍编制目录以便筹谋影印案》（国立中央大学图书馆、刘纯、河北省立第一图书馆原案，议决合并讨论照主文通过）等 15 案。行政组 5 次会议共讨论议案 68 件，或通过，或保留，或移交其他组讨论。

编撰组则分别于 1 月 29 日召开第一次会议，出席会议者 10 人，1 月 30 日召开第二次会议，出席会议者 18 人。李小缘、刘纪泽分别担任两次会议主席和记录。会议讨论了《每年编辑全国图书馆年鉴案》（南京图书馆协会原案。议决通过，编辑时注意每年所出新书及定期刊物报告等事）、《本会应编制新旧图书馆学丛书刊行案》（李小缘原案。议决合并次列陈、孔二案通过，主文修改为《本会应编刊新旧图书馆学丛书案》）、《订定中国图书馆学术术语案》（李继先原案。议决合并金、李、万三提案改正通过）等 14 案。

图书馆教育组于 1 月 30 日上午 8 时 45 分举行第一次会议，出席会议者 15 人。1 月 31 日上午 8 时 45 分举行第二次会议，出席会议者 18 人。胡庆生和陶述先分别担任两次会议主席和记录。第一次会议首先依据分组会议规则，推举胡庆生为主席，李燕亭为副主席，毛坤为书记（毛坤因出席他组会议未能与会）。陶述先任记录。其次讨论人才之培养，分专门与普通两种：专门——如创立图书馆专门学校，在大学添设图书馆系，并资遣留学员生出洋研究及考察等项；普通——如设立图书馆员速成班、讲习所、暑期学校，在中等学校添设图书馆学课程、添设职业科等项。第二次会议则根据第一次会议所整理之结果，分别通过了《训练图书馆专门人才案》（李小缘、厦门图书馆、田洪都、黄星辉、陈策云、北平图书馆协会、上海图书馆协会、施维藩原案）、《请中华图书馆协会在暑期内聘请专门人才在各地轮流开办图书馆讲习所案》（沈孝祥原案）、《中学或师范学校课程中加图书馆学识每周一、二小时案》（高峻、陈重寅原案）等5案。

建筑组会议于1月31日上午10时30分召开，出席会员14人，戴志骞任会议主席，施廷镛任书记。会议首先由主席报告图书馆设备不能太过简陋之理由，继则讨论有关议案。会议共收到集美学校图书馆《拟为中等学校图书馆筹划建筑图式案》、孔敏中《请协会组织设计建筑委员会案》等有关图书馆建筑建议案9件，经会议讨论后合并为4案通过：关于建筑设备者，议决通过《请协会组织建筑委员会研究计划图书馆建筑案》；关于用品者，议决通过《本会应指导特约图书公司制造图书馆应用物品案》；关于中文书籍者，议决通过《本协会应请专门家研究中文书籍排架法并定平排直排之标准容量及架之深浅案》；关于图书馆用品免税者，议决通过《请国民政府财政部对于各图书馆呈请图书馆用品免税应予免税执照案》。

分类编目组于1月29日上午10时30分至12时召开第一次会议，出席者67人，由该组筹备副主席刘国钧为临时主席，公推杜定友为主席，刘国钧为副主席，蒋复璁为书记。会议首先宣读论文《中国图书分类之商榷》（蒋复璁）、《校雠新议》（杜定友）。继则讨论通过《厘定分类制度及编目规则案》（金敏甫原案）、《图书分类编目标准案》（欧阳祖经原案）、《拟定标准之图书馆分类编目法案》（中央大学区苏州图书馆原案）等13案。议决规定分类之原则4条：中西分类一致；以创造为原则；分类标准须易写、易记、易识、易明；须合中国图书情形。议决通过之议案及原则，交分类委员会采择，编制分类法。第二次会议1月30日上午8时45分至10时30分召开，出席者51人。先由毛坤代徐家麟宣读论文《中文编目论略之论略》，继则讨论通过了《规定中国图书编目规定案》（文华图书科原案）、《规定标准编目条例案》（李小缘原案）、《编制中文书目方案》（杨昭悊原案）等6案，另外保留《全国图书馆改用国（语）罗马字书各编目案》（黎维岳）等两案。1月31日上午10时30分召开第三次会议，出席者47人。会议先由刘国钧发表演讲，演讲题目为《分类目录与标题之比较》；继则讨论通过了《编纂中国标题表原则案》（杜定友原案）、《规定标题及其采用条例》（李小缘原案）、《编制标准之中文标题总录案》（徐家麟原案）等5案。另外决议继续保留《改用国语罗马字编目案》（黎维岳原案）等两案。最后宣读论文《中文编目中一个重要问题》（沈祖荣）、《中文标题问题》（黄星辉）两篇。分类编目组3次会议均由杜定友任主席，蒋复璁任书记。

索引检字组于1月29日上午8时45分至10时15分召开第一次会议，出席会议者约30人。1月30日上午10时至12时召开第二次会议，出席会议者49人。两次会议均由沈祖荣任主席，万国鼎任书记。第一次会议讨论"完善检字法之标准"，至规定时间而未有结果，第二次会议继续讨论。讨论结果以37票赞成通过"检字法之标准"为：简易，准确，便捷。"简易"包括"简单""自然""普及"；"准确"包括"一贯""有定序""无例外"；"便捷"包括"便当""直接""迅速"。会议还议决设立汉字排检法研究委员会，议决请中央研究院研究改革汉字案交前项委员会（即"汉字排检法研究委员会"）讨论。胡庆生临时动议"本会决定对于各种检字法，应以研究试验及鼓励发明态度为原则，暂不规定采用某一种方法"经讨论一致通过。会议书记报告收到论文《排检中国字之要则》（张凤）、《汉字排检问题》（万国鼎）和《从索引法去谈排字法和检字法》（钱亚新）等6篇，因限于时间关系未能在会议宣读，待日后付印。最后各图书馆报告试用新汉字排检法之经验。徐旭临时动议"请各发明者或出版机关，将新检字法印刷品寄交各图书馆研究试用，将经验报告委员会"，经讨论后一致通过。

第一次年会先后召开会务会议3次，均在金陵大学科学馆召开，杜定友和陈重寅分别担任主席和书记[1]。第一次会务会议1月29日下午2时召开，出席人数98人，主要议题为董事部、执行部及各专门委员会报告工作开展情况，并讨论协会事务所迁至首都南京或其他适宜地点案。首先由主席杜定友向各会务会议参会会员强调，会务会议为年会之重要部分，凡事欲求其发展，须本身组织完备而后可。协会第一次年会议案甚多，将来能否一一实现，端视会务会

---

① 中华图书馆协会第一次年会纪事.中华图书馆协会会报,1929,4（4）:5—14;中华图书馆协会第一次年会会务会议纪录//中华图书馆协会执行委员会.中华图书馆协会第一次年会报告.北平:中华图书馆协会事务所,1929:15—52.

议之精神而定。接着介绍会务会议会序之后，沈祖荣代表董事部，执行部部长袁同礼代表执行部，出版委员会主席刘国钧代表出版委员会，编目委员会主席李小缘代表编目委员会分别报告工作开展情况。年会筹备会主席戴志骞报告年会之筹备经过。最后讨论并议决协会事务所暂不迁移，仍留在北平北海图书馆内。第二次会务会议 1 月 31 日下午 7 时召开，出席人数 85 人，主要议题为修改《中华图书馆协会组织大纲》。主要修改第三章"会员"、第四章"组织"和第五章"经费"。第三次会务会议 2 月 1 日上午 9 时召开，出席人数 87 人。主要议题为选举执行委员会及监察委员会。由会议主席指定汪兆荣、石斯馨、向培豪发票，潘圣一、黄星辉、俞家齐收票，孙心磐、毛坤检票，金敏甫、胡庆生、杨立诚开票。戴志骞、袁同礼、李小缘、刘国钧、杜定友、沈祖荣、何日章、胡庆生、洪有丰、王云五、冯陈祖怡、朱家治、万国鼎、陶行知和孙心磐 15 人当选为执行委员会委员，柳诒徵、田洪都、陆秀、侯鸿鉴、毛坤、李燕亭、欧阳祖经、杨立诚和冯汉骥 9 人当选为监察委员会委员。

分组会议和会务会议之外，年会还安排了多场公开演讲或论文宣读[①]。1 月 28 日晚 7 时半，检字法演讲会在科学馆召开，杜定友担任主席，听众 120 余人。张凤演讲《面线点检字法》，瞿重福演讲《瞿氏号码检字法》，毛坤演讲钱亚新之《拼音著者号码检字法》，蒋家骧演讲《蒋氏汉字序次法》，万国鼎演讲《各家检字法述评》。1 月 29 日 7 时再次举行公开演讲，由戴志骞担任主席。先由德国图书馆协会代表莱斯米博士发表《德国图书馆发展史》之演说，袁同礼担任翻译；继由胡庆生演讲《图书馆员应有之责任及其工作》；次由沈祖荣演讲《文华图书科概况》并特别代表韦棣华女士庆祝本会召开；又次何日章演讲《河南之图书馆与古物及政治》；最后由上海通信图书馆代表宋青萍演讲《上海通信图书馆概况》。演讲会至晚上 10 时结束。1 月 30 日下午 2 时在科学馆宣读论文，袁同礼担任主席。此次会议共收到论文 24 篇，有的已在分组会议宣读。又因时间关系，仅由李小缘宣读《中华图书馆协会之使命及将来》，刘树杞宣读《图书馆在教育上之地位》，蒋镜寰宣读《图书馆之使命及其实施》，袁同礼宣读《国际目录事业之组织》，何公敢宣读《单体检字法》等 4 篇论文。宣读论文至下

---

① 中华图书馆协会第一次年会纪事. 中华图书馆协会会报,1929,4（4）:5—14.

午 5 时结束。晚 7 时年会特举办交际会以娱同人。交际会开始，先由陈独醒报告《经营浙江私立流通图书馆之经过及现状》，继由黎维岳作《介绍国语罗马字》之演说，次由冯陈祖怡发表《训政时期之图书馆工作》之演说，最后李小缘以幻灯辅导演讲美国国会图书馆内部情形，杜定友以幻灯辅导演讲世界图书馆情形之比较。最后兴阑而散。

6.1.1.4 议案施行

第一次年会分组会议共提出议案 167 项，议决 92 项，其中图书馆行政组 63 项、编目组 14 项、图书馆教育组 5 项、建筑组 4 项、分类编目组 3 项、索引检字组 3 项。另有关于中华图书馆协会会务方面的提案 16 项，主要集中在会所迁移与修改组织大纲两项①。年会结束后，因年会通过议案较多，所有各项议案均由协会组织各专门委员会，并由执行委员会襄助整理后逐项予以推行。其中关于图书馆协会及各图书馆者，特将关于图书馆行政方面议案整理为采访与流通，专门人才与保障及待遇，编辑周年报告，使用"圕"新字四大类，于1929 年 7 月 30 日发出《中华图书馆协会致各图书馆书》函告各地方图书馆协会及各图书馆采择施行，并希望将办理情形随时报告中华图书馆协会②。

年会中各项议案应由政府推行者，整理妥当后分别呈请国民政府及教育部审核施行。国民政府接到呈文后，即由主席谕交文官处函转行政院审核办理，行政院复交教育部审核。教育部审核意见详见"4.3.3 营造图书馆事业发展的有利环境"部分。另外，教育部接到中华图书馆协会呈请施行第一次年会各项议决案后，发出第六二七号训令，通令各地教育厅局遵照办理，并随时具报实施情况。原令略云：

……案据中华图书馆协会呈，以根据十八年一月第一次年会决议案，拟具条陈，请予采择施行等因到部。查图书馆规程，业经本部修正颁发在案。此种事业，为促进学术研究，实施民众识字运动之基本设备，自应努力推行，除分别批示并分行饬办外，合行抄发原呈暨原批各一份，合仰遵

---

① 王阿陶 . 中华图书馆协会研究（1925—1949）. 成都：四川大学，2012：99—100.
② 中华图书馆协会致全国各图书馆书 . 中华图书馆协会会报，1929，5（1/2）：2.

照，并将下列各事项切实奉行：（一）转饬各级学校对于购书费，应特别注意酌量规定。（二）自十九年度起积极增设各种专门、普通、民众、儿童等图书馆。（三）对于图书馆事业，应酌量聘请专家指导。（四）每年考选留学生时，应视地方需要情形，酌定图书馆学名额。（五）关于各教育机关出版之各种书报及刊物，应尽量减价，以广流传。（六）转饬省立或私立大学，于文学院或教育学院内，酌设图书馆学程或图书馆学系。所有以上各节遵办情形，并仰随时具报……①

浙江省教育厅于接奉教育部第六二七号训令后，业将奉行事项遵办情形分别具报如下：

（一）省立中等学校预算内向有图书购置费之规定，市县私立中等学校情形不同，业已令饬自十九年度起，一律规定是项图书购置费，并编入各该校预算内。（二）甲、关于专门图书馆者：省立图书馆原藏四库全书及宋元明清各种善本甚多，国学专门书籍，收藏尚称丰富，惟西文书籍甚少，本年度拟增列预算经费肆万捌千余元，从事增购，期臻完备。乙、关于普通图书馆者，各县市多已设立，惟书籍不多，尚待扩充。前由本省财政厅拨节余经费并杂税公费，预订万有文库一百零五部，现已陆续出版，分发各县市政府及省立学校分别具领，以期充实各该县市及各该校图书馆。丙、关于民众图书馆者：各县市单独设立者甚少，而各县市民众教育馆多设有图书部。此后采购图书，当令注重民众读物，以适应一般民众之需要，增进民众阅读之机会。丁、关于儿童图书馆者：现在各县市已有成立者，当遵设（增设）的扩充增设。（三）对于图书省事业（图书馆事业），当遵令酌量聘请专家指导。（四）本省已于去岁秋间，由省政府议决，派蒋复璁赴欧调查研究图书馆教育，该员已于本年春间出国，以后并拟酌量情形，于考选留学生时规定图书馆学名额。（五）关于各教育机关出版之各种书报及刊物，自应尽量减价，以广流传，业已遵令转饬所属一体遵照。（六）

---

① 教部极力推行南京年会议案. 中华图书馆协会会报，1930，6（1）：30.

除转饬私立之江文理学院，于该院教育学系内，酌设图书馆学程外，本省省立民众教育实验学校社会教育专修科已列图书馆学为必修学程，师范科亦列为选修学程，并拟于该校添办图书馆专修科。[①]

第一次年会议决各案，中华图书馆协会或函请各地方图书馆协会及各图书馆采择施行，或呈请国民政府及教育部等审核实行，其中大部分议案都得到实施。这些凝聚着协会会员心血的议案，在推动中国现代图书馆事业发展过程中无疑产生了积极的作用。

6.1.2　第二次年会

中华图书馆协会第一次年会在首都南京召开之后，由于社会动荡、会员分散、召集不易等原因，直到4年后的1933年8月28日至9月1日才得以在北平清华大学召开协会第二次年会。

6.1.2.1 筹备经过

第一次年会后，中华图书馆协会监察委员会曾有1930年春在杭州发起全国图书展览会之议，并有同时举行协会第二次年会之设想。为此监察委员会书记、浙江省立图书馆馆长杨立诚1929年10月18日专门致函执行委员会主席袁同礼，建议和欢迎协会第二次年会在杭州举行。10月22日袁同礼复函表示，协会次届年会之举行需与执行委员会其他委员协商。次届年会能否在杭州召开，主要取决于时局之变化及浙江省立图书馆新馆落成时间[②]。后因浙江省立图书馆新馆未能如期于1929年底竣工，原定1930年4月浙江省立图书馆新馆落成时在杭州举行之第二次年会，经征求全体执行委员意见，决定延期一年至1931年举行[③]。后因故未能如期举行。

1932年12月23日，协会执行委员会召开该年度第二次执行委员会会议。议决于1933年4月3至6日在北平召开协会第二次年会，出席年会会员须于2

---

① 浙教厅对于南京年会议案之推行.中华图书馆协会会报,1930,6（1）:33.
② 本会次届年会之讨论.中华图书馆协会会报,1929,5（1/2）:41.
③ 次届年会之筹议.中华图书馆协会会报,1930,5（4）:16.

日报到。会议决定另组年会筹备委员会，负责年会筹备事宜。由在平执委推举拟函聘筹备委员名单，请全体执行委员审定后聘任之。拟函聘李小缘、*陈宗登、*李文裿、胡庆生、杜定友、柳诒徵、吴光清、*田洪都、王云五、沈祖荣、洪有丰、*施廷镛、戴志骞、*王文山、刘国钧、陈训慈、徐鸿宝、*冯陈祖怡、桂质柏、陈东原、袁同礼、洪业、蒋复璁、蒋孝丰、王献唐、杨立诚、严侗、李麟玉、柯璜为筹备委员，姓名前面带＊号者聘为常务委员。

会议还通过了《第二届年会各组委员案》。年会各组委员分任会务，其中以议案、论文两组有提前成立之必要，以便审查议案，接收论文。议决先由在平执委推选王文山、田洪都、施廷镛组成议案组，王文山任主席；李小缘、陈训慈、马宗荣、柳诒徵、陈东原和向达组成论文组，李小缘任主席。各组委员经全体执委审核后聘任。会议还议决通过《年会会员提案》，建议全体执委通告协会会员，凡各种提案经第一次年会讨论通过者毋庸再行提出，各种提案应注重实际问题，以便施行。对于年会会员资格，会议议决建议全体执委，开会以前要求入会为会员者，仅以在图书馆服务者为限，其非图书馆员愿入本会者，须俟年终了，再请入会①。原定 1933 年 4 月 3 至 6 日在北平举行协会第二次年会，后因时局关系再次延期。

1933 年 8 月 4 日下午 4 时，年会筹备委员会在北平国立北平图书馆召开第一次会议，施廷镛、王文山（唐贯方代）、冯陈祖怡、田洪都、陈尺楼、袁同礼、李文裿、何日章（冯陈祖怡代）等出席，袁同礼担任会议主席。主席报告此前在南方晤及京、沪两地执委，多数主张第二次年会既一再延期，似不宜再缓，并决定年会地点在清华大学为宜。适清华大学梅贻琦校长亦在南京，于是商定 8 月 28 至 31 日假该校开会。遂一方面在北平发出致各会员通知，一方面在南京向教育部接洽转咨铁道部照章减价乘车办法。年会所讨论之范围，以图书馆经费及民众教育为中心，其他专门问题亦附讨论。最要者各处图书馆与民众教育馆决不应与地方政治发生关系，应努力造成一种学术机关。至于各图书馆经费过少不易发展，此次特附讨论，以便唤起教育当局之注意。

筹委会会议还推定年会分组讨论负责人如下：图书馆行政组负责人为袁同

---

① 第二三两次执行委员会议决案．中华图书馆协会会报，1933，8（4）：17—18．

礼（主席）、洪有丰、冯陈祖怡（副主席）和姚金绅（书记）。图书馆经费组负责人为王文山（主席）、田洪都（副主席）、施廷镛、邢云林（书记）。图书馆教育组负责人为沈祖荣（主席）、查修（副主席）、徐家麟和邓衍林（书记）。分类编目组负责人为刘国钧（主席）、蒋复璁（副主席）、刘纯山和曹祖彬（书记）。索引检字组负责人为杜定友（主席）、洪业（副主席）、孙心磐和钱亚新（书记）。民众教育组负责人为俞庆棠（主席）、赵鸿谦（副主席）、何日章和徐旭（书记）。

　　筹委会会议议决聘请蒋梦麟、梅贻琦、李煜瀛、黄郛和袁良在大会发表演讲，聘请王文山、查修、刘国钧、蒋复璁和陈垣做公开学术演讲。推定王文山、沈祖荣和袁同礼为大会主席团成员。议决向行政院驻平政务整理委员会、北平市政府、河北省政府、国立北平图书馆、国立清华大学、燕京大学、国立北京大学、中法大学、北平大学、师范大学、地质调查所和故宫博物院进行募捐①。

6.1.2.2 年会概况

　　一再延期之后，中华图书馆协会第二次年会于 1933 年 8 月 28 日至 9 月 1 日在北平清华大学举行。28 日上午 9 时，年会在清华大学礼堂举行开幕典礼。时新凉涤暑，爽气朝来，各省市会员及来宾 200 余人，联翩莅止，欣然色喜。首先清华大学军乐队奏乐，大会主席团推定袁同礼担任会议主席，李文祎司仪。主席致开幕词后，驻平政务整理委员会赵尊岳代表黄委员长、北平市党务整理委员会鹿镜塘代表中国国民党北平市党部、北平市市长袁良、清华大学校长梅贻琦、北京大学樊际昌代表蒋梦麟校长、中法大学李麟玉代表国立北平研究院和中法大学相继致辞，协会执行委员会委员刘国钧代表全体会员致答谢词。最后全体与会代表摄影留念。以电报申贺年会召开者，有国立中央大学图书馆及何其巩等。

　　年会期间，除分组会议、会务会议和公开演讲之余，年会还安排了丰富多彩的参观活动。1 月 28 日下午 5 时半会员参观清华大学校园。代表自会员宿舍第五院出发，经化学馆、观象台、体育馆、医院，过小桥向南过生物学馆、工字厅、科学馆、大礼堂、一院、二院、工学院、水力室、电灯厂诸处。循大路折回溪北参观清华大学图书馆。图书馆呈 L 形，分中、东、西三部分，东部为

---

① 第二次年会之筹备. 中华图书馆协会会报, 1933, 9（1）: 12—15.

旧建，中、西两部为新近扩充，占地 3433 平方英尺，各楼总面积为 8540 平方英尺。有门三，其廊道内地面与墙壁均用大理石铺砌，阅览室地面或用软木或用花石，书库地板则或用花石或用玻璃，书架在库者为钢铁制，在各室者为榆木制，其长几 5 英尺，约合 10 英里，藏书 20 余万册。馆内除图书馆事务室外，有各院系办公室及研究室，可推为当时我国大学图书馆中规模最宏大者。晚 8 时，清华大学图书馆同人举行茶会欢迎出席年会会员，更在礼堂内演放电影娱客，午夜始散。

8 月 29 日下午 4 时，会员同乘汽车往燕京大学参观，并赴该校图书馆欢迎茶会。燕京大学建在名园旧址，建筑风格悉为宫殿式。欢迎茶会间，由田洪都代表燕京大学图书馆致欢迎词，并简述该校之沿革。由杜定友代表会员致答词。兴阑而返。8 月 30 日午饭后，会员乘汽车前往颐和园及玉泉山参观。是晚 6 时，国立清华大学公宴会员。张子高代表清华大学梅贻琦校长致辞。会员推举杜定友代表致谢，宾主尽欢，至晚 8 时举行闭幕式。会场仍设在清华大学礼堂，王文山担任主席，李文祎司仪。主席致辞后，由田洪都报告图书馆经费组议决案，何日章报告民众教育组议决案，姚金绅报告图书馆行政组议决案，李燕亭报告图书馆教育组议决案，刘国钧报告分类编目组议决案，杜定友报告索引检字组会议情形。报告毕，会员临时动议提案 3 件，其中冯陈祖怡提议，此次年会诸承清华大学及图书馆之优遇，协会应隆重致谢，议决交执行委员会办理。最后由刘国钧朗读闭幕宣言，至此第二次年会闭幕。

年会会议既已圆满，8 月 31 日上午 7 时，全体会员入城，先至国立北平图书馆参观宋元刊本展览会及现代德国印刷展览会，复周游该馆各阅览室各书库及四库全书模型室等。10 时赴故宫博物院参观，先至绛雪轩茶会，由俞同奎致欢迎词，会员推刘国钧致答词。旋参观中路、东路各陈列室，至乾清宫少憩，复折往文渊阁，出午门经天安门而赴北平图书馆协会之欢迎宴会。由北平图书馆协会执委会田洪都代表致欢迎词。宴罢仍循途入午门，继续参观太和殿、中和殿、宝和殿三大殿及武英殿古物陈列所。5 时出东华门，赴外交部迎宾馆北平 22 机关之欢迎茶会。列名该欢迎茶会之机关有北平市政府、中华教育文化基金董事会、国立北京大学、国立北平大学、国立北平师范大学、国立清华大学、古物陈列所、故宫博物院、国立北平研究院、历史博物馆、地质调查所、国立北平图书馆、静生生物调查所、社会调查所、燕京大学、中法大学、北平协和医学院、中国营造学社、中国大辞典编纂处、西北科学考查团理事会、中国文化经济协会和北平图书馆协会。6 时开会，首由北平市长袁良致欢迎词，次由北京大学校长蒋梦麟致辞，最后会员推举侯鸿鉴代表答谢，旋摄影散会。

9 月 1 日，会员分组游览孔庙、国子监、雍和宫、天坛等处。年会办事处皆预为接洽妥当，因此免费参观，且派人在各该处指导。9 月 2 日正午，河北省教育厅、天津市教育局及天津各图书馆，复联合在天津法租界永安饭店宴请年会会员，借资联欢①。

6.1.2.3 分组会议、会务会议和公开演讲

第二次年会分组会议分图书馆行政组、图书馆教育组、图书馆经费组、分类编目组、索引检字组和民众教育组 6 组分别进行②。

8 月 28 日下午 2 时图书馆行政组召开第一次会议，68 人出席，30 日召开第二次会议，38 人出席。两次会议均在清华大学生物学馆召开，袁同礼担任会议主席，冯陈祖怡、姚金绅担任书记。第一次会议开始时，浙江省立图书馆陈训慈、江苏省立图书馆陈子彝、江西省立图书馆杨以明、安徽省立图书馆陈东原、山东省立图书馆李蓉盛、河北省立图书馆华凤卜、山西省立图书馆张知道、天津市立图书馆姚金绅、河南大学图书馆李燕亭和清心中学图书馆宋景祁分别报告各自图书馆概况。会议讨论并通过议案 11 项：《呈请教育部于图书馆规程中规定省立图书馆应负辅导该省各图书馆之责任案》《请协会呈请教育部通知各省市县教育行政机关应聘请图书馆专家指导各中小学图书馆一切进行事宜案》《国内各馆馆员得互相交换以资观摩案》《通函各县市应设立儿童图书馆并规定各图书馆附设儿童阅览室案》《请本会建议各省市县公共图书馆附设流动图书部案》《监狱附设小图书馆案》《酌量公开学校图书馆俾学校图书馆与社会合成一气辅助成人的教育案》《由本会通知全国公私图书馆尽量搜罗方

---

① 于震寰.中华图书馆协会第二次年会纪事.中华图书馆协会会报,1933,9（2）:22—26.

② 分组会议纪要 // 中华图书馆协会执行委员会.中华图书馆协会第二次年会报告.北平:中华图书馆协会事务所,1933:19—32;议决案汇录 // 中华图书馆协会执行委员会.中华图书馆协会第二次年会报告.北平:中华图书馆协会事务所,1933:33—86.

志舆图以保文献案》《建议当局传抄及影印孤本秘籍以广流传案》《建议教育部此次选印四库全书应以发扬文化为原则在书店赠本内提出若干部分赠各省市立重要图书馆暨国立各大学图书馆案》《图书馆应扩大宣传方法借谋事业之发展案》。

8月29日，图书馆教育组会议在清华大学第三院第十二号教室举行，共有30人出席，李燕亭担任会议主席，徐家麟、邓衍林担任书记。议决通过5案：《请协会建议行政院及教育部指拨的款于北平设立图书馆学专科学校案》《再请教育部令国立大学添设图书馆学专科案》《请本会函请各省市图书馆人材经费设备充足者附设图书馆学讲习所以培育人材案》《函请各省教育厅每年考选学生二名分送国内图书馆学学校肄业其学膳宿费由教育费中指拨案》《由本会函请图书馆学校应注重语言案》。

8月29日，图书馆经费组会议在清华大学召开，29人出席，王文山担任主席，施廷镛担任书记。议决通过4案：《拟定各级图书馆经费标准请教育部列入图书馆规程案》《向中英庚款董事会请速拨款建设中央图书馆并请中美庚款董事会补助各省图书馆经费案》《呈请教育部规定补助私立图书馆临时及经常费案》《请中央拨棉麦借款美金一百万扩充全国图书馆事业案》。

8月29日下午2时至3时30分，分类编目组会议在清华大学第三院第十二号教室召开，出席会议63人，刘国钧担任会议主席，刘纯甫、胡英担任书记。会议主席报告开会进行程序，冯陈祖怡演讲《介绍一种排架编目法》，之后讨论议案。议决通过：《审定杜威十进分类法关于中国历史地理语言文学金石字画等项之分类细目案》《请全国各图书馆于卡片目录外应酌量情形增编书本目录以便编制联合目录案》《由本会建议书业联合会编制出版物联合目录案》《请协会根据上次会议从速规定分类编目标题及排字法标准案》。

8月29日下午3时半，索引检字组会议在清华大学第三院召开，出席会议者63人，杜定友担任会议主席，钱亚新担任书记。由于本次年会索引检字组未收到议案，会议主席杜定友继前一晚上演说《民众检字之心理的研究》尚有余意未尽，因利用本组会议时间继续演讲，约半小时始毕。

8月30日上午8时，民众教育组会议在清华大学第三院第十二号教室举行，52人出席，俞庆棠担任主席，何日章、徐旭担任书记。议决5案：《请本会通函全国各图书馆注重民众教育事业案》《为推广民众教育拟请本会组织民众教育委员会案》《呈请教育部通令各省市县在乡村区域从速广设民众图书馆案》《建议中央通令各省于各宗祠内附设民众图书馆案》《县市图书馆与民众教育馆应并行设立分工合作案》《编制通俗图书馆书目案》。

协会第二次年会召开会务会议 1 次。8 月 29 日上午 10 时，会务会议在清华大学第三院第十二号教室举行，62 人出席会议。袁同礼代表戴志骞担任会议主席，李文裿担任会议记录。主席先行报告协会执行部年度工作报告编制情况，然后讨论 "本会应如何发展"。主席认为近来协会不能发展之原因有四：会中经费过少；会中无力聘请专员负责进行；各会员多服务于各图书馆，较难集中精力辅助协会，各执委分居各地，不易召集，委员会形同虚设；出版物因会员不能踊跃投稿，也常有衍期之事。请出席会务会议代表围绕 4 点先行讨论。

会议讨论通过议案有：①《募集基金案》。议决募集基金办法 7 条。②《继续执行第一次年会议决案案》。该案由《请本会积极实行第一次年会各种议案以利事业案》（李文岫原案）、《本会上届议决案尚未执行者应请继续切实执行以利会务案》（胡英、袁涌进、邓衍林等原案）、《请本会从速依照第一届大会通过之议案分别实行案》（鲍剑安、鲍益清原案）和《请协会以第一次年会议决各项议案切实实行案》（国立暨南大学洪年图书馆原案）4 案合并而成，议决并为一案由执行委员会积极办理之。③《下届年会地点案》。议决在武昌、杭州、广州择地举行。④《本会应即行组织图书馆周刊或缩短会报出版期，以宣传图书馆事业传布图书馆消息案》（张桂田原案）。议决交编辑部斟酌实际情形处理之。⑤《规定本会事务所职员应为专任职务以增进会务效率案》（袁涌进、徐家璧、马万里原案）。议决由执行委员会酌办。⑥《本会当设图书馆人员登记并介绍部案》（陈独醒原案）。议决交执行委员会办理。另有《增加机关会员会费以利会务进行案》（徐家璧、宋友英、邓衍林原案）、《本会执监各委历年改选手续繁复改用提名选举案》（吕绍虞、徐家璧、童世纲原案）和《重行厘订本会会员会费案》（陈独醒原案，此案经讨论后撤销）①。

---

① 会务会议纪录 // 中华图书馆协会执行委员会.中华图书馆协会第二次年会报告.北平：中华图书馆协会事务所,1933：87—92.

分组会议和会务会议之外，8月28日晚7时，杜定友应邀在生物学馆发表题为《民众检字之心理的研究》的演讲。8月29日晚7时，俞庆棠在第三院发表题为《在欧游感想到图书馆之大众化》之演讲。8月30日上午10时，陶兰泉发表题为《清代殿版书之研究》之演讲。分组会议（8月29日下午分类编目组会议）中发表演讲者有冯陈祖怡作题为《介绍一种排架编目法》之演讲。分组会议结束后，30日上午进行论文宣读。此次年会论文组计收到论文共6篇，分别是：杜定友《经济恐慌中美国图书馆之新趋势》、徐旭《民众阅读指导问题》、钱亚新《类分图书之要诀》、蒋一前《汉字检字法沿革史略》、于震寰《善本图书编目法》和张秀民《选印古书私议》。因时间关系，仅杜定友、徐旭和钱亚新3人宣读论文。未能在年会上宣读者，后来多刊载于《图书馆学季刊》①。

6.1.2.4 议案实施

第二次年会通过议案不及第一次年会多。其中直接关系到各图书馆者，经执行委员会整理后函请各图书馆查照办理；呈请国民党中央政治会议及政府者，由协会派专人至南京向行政院及教育部等面洽；需要由国民政府教育部明令实施者，呈请教育部审核实行；有关请求中英庚款董事会者，执行委员会致函中英庚款董事会及中华教育文化基金董事会力请；致司法行政部者，执行委员会即以函请司法行政部采纳；致文华图书馆学专科学校及金陵大学图书馆学班者，亦函请两处加以注意。年会议决各案推行情况如下：

（1）《请本会通函全国图书馆各注重民众教育事业案》，通函全国图书馆办理。

（2）《为推广民众教育拟请本会组织民众教育委员会案》，因中国社会教育社已经成立，执行委员会议定暂缓组织，以免工作重复。

（3）《呈请教育部通令各省市县在乡村区域从速广设民众图书馆案》，呈请教育部采纳施行。

（4）《建议中央通令各省于各宗祠内附设民众图书馆案》，呈请教育部采纳施行。

（5）《县市图书馆与民众教育馆应并行设立分工合作案》，呈请教育部采纳

---

① 于震寰. 中华图书馆协会第二次年会纪事. 中华图书馆协会会报,1933,9（2）:22—26.

施行。

（6）《编制通俗图书目录案》，原议交民众教育委员会办理。

（7）《拟定各级图书馆经费标准请教育部列入图书馆规程案》，呈请教育部采纳施行，本会并设立图书馆经费委员会研究具体方案。

（8）《向中英庚款董事会请速拨款建设中央图书馆并请中美庚款董事会补助各省图书馆经费案》，分别函请管理中英庚款董事会及中华教育文化基金董事会查照办理。管理中英庚款董事会审议后已决定拨款150万元为国立中央图书馆建筑费，中华教育文化基金董事会尚未见复。

（9）《呈请教育部规定补助私立图书馆临时及经常费案》，呈请教育部采纳施行。

（10）《请中央拨棉麦借款美金一百万扩充全国图书馆事业案》，分电南京中央政府政治会议及行政院并推陈东原、柳诒徵、洪有丰3人为代表向行政院及教育部面洽。行政院当移交全国经济委员会核办。据委员会复已存备参考。

（11）《呈请教育部于图书馆规程中规定省立图书馆应负辅导该省各图书馆之责任案》，呈请教育部采纳施行。

（12）《请协会呈请教育部通令各省市县教育行政机关应聘请图书馆专家指导各中小学图书馆一切进行事宜案》，呈请教育部采纳施行。

（13）《国内各馆馆员得互相交换以资观摩案》，通函全国图书馆酌量施行。

（14）《通函各县市应设立儿童图书馆并规定各图书馆附设儿童阅览室案》，通函各省教育厅局转令所属照办，并通函全国各图书馆查照。据各厅局来函，大半已各拟订方案饬属遵行。

（15）《请本会建议各省市县公共图书馆附设流动图书部案》，已通函全国图书馆采酌办理。

（16）《监狱附设小图书馆案》，已函请司法行政部饬令各监狱遵照办理，据该部函复：各省新监狱及反省院已设置图书室，其尚未设置者，亦在筹划进行中。

（17）《酌量公开学校图书馆俾学校图书馆与社会合成一气补助成人教育案》，已通函全国学校图书馆查照办理，已有数图书馆因情形适宜，对外公开。

（18）《由本会通知全国公私立图书馆尽量搜罗方志舆图以保文献案》，通函全国图书馆酌量施行。

（19）《建议当局传抄及影印孤本秘籍以广流传案》，呈请教育部采纳施行。

（20）《建议教育部此次选印四库全书应以发扬文化为原则在书店赠本内提出若干部分赠各省市重要图书馆及国立各大学图书馆案》，呈请教育部裁酌办理。

（21）《图书馆应扩大宣传方法借谋事业之发展案》，通函全国图书馆酌量举办。

（22）《请协会建议行政院及教育部指拨的款于北平设立图书馆学专科学校案》，呈请教育部采纳施行。

（23）《再请教育部令国立大学添设图书馆学专科案》，呈请教育部采纳施行。

（24）《请本会函请各省市图书馆人材经费设备充足者附设图书馆讲习所以培育人材案》，已函请各省、市立图书馆酌量举办。

（25）《函请各省教育厅每年考选学生二名分送国内图书馆学学校肄业其学膳宿费由教育费中指拨案》，已函请各教育厅自22年度起，每年考选图书馆学官费学生2名，希查照办理见复，准各省教育厅来函称，本年度预算已经编过，须俟23年度起，再行斟酌办理。

（26）《由本会函请图书馆学校应注重语言案》，已函请武昌文华图书馆学专科学校及南京金陵大学图书馆学班查照办理。

（27）《审定杜威十进分类法关于中国历史地理语言文学金石字画等项之分类细目案》，组织审定杜威分类法关于中国细目委员会负责进行。聘桂质柏君为该委员会主席，陈尺楼君为书记，查修、曾宪三、裴开明、蒋复璁和刘国钧5人为委员。

（28）《请全国各图书馆于卡片目录外应酌量情形增编书本目录以便编制联合目录案》，函请全国图书馆酌量办理。

（29）《由本会建议书业联合会编制出版物联合目录案》，书业之全国联合组织尚未成立，故一时无从建议。时协会会员黄楚苍全力从事此项编辑，完成后将由生活书店出版。

（30）《请协会根据上次会议从速规定分类编目标题及排字法标准案》，请本协会分类、编目、检字三委员会查照。[①]

---

① 中华图书馆协会第九年度报告.中华图书馆协会会报,1934,10（1）:1—6.

第二次年会议决案中须由政府教育部明令施行者，经执行委员会汇总后呈送教育部鉴核。呈请教育部采纳施行各案，教育部汇编为改进及充实全国图书馆案，于 1934 年 1 月 11 日及 12 日在南京召集之民众教育委员会会议上交付讨论。协会执行委员刘国钧、洪有丰、蒋复璁曾联合对该案表示意见，以供会议代表参考，结果该案全体成立。教育部于 6 月 13 日批复协会云："呈及附件均悉。查该会第二次年会议决各案，尚多可采，应俟本部分别性质，陆续饬办，仰即知照。"①

6.1.3 第三次年会

1936 年 7 月 20 至 24 日，中华图书馆协会第三次年会在青岛山东大学与中国博物馆协会第一次年会联合举行，并同时举办图书馆用品展览会。为节省时间，此次年会注重论文、研究成绩与实际问题之商讨，一般提案过于理想者不必提出。年会议决案关于一般者 5 案，关于人事者 3 案，关于经费者 3 案，关于购书者 7 案，关于图书馆教育者 5 案，关于民众教育者 6 案，关于推广事业者 10 案，其他提案 4 案，关于划一分类法者 6 案，关于编印各种书目者 7 案，关于目录排检及索引者 2 案，关于教育部交议者 7 案，会务会议议决 12 案。

6.1.3.1 筹备经过

1935 年恰逢中华图书馆协会成立 10 周年，因此多数会员建议在这一年举办协会第三次年会并扩大年会规模借资庆祝。由于第二次年会曾议决第三次年会召开地点为武汉、杭州、广州三地择一，因此 2 月间执行委员会会议认为杭州或南京最为适宜，并请执行委员会主席袁同礼负责与该两地会员接洽。另外袁同礼年前远游欧美，考察欧美图书馆界状况，为加强国际图书馆事业联络并促进我国图书馆事业之发展起见，协会拟敦请美国图书馆专家来华考察指导，并出席本届年会，以便共聚一堂，而收切磋之益。袁同礼并已与蜜其根（今译密歇根）大学图书馆主任毕孝普（William Warner Bishop）和耶鲁大学图书馆主任凯欧（Andrew Keogh）商妥，二人拟于是年秋间来华。因此年会初步安排在 1935 年秋间举行，唯确切日期未能决定②。

---

① 中华图书馆协会第九年度报告 . 中华图书馆协会会报,1934,10（1）:1—6.
② 年会之筹议 . 中华图书馆协会会报,1935,10（5）:21—22.

5月4日下午4时，协会在平执行委员假国立北平图书馆海氏纪念室举行会议，讨论会务进行事宜。出席者包括袁同礼、洪有丰、田洪都、严文郁、何日章、于震寰。袁同礼担任会议主席，于震寰负责记录，何日章由李文裿代为出席。关于年会会期及地点，会议议决会期可延至该年11月举行，以在10月10日前后为最宜，确切日期待8月间决定。年会地点则因政府方面表示欢迎毕孝普、凯欧两专家来华视察，因此建议在南京召集年会。关于会议地点拟再进一步征求全体委员意见①。后来因时局不靖，毕、凯二人无来华确切讯息，1935年召开年会之筹备工作遂致无形停顿，年会延期至1936年举行②。

1936年4月29日，中华图书馆协会新任执行委员在南京德奥瑞同学会举行首次会议，除议决该届执行委员会主席及常务委员仍由上届各委员连任与其他会务进行事项外，并议决于是年7月20至24日在青岛山东大学召集第三次年会，与中国博物馆协会第一次年会合并举行。推举青岛市市长沈鸿烈为名誉主席，山东省教育厅长何思源、青岛市教育局长雷法章二人为名誉副主席③。1936年6月15日下午，协会执行委员会假国立北平图书馆召开第三次年会筹备会议，田洪都、严文郁、何日章、袁同礼、袁仲灿出席会议，吴光清列席会议。袁同礼任会议主席，袁仲灿负责会议记录。

袁同礼报告因筹备举行第三次年会，曾赴青岛与市政当局及山东大学接洽，年会会址已决定为山东大学，会期则定为7月20至24日，与中国博物馆协会年会同时举行。沈鸿烈市长应允招待一切及派舰游览崂山名胜。袁同礼经过济南时得晤教育厅长何思源，谈及年会应开办一民众图书馆讲习会，俾该省同人可就近听讲，借资深造。袁同礼提请在座与会者互为讨论。

筹备会议议决事项有《出席会员注册案》等6案。

（1）《出席会员注册案》，议决凡出席年会会员须先注册。注册除缴足常年会费外，每人应纳年会会费5元，机关会员同。俟注册手续完毕后，协会方能向铁道部领取乘车证明书，持此项证明书者，单程七五折，来回五折，

---

① 在平执行委员会议.中华图书馆协会会报,1935,10（6）:14—15.
② 筹开年会.中华图书馆协会会报,1936,11（5）:12.
③ 中华图书馆协会第三届年会.学觚,1936,1（5）:13—15.

据铁道部 1936 年 5 月修正条例可乘各路快车。至于招商局轮船优待办法时尚在函商中。

（2）《年会职员案》，议决此次年会除事务组暂缓设置外，先设总委员会、论文委员会及招待委员会三委员会，并公推青岛市长沈鸿烈为年会名誉会长，山东省教育厅长何思源、青岛市教育局长雷法章为名誉副会长。各委员会委员及各组职员列名如下：

年会总委员会委员：王文山　王云五　王献唐　田洪都　皮宗石　皮高品　沈祖荣　沈缙绅　杜定友　吴天植　吴光清　李文裿　李燕亭　李小缘　何日章　洪有丰　施廷镛　柯璜　胡鸣盛　查修　俞爽迷　姚大霖　姚金绅　柳诒徵　秦光玉　桂质柏　袁同礼　马宗荣　陈训慈　董明道　谈锡恩　刘国钧　蒋复璁　欧阳祖经　谭卓垣　戴志骞　严文郁

论文委员会委员：柳诒徵（委员长）　严文郁　陈训慈　李小缘　毛坤

招待委员会委员：雷法章（委员长）　张煦　杨吉孚　胡鸣盛　孟丽光

图书馆行政组：洪有丰（主任）　袁同礼（副主任）　蒋复璁　田洪都（书记）

图书馆教育组：沈祖荣（主任）　李小缘（副主任）　李燕亭　毛坤（书记）

分类编目组：刘国钧（主任）　吴光清（副主任）　皮高品　施廷镛（书记）

索引检字组：杜定友（主任）　何日章（副主任）　查修　钱亚新（书记）

民众教育组：王文山（主任）　赵鸿谦（副主任）　李文裿　姚金绅（书记）

（3）《年会经费及联合会所建筑费案》，议决向山东青岛当地各机关进行募捐，并函请国内各庚款机关略予补助。年会闭幕后，所有盈余款项移充联合会所建筑费，不敷之数，另行筹措。

（4）《图书馆用品展览会案》，议决拟在青岛市立博物馆举行。关于图书馆用品展览会，由国立北平图书馆着手筹办。

（5）游览，议决年会闭幕后，除由青岛市当局招待游览崂山，参观该市各项建设外，其愿赴济南、邹平、泰山、曲阜等地游览者，可在年会时报名分组游览。

（6）《民众图书馆暑期讲习会案》，议决年会闭幕后，设一民众图书馆讲习会，授课三星期。除推定陈训慈至各处视察民教状况，即以调查所得作为参考外，关于其他课程之内容，另请沈祖荣、刘国钧、严文郁、吴光清、莫余敏卿5人组成一委员会，拟具具体计划。演讲会从7月27日起开课，8月15日止结束。凡非会员而愿出席年会兼听课者，可临时加入协会为会员与协会会员同等待遇，除缴纳年会会费外，会后之伙食概归自备，另缴杂费及讲义费3元[①]。

会后，中华图书馆协会与中国博物馆协会合编《中华图书馆协会中国博物馆协会联合年会指南》，内容计有到会须知、各路行车时刻表、铁道部优待学术团体年会会员乘车办法、联合年会职员名单及会务日期等。末附游览青岛、济南各名胜古迹目录及各学术机关一览等，可作旅行参考之用[②]。中华图书馆协会第三次年会与中国博物馆协会第一次年会并发表"联合年会指南启"[③]。其辞曰：

> 窃维学术之进步，必相观而后可以臻于至善。偏陬僻壤之区，通都大邑之地，每因暌隔，消息鲜通，而事业之发展，乃有滞速之不同。吾国幅员广阔，民智未开，有识之士咸认普及教育，实为目前当务之急。年来外患频仍，国步艰危，此项需求益感迫切。惟事业之推进则不能不有赖于司其事者之集思广益，通力合作。此组织中华图书馆协会及中国博物馆协会之旨趣也。两会成立以来，规模略具。但今后设施尚有待于群策群力，互相惕励，冀以嘤鸣之诚，收切磋之益。爰定于本年七月举行联合年会于青岛。假海山之胜景，抒修禊之襟怀。谠论倡言，风徽必倾动于盛会；名彦硕学，雅范定慰情于神交。并荷山东大学及青岛市政府厚意，奖掖劳徕，欣为招待，尤深便利。谨成小册，愿导游踪。

---

① 第三次年会之筹备 . 中华图书馆协会会报,1936,11（6）:25—26.

② 中华图书馆协会 . 中国博物馆协会联合年会指南（非卖品）. 中华图书馆协会会报,1936,11（6）:45.

③ 中华图书馆协会 . 中国博物馆协会联合年会指南启 . 中华图书馆协会会报,1936,11（6）:封二 .

6.1.3.2 年会概况 ①

中华图书馆协会第三次年会于 1936 年 7 月 20 至 24 日在青岛山东大学举行，会员代表食宿其中，19 日各地会员即纷纷莅止并相继注册。是晚执行委员会和监察委员会举行临时联席会议，推定叶恭绰、袁同礼、马衡、沈兼士、沈祖荣和柳诒徵 6 人组成大会主席团。提案审查委员会推定柳诒徵、田洪都、姚金绅、严文郁组成行政组，何日章、皮高品、钱亚新、陈训慈组成分类编目索引组，沈祖荣、毛坤、李文裿组成民众教育组。各组分别召开审查会议直至午夜始告结束，筹备诸事于焉告终。

20 日 9 时举行开幕典礼，到会会员代表及来宾 150 余人。开幕典礼会场设在山东大学大礼堂。叶恭绰担任大会主席，司仪李文裿行礼如仪。主席叶恭绰致开幕词后，青岛市长沈鸿烈、山东大学校长林济青、青岛市教育局长雷法章及来宾胶济路委员长葛光庭等相继致词，皆祝贺大会成功举办，全场气氛热烈。之后由马衡代表联合年会致答辞，对于青岛市政府招待之盛意，极表感谢。最后参加开幕典礼之代表及来宾摄影留念，已时届午正。

大会开幕时，各方贺电纷至沓来。发来贺电者有国立中央图书馆、国立中央博物院、成都国益图书馆及教育部陈礼江先生等。午后 2 时在科学馆大讲堂召开联合演讲会，叶恭绰担任主席，沈鸿烈市长发表题为《青岛市政各项建设》之演讲。青岛市政建设成绩斐然，殊足令人钦佩，听众无不神往。演讲既毕，分别召开讨论会。晚 6 时半，沈鸿烈市长宴请全体会员于迎宾馆。

21 日晨 8 时在科学馆大讲堂召开演讲会。9 时半召开联合演讲会。11 时至 12 时宣读论文。会后两协会在科学馆前分别合影。下午 2 至 4 时续开讨论会。下午 4 时至 6 时两会合组讨论会。晚 6 时山东大学校长林济青宴请全体会员于第三校舍，饭后继续召开讨论会，午夜始毕。

22 日晨 9 时，在科学馆大讲堂召开讨论会，讨论教育部交付之议案 8 件，午正始散会。下午续开会务会议于科学馆大讲堂。下午 4 时举行闭幕式，仍由叶恭绰担任会议主席并致闭幕词，由严文郁报告图书馆协会分组讨论会经过，马衡报告博物馆协会讨论会经过，袁同礼、马衡再分别报告两会会务情形。沈

---

① 李文裿. 写在第三届年会之后. 中华图书馆协会会报, 1936, 12（1）: 1—5.

祖荣报告教育部提交议案讨论之经过。临时动议并议决：两会下届年会仍联合举行，地点拟在西安、武汉、南京、北平四地择一，由两会协商决定；以大会名义函谢青岛市政府、山东省政府、山东大学及胶济路局招待之盛意。至此联合年会遂告圆满闭幕。

23 日全体会员参观市区建设，所至各处计：市政府，接收纪念亭，市礼堂，前海栈桥（回澜阁），西镇办事处（小本借贷处），平民住所，船坞，第三码头，观象台，工商学会十处。饭后继续参观海滨公园、水族馆、汇泉海水浴场、第一公园、体育场、市立中学（小学教师暑期学校）、湛然寺、太平角公园、汇泉废垒。6 时全体会员公宴青岛市各长官于迎宾馆，宾主尽欢而散。

24 日，参观乡区建设并游览崂山。晨 8 时出发，途经海伯河苗圃、沧口小学、李村办事处、李村医院、李村农场然后向崂山进发，11 时间抵大劳观，经骆驼头，12 时半抵北九水，市府招待所备野餐及淋水，小憩进食。饭罢自由登山，或乘轿或步履，沿途欢洽，络绎不绝。3 时抵鱼鳞瀑，临潭小坐，均有乐不思蜀之感。4 时纷纷登上归程，仍至北九水乘车，经湛沙路回市。

另外大会期间，由年会办事处假《青岛时报》副刊专栏，编印联合年会专刊，自 20 日至 23 日，前后凡 4 日。除论文、演讲词外，会中消息、议事日程无不刊载，加印单页，每晨分发会员，颇感便利。

6.1.3.3 分组会议、会务会议和公开演讲[①]

第三次年会召开分组讨论会多次。7 月 20 日午后 2 时联合演讲会结束后，召开讨论会，田洪都任会议主席，议决各案分志如次：

关于一般者共有 5 案，分别是《请本会建议教育部就法规中明定各省市至少应设一所省立图书馆不得随意改组并分函各省市政府予以保障助其发展案》《拟请本会组织委员会从速审定图书馆学名词术语公布备用案》《拟请本会函请教育当局及各大学于所属各重要图书馆拨款建筑地下室或其他适当方法以防意外事变案》《本会宜设立儿童图书馆事业咨询委员会案》《拟请本会规定各类图书馆应用表格标准样式以供各馆参考案》。（移会务会议。）

关于人事者共有 3 案，分别是《请教育部保障图书馆服务人员并令饬订颁

---

① 李文裿 . 写在第三届年会之后 . 中华图书馆协会会报，1936，12（1）：1—5.

待遇标准案》《各图书馆主要职员应援用专门技术人员案》《请确定图书馆经费与职员人数之比例案》。

关于经费者共有 3 案，分别是《请本会呈请中央通令各省市县确定并保障各馆经费案》《本会应设法请求各庚款委员会拨款补助各省市县公私立图书馆事业案》《由本会呈请教育部拨款补助各省市县优良公私立图书馆案》。

关于购书者共有 7 案，分别是《拟请教育部对于图书馆向书店购书享受九折之规定予以变更减低并函请各书业公会维持优待图书馆购书办法案》《图书馆向各书局函购（图）书（杂）志往往发生脱缺情事请通函各书局及邮政局注意寄递案》《请函交通部邮务司转知各地邮局关于无法投递之刊物于一定时日后遗赠当地图书馆案》《由本会函请各出版界对于刊物图书应刊印书名页（或版权页）目次及索引案》《为增进各图书馆购书效率及便利阅览起见拟请协会编制全国图书馆联合目录并通知各馆推广馆际互借案》《请本会代向各报馆交涉每次另印质量优良之报纸若干份并于每月钞汇寄各图书馆案》《请本会于最近期间筹办消费合作社经营订购图书承办图书馆用品等业务以谋便利而资撙节案》。

21 日下午 2 至 4 时再开讨论会，沈祖荣担任会议主席，议决各案分志如下：

关于图书馆教育者共有 5 案，分别是《呈请教育部明令中等以上学校增设图书馆学课程案》《请各省教育当局办理图书馆学暑期讲习会并请以训练图书馆服务人员案》《为图书馆员谋进修机会请厘订方案案》《武昌文华图书馆学专科学校增设图书馆学函授部案》《呈请教育部在每届英庚款及清华留美公费生名额内列入图书馆学一科俾资深造案》。

关于民众教育者共有 6 案，分别是《请各图书馆推进非常时期教育及国难教育事业以期唤起民众共同御侮案》《县市图书馆举办推广事业以期发展城市与乡村民众教育案》《呈请教育部令各省市县及公立小学及未经设儿童图书馆者应从速设立或附设儿童图书馆案》《由协会函请各省市教育当局令各民众图书馆于其经费内抽出百分之五专在附近茶园中办理借书处案》《请中央划定专款补助各省特制汽车图书馆利用公路提高内地民智水准案》《呈请教育部通令全国各教育机关民众教育馆及图书馆增设流通图书馆及巡回书车案》。

关于推广事业者共有 10 案，分别是《呈请教育部组织图书馆设计委员会或添设专员案》《呈请教育部令各县内设立县图书馆及乡村图书馆案》《函司法行政部设立监狱图书馆并以之为中心实施监犯教育案》《函请中国全国各地公私立图书馆增设舆图部案》《函请各公私立图书馆及藏书家尽量公开所藏图书以广阅览借便阅览案》《请协会规定全国读书运动周日期以资宣传而鼓励读书风气案》《请各图书馆应设阅读指导员以增进读者效率案》《由本会拟定普通图书馆最低标准书目案》《函请各图书馆所藏复本图书互相交换流通案》《呈请教育部严禁古书出国盗卖私借等事并设法迁移至适中安全地点案》（此案已提过）。

其他提案共有 4 案，分别是《由各省省立图书馆调查各该省区内关于有清一代之著述汇为目录案》《请教育部令国立编译馆设一委员会审定外国人名地名之标准译名以资统一案》《请协会会同中国博物馆协会呈请中央设法于庚款中拨款一百万元以建设中央档案馆案》《请协会组织编辑委员会负责编印〈中国图书版本辞典〉以资利用案》。

关于划一分类法共有 6 案，分别是《各省立图书馆划一图书分类法案》《本会应从速编定图书分类法俾全国图书馆的图书分类有一定标准案》《请协会规定政府机关出版品分类标准以便各图书馆有所遵循案》《各图书馆应统一图书分类法案》《请拟定儿童图书分类法以备全国儿童图书馆采用案》《请制定图书分类统一办法案》。

关于编印各种书目共有 7 案，分别是《呈请教育部筹拨经费刊印全国图书馆联合目录案》《发刊全国出版物编目汇刊案》《应编全国图书馆善本联合书目案》《请教部明令各大书店每年编制出版联合目录案》《请本会设法编印出版月刊及中国图书年鉴案》《请协会负责印行全国图书馆藏书簿式联合目录案》《请由协会编辑关于编目时所用最基本之参考书籍案》。

关于目录排检及索引只有 2 案：《规定统一索引检字法案》《提议函请各地图书馆采用音韵编目索引法以济闻名未见或忘记字形写法者之穷案》。

22 日晨 9 时，在科学馆大讲堂继续召开讨论会，沈祖荣担任主席。此次会议讨论教育部交议之议案 8 件。原案业经协会分寄各图书馆及地方协会分别拟复。就拟复之各方意见报告全体会员，当场详加讨论。议决另组一专门委员会整理后，再行具复教育部。各会员讨论此案时，异常认真，虽挥汗如雨，亘3 小时全体无倦容，午正始散会。教育部交议各案之原文分志如次：①《县立图书馆至少限度应备图书之标准》。②《县立民众教育馆阅览部应备图书标准》。③《县立图书馆工作标准》。④《县立图书馆全县巡回图书办法》。⑤《各县木刻古板保存办法》。⑥《县立图书馆阅览部分类编目标准》。⑦《省立图书馆辅导及推进全省图书馆教育工作办法》。

联合年会期间，中华图书馆协会和中国博物馆协会还于 21 日下午 4 时至 6 时合组讨论，由沈兼士担任会议主席，讨论中国档案整理问题，就故宫文献馆印发之程序，各抒己见，颇多发挥。

分组讨论会之外，22 日下午 4 时科学馆大讲堂召开会务会议，袁同礼担任会议主席。会议内容分报告事项和讨论事项两类。报告事项有：本会会员无论出外留学或在图书馆学校肄业，本会均尽力协助；协会主张在中国图书馆事业幼稚时期，维持免费生办法；为使国内外人士明了图书馆事业之重要，出版中英文刊物；本会经常费情形；出席国际图书馆会议情形；美国图书馆专家将来华视察指导，经与教育部商洽，已由协会复函欢迎。

讨论事项有执行委员会提出案与会员提议案及临时提议案，分志如次：执行委员会提出 2 案，分别是《南京会所建筑费案》和《会员会费应如何催缴案》。会员提出议案 9 案，分别是《请本会每年编印全国图书馆各项统计案》《请本会通函委托各省市图书馆逐年编制各省市图书馆概况并由本会汇编全国图书馆概况案》《本会宜设立儿童图书馆事业咨询委员会案》《拟请本会规定各类图书馆应用表格标准样式以供各馆参考案》《各省市应设立图书馆协会联络各省市公私立图书馆会员借资研究以补本会不能每年开会之不足案》《本会通信改选职员时应于被选人姓名下附以略历及其著作俾会员便于选举案》《本会会址应移京及年会应在京举行案》《为求年会议案实现起见应选举一执行年会议案委员会以专其事案》《明年年会地点拟定在武汉大学图书馆或庐山图书馆案》。临时提议案为《改执行委员会为理事会监察委员会为监事会案》。

分组讨论会和会务会议之外，年会例有公开演讲。21 日晨 8 时在科学馆大讲堂召开演讲会，沈祖荣等发表演讲，严文郁担任演讲会主席。首先由沈祖荣发表题为《公立图书馆在行政及事业上应有之联络》的演讲，继由陈训慈发表题为《天一阁之过去与现在》、侯鸿鉴发表题为《漫游青甘宁之感想》、皮高品发表题为《关于分类之几点意见》的演讲。9 时半仍在科学馆大讲堂续开联合演讲会,叶恭绰担任会议主席,李煜瀛即席发表《中西文化与国际图书之关系》之演讲,演辞甚长,主张亦多标新立异。11 时至 12 时宣读论文,所有论文会后发表于《图书馆学季刊》。

6.1.3.4 议案实施

第三届年会召开前夕,教育部社会教育司拟订改进县市图书馆行政要点 7 则,致函协会请提交该届年会讨论,希望商定一具体办法,于年会闭会后详为函复。协会接到社教司公函后,于第三次年会第三日(7 月 22 日),特别安排召开全体会员大会,专事讨论此项问题,会后又组织一特别委员会,再次研究讨论具体办法,始告完成并函复社会教育司。协会原函如下:

前承贵司六月二十二日函开:"本司鉴于各县市立图书馆或民教馆阅览部,购置图书漫无标准,其工作活动多未规定,深感有厘定图书设备及工作标准之必要,惟兹事体大,且关系专门学术,实有赖于图书馆学专家之精密设计。素谂贵会系我国图书馆学专家组织而成,过去各地图书馆之普设,贡献甚多,最近复定期在青岛举行年会,集全国专家于一堂,共同讨论今后图书馆事业之进展。本司以为如此良机,不可多得,特拟订改进图书馆行政要点数则,附录于后,请贵会提交年会商定一具体办法,于闭会后,详为见告。附改进图书馆行政要点一份"等因。敝会遵于本届年会将改进各县市图书馆行政要点一案,列为专项,慎重讨论。谨将讨论结果汇编成册,交袁守和先生携京。即希鉴核,酌予采纳。①

虽然第三次年会注重论文、研究成绩与实际问题之商讨,建议会员一般提案过于理想者不必提出,但仍有部分议案如《请本会代向各报馆交涉每次另印质量优良之报纸若干份并于每月杪汇寄各图书馆案》不能不说是过于理想,以致难以得到有效落实。由于第三次年会闭幕甫及一年,日本帝国主义即发动了大规模的侵华战争,全面抗战随之爆发,国家进入战时体制,图书馆等教育文

---

① 教部委本会拟具改进图书馆行政要点 . 中华图书馆协会会报,1936,12(1):18;教部社教司提交年会议案议决具覆 . 中华图书馆协会会报,1936,12(2):21—24.

化事业因日本侵华受到惨烈破坏和严重影响，年会议决通过的其他各项议案也就来不及得到全面有效落实。

6.1.4　第四至六次年会

中华图书馆协会抗战期间在重庆召开的三次年会，均为配合中国教育学术团体联合办事处举办联合年会而召开。中国教育学术团体联合办事处 1937 年春成立于南京。先后有中国教育学会、中华儿童教育社、中华职业教育社、中国社会教育社、中国教育电影协会、中国心理卫生协会、中国体育学会、中国卫生教育社、中国测验学会、中国民生教育学会、中国儿童福利协会、中华电化教育学社及中国童子军教育会等参加。中华图书馆协会 1938 年 9 月加入。抗战爆发后联合办事处随国民政府西迁重庆。其主要工作为主办联合年会，加强各教育学术团体之间的联络，研讨当前各种教育问题，举办学术演讲与教育问题座谈会等。1938 年、1942 年、1944 年、1945 年和 1947 年先后举办过联合年会 5 次。1944 年举办第三次联合年会时，联合办事处扩展为联合会。

联合办事处召开第一至第三届联合年会时，中华图书馆协会均借参加联合年会之机，同时召开协会第四次、五次和六次学术年会。协会会员既可以参加联合年会，又可以出席协会年会。第四届联合年会 1945 年 8 月 18 日在重庆北碚召开。此次联合年会讨论之中心问题为战后教育实施计划。中华图书馆协会接到通知后，于 6 月 20 日召开理事会议，商讨筹备参加联合年会事宜，议决推荐全体理事、监事代表协会出席会议，并通知各会员自行前往参加，协会不再另外举行学术年会。会员如有提案，可径直寄往重庆北碚联合年会筹备处①。

第五届联合年会 1947 年 10 月 26 至 27 日在南京文化会堂召开。协会理事会根据筹备会议规定，推举蒋复璁、刘国钧、柳诒徵、李小缘、陈东原、顾斗南、于震寰、陈训慈、汪长炳、洪有丰、王文山 11 人为代表出席会议。联合年会通过议案 30 余件，其中建议政府增加地方图书馆经费一案为协会出席代表所提。此次联合年会之后，协会在京理事以联合会成立之初，主要目的之一在举

---

① 本会筹备参加教育学术团体联合年会 . 中华图书馆协会会报,1945,19（1/2/3）:13.

行联合年会，俾各团体之会员均可出席参加。此种办法在交通不便之时，确有必要。唯该届年会，出席者仅限于少数人，似与原意不符，故主张协会不再继续参加该会[①]。

6.1.4.1 第四次年会

1938 年 10 月 9 至 11 日，中国教育学术团体第一届联合年会筹备委员会在重庆召开。中华图书馆协会推举沈祖荣、蒋复璁和洪有丰 3 人出席筹备会。筹备委员会先后召开会议 7 次，重要决议事项有：联合年会讨论之中心定为"抗战建国中之各种教育实施问题"，联合年会定于 1938 年 11 月 27 日起在重庆川东师范学校礼堂举行，筹备委员会分设总务组、提案组、招待组、宣传组和会序组等。

中华图书馆协会为因应联合年会的召开，10 月 20 日由蒋复璁、洪有丰两理事在柴家巷远东酒楼宴请在渝部分协会会员，讨论协会年会筹备事宜及用协会名义发表论文《建国时期中之图书馆》意见，有金闿、沈学植、孙心磐、汪长炳、王文山、岳良木、汪应文、舒纪维、涂祝颜等人到会。其后蒋复璁因其叔父蒋百里之丧赴桂，又由沈祖荣、洪有丰两理事于 11 月 10 日上午 10 时在文华图书馆学专科学校沈祖荣校长公馆，22 日下午在青年会西餐厅召集座谈会两次，讨论有关事宜。参加会议会员有金家凤、金敏甫、汪长炳、汪应文、钟发骏、毛坤、孙心磐、张吉辉、岳良木、于震寰等。

11 月 25 日，刘国钧理事由蓉飞渝。11 月 26 日下午在重庆都城饭店举行理监事联席会议，讨论研究年会有关事务及招待事项。重要内容有：①电请理事长袁同礼通告全体会员踊跃参加年会并来渝主持。在重庆、成都、贵阳 3 处报纸用协会名义刊登召集年会广告。②推举袁理事长为协会代表参与组成联合年会主席团。后因袁理事长来电称因公不能来渝，改为洪有丰代表。洪有丰又以居住乡间往返不便，请沈祖荣代表。③推举金家凤、杨学渊、钟发骏、毛坤组成交际组，办理招待会员及对外交际事宜；推举孙心磐、岳良木、汪长炳组成议案论文组，办理议案论文之征集、审查、编拟事宜；推举沈祖荣、洪有丰、彭用仪、汪应文、于震寰组成事务组，办理文书会计等事宜。④推举金家凤为

---

① 参加中国教育学术团体联合年会第五届年会 . 中华图书馆协会会报, 1948, 21（3/4）:5.

年会总招待。⑤在青年会蟾秋图书馆设协会会员招待处，备办宿舍，并自会前一日起至会后一日止供给早晚两餐，午饭则由大会供给。⑥在车船码头张贴通告，标明协会年会会员报到及招待地点。⑦协会会员登记事宜推于震寰办理。⑧关于会员参观事宜由事务组分别介绍。⑨联合年会筹备委员会规定，每会应用团体名义提出议案至少5件，由议案论文组编拟提出。⑩用协会名义发表之论文，题为《抗战建国时期中之图书馆》，由于震寰起草并寄昆明袁理事长审阅。⑪请沈祖荣撰《图书馆教育的战时需要与实际》，金敏甫撰《抗战建国期间的政府机关图书馆》，毛坤撰《建国教育中之图书馆事业》3篇论文，在联合年会专刊发表。⑫协会参加联合年会分担用费50元。⑬协会除参加联合年会有关全体会议外，仍要单独举行：专门会议讨论会，由洪有丰理事担任主席；会务会议，由王文山理事担任主席；联谊会，由蒋复璁理事担任主席。⑭大会邀集有关机关主持人及教育界名流举行座谈会，请刘国钧理事代表协会发言。⑮此次年会，承各机关学校、各图书馆热心捐助用费，隆情厚谊，永足纫感①。

协会除组织会员参加教育学术团体联合年会外，根据筹备会的安排，协会组织专门会议讨论会、会务会和联谊会各1次。1938年11月30日上午8时，协会第四次年会在重庆川东师范学校大礼堂召开讨论会，金家凤、周斯美、汪长炳等48人参加。洪有丰担任会议主席，汪应文担任会议记录。主要讨论联合年会第三审查组交协会单独讨论之提案6件：

（一）第559案，《在西南及西北各主要县市成立"中小学巡回文库"以提高一般教育水准案》（胡绍声、马万里提）。议决：（1）本案与560案合并讨论。（2）主文改为"在西南及西北主要县市成立中小学巡回文库及民众图书站"以提高一般教育水准案。（3）办法修正为①由中华图书馆协会函请各省教育厅转令各县指定该县负责图书馆办理或②由县教育局自身主持或③责成县内各中小学组织委员会共同办理。关于经费，由地方筹措

① 本会推派代表参加中国教育学术团体联合年会筹备委员会.中华图书馆协会会报，1938，13（3）:16;本会第四次年会筹备及经过报告.中华图书馆协会会报，1939，13（4）:13—15.

或由主办机关共同凑资办理，并由省教育厅以经济或书报补助之。

（二）第五六〇案，《在西南及西北各主要市成立图书馆站教育农民灌输民族意识发扬抗敌情绪案》（胡绍声、马万里提）。议决与五五九案合并讨论。

（三）第五六一案，（参阅中教学联年会有关图书馆事业议决案严文郁原案）。查本案已经大会通过，议决不再讨论。

（四）第五六二案，《请协会负责编订标准抗战书目案》（严文郁提）。议决：（1）主文修正为"请协会负责编订抗战文献目录案"。（2）原提案未列办法兹补充为：①请协会自行负责或与其他有关机关合办按期编制；②目录内容包括中西文书籍杂志报章照片等项，务须搜罗完备，如不能整个编制，得分别部门整理。

（五）第五六三案，《以国产材料代制抗战期中所缺乏之图书馆用品案》（毛坤提）。议决：（1）主文修正为"以国产材料制造图书馆用品案"。（2）办法修正为：①由协会指定人员专门研究何种缺乏之用品应以何种国产材料代制，并详述代制方式及办法。同时由协会函请各图书馆将已采用之国产代替品连同价值来源改造方式通知协会，经审核认为可用时即由协会接洽厂所制造，介绍给各图书馆采用。介绍时应多列举品种以备选择。②由协会函请上海商务印刷所、中国图书馆服务社等公司，尽量以国产制造用品并请其于西南设分公司以便购运。

（六）第五六四案，《抗战时期中图书馆藏书方法应行改革案》（汪长炳提）。决议办法修正为：（1）由协会通知各图书馆尽可能力量建造地洞以藏图书。（2）藏书应采分散制以免集中一处被毁。（3）书箱可以装成书架，其大小重量以一人之力可以移运一箱者为度。书箱应具便于携运之装置，书箱面上粘贴该箱内书之目录及书箱号数。此项办法请协会先行试验，认为可行时即介绍给各图书馆采用。

（七）大会秘书处临时交议之五六九案（此案包括五案）及《请中央党部令饬各省市县党部追认地方图书馆协会案》。议决办法修正为"由各地方协会分别具文请由协会协助交涉"。大会秘书处临时交议之五六九案中第一案、第四案、第五案三案因不属于本会讨论范围，第三案仅关系少数图书馆利益，均经讨论会决议应勿庸再议。①

协会第四次年会会务会议于 1938 年 11 月 30 日下午 1 时在重庆都成饭店召开。洪有丰、沈学植、沈祖荣等 45 人出席。王文山担任会议主席。会务会议先由沈祖荣代表年会筹备委员会报告有关会务 8 项：①协会年来会务进行情形。②协会会计报告。③理事长袁同礼有电来云，因事忙不克来渝参加年会。④出席年会会员凡 63 人，其中新会员约 30 人，代表图书馆 20 处，图书馆专科学校 1 处，地方图书馆协会 1 处。⑤此次年会蒙中央党部秘书处、国立中央图书馆、国立北平图书馆各捐助协会 100 元。中央大学图书馆、重庆大学图书馆、交通部图书馆各捐协会 50 元。金陵大学图书馆捐助 20 元，文华图书馆学专科学校捐助 30 元。共收到 500 元。⑥普通会员年度会费由中央图书馆于震寰经收。个人会员交费者 39 名，机关会员交费者 5 名，共收到 105 元。未缴者仍可补缴。⑦本日下午 6 时在青年会西餐堂举行联谊会并聚餐，饭毕青年会请观影戏。⑧此次会务会议，蒙主席王文山特备精美西餐宴请全体会员，请代表会员致谢。

沈祖荣代表年会筹备委员会报告有关会务事项之后，会务会议讨论有关议案：①《请协会转呈交通部将“圕”一字列入电报书内以利电讯而省费用案》（严文郁提）。“圕”字交通部已于民国 24 年编入明密电码新编书中，且有明确编码，此案不必讨论。②《中华图书馆协会本年年度应即征募临时办公费以利进行一切抗战救亡工作案》（颜泽霑提）。议决本案交理事会参考。③《本会历次年会议决案应厘定实施办法案》（徐家璧提）。本案因无附议不成立。④《暂停每年改选理事及监事三分之一之举至第五次年会之前为止案》（于震寰提）。议决改选理事及监事三分之一，延至会员总登记完毕后举行。⑤《由理事会参酌本会之人力与事业拟具本会在抗战期间之工作计划发动本会全体会友以期增强抗战力量案》（陈东原提）。有人附议，大多数通过。⑥《前项议案计划应请陈东原先生加入编制案》（孙心磐提）。有人附议，大多数通过。⑦《本会加入中国教育学术团体联合办公处请推举 3 人代表案》。议决洪有丰、蒋复璁、沈祖荣为

---

① 本会第四次年会讨论会纪录. 中华图书馆协会会报, 1939, 13（4）: 11—13.

本会加入中国教育学术团体联合办事处代表，三人互推一人为值年代表。⑧《正式函谢此次年会捐款及协助本会各机关案》。议决一致通过。⑨《年会余款及所收会费于会毕后移交昆明总事务所并请推举一人审查帐目案》。⑩《年会会后在短期内编成〈中华图书馆协会第四次年会报告〉移交事务所案》。经表决无异议通过①。

讨论会和会务会之外，第四次年会会员联谊会于 1938 年 11 月 30 日下午 7 时在重庆青年会西餐厅举行，一者以联络会员间之情谊，二者以聆闻来宾中对于图书馆事业之意见。联谊会开始后，先由联谊会主席沈祖荣介绍南开大学张伯苓校长。张伯苓校长盛称图书馆在教育事业上地位之重要，继述此次十二教育学术团体联合举行年会协作精神之感想，以为具此精神，则抗战必胜，建国必成。旋由毛坤为在座会员一一唱名，详为介绍。沈祖荣主席又介绍青年会总干事黄次咸。黄对于本会此次年会多方赞助，而语多谦逊。国立中央图书馆筹备主任蒋复璁适自广西返渝，亦赶来参加，因主席之请，讲述中华图书馆协会成立前后之历史，颇饶佳趣。沈祖荣亦详细说明文华图书馆学专科学校之沿革及现状。来宾教育部社会教育司陈礼江司长因公务繁忙，稍后赶到，即席报告3 事：①社会教育人员之任用及待遇法规，最近重新编订提出，或须再经立法院审定，大致可有施行希望。②教育部对于社会教育最近拟组织一巡回图书馆，由馆长一人率领馆员数人随同图书巡行各地。将来须请图书馆协会推荐。③各种图书馆标准书目之编订至为切要。请图书馆协会在此方面多做努力，需要之编辑费用部中可以拨助。沈祖荣、蒋复璁就此发表意见之后，又有多人发言建议国立中央图书馆与文华图书馆学专科学校合办标准书目之编订。孙心磐对于图书馆协会开会之感想，涂光隽对于图书馆事业独立系统之意见，皆有论述。联谊会 9 时散会。会后蟾秋图书馆特在青年会民众影院放映影片《雷雨》以饷同人②。至此，协会第四次年会圆满结束。

6.1.4.2 第五次年会

中华图书馆协会于 1942 年 1 月，突接中国教育学术团体联合办事处通知，

---

① 本会第四次年会会务会纪录. 中华图书馆协会会报,1939,13（4）:10—11.
② 本会第四次年会会员联谊会纪事. 中华图书馆协会会报,1939,13（4）:13.

第二次联合年会将于 2 月 1 日至 3 日在重庆召开。协会因时间忽促，除分别通知全体会员参加联合年会外，另外函请协会理事蒋复璁全权主持有关事宜。后联合年会延期至 2 月 8 日起连续举行两日，协会由蒋复璁理事用中华图书馆协会重庆办事处名义，派员参与联合年会之筹备，另于 2 月 7 日召集在渝理监事联席会议商讨出席会议事宜①。

1942 年 2 月 7 日下午 3 时，中华图书馆协会在渝理监事联席会议于重庆国立中央图书馆召开，毛坤、沈祖荣、汪长炳、岳良木、洪有丰（陈东原代）、陈训慈和蒋复璁出席。蒋复璁担任会议主席。会议讨论参加联合年会及召开协会第五次年会有关事宜：①协会原定出席代表 5 人，其中洪有丰、陈东原、刘国钧 3 人均不能出席，应如何递补案。议决不另推派代表出席，由协会会员自由参加，出席本次联席会议理、监事应全体参加。②为谋增进会员交谊，可否举行联谊会案。议决 9 日下午 6 时举行会员联谊会，由协会备便餐招待与会会员。③为与各方接洽便利起见，应否在渝设置本会办事处案。议决提请年会会员大会决定。④本会经费支绌，会报印刷费困难，应如何筹集案。议决：a. 由协会备函呈请中央党部秘书处及中央宣传部特予补助，公函缮就寄渝，由沈祖荣、陈训慈、蒋复璁 3 理事面致吴秘书长及王部长。b. 年会开会时由与会会员，随意乐捐补助，协会经费借为提倡。另由协会通函向全体会员劝募②。

中国教育学术团体第二次联合年会于 1942 年 2 月 8 日上午在重庆国立中央图书馆开幕，各团体会员及来宾 200 余人出席，代表全国 13 个教育学术团体。中华图书馆协会共有个人会员 34 人、机关会员 6 个参加。蒋复璁理事由联合办事处推荐参加主席团。

2 月 8 日下午 3 时，联合年会对于各学术团体个别开会时间未做安排，因之协会会员在国立中央图书馆举行临时座谈会，蒋一前、姜文锦、毛坤等 19 人出席。沈祖荣担任座谈会主席，颜泽霨、张遵俭担任会议记录。会议主席沈祖荣首先报告在理事长袁同礼主持下，协会事务进行十分顺利，在国内学术团体中颇著声誉，在国际图书馆界亦有地位。现在香港陷敌，袁理事长迄无电邮，

---

① 本会第五次年会述略 . 中华图书馆协会会报，1942，16（5/6）：14.
② 本会在渝理监事联席会议纪录 . 中华图书馆协会会报，1942，16（5/6）：16—17.

此间同仁对袁理事长实多悬系。近得报告国立北平图书馆北平馆址、书藏已于前日被敌窃据，更增感慨。本次年会由协会委托蒋复璁理事主持，筹备虽甚仓促而各会员多能如期到会，实深庆幸。继之蒋复璁理事报告协会为讨论出席联合年会事务，于 2 月 7 日曾召开理、监事联席会议，就出席年会代表募捐办法及设立办事处等事进行讨论。会议议决由会员自由出席，不另推派代表。为办事便捷起见，亦觉有遵照以前理事会之决议，在渝设立办事处之需要。至募捐办法除请出席会员任意乐捐外，另由协会函呈中央党部秘书处及中央宣传部补助。陈训慈理事报告浙江省立图书馆在杭州陷敌之前，早经安全撤退。现文澜阁四库全书已迁至后方某地妥藏，馆务照常进行。他本人对中华图书馆协会素来保持热烈之期望，认为今后协会工作，应努力促使政府当局及社会人士对图书馆事业之重要做更深切之了解。如在报章谋开图书馆学专刊发表文字等。又《中华图书馆协会会报》内容亦宜充实等。会员何国贵报告国立北平图书馆昆、渝办事处工作如常进行，对于抗战史料书籍搜集成绩尚可。主席临时动议在座会员酌捐款洋补助协会，经费每人至少 5 元，全体通过。座谈会至此散会[①]。

1942 年 2 月 9 日下午 6 时，协会第五次年会会员联谊会在重庆南孚支路国立中央图书馆召开。杨云甫、蒋一前、舒纪维等 26 人参加。蒋复璁、沈祖荣分别发表演说。蒋复璁理事在演说中回顾了中华图书馆协会之筹备成立经过及历史沿革。协会之发起成立以袁同礼与杜定友两先生贡献最著。本次年会，忽促举行，国立中央图书馆亦以获悉开会之讯太迟，招待定多欠周之处，敬祈与会诸君原谅。继之沈祖荣理事发表演说，认为图书馆事业是最崇高而有益人群之事业。我国新图书馆事业发展三四十年，降及今日，虽云非常时期而政府奖励倡导有加无已，深愿我图书馆界同志，振奋精神，各守岗位，努力职守。最后会员姜文锦临时动议组织陪都区图书馆馆员联谊会。议决推举沈祖荣、陈训慈、蒋复璁 3 人负责筹备并由沈祖荣负责召集[②]。

6.1.4.3 第六次年会

中国教育学术团体第三次联合年会原定于 1944 年 2 月在重庆举行。大会

---

① 本会第五次年会会员谈话会纪录.中华图书馆协会会报,1942,16（5/6）:17.
② 本会第五次年会会员联谊会纪录.中华图书馆协会会报,1942,16（5/6）:17—18.

讨论中心问题为战后世界和平与教育改进问题和实行实业计划最初十年所需人才培养问题。中华图书馆协会除特别在《中华图书馆协会会报》上发布消息,"即希会员诸君就以上两问题范围加以研究,拟具提案,提会讨论"外[①],并于1943年12月8日在渝举行理事会议。理事会议决事项有:

（一）本会除参加全国教育学术团体第三届联合年会三十三年二月六日至八日在重庆中央图书馆举行外,同时举行第六次年会。推定戴志骞、沈祖荣、王文山、蒋复璁、洪有丰、严文郁、汪长炳、岳良木、陆华深、袁同礼、陈训慈、刘国钧、李小缘、杜定友、桂质柏为年会筹备委员会委员,并以蒋复璁为筹备主任。关于到会会员招待注册收费事项,除由本会职员协助外并委托中央图书馆指定专员办理之。

（二）出席会员膳宿等费一律自理,开会期间由联合年会招待午餐。关于出席旅费可由会员代表之机关津贴全部或一部分,应请各该机关负责人自行决定之。

（三）讨论中心问题为:(1)战后图书馆复员计划,(2)战后图书馆所需人才培养计划。视出席会员人数之多寡分组讨论。第一组拟由袁同礼、陈训慈召集之,第二组拟由沈祖荣、汪长炳召集之。

（四）本届年会提案以关于上项两问题范围以内者为限,应特予注重具体计划,避免不切实际之文字。

（五）刻下物价狂涨,本会开支久感不敷应用,除由理事会负责筹款外,关于会员会费自三十二年起规定如左:(1)个人会员会费全年贰拾元,个人永久会员会费贰百元。凡已缴五十或一百元者请惠予捐助以达此数。(2)机关会员会费全年200元,凡民众教育馆、县立图书馆、中等以下学校图书馆得缴全年会费一百元。[②]

原定2月6至8日在重庆两浮支路国立中央图书馆举行之中国教育学术团

---

① 中国教育学术团体第三届联合年会定期举行. 中华图书馆协会,1943,18（1）:11.
② 本会理事会决议事项. 中华图书馆协会会报,1943,18（2）:18.

体第三次联合年会，后因筹备不及，先是拟延期至 4 月 1 日举行，后再次延期至 5 月 5 日举行。中华图书馆协会第六次年会亦因之一再延期①。1944 年 5 月 5 日下午 1 时至 6 时，协会第六次年会第一次会议于重庆国立中央图书馆杂志阅览室举行。袁同礼、蒋复璁、沈祖荣等 65 人出席，汤生洪、赵文超、焦宗德等文华图书馆学专科学校学生 32 人列席。协会理事长袁同礼担任会议主席，协会干事李之璋担任会议记录。

首先由会议主席袁同礼理事长致开幕词。袁同礼首先对国立中央图书馆蒋复璁馆长暨该馆诸同仁筹备招待之盛意表示感谢。其次回顾自上次年会以来协会会员工作之努力并展望战后复兴工作之重要，希望图书馆界同仁能与国策相配合，克尽文化工作者之责任。次论此次年会之旨趣为集思广益和联络感情。末谓刻下交通阻隔，本届参加年会之会员不及全体会员十二分之一。未能到会之会员，关怀协会至为殷切，在其通讯中已屡有表示。希望年会之成就得以满足未能出席各会员之希望。袁同礼致辞之后，年会筹备主任蒋复璁报告相关事宜。首先他对抗日战争中，协会会员在种种艰难困苦中尚能在此聚会甚感愉快。其次报告当晚 6 时由国立中央图书馆、国立北平图书馆、国际学术文化资料供应委员会、社会教育学院、文华图书馆学专科学校暨协会 6 个团体联合招待出席年会会员晚餐。至于住宿问题，协会及国立中央图书馆各备有住房，可供住宿。至于战时招待诸多简慢，尚希原谅。最后华西协合大学图书馆主任邓光禄代表成都各图书馆致辞。他表示能代表成都华西协合大学图书馆、私立各大学图书馆暨成都市各图书馆参加年会至为荣幸，并简单介绍了成都私立五大学图书馆工作近况。

此次年会收到各方提案经整理归纳后共得 10 条。除第一、二、三号 3 案已由协会理事会提送联合年会讨论外，此次会议个别讨论者计第四号至第十号共 7 案，经依次讨论，结果如下：①第四号，《充实原有训练图书馆人员机构积极培养人材以应战后复兴之需要案》（中山大学图书馆、厦门大学图书馆、广西南宁图书馆等提）。议决原则通过，文字由理事会指定专人审查修正之。②第五号，《增加各省图书馆图书经费案》（浙江、福建、甘肃等省立图书馆提）。

① 本会年会延期通告. 中华图书馆协会会报,1943,18（2）:封底;本会第六次年会展期. 中华图书馆协会会报,1944,18（3）:15.

议决《增加各省图书馆图书经费案》省字下加市县两字。③第六号，《提高社会教育人员待遇增进效能案》（交通图书馆、中政校图书馆、燕大图书馆、江西省立图书馆提案）。岳良木提议修正为《提高图书馆工作人员待遇以增进效能案》。蒋复璁认为修改社会教育人员待遇规程，不仅与教育部社会教育司有关，与其他各司亦有关，因此提议修改为《呈请教育部修改图书馆工作人员待遇规程提高待遇以增进其效能案》。议决照蒋复璁修正意见通过。④第七号，《省立图书馆采编组应分为采购编目两组案》（浙江省立图书馆提）。姜文锦提议将办法中"将来"二字取消。议决按姜文锦修正意见通过。⑤第八号，《政府视察教育人员应多注意图书馆事业以促进其发展案》（陈训慈提）。陆华深提请于办法中加"呈请教育部增设图书馆督学"一项。议决照陆华深修正意见通过。⑥第九号，《确定图书馆节案》（杜定友提）。议决保留。⑦第十号，《成立地方图书馆协会以资联络案》（蔡光雅、鲍益清等提）。陈训慈提议将案由改为"促进各地方图书馆协会之设立或恢复，以加强联系促进事业案"。议决照陈训慈修正意见通过①。

协会第六次年会第一、二、三号提案，关系比较重大，经理事会决议提交中国教育学术团体第三届联合年会大会讨论，俾引起更广大之注意而利于推行。该三案要旨及大会讨论结果如下。第一号，《关于抗战期间全国图书文物损失责成敌人赔偿本会应如何准备案》。大会议决办法第三条第三项删去，余照原案通过。①由协会联络中国教育学会等团体呈请中央党部机关，就行政院抗战损失调查委员会中增聘图书教育有关人士参加，或特设图书文物一组主持调查图书文物损失与设计要求赔偿事宜；②由本会协助教育部从事上项之调查，如各大图书馆损失图书、文物之重要书名、品名目录以及日寇与德、意二国所劫夺图书、文物目录与说明等，皆得委托各地会员分别编拟，由本会汇编，提供政府参考。第二号，《充实中小学图书馆设备案》。大会决议按原案通过。第三号，《大学图书馆应直隶校长以利实施案》。大会通过，送教育部参考②。

---

① 中华图书馆协会第六次年会第一次会议纪录. 中华图书馆协会会报, 1944, 18（4）: 6—9.

② 本会第六次年会第一、二、三号提案. 中华图书馆协会会报, 1944, 18（4）: 11.

关于会务，主席报告近年来协会工作已先后在《中华图书馆协会会报》上及本日（5月5日）重庆《中央日报》年会专刊上发表。主席补充报告：会员，已登记者机关会员 150 单位，个人会员约 550 人。经费有 3 种来源：补助费、会费，捐款，每年会计报告均在会报发表。调查工作，现有：沦陷区文献损失；各省、市、县图书馆及民众教育馆之调查材料，已搜集不少，正在整理中；办理英文通信，我国图书馆近况译成英文，择要对国外发表；美国图书馆协会将派专家来华调查中国图书馆状况，准备作为战后两国图书馆界合作之参考，教育部陈立夫部长已来函表示欢迎，将来希望各会员尽量协助，于考察时予以积极便利。至今后改进会务，拟建议多设专门委员会，以期对于各种专门事业有所贡献，并将协会事业改由各委员会积极推动。最后袁同礼理事长以身体欠佳为由，已向理事会提出辞呈，请求辞去理事长一职，以后愿以会员资格，协助会务。

此次年会关于会务者，年会前一日有王铭悌、皮高品、任宗炎等 24 位会员提议修改协会组织大纲及改选协会理监事两案。关于组织大纲的修改，5 月 5 日下午 1 时至 6 时年会第一次会议因受时间限制，且协会会员意见严重不一，讨论组织大纲修改未能完成。洪有丰等会员认为，组织大纲是协会根本大法，修改应该特别慎重，不可草率将事。战时交通困难，当日到会会员人数仅占全体会员十二分之一，不应该忽视那些未能到会会员的权利。汪长炳、严文郁、岳良木和陆华深等会员则主张立即修改组织大纲。主席付表决，赞成由年会出席会员修改组织大纲者占多数。主席宣布，当时已 6 时半，请用饭后再行讨论。饭后多数退席，留会者人数过少，因之流会①。

1944 年 5 月 6 日上午 10 时至 12 时，协会第六次年会第二次会议在重庆国立中央图书馆三楼举行。袁同礼、蒋复璁、陈训慈等 47 人出席。5 日下午出席而本日缺席者则有沈祖荣、洪有丰、傅振伦 22 人。5 日列席而本日缺席者有汤生洪、赵文超、焦宗德等 23 人，系文华图书馆学专科学校学生。袁同礼理事长和协会干事李之璋继续分别担任会议主席和大会记录。会议主题为继续讨论修改协会组织大纲和改选协会理、监事。关于组织大纲的修改，参会会员意

---

① 中华图书馆协会第六次年会第一次会议纪录. 中华图书馆协会会报，1944，18（4）：6—9.

见分歧很大，至中午 12 时仍未讨论完毕，同人须赴中央党部招待宴会，只得停止讨论，先行选举理事、监事候选人。选举结果沈祖荣、蒋复璁、汪长炳等 30 人当选理事候选人。袁同礼、徐家璧、颜泽霈等 18 人当选监事候选人 ①。由于时间关系，而且会员对修改组织大纲意见分歧较大，大纲未能修改完毕，协会理事会及监事会改选也仅限于选出候选人。应该说这是一次并不圆满的年会，甚至是一次没有举行完毕的年会，并且成为中华图书馆协会最后一次年会。

为配合第六次年会的召开，协会专门安排袁同礼撰写《中华图书馆协会之过去现在与将来》，蒋复璁撰写《战后我国图书馆事业之展望》，沈祖荣撰写《战后图书馆发展之途径》3 篇文章发表在 5 月 5 日《中央日报》副刊，作为协会对中华图书馆协会的历史回顾、经验总结和未来展望。重点在对协会战后发展图书馆事业之期许。

综观中华图书馆协会 6 次年会的召开，第一、二次年会召开之时，国家处于相对稳定的发展时期，协会会员热情高涨，与会代表均超过 200 余人，且年会为独立举办，议案较多，实施有力且影响较大，可以说是中华图书馆协会历史上的两次盛会。而第三次年会召开之时，已是抗战全面爆发的前一年，规模已然不及前两届，并且不是独立举办。至于第四、五、六次年会召开之时，正是国家遭到大规模的外敌入侵，锦绣山河遭受敌寇的铁蹄践踏，国民政府退守西南大后方坚持抗战之际。当此之时，国家有累卵之危，民族有覆亡之虑，年会规模及质量大不如前，也是势所必然。

6.2　开展国际交流

中华图书馆协会成立之前，除了武昌文华公书林和南京金陵大学图书馆等个别图书馆外，我国图书馆界与国际图书馆界几乎没有接触。中华图书馆协会本身就是中美图书馆界交流的产物。因此，自中华图书馆协会成立之日起就高度重视代表中国图书馆界参与国际图书馆界的交流。这些学术交流主要集中在

---

① 中华图书馆协会第六次年会第二次会议纪录 . 中华图书馆协会会报,1944,18（4）:9—11.

与国际图联、美国图书馆协会、欧洲和南美部分国家如秘鲁等国图书馆协会之间的交流。中华图书馆协会代表中国图书馆界加强对外学术交流，对培养图书馆学专业人才、促进图书馆业务发展、扩大中国图书馆界的影响、缩小与先进国家图书馆事业之间的差距等都发挥了重要作用。

6.2.1　参与发起成立国际图联

国际图联的前身是成立于 1927 年的国际图书馆及目录委员会，中华图书馆协会是该委员会的发起者之一。有关筹备成立世界性的图书馆协会组织，最早可以追溯到 1923 年。这一年在美国召开的世界教育会议就有组织世界图书馆局（International Library Bureau）之议案。当时代表我国教育界参与讨论者为教育部之代表谢冰 ①。

1924 年 7 月，中华教育改进社在南京东南大学召开第三次年会。图书馆教育组收到议案 9 件，其中《世界图书馆案》和《世界图书馆事业案》两案与成立世界性的图书馆协会组织有关 ②。

1925 年秋 ③，捷克在薄腊科邀集世界图书馆专家举行大会，法国代表 Gabrical Henriot 提议筹建成立世界性的图书馆协会组织且辞意激烈，虽远近响应，可惜未能形成具体之决议④。

1926 年 7 月，日内瓦国际联盟智育合作委员会集会时，曾议决召集其附设之目录委员会内之图书馆专家，以便讨论各国图书馆之协助办法。智育合作国际协进社在巴黎成立以来，即设立科学联络部，以沟通国际科学事业之联络。同时又以科学界之联络势必先从国际图书馆联络入手，于是 1927 年召开专家会议，并将其拟议成立图书馆事务处之议案分送各国国立图书馆馆长及图书馆协会会长征询意见，并拟于英国图书馆协会举行其成立 50 周年纪念大会时讨论之。会后（1927 年 5 月 30 日），科学联合部部长斯定威克代表智育合作国际

---

① ④　中华图书馆协会筹备参加国际图书馆会议报告. 中华图书馆协会会报,1929,4（5）: 4—25.

②　分组会议纪录·第二十六组. 新教育,1924,9（3）:649—669.

③　一说 1926 年 6 月,见:国际图书馆大会. 武昌文华图书科季刊,1929,1（3）:335— 343.

协进社致函中华图书馆协会执行部部长袁同礼。大意是说日内瓦国际联盟智育合作委员会在 1926 年 5 月 29 日召开大会，议决召集一目录分委员会之图书馆专家会议，讨论智育合作国际协进社所举办的对于图书馆及研究机关之联络办法。到会者有牛津大学图书馆馆长考莱博士（主席）、美国国会图书馆驻欧洲代表约翰斯顿博士、瑞士国立图书馆馆长歌德特先生、德国国立图书馆馆长柯鲁士博士、法国国立图书馆馆长马色尔先生、美国图书馆协会国际联合委员会主任毕孝普先生、日内瓦国际联盟智育合作委员会秘书欧布勒思姑先生、国际协进社科学联络部部长斯定威克（书记）等专家。但该决议案还要等待 1927 年 7 月日内瓦国际联盟智育合作委员会大会之赞同方才发生效力。1927 年英国图书馆协会在爱丁堡举行成立 50 周年纪念大会时，尚冀能得机会，对于此事详为讨论①。

　　1926 年 10 月美国图书馆协会在阿特兰提克城（今新泽西大西洋城）举行成立 50 周年纪念大会，来自世界 23 个国家的 57 位代表出席会议。会议期间，各国赴会代表曾讨论国际图书馆协助问题，呼吁由美国图书馆协会发起通告世界各国图书馆协会，建议组织"世界图书馆联合会"（World Library Federation）并征求各国图书馆协会意见。同时声明此种讨论之正式提出，当在 1927 年爱丁堡英国图书馆协会成立 50 周年纪念大会之时，并最后取决于届时各国图书馆总机关特派之代表赞同与否。会后（1927 年 2 月 1 日），美国图书馆协会总秘书长米兰致函中华图书馆协会执行部部长袁同礼，特请中华图书馆协会以促进国际图书馆合作之建设意见"见赐"，再由美国图书馆协会国际联合委员会编为纲要，分发与各国图书馆协会②。

　　1927 年 9 月 26 日，英国图书馆协会成立 50 周年纪念大会在爱丁堡召开。大会首日即组织专门委员会讨论国际图书馆协作问题，韦棣华女士代表中华图书馆协会出席会议。会议议决成立国际图书馆及目录委员会。中华图书馆协会董事部认为国际图书馆协作事关重大，决定正式加入，并推定戴志骞、袁同礼、沈祖荣为协会代表。会后（1927 年 11 月 29 日）国际图书馆及目录

---

① 国际图书馆之联络. 中华图书馆协会会报, 1927, 3（1）: 14—15.
② 国际图书馆联合之进行. 中华图书馆协会会报, 1927, 2（4）: 19—21.

委员会主席瑞典皇家图书馆馆长柯林专门致函中华图书馆协会执行部部长袁同礼，大意如下 [①]：

　　鄙人被推为国际图书馆及目录委员会主席，兹谨奉上一九二七年九月三十日在爱丁堡英国图书馆协会五十周年纪念大会，经十五国图书馆协会全权代表所签署之议决案一件。该议决案包括本委员会之条例及第一届执行委员会之委任。依议案之规定，此项成立条例须得志愿加入本委员会及曾有代表签署议案之各国图书馆协会之赞同，方能有效，用特恳请先生从速将此项条例提出于贵协会，准予通过，并同时推举代表一人，候补代表一人，以便代表贵协会行使职权。俟各代表举出后，当即组织第一届执行委员会，并选举第一及第二两副主席及书记。在爱丁堡与议之各代表对于上项议决案均予以充分之赞助，盖各国图书馆协会如能有科学的协助胥于此赖之。鄙人承乏为本委员会之第一任主席无任荣幸，至希先进各协会予以恳切之提携，俾吾人所怀之图书馆事业，由国际协助之途径，得较大之成功焉。

另外，奥地利、比利时、加拿大等 15 国图书馆协会代表《发起成立国际图书馆及目录委员会议决案》大意如下：

　　同人等，谨代表各国图书馆协会于一九二七年九月三十日在爱丁堡集议，并议决下列之议案。但此项议案之是否有效，当以各该国图书馆协会之是否加入为准。

　　（一）今议决设立国际图书馆及目录委员会。

　　（二）本委员会会员由赞同此条例之各国图书馆协会选出之代表组织之。每国得指定代表一人予以选举权，但亦能派定副代表一二人。

　　（三）本委员会之职务，选定国际图书馆大会之时期及地址，并由各国临时委员之协助预备此项大会之程序，与研究及介绍关于国际间图书馆

---

① 国际图书馆界之联络 . 中华图书馆协会会报,1928,3（4）:17—18.

及图书馆协会之沟通联络事业。

（四）国际图书馆大会至少须五年举行一次。其第一次大会由本委员会召集者，当于一九二九或一九三〇年举行之。本委员会之全体会议应随同国际图书馆大会举行。他项会议，经会员三分之一之提议得由主席召集之。本委员会之第一次全体会议应自现时起于一年内举行之。

（五）本委员会得有指定本会会员或任何各国图书馆协会会员组织分委员会之权力。

（六）国际图书馆及目录委员会之职员设主席一人，副主席二人及书记一人。此项职员与其他会员四人得组织执行委员会。执行委员会之主席、副主席、书记及其他四会员由委员会选举之，任期至下次大会年之十二月三十一日止。书记得为各国协会指定之代表充任之，惟亦不拘。执行委员会如有空额，当由委员会补充之。第一届国际图书馆大会举行后至该年十二月三十一日任满之执行委员为捷克、法、德、英、意、瑞典及美各代表。第一届主席由瑞典代表充之，副主席二人及书记由执行委员推举。

（七）同人等以为现在尚无向各国图书馆协会征费之必要。将来如有需要之时，当按各国协会会员人数之相当比例，由委员会决定后征收之。

附注：以上所言之委员会除上（前）有执行二字者外皆指本委员会全体。

发起成立国际图书馆及目录委员会议决案之签署者有奥地利、比利时、加拿大（坎拿大）、中国、捷克、丹麦、英国（英吉利）、法兰西、德意志、荷兰、意大利、挪威（那威）、瑞典、瑞士、美国等 15 国之图书馆协会组织代表。韦棣华女士代表中华图书馆协会出席会议并在议决案上签字①。

1927 年 9 月 30 日在爱丁堡会议通过的发起成立国际图书馆及目录委员会议决案是否有效，当以参与集议之各国图书馆协会是否批准加入为准。1928 年春，参与集议之各国图书馆协会相继正式予以承认，于是国际图书馆及目录委员会正式成立。同时决定于 1929 年 6 月 15 至 30 日在罗马及威尼斯召开第一

---

① 国际图书馆联络事业 . 图书馆学季刊,1928,2（2）:329—330;发起国际图书馆及目录委员会议决案 . 中华图书馆协会会报,1928,3（4）:18—19.

次国际图书馆及目录学会议（The First Congress of Libraries and Bibliography）。

6.2.2 参加国际图联大会及年会

国际图书馆及目录委员会即后来的国际图书馆协会联合会（简称国际图联），1976 年改为国际图书馆协会和机构联合会，是最重要的国际图书馆组织。中华图书馆协会多次派人参加国际图联组织召开的各种会议。

6.2.2.1 1929 年罗马、威尼斯会议

1929 年 6 月 15 至 30 日，第一次国际图书馆及目录学大会在意大利罗马及威尼斯召开。来自世界各地 22 个国家的 150 名代表出席大会，另有非正式代表约 900 人与会。大会共议决重要议案 15 件，闭幕后成立了国际图书馆协会联合会。中华图书馆协会推派武昌文华大学图书科主任沈祖荣代表中国图书馆界出席大会，同时呈请国民政府教育部兼委沈祖荣为国民政府代表与会。

中华图书馆协会既已决定派遣代表参加第一次国际图书馆及目录学大会，特于 1928 年 3 月 8 日组织一由 16 名专家组成的筹备委员会，约请专家撰写参加会议的学术论文，同时征集参加会议之图书馆展品。后来由顾子刚撰成 "The Evolution of the Chinese Book"，戴志骞撰成 "Development of Modern Libraries in China"，沈祖荣撰成 "Library Training in China"，胡庆生撰成 "Inedxing System in China" 在北平印成论文集 *Libraries in China* 携往参加大会交流。同时约请时在美国的裘开明撰 "A Brief Survey of Bibliography in China"、桂质柏撰 "A Outline of Libraries in China" 径直寄往罗马大会主席。由中华图书馆协会征集并由沈祖荣携带前往参加大会的展品则有汉晋简牍、印本书籍、抄本、拓本、书籍装帧之样本、书籍内外之附品、印刷工具等，内容丰富。

中华图书馆协会派遣代表出席第一次国际图书馆及目录学大会，通过论文宣读、实物展出等方式与各国代表交流沟通，产生了很好的影响。德国莱比锡德国书库（Deutsche Bucherei）馆长邬兰德，普鲁士邦立图书馆馆长顾柔司（Hugo A. Kruss）都表示欢迎我国图书馆学者前往德国考察业务或研究学术。此后，我国陆续派遣蒋复璁等前往德国考察图书馆事业或进行学术研究，是为中华图书馆协会派人参加第一次国际图书馆及目录学大会的重要成果之一。

沈祖荣还接受中华图书馆协会的委托，在大会闭幕后考察了德国、意大利、

荷兰、英国、法国、瑞士、苏联和奥地利等欧洲国家的图书馆事业概况。考察结果认为，欧洲各大图书馆大抵于图书多重在保存，于应用多顾及专门之学者。与之对照，美国图书馆大抵于图书多重在普及，于应用则多顾及于公民。因为欧洲各国有较长之历史与文献积累，美洲则开国不远，因此在图书馆的发展上采取了不同的方式。沈祖荣认为当时我国文献悠长，同时民智未开，于国立图书馆当以欧洲为法，重专门与保存；于公共图书馆当以美国为法，注应用与普及。如斯则文献可以不坠，民智可以增进[①]。

6.2.2.2　1932 年伯尔尼会议

1932 年 6 月 9 至 10 日，国际图联第五次会议在瑞士首都伯尔尼国立图书馆举行。会前国际图联连函中华图书馆协会邀请选派代表出席会议。协会终因路途遥远、经费支绌未派代表前往出席，仅仅编辑一年来中国图书馆界概况之简短报告，附上"一·二八"事变期间上海各大图书馆遭受日军飞机轰炸所蒙损失情况寄送大会，控诉日本侵略者肆意破坏中国图书馆事业之暴行[②]。

6.2.2.3　1933 年芝加哥会议

国际图书馆协会联合会之国际图书委员会第六届会议于 1933 年 10 月 14 至 16 日在美国芝加哥，11 月 13 及 14 日在法国阿维尼翁分两次举行。中华图书馆协会请时任哈佛大学汉和图书馆主任的协会会员裘开明代表协会出席芝加哥会议。裘开明在会前不久撰有《中国之国立图书馆》一文载美国《图书馆季刊》，因此特以抽印本形式携往会议交流。又有《世界之民众图书馆》中关于中国一章，提请与会代表注意。另外特别撰写《中国图书馆情形报告》及《中国图书馆与出版之统计》两篇文章提交会议交流。前者内容为四库全书之影印，国立中央图书馆之建设，日内瓦及上海中国国际图书馆之创设，东方图书馆之复兴，中华图书馆协会之工作及协会北平年会，叶鸿英之捐助图书馆等；后者内容为各种图书馆之进展表，各地图书馆与土地人民县数比较表，未绝版新书分类统计及最近杂志分类统计等[③]。

---

① 沈祖荣.参加国际图书馆第一次大会及欧洲图书馆概况调查报告.中华图书馆协会会报,1929,5（3）:3—25.
② 国际委员会第五次会议.中华图书馆协会会报,1932,7（6）:26—27.
③ 国际图书馆委员会会议.中华图书馆协会会报,1934,9（5）:34—36.

6.2.2.4 1934 年马德里会议

国际图书馆协会联合会之国际图书馆委员会第七次会议于 1934 年 5 月 28 至 29 日在西班牙首都马德里之国立图书馆举行。到会代表 25 人，代表 10 个国家的图书馆协会，另有国际联盟代表 1 人。当时国际图联有协会会员 32 个，代表 24 个国家，部分国家有 2 个甚至 3 个图书馆协会成为国际图联的协会会员。中华图书馆协会委托瑞士中国国际图书馆馆长胡天石代表协会出席会议并提交德文报告 "Die Chinesischen Bibliotheken" 一篇[①]。

6.2.2.5 1935 年马德里和巴塞罗那会议

1935 年 5 月 20 至 30 日，第二次国际图书馆及目录学大会在西班牙首都马德里举行，大会函请中华图书馆协会选派代表出席。协会即请在美考察图书馆事业之协会会员汪长炳为代表出席，程途既近，用费自轻。同时呈请教育部加委汪长炳为部派代表，准予补助旅费。汪长炳于 5 月 11 日由美启程前往马德里出席会议，执行委员会委员冯陈祖怡适因公至日内瓦，也便就近参加。协会会员章新民撰写英文论文《中国图书馆宣示馆中藏品之方法》一篇提交大会，在民众图书馆组会议上宣读[②]。

国际图书馆协会联合会之国际图书馆委员会第八次会议，借第二次国际图书馆及目录学大会在西班牙首都马德里举行之便，于 5 月 19 至 20 日在马德里，30 日在巴斯楼那城（今译巴塞罗那）举行。来自 26 个国家的 65 名代表出席会议，国际联盟秘书处及国际文化合作社各派代表列席会议。第八次会议召开之时，国际图联协会会员已增加至 34 个，代表 25 个国家。汪长炳代表中华图书馆协会参会并在会议上发言。他报告了中华图书馆协会的工作概况，强调了公共图书馆学教育要与大众教育互相结合，介绍了平津地区 7 所公共图书馆、京沪地区 6 所图书馆开展以资源共享为宗旨的采购协调与合作，并对当时中国具有代表性的国立北平图书馆和浙江省立图书馆进行了详细介绍。会上，汪长炳还代表中华图书馆协会正式邀请国际图联之国际图书馆委员会（International

---

① 国际图书馆委员会七次会议 . 中华图书馆协会会报，1934，9（6）：30.

② 国际大会之参加 . 中华图书馆协会会报，1935，10（5）：21；中华图书馆协会第十年度会务报告 . 中华图书馆协会会报，1935，10（6）：3—7.

Library Committee）会议次年能在我国举行。大会议决次年之国际图书馆委员会会议将在波兰首都华沙举行。此后三四年可能在远东召开一次委员会会议。至于何时何地尚未决定，对中华图书馆协会之邀请极表感谢，原则上表示接受邀请①。

6.2.2.6 1936 年华沙会议

国际图书馆协会联合会之国际图书馆委员会第九次会议于 1936 年 5 月 31 日至 6 月 2 日在波兰首都华沙举行，讨论国际图书馆及目录问题。中华图书馆协会将近一年来中国图书馆事业发展情况编撰成英文报告，连同 1935 年出版之协会十周年纪念文集 *Libraries in China*（收录英文论文 9 篇）同时寄送该会。中华图书馆协会因此次会议非大会性质，未派代表前往出席，而是函托日内瓦中国国际图书馆馆长胡天石就近代表与会。恰胡天石以事赴德，又转托我驻波兰使馆虞和德作为代表就近参加。协会所撰文稿也由虞代为在大会宣读②。

6.2.2.7 1937 年巴黎会议

1937 年 8 月 24 至 25 日国际图书馆委员会第十次会议在法国巴黎举行，8 月 16 至 21 日则为国际档案大会开会之期，各国如派遣代表出席可获一举两得之便。会前秘书长司芬司玛（又译塞文司马）致函中华图书馆协会，希望选派代表参加，并盼我国将一年来图书馆事业进步状况及统计等项有所阐述。此外并附送图书馆馆际互借图书介绍小册子二本，希望广为宣传③。尽管"七七"事变后抗战全面爆发，余德春仍然代表中华图书馆协会出席会议，并在会上向全体与会代表报告了中国抗战全面爆发前一年中华图书馆协会的工作情况，如协会第三次年会在山东青岛召开，武昌文华图书馆学专科学校办学情况，国立中央图书馆的筹建，国立北平图书馆的书目索引，中国图书馆西文图书联合目录编纂和书目卡片出版等④。

---

① 　国际图书馆委员会第八次会议纪事.中华图书馆协会会报,1935,11（2）:53—54;丘东江.中国图书馆界早期参与国际图联重要活动的追溯.图书馆杂志,1995（5）:54—56.

② 　中华图书馆协会第十一年度报告.中华图书馆协会会报,1936,11（6）:21—23;国际图书馆协会开会.中华图书馆协会会报,1936,11（6）:43—44.

③ 　国际图书馆协会将在法举行.中华图书馆协会会报,1937,12（6）:34—35.

④ 　埃文斯.中国图书馆界早期在国际图联活动的追溯.图书馆学通讯,1989（4）:52—54;丘东江.中国图书馆界早期参与国际图联重要活动的追溯.图书馆杂志,1995（5）:54—56.

6.2.2.8　1938 年布鲁塞尔大会

国际图书馆委员会第十一次会议 1938 年在比利时首都布鲁塞尔召开，中华图书馆协会未派代表出席，只是由协会执行委员会主席袁同礼通过香港致电国际图联，通报日本全面侵华战争给中国造成巨大破坏而无法赴会，并呼吁国际图联发起向中国图书馆界赠书活动。尽管经济拮据，中华图书馆协会考虑到作为国际图联大家庭一员的国际声誉，仍向国际图联捐款 100 瑞士法郎支持国际图联第五任主席歌德特发起的为庆祝国际图联秘书长司芬司玛先生 60 寿辰而设立的奖励基金①。

6.2.2.9　1939 年海牙和阿姆斯特丹大会

国际图书馆委员会第十二次年会 1939 年在荷兰海牙和阿姆斯特丹召开，中华图书馆协会未能派出代表出席，但国际图联秘书长司芬司玛先生代表中华图书馆协会发言。他详细介绍了中国图书馆界因遭受日本大规模的侵略，纷纷从华北和东南沿海向西南、西北西迁和内迁的情况。西迁和内迁后的图书馆迫切希望得到科技文献，希望各国能向中国图书馆提供科技文献等资料。与会代表被中国人民不屈不挠的精神所深深感动，会后掀起了向中国图书馆捐赠图书的热潮②。

中华图书馆协会自 1928 年正式加入国际图书馆协会联合会成为会员后，每年按会费收入总数提出百分之五作为该会会费，如 1930 年度为 40 元，1931 年为 46 元，1932 年为 43 元，1933 年为 25 元，1934 年为 55 元，1935 年为 57 元，1936 年为 57.2 元③。"七七"事变后，日本大举侵略中国，随之抗战全面爆发，受战争及经费、交通等多种因素的影响，中华图书馆协会与国际图联的关系逐渐减少以致中断，直到战后才重新恢复。

---

① 埃文斯.中国图书馆界早期在国际图联活动的追溯.图书馆学通讯,1989（4）:52—54;丘东江.中国图书馆界早期参与国际图联重要活动的追溯.图书馆杂志,1995（5）:54—56.

② 埃文斯.中国图书馆界早期在国际图联活动的追溯.图书馆学通讯,1889（4）:52—54.

③ 缴纳国际图书馆协会会费.中华图书馆协会会报,1935,11（2）:33;缴纳二十五年度国际图书馆协会会费.中华图书馆协会会报,1937,12（5）:14.

6.2.2.10　1947 年奥斯陆会议

国际图书馆委员会第十三次年会 1947 年 5 月 20 至 22 日在挪威首都奥斯陆举行。中华图书馆协会原拟请会员胡天石代表出席，因旅费未能及时汇出，胡天石无法赴会，改为函托我国政府驻挪威使馆秘书雷孝敏代为出席。协会并有书面报告《复员之中国图书馆概况》航寄雷孝敏携往会议交流。会后，国际图联秘书长司芬司玛有函致中华图书馆协会[①]。

国际图书馆协会联合会是全世界最重要的国际图书馆组织。中华图书馆协会除了选派代表出席相关会议或通过其他方式与国际图联保持联系外，还积极参加与图书馆事业有关的其他国际机构或组织所举办的活动。1926 年夏，美国举行建国 150 周年纪念，特在费城举办世界博览会。美国政府及美国社会均希望我国能够参与，并特别希望教育文化界能够积极参与。中华教育改进社于 3 月 15 日函请中华图书馆协会向国内征集关于图书馆设备建筑等影片及模型。协会执行部当即分函国内较著名之图书馆，请其从速准备该项展品，于 5 月间运美展览，结果深获好评[②]。博览会审查委员会审查结果，认为中华图书馆协会对我国民众教育贡献良多，特发给奖凭一纸，托纽约华美协进社转寄协会[③]。

1930 年 12 月，第一次全亚教育大会在印度本奈尔（今译金奈）举行。大会特设图书馆业务组，由马德剌（今译马德拉斯）图书馆协会书记郎迦那簪（阮冈纳赞）负责筹备，特请中华图书馆协会加入。该会曾决定搜集所有亚洲大陆国家之图书馆运动报告资料，中华图书馆协会因无便人出席，仅以英文《中国图书馆概况》多份相赠，以供研究[④]。

1925 年 4 月，日内瓦国际联盟智育合作委员会所设之国际大学询问处议决，按年编制世界各国名著目录。8 月 20 日执行部以协会既为全国图书馆之共同组织，亟应参加并分担世界各国名著目录之中国部分，并拟定程序 5 条，向国内

① 参加国际图书馆委员会十三次会 . 中华图书馆协会会报,1948,21（3/4）:3.
② 中华图书馆协会第一周年报告 . 中华图书馆协会会报,1926,2（1）:3—5.
③ 中华图书馆协会第二周年报告 . 中华图书馆协会会报,1927,3（2）:3—5.
④ 中华图书馆协会执行委员会 . 中华图书馆协会概况 . 北平:中华图书馆协会事务所,1933:41—42.

征集新出版之名著目录。11 月 4 日该会来函表示欢迎感谢之意 ^①。

1947 年 8 月 25 至 29 日，国 际 文 献 会 议（International Conference for Documentation）第十七次会议在瑞士伯尔尼（Bern）举行，邀请中华图书馆协会派人出席。协会以为事关文化交流至关重要，拟派人出席，当即呈请教育部。唯因路途遥远，又无便人，最后由教育部电请我驻瑞士公使馆就近派员参加，以为我国代表 ^②。

6.2.3　与美国图书馆协会之间的交流

中华图书馆协会成立以前，武昌文华公书林和金陵大学图书馆就与美国图书馆界有了一定程度的接触和交流。1925 年 4 月，受中华教育改进社的邀请，美国图书馆协会派遣圣路易斯公共图书馆馆长、美国图书馆协会前主席鲍士伟博士代表美国图书馆协会来华考察中国的图书馆事业，作为美国政府将要退还之庚子赔款用于建设中国图书馆事业之参考。鲍士伟博士来华考察中国的图书馆事业直接促成了中华图书馆协会的成立。中华图书馆协会成立后，特别聘请美国图书馆学泰斗、杜威十进分类法发明人杜威（Melvil Dewey）、美国国会图书馆馆长普特南（Herbert Butnum）、普林斯顿大学图书馆馆长理查德森（Ernest C. Richardson）等 10 名对图书馆事业及目录学有特别贡献的美国学者为中华图书馆协会名誉会员。被推荐者均复函中华图书馆协会表示接受邀请。杜威博士在复函中除表示被推举担任中华图书馆协会名誉会员感到荣幸外，他还对中国文字改革取得的成绩感到快慰。他在复函中回顾了他当年创立美国图书馆协会之艰难经过，对于中华图书馆协会将来对国家的贡献寄予厚望 ^③。

为答谢美国图书馆协会派遣鲍士伟博士来华考察中国的图书馆事业，中华图书馆协会特别赠送美国图书馆协会瓦质牛车一具作为纪念。该车长营造尺一尺六寸，为洛阳氓山象庄出土之元魏明器。协会同时赠送鲍士伟博士拓本多种，

---

① 中华图书馆协会第一周年报告 . 中华图书馆协会会报，1926，2（1）：3—5.
② 国际文献会议在瑞士举行 . 中华图书馆协会会报，1947，21（3/4）：16；中华图书馆协会被邀参加国际文献会议 . 教育通讯（复刊），1947，3（9）：36.
③ 杜威博士来函 . 中华图书馆协会会报，1925，1（3）：19—21.

借以感谢其来华考察并在各地发表讲演之盛意①。1926 年 10 月 4 日至 9 日，美国图书馆协会拟在新泽西大西洋城及费城召开成立 50 周年纪念大会，邀请全世界之图书馆员及图书学者出席②。5 月 24 日协会执行部干事会议议决委托刘国钧代表协会出席该年会，以答谢美国图书馆协会派遣鲍士伟博士来华考察中国图书馆事业之盛意③。

1926 年 10 月 4 至 9 日，美国图书馆协会 50 周年纪念大会如期在美国大西洋城及费城举行。被邀请之 24 个国家中，有 19 个国家的 51 位代表出席会议。此次会议之主题有二：召开美国图书馆协会成立 50 周年庆祝大会；研究图书馆国际合作问题。到会代表计分 3 种：由各国政府派遣并代表各国教育部门的代表；代表各国图书馆协会及其他教育团体的代表；各国著名之图书馆学家及目录学家。中国代表 5 人出席，其中郭秉文代表国民政府教育部及中华教育改进社，裘开明代表中华图书馆协会（原拟由刘国钧代表出席，后改为裘开明），寿景伟代表华美协进社，桂质柏代表山东齐鲁大学图书馆，另有韦棣华女士应邀出席。

此次美国图书馆协会年会共召开国际会议两次。10 月 5 日晚召开第一次会议，由美国国会图书馆馆长普特南博士担任会议主席。在大会发表演说者有德国、挪威、日本、中国、英国及苏格兰等国家和地区代表。10 月 7 日晚召开第二次会议，由美国《图书馆学杂志》主笔鲍克（R. R. Bowker）担任会议主席。鲍克主席特别向出席会议的全体代表介绍了武昌文华图书馆学校（即文华大学图书科）创办人韦棣华女士，以及她在中国所经营之图书馆事业及其成绩。到会会员皆鼓掌并起立向韦女士道贺。当晚发表演说者为英国、比利时、法国、苏联及苏格兰代表。两次国际会议，除英国有 5 位代表发表演说外，其余各国均只有一人致辞或发表演说。代表中国发表演说者为郭秉文。他的演讲题目为《中华图书馆之发展与中国文化之关系》。郭秉文首先讲述了中国文字的起源、纸张的发明、五代时期冯道开始使用印刷术；继之讲述老聃为周室柱下史，是为中国古代图书馆之滥觞；最末讲述中国历代公私藏书之状况及中国近数年来

---

① 本会赠送美国图书馆协会纪念物. 中华图书馆协会会报,1925,1（1）:6.
② 美国图书馆协会五十周年庆典邀请各国图书馆学者及馆员赴会. 中华图书馆协会会报,1925,1（5）:23—24.
③ 中华图书馆协会第一周年报告. 中华图书馆协会会报,1926,2（1）:3—5.

图书馆发达之原因。郭秉文演讲发挥颇为详晰且长于辞令，英语又极流利，故能侃侃而谈，令人不倦。听者咸谓中国代表之演说为是晚之冠。

除两次国际会议专为正式演讲外，各国代表并于 10 月 7 日上午召开非正式会一次，讨论该年 7 月 1 日在柏拉州（Prague，今译布拉格）召开的世界图书馆学家联席会上所提出的拟设图书馆国际常备委员会一案。这次会议与翌年在英国爱丁堡召开的英国图书馆协会 50 周年大会均为国际图书馆协会联合会筹备成立过程中的重要会议。年会闭幕后，美国图书馆协会邀请各国与会代表至各处游历两周，参观各种图书馆。美国图书馆协会还特别安排鲍士伟博士担任中国代表郭秉文特别招待之责，以示郑重并答谢我国 1925 年欢迎鲍士伟博士来华考察之旧谊①。

1933 年 10 月 16 至 21 日，美国图书馆协会第五十五次大会在芝加哥举行，盛况空前。裘开明代表中华图书馆协会出席②。

1934 年 4 月底，美国国会图书馆远东部主任恒慕义博士（Dr. Arthur W. Hunnel）来华调查中国图书馆等文化事业并便中为美国国会图书馆采购图书。中华图书馆协会特别联合国立北平图书馆、国立北平故宫博物院及中华教育文化基金董事会，于 5 月 5 日正午 12 时在故宫东华门内传心殿设宴欢迎恒慕义博士。席间由任鸿隽致欢迎词，恒慕义博士发表演说。恒慕义博士先曾留华十三年，遍游山西、陕西、四川及沿海各省。精通汉语一如国人。初来中国时在山西教授英文，因学校所在富于古迹，于是对研究中国历史发生兴趣，厥后志趣益高，遂潜心中国文学竟能博览群书。归国后仍然继续研究中国历史及中国文学不懈。美国国会图书馆东方部即为恒慕义博士一手创办③。

1934 年 2 月，中华图书馆协会执行委员会主席袁同礼，奉教育部委派赴欧美考察图书馆事业，并代表中华民国出席将在西班牙举行之国际博物院会议。2 月 22 日下午 4 时 25 分袁同礼乘北宁路车至天津搭乘轮船先至日本，在日本停留数日考察神户、京都等地之图书馆后，再由横滨转乘亚细亚皇后号轮船赴

---

① 裘开明.美国图书馆协会五十周年纪念大会.图书馆学季刊,1926,1（4）:710—721.
② 美国图书馆协会五五次大会.中华图书馆协会会报,1933,9（3）:37.
③ 欢迎恒慕义博士.中华图书馆协会会报,1934,9（6）:10.

美，在美国考察两月后转往欧洲①。

袁同礼抵美后除在各地收集材料外，还积极宣传我国近年来在文化建设上所取得的种种进步。此前我国较少对外做正面宣传，以致西文媒体所载仅仅止于内战、土匪等事，每予外人以恶劣印象。袁同礼受邀到美国及加拿大多地演讲，备极欢迎。哥伦比亚大学因袁同礼对中国图书馆事业的贡献，特制赠名誉奖章一枚，以表彰袁同礼之勤劳卓著。美国要人对于中国图书馆事业的发展也多表同情。袁同礼结束在美国的考察后起身赴欧，往访法国、比利时、荷兰、瑞士等7国。7月中旬代表中国出席国际联盟召集之文化合作委员会会议。8月赴德，9月赴英，10月赴西班牙出席国际博物院会议②。

袁同礼结束在欧美各国的考察并参加有关国际会议后，于12月3日回到上海，旋即入京。南京各图书馆同人于6日晚联合在市肆设宴为袁同礼洗尘，并请冯陈祖怡作陪。袁同礼在席间发表谈话，提出两点看法：一是中国图书馆事业落后美国约百年，二是我国攻读档案管理及博物院学者太少。袁同礼于9日午前返回北平，翌日下午3时，国立北平图书馆同人召开茶会欢迎袁同礼归来。会议主席严文郁及国立北平图书馆代理馆长孙洪芬先后致辞。袁同礼发表谈话，推许欧美图书馆之优点有三：①健康。在外国服务于图书馆者，异常注意其身体之康健，规定每年检查4次，异常注意身体之保养。盖图书馆事业，确属最繁难者，苟无健全之身体，实不足以应付。②合作。外国各图书馆组织之划分，虽极细密繁杂，但能注意切实之联络，每一事发生，只须一二分钟之时间，即可应付完毕，经济时间，事半功倍，吾人今后亦应效法。③机器。世界各国图书馆工作如编目、送书、装置卡片，莫不借重机器，吾人须半日始告成功，而用机器只须数分钟。嗣平津学术界皆知袁同礼返平，争先约请讲演，袁同礼于馆务繁迫之际，曾先后在北平清华大学、燕京大学、政治学会、天津北洋工学院、南开大学等处演讲，听众极多③。

1925年，美国图书馆学家鲍士伟博士受中华教育改进社之邀来华考察中国

---

① 执行委员会主席出国.中华图书馆协会会报,1934,9（4）:9;袁守和先生抵美.中华图书馆协会会报,1934,9（5）:17.

② 袁守和先生在美受名誉奖章.中华图书馆协会会报,1934,9（6）:9.

③ 袁守和先生归国.中华图书馆协会会报,1934,10（3）:10—11.

的图书馆事业，对中国现代图书馆事业的发展产生了巨大的促进作用。中华图书馆协会有鉴于此，于1937年拟邀请美国图书馆学家毕孝普博士来华考察中国图书馆事业的发展状况，为中国图书馆事业的发展提供建议，俾资改进。原计划毕孝普博士于9月初偕同夫人来华，期间预定为3个月。视察路线及日程大致安排如下：上海（4日）→苏州（1日）→无锡（1日）→南京（6日）→镇江（1日）→南京至济南顺便视察曲阜及济宁（4日）→济南（1日）→青岛（2日）→乘飞机由青岛至北平（1日）→北平（10日）→天津（2日）→定县（2日）→定县至汉口（2日）→武昌（2日）→长沙（2日）→长沙至广州（2日）→广州（3日）→香港（2日）→乘轮船由香港至上海（2日）→杭州（3日）→南昌（2日）→南京（7日）→上海（1日）。协会于4月中旬函请各地重要图书馆编制各馆英文概况，于8月杪寄协会，以供毕孝普博士参考①。此事后因"七七"事变后抗战全面爆发，毕孝普博士未能如约来华。若非日本发动全面侵华战争而毕孝普能够如期来华，则其于中国现代图书馆事业之促进，当不在当年鲍士伟之来华而对于中国现代图书馆事业贡献之下。

美国华盛顿大学东方学教授罗伯特·波拉德先生（Robert T. Pollard）前代中华图书馆协会在西雅图市及该大学捐募图书，取得良好效果。1939年5月27日，其弟约翰·波拉德（John A. Pollard）致函中华图书馆协会理事长袁同礼，谓其兄已于4月12日去世。临终时对于征集图书仍然未能忘怀，令协会同人深受感动。原函译文如下：

> 四月二十一日，阁下致先兄饶伯（Dr. Robert T. Pollard）之函，现已由西雅图转来敝处，因其不幸业于四月十二日与世长辞矣。自一九三三年以来，先兄即患剧烈心脏病，但渠对于应尽职务，则从来未放弃。迩为贵国各图书馆征集图书，由渠口中所述遗札中所记，余深悉渠实积极赞助。余抵西埠之时，适先兄弥留之际，即闻人言，本年一月初，当渠旧病复发时，至三月十日入医院期间，渠仍躬亲奔走，进行征书及运华事宜，而并未以此委诸他人，足征其热诚之一般。吾人追思之余，觉渠

---

① 本会邀请美国专家毕少博来华视察. 中华图书馆协会会报，1937，12（5）：15—16.

今所捐躯以赴者，实乃至上仁义感召之所致，而对其过去四十一载之成就，尤引以为荣焉。阁下来函，辱承申谢先兄协助贵会复兴大业，至为感激。刻下西雅图先兄诸挚友，正筹募纪念金，以为救济中国学生之用，此则余愿以奉告者也。①

1939 年 6 月，美国图书馆协会借旧金山举行金门博览会期间，特假其地举行第六十一届年会，借以引起赴会会员之兴趣。会期自 6 月 18 至 20 日，到会者约 3000 人，其中除该会会员外，尚有外宾。自南美各国而来者，尤为多数。抗战爆发至此已逾二载，我国文化教育所罹浩劫，至深且巨。中华图书馆协会鉴于美国人士普遍同情，爰于 1938 年致函美国图书馆协会吁请援助。曾承该会热烈赞助，发起大规模的征书运动，成绩显著，已有 200 余箱征集到的图书运抵香港。中华图书馆协会为表示谢忱，特将金漆木匣一件赠予该会以志纪念。该会理事长特于年会第二次大会上提出报告，并将赠品陈列，以备观览②。

为答谢美国图书馆界募集图书支援抗战中之中国各图书馆，中华图书馆协会曾寄赠美国图书馆协会纪念银杯一具。对此，美国图书馆协会执行委员会于 1942 年举行执委会会议时议决函谢中华图书馆协会，后因交通梗阻，直到 1944 年该函始达中华图书馆协会。录其译文如下：

敝会执行委员会顷举行会议，以中华图书馆界同人深感美国图书馆界对于捐书之援助，特寄赠本会纪念银杯一具，以表谢意。敝会执行委员会对于贵会之高谊隆情，至深感荷。拜领之余，同时专函奉达，借鸣谢悃并请转致贵会同人为荷，此致。③

1943 年 11 月，中华图书馆协会曾将我国图书馆因日本发动全面侵略战争所遭受之损失、当时工作概况及日后复兴计划，撰成英文备忘录邮寄美国图书

---

① 中国图书馆友人美国波拉德教授去世. 中华图书馆协会会报，1939，14（1）：13—14.
② 美国图书馆协会第六十一次年会志略. 中华图书馆协会会报，1939，14（2/3）：21.
③ 美国图书馆协会函谢本会. 中华图书馆协会会报，1944，18（3）：13—14.

馆协会。接中华图书馆协会函后，美国图书馆协会拟将该文印在图书馆杂志内以广流传。中华图书馆协会所述中美文化合作办法，也正与当年 10 月间美国图书馆协会国际关系委员会商议之各项计划不约而同。中华图书馆协会拟印之通讯录，美国图书馆协会拟代为分送美国各图书馆，这也正是美国图书馆界急于了解中国图书馆工作概况之所在[①]。

获悉 1944 年 5 月 5、6 两日，中华图书馆协会第六次年会在重庆国立中央图书馆召开，美国图书馆协会会长华伦女士及总干事米兰发来贺电，代表美国图书馆协会、协会国际关系部、协会远东委会员暨协会全体职员、会员表示祝贺。对中国人民七年来抗战之英勇卓绝与其成就钦仰至深。贺电回顾了中华图书馆协会成立以来两国图书馆界共同为学术研究、知识交换及文化沟通而发展图书馆事业之情况。对数年间中美图书馆界关系之密切极感愉快。对此后两国图书馆界势必更加密切合作寄予厚望[②]。中华图书馆协会接到美国图书馆协会贺电后，复电表示感谢[③]。

中国人民抗日战争及世界反法西斯战争取得胜利前夕，美国图书馆协会为促进中美两国图书馆界之友谊，协助战后中国图书馆事业之复兴，拟派一图书馆学专家来华访问。其目的一是搜集有关各种图书馆、图书馆学校及其他图书机构所需要的特殊资料，并探求问题及困难之所在；二是为美国图书馆协会准备一适当人才，使其至少获得有直接认识的中国图书馆界的朋友，并对中国图书馆事业有确切的认知。美国图书馆协会为此致函中华图书馆协会征求意见。袁同礼理事长在征得国民政府教育部陈立夫部长同意后，复函美国图书馆协会表示欢迎[④]。美国图书馆协会在接到中华图书馆协会复函后，决定派遣哥伦比亚大学图书馆馆长怀特博士来华考察，并由美国国务院加以委任，拟于 1944 年 12 月抵达中国重庆[⑤]，1945 年暑假返美。为此，中华图书馆协会于 1944 年 10

① 美国图书馆协会函覆本会 . 中华图书馆协会会报，1944，18（3）：14.
② 美国图书馆协会致本会第六次年会贺电 . 中华图书馆协会会报，1944，18（4）：16—17.
③ 本会复电 . 中华图书馆协会会报，1944，18（4）：17.
④ 美国图书馆协会拟派专家来华考察 . 中华图书馆协会会报，1944，18（4）：17—18；本会致美国图书馆协会公函 . 中华图书馆协会会报，1944，18（5/6）：10.
⑤ 美国图书馆协会代表怀特来华考察 . 中华图书馆协会会报，1944，18（5/6）：10.

月 18 日假中美文化协会召开招待怀特博士筹备会，并拟在渝、蓉、昆等地成立招待怀特博士委员会主持其事。除邀请协会理事及图书馆界有关人士外，并邀请教育部代表及美国大使馆代表出席①。为接待怀特博士来华考察，中华图书馆协会除呈请教育部拨发专款 15 万元、社会部 2 万元外，复经恰请渝市中央等银行惠予捐款协助，计中央银行捐助 4 万元，中国银行、交通银行、中国农民银行、中央信托局、邮政储金汇业局各捐助 2 万元，金城银行捐助 4 万元，共得 35 万元②。10 月 29 日协会举行理监事联席会议，议决事项中关于招待怀特博士者有：请怀特氏担任本会名誉会员；本会同仁予以热诚招待，建立感情联系；馈赠有文化意义之礼物，如书画刺绣之类；本市及外省各地拟请各大学暨其他学术机关善为招待；编制西南、西北图书馆一览送怀特氏参考；怀特不谙华语，请人陪同考察；调查怀特略历，在报端发表。议决关于向怀特博士建议者有：本会拟一英文建议交彼带回；请美国捐书事，以实际需要情形告知怀特并与教育部商定一致办法；以中国书籍捐助美国③。正值各方为迎接怀特来华考察积极准备之际，不料美国军事当局以时局紧张，对于与战事无关之访问拒绝发给登陆护照。怀特原定来华考察之计划被迫取消④。

同年 11 月秒协会理事长袁同礼因公赴美，协会理监事联席会议议决请袁理事长代表协会向美国图书馆协会致意。袁同礼抵美后曾由美国图书馆协会设宴招待并约国务院远东司文化司诸人作陪，袁同礼即席发表演说⑤。袁同礼访美归来后，美国图书馆协会会长尤尔凡林及执行秘书长米兰，特别致函行政院宋子文院长，对袁同礼理事长访美一事表示感谢。美国图书馆协会认为袁同礼博士在美之谈论与演说，已使美国学者了解中国发展教育文化设施之要求。袁同礼博士与美国图书馆界之商谈，已使美国图书馆界同人认清中美两国国策间之

---

① 怀特博士招待委员会之组织 . 中华图书馆协会会报,1944,18（5/6）:10—11.

② 本会举行理监事联席会议 . 中华图书馆协会会报,1944,18（5/6）:11—2;渝市银行捐助本会招待怀特博士经费 . 中华图书馆协会会报,1944,18（5/6）:12.

③ 本会举行理监事联席会议 . 中华图书馆协会会报,1944,18（5/6）:11—12.

④ 怀特访华之行取消 . 中华图书馆协会会报,1945,19（1/2/3）:12;徐家璧 . 袁守和先生在抗战期间之贡献 . 传记文学,1965,8（2）:40—45.

⑤ 中华图书馆协会三十三年度工作报告 . 中华图书馆协会会报,1944,18（5/6）:12—13.

密切合作。中美两国图书馆间之相互了解，因袁同礼博士之访美而得到加强。美国图书馆界同人希望此后中国其他图书馆人士访美，美国图书馆界同人亦盼于交通方便后往访中国。美国图书馆界同人希望两国图书馆协会之间，图书馆人士之间，学者之间现存之关系，将永远保持于现在之良好基础上^①。

1945 年春，美国图书馆学家诺伦堡博士（Dr. Bernhard Knollenberg）以政府使命因公来华，便中拟视察中国图书馆事业并与中国教育文化界人士谋得接触。中华图书馆协会于 3 月初接到美国大使馆通知后，当即召开理事会，筹备有关欢迎事宜。嗣诺伦堡博士于 4 月初抵渝，协会于 4 月 6 日下午 3 时假国立中央图书馆举行茶会招待，并邀请教育文化界人士参加。是日到会同人除蒋复璁、陈训慈、严文郁、毛坤、徐家璧、陆华深、彭道真和徐杨外，另有教育文化界杭立武、任鸿隽和何凤山等 50 余人到会。诺伦堡博士是日晨赴中央大学参观，饭后归来即至中央图书馆。首由蒋复璁馆长陪同参观该馆所藏之珍本书籍及金石拓片等，诺伦堡博士对此极感兴趣。其后即出席招待茶会，由会议主席蒋复璁馆长向大家介绍诺伦堡博士。诺伦堡系美国著名历史学家及图书馆学家，曾在耶鲁大学及美国东方学会服务 10 年，时任图书救济联合委员会主席。诺伦堡博士继之发言，谓参观中央大学图书馆及国立中央图书馆印象极深。美国新成立之图书救济联合委员会，系援助各被战争蹂躏之国家，补充其图书。正在征集美国各图书馆之书籍，准备翻印。洛氏基金会及美国工会等均已捐款，以供运送书籍及建造书库之费用。中国可将所需书目开列名单，以备该委员会统筹后分配。诺伦堡博士于 8 月即将离渝飞蓉，小作勾留后，即由昆返美。中华图书馆协会赠以英文本协会工作概况及后方主要图书馆概要各一份^②。

1947 年 5 月，中华图书馆协会理事、国立罗斯福图书馆筹备委员会委员兼秘书严文郁应美国图书馆协会之邀赴美考察图书馆事业，1948 年 1 月底返国。严文郁在美期间，代表中华图书馆协会出席了 6 月 29 日至 7 月 5 日召开之美

---

① 美国图书馆协会感谢袁理事长访问美 . 中华图书馆协会会报，1945，19（4/5/6）：11—12.

② 本会欢迎美国图书馆专家诺伦堡氏 . 中华图书馆协会会报，1945，19（1/2/3）：12—13；本会及美国协会即开会 . 教育通讯（复刊），1947，3（6）：30.

国图书馆协会年会。严文郁在美期间还募得图书 2 万余册①。

美国图书馆学家沙本生博士，代表中国教会大学在美联合托事部，来华调查各地教会大学图书馆现状，于 1947 年 10 月 17 日抵京。协会以沙本生博士学识经验均极丰富，此次来华考察对于我国图书馆教育以及一般文化方面，关系至深且巨。为尽地主之谊，协会特于 10 月 19 日下午 3 时召集在京全体会员在南京玄武湖玄武厅大礼堂及厅前大草坪举行欢迎茶会。教育部代表陈东原、协会会员陆华深、洪有丰、陈长伟、李小缘、顾斗南等 110 余人参加茶会，协会常务干事于震寰主持茶会。首先由金陵大学神学院图书馆馆长陈晋贤代表中华图书馆协会致欢迎词，继之沙本生博士致辞。与会会员多发抒精辟意见。5 时许摄影留念，宾主尽欢而散。沙本生博士毕业于美国纽约州立图书馆学院，克拉凯大学文学博士，历任数所大学教授及图书馆馆长，时任宾州斯渥兹慕大学图书馆馆长。沙本生博士离京后续往北平、武汉、成都、广州、福州等处考察后，于 1948 年 1 月间返美。沙本生博士对于联合托事部多有建议，尤其着重于中国图书馆员之训练。因此 1948 年托事部供给胡绍声、黄维廉、喻友信等 6 人资费，助其赴美深造②。

1948 年，美国图书馆协会远东委员会主席白朗博士（今译布朗）及美国国会图书馆副馆长克莱普，至东京草拟日本国会图书馆计划书，乘间来华，与我国图书馆界讨论合作事宜，于 1 月 10 日抵达南京。应朱家骅部长之邀在教育部午餐，饭后至中央研究院参观各图书馆并拜见外交部王世杰部长及美国大使司徒雷登。晚间国立中央图书馆在城北分馆设宴欢迎。翌日为星期日，同往瞻拜中山陵。是晚中华图书馆协会在成贤街 48 号举行鸡尾酒会招待二位客人。政府首长、学界名宿、各使馆文化官员等，皆翩然莅止。中央图书馆同时展览稀见善本。12 日参观中央大学图书馆、农林部图书馆、金陵大学图书馆及金陵女子大学图书馆。13 日二人与美使馆人员讨论中美文化合作事项，下午克莱普前往参观国学图书馆。14 日参观政治大学及国防部图书馆，下午 3 时半协会复

---

① 会员消息.中华图书馆协会会报,1947,21(1/2):10;会员消息.中华图书馆协会会报,1948,21（3/4）:6—8.

② 茶会欢迎美国图书馆专家沙本生博士.中华图书馆协会会报,1948,21（3/4）:4.

假国立中央图书馆举行座谈会，由协会理事李小缘、洪有丰 2 人主持，讨论中美图书馆事业合作问题。白朗表示他正援佛尔伯莱特法案草拟有关计划，建议中美文教基金董事会拨款协助发展中国图书馆事业，可能即派图书馆专家 2 人来华协助训练图书馆人才，盼与会者提出具体意见。讨论结果决定由中华图书馆协会成立计划小组确定二专家之工作范围。继之，克莱普起立致辞，对美国国会图书馆工作情形介绍甚详。克氏称美国会图书馆统筹图书编目工作，以目录卡片分售各地图书馆，节省人力财力，成效甚著，希望各国皆能采用此项制度。二人于 15 日飞抵北平。16 日参观北京大学，午间由协会袁同礼理事长邀宴，宴后参观协和医学院。17 日参观国立北平图书馆，18 日协会名誉会员胡适邀宴，协会在平同仁并假国立北平图书馆集会欢迎。二人因天寒感冒，原定参观清华、燕大两图书馆俱未前往，而于 19 日飞沪休息。21 日往苏州参观社会教育学院，对于该院图书博物馆系甚感满意。23 日白朗偕美国新闻处图书馆主任佟普森女士飞往广州参观，克莱普则留沪参观徐家汇藏书楼、鸿英图书馆、市立图书馆等，并参与文华图书馆学专科学校同学会欢迎严文郁自美返抵上海之宴会。24 日往教育部驻沪图书仪器提运清理处及附近之合众图书馆，又参观一旧书肆。25 日由严文郁、于震寰陪同前往杭州参观浙江省立图书馆及浙江大学图书馆，受到省政府秘书长雷法章、教育厅长李超英及浙大校长竺可桢热情接待。26 日白朗参观穗市学校及图书馆归来，在粤又稍受感冒。适国立中央图书馆蒋复璁馆长来沪，27 日与二人及严文郁、于震寰同在美国俱乐部午餐，畅论国际图书馆合作事项。28 日晨 8 时半二人乘西北航空公司飞机飞往日本东京①。

白朗博士回国后，以美国图书馆协会远东及西南太平洋委员会主席身份，草拟了《中美文化关系中关于图书馆事业的计划草案》。大意认为战后中国将成为 21 世纪的强大国家之一，中美两国间的文化、政治、经济关系将影响世界永久和平，因此须由学术团体、文化机关密切合作在文化方面共谋发展。在美国方面，关心中国的组织机构各自独立地从事着帮助中国文化的工作，相互之间缺乏领导与协调，应该由国务院出面通盘计划，构成一个国际方案。方案大意为中美图书馆事业的关系是双方面的，美国图书馆需要中国的书籍、杂志

---

① 白朗克莱普二氏来华本会在京平各地招待 . 中华图书馆协会会报，1948，21（3/4）：4—5.

与档案，尤其关乎农业、工艺、自然与社会科学的刊物。有意搜购中国资料的图书馆，应实行合作采购办法，请中华图书馆协会负责协助采购、储存与船运事宜，并奖励将重要中文译成英文在美国刊行。至于中国图书馆方面所需美国援助，1937年以后因中国抗战爆发，即无法正常获得美国书刊。针对此种需要，美国机构如国务院、美国医药援华局、美国援华之儿童保育委员会、华昌公司等公私团体，皆在为中国搜集、订购美国期刊或摄制图书影片，准备战后运来中国。美国图书馆亦为中国提出复本书刊以便赠送中华图书馆协会自己支配，或由某一美国图书馆为某一中国图书馆保存复本及收集资料。

对于中国图书馆工作人员的专业教育与训练，该草案亦予重视。建议美国图书馆协会与其他机关给予战后赴美继续研究图书馆学的中国学生奖学金或经济上的援助。此外还应安排两国馆员的互相交换，协助在美的中国图书馆学者进入图书馆工作及实习。另一具体计划为在中国办一颇具规模的美国图书馆。美国新闻处在中国重要城市设有图书馆，但均为小型者。此一计划想必是像第一次世界大战后美国在巴黎，第二次世界大战后在西柏林所设的完善的图书馆一样。此一建议另备有备忘录存于芝加哥的美国图书馆协会，惜未能实现。

方案最后对于合作关系有两点建议：①由中华图书馆协会与美国图书馆协会组织一中美图书馆关系联合委员会，便利较更密切关系之发展以及联合行动计划之开始。②一俟计划可以实行，即派遣一位美国图书馆学家前往中国，协助建立两国间图书馆学者之密切关系。这位访问者或将一面征求，一面供给所有有关本计划的意见，并将为拟定的"美国图书馆"预为部署①。

自19世纪末20世纪初以来，美国图书馆事业取代欧洲成为世界图书馆事业最发达、图书馆学术最先进的地区。中华图书馆协会通过与美国图书馆协会的交流，使得中国图书馆界保持了与世界最先进国家图书馆界的联系，对促进起步阶段的中国现代图书馆事业的发展具有重大意义。从中华图书馆协会成立以前1910年韦棣华女士在武昌创办文华公书林，开始引进美国式的现代公共图书馆和办馆模式，1917年沈祖荣留学美国攻读图书馆学学成归来携带各种仪

---

① 严文郁.中国图书馆发展史——自清末至抗战胜利.台北："中国图书馆学会"，1983：237—240.

器、幻灯、照片、实物和图表，开始赴全国各地演讲图书馆事业，倡导建立美国式的新式图书馆，到鲍士伟博士代表美国图书馆协会来华考察中国的图书馆事业从而促成了中华图书馆协会的成立，以及以后中美图书馆界之间的一系列双边交流，可以说美国图书馆学思想和图书馆事业对中国现代图书馆事业发展的影响是任何其他国家都无法比拟的。在中国现代图书馆事业的发展过程中，中华图书馆协会发挥了巨大的作用。通过联系美国图书馆协会而保持与美国图书馆界的交流，正是中华图书馆协会发挥重要作用的体现之一。

6.2.4　与欧洲国家图书馆界的交流

与欧洲国家图书馆之间的交流，主要有与德国、英国、法国和苏联图书馆协会或图书馆之间的交流等。而与德国图书馆之间的交流较之英、法等国的交流要多。

6.2.4.1　与德国图书馆界之间的交流

中华图书馆协会与德国图书馆界之间的交流最早可追溯到 1929 年 1 月 28 日至 2 月 1 日中华图书馆协会召开第一次年会时，德国图书馆协会派代表莱斯米博士来华出席年会，并在 1 月 29 日晚发表题为《德国图书馆发展史》的演讲。莱斯米博士在演讲中回顾了德国图书馆事业的起源和发展，希望中德两国图书馆界同仁加强联系，"以收学术上砥磨之益"①。同年 6 月 15 至 30 日，第一次国际图书馆及目录学大会在意大利罗马和威尼斯召开，中华图书馆协会推派武昌文华大学图书科主任沈祖荣代表中国图书馆界出席大会。会毕沈祖荣受协会委托参观考察欧洲大陆及英伦图书馆事业发展状况。其中首先考察者即为德国各大图书馆。在考察莱比锡德国国家图书馆时，受到馆长邬兰德博士热情接待，并代为介绍欧洲具有代表性的各大图书馆概况。特别是当沈祖荣提议建立中国和欧洲之间的图书馆学术交流时，邬兰德馆长表示竭诚欢迎，并承诺"凡由华赴该馆研究之人，在服务时，非特照顾其衣食住，尤愿酌给津贴与凭证"。在参观普鲁士邦立图书馆并拜会顾柔司馆长时，顾柔司对于沈祖荣提出将来中国派人到该馆研究图书馆事业，或该馆派人游历东

---

① 　中华图书馆协会第一次年会纪事.中华图书馆协会会报,1929,4（4）:5—14.

亚时的引导协助表示极愿赞助。后来在呈给教育部的报告中，沈祖荣特别提及邬兰德及顾柔司两馆长对中德图书馆学术交流计划之赞同，希望国民政府教育部与中华图书馆协会"遇有此项人才，即行派遣予以深造之机"。此外沈祖荣还参观考察了柏林大学图书馆、通俗图书馆、科学改进社图书馆等多所德国图书馆①。1930年蒋复璁由浙江省教育厅派赴德国考察图书馆事业，并在柏林大学图书馆学院从事研究工作两年，1932年学成归国。同年秋，国立北平图书馆与普鲁士邦立图书馆订定交换馆员之约，德国派西蒙博士（John Simon）来华，我方即命在美之严文郁转道赴德研究图书馆学为期一年。第二次世界大战前，北平图书馆又派王重民赴德，在柏林普邦图书馆工作一段时期。国立中央图书馆继派陆华深至莱比锡德国国家图书馆实习两年。人员之交流外，中德多家图书馆之间的书籍互赠和交换，对促进中德文化学术交流，也都起到了很好的促进作用②。

6.2.4.2　与英国图书馆界之间的交流

中华图书馆协会与英国图书馆界之间的交流，不及与美国、德国之密切。1927年9月杪，英国图书馆协会在爱丁堡召开成立50周年纪念大会，同时召集世界图书馆员会议。中华图书馆协会以道远未能派人与会，适韦棣华女士自美赴会，遂请其代表中华图书馆协会参加会议③。1929年沈祖荣参加在罗马和威尼斯举办的第一次国际图书馆及目录学大会后考察欧洲的图书馆，也曾到英国参观大英博物院图书馆和米氏图书馆（Michell Library）④。抗战全面爆发前夕，伦敦大学图书馆学专科学校（School of Librarianship，University College，London）委托中华图书馆协会代为征集我国重要图书馆概况及书目。协会当即致函各图书馆代为征求，先后寄到者颇多。协会1937年6月26日转寄该校⑤。

---

①④　沈祖荣.参加国际图书馆第一次大会及欧洲图书馆概况调查报告.中华图书馆协会会报，1929，5（3）：3—25.

②　严文郁.中国图书馆发展史——自清末至抗战胜利.台北："中国图书馆学会"，1983：243—245.

③　中华图书馆协会第三周年报告.中华图书馆协会会报，1928，4（2）：3—6.

⑤　代表伦敦大学图书馆学校征求我国图书馆概况及书目.中华图书馆协会会报，1937，12（5）：18；各馆概况书目已汇寄伦敦.中华图书馆协会会报，1937，12（6）：22.

抗战全面爆发后，中华图书馆协会于 1937 年 10 月致函各国图书馆协会，请求代为征集图书资料，支援因遭受日本发动全面侵华战争而受到严重破坏的中国图书馆事业①。牛津大学石博鼎先生在该校发起援助中国各大学所急需之图书仪器活动，先生夫妇并愿先捐 2000 英镑，以为之倡。对此袁同礼理事长特致函申谢②。受石博鼎先生捐助图书援助中国图书馆之影响，英国图书馆协会于 1939 年 8 月间由执行委员会议决，即日发动捐书运动，并在该会会报 *Library Association Record* 第 41 卷第 8 期刊布征书启事，请求全体会员协助进行。图书馆、出版界及学术团体，与该会会员踊跃捐赠。本拟集有成数，即行运华，惜九月初欧战爆发，交通阻滞，致该会工作深受影响③。1942 年 1 月，中华图书馆协会第五次年会在重庆召开，英国大使馆特别赠送国立中央图书馆英文图书 1000 册，各专科以上学校图书各 50 册作为协会年会召开之纪念④。

1946 年 5 月 6 日，英国图书馆协会于黑池（Blackpool）举行战后首次年会，商讨战后图书馆之善后与复兴工作。中华图书馆协会除派徐家璧代表协会出席年会外，袁同礼理事长并于 4 月 26 日由华盛顿致函英国图书馆协会表示祝贺。

6.2.4.3　与法国图书馆界之间的交流

1926 年 7 月，法国政府派遣图书馆学家莱尼爱女士来华考察中国的图书馆事业⑤。1929 年 6 月，沈祖荣赴意大利罗马参加第一次国际图书馆及目录学大会后考察欧洲各国图书馆事业，曾到法国巴黎考察法国国家图书馆、美国人在巴黎举办的巴黎美国图书馆、美国巴黎图书馆学校等⑥。1934 年，法国国家图书馆曾派杜立昂女士（R. Dolleans）至国立北平图书馆实习 3 年⑦。

中华图书馆协会执行委员会主席袁同礼 1934 年 11 月 7 日抵巴黎。法国外

---

① 复兴工作.中华图书馆协会会报,1938,13（1）:15;徐家璧.袁守和先生在抗战期间之贡献.传记文学,1965,8（2）:40—45.

② 本会致英国牛津大学石博鼎先生函.中华图书馆协会会报,1939,13（5）:15.

③ 本会呈请教部续予经费补助.中华图书馆协会会报,1940,14（5）:10—12.

④ 本会第五次年会述略.中华图书馆协会会报,1942,16（5/6）:14.

⑤ 俞爽迷.图书馆学通论.上海:正中书局,1947:220.

⑥ 沈祖荣.参加国际图书馆第一次大会及欧洲图书馆概况调查报告.中华图书馆协会会报,1929,5（3）:3—25.

⑦ 严文郁.中国图书馆发展史——自清末至抗战胜利.台北:"中国图书馆学会",1983:246.

交部文化事业部部长马克斯于 9 日在国际俱乐部设宴欢迎。参加者有国家图书馆馆长、博物院院长、教育部高等教育司司长、外交部远东司司长、东方语言学校校长、法国汉学家伯希和、马思波、罗哥兰内以及中国驻法代办萧继荣等十余人。席间由马克斯致欢迎词，法国前教育总长安得拉发表演说。宴后，袁同礼在国家图书馆馆长陪同下参观大学区及各文化机关。后转往伦敦参观考察[①]。

1937 年春，中华图书馆协会接巴黎国际展览会来函，称该会愿得我国图书馆内外部摄影，以供陈列之用。接到该函后，协会即向各图书馆发出征求函件多封，希望各馆早日按规定尺寸照妥寄下，以便汇转。截至 6 月 20 日，共收到国立北平图书馆、国立中央图书馆、北京大学图书馆、清华大学图书馆等大学图书馆及各省、市立公私立图书馆照片多幅，经加以选择后，于 6 月 24 日汇寄巴黎国际展览会[②]。

6.2.4.4　与苏联图书馆界之间的交流

1925 年 8 月，中华图书馆协会经由华俄通讯社之介绍，与苏俄国外文化沟通社互相交换印刷品，并陆续收到数种。为此，华俄通讯社特别致函中华图书馆协会介绍苏俄国外文化沟通社有关情况。该文化沟通社业与欧美各国多数之文化及科学团体建立有联系，并渴望与中国之文化及科学团体建立同样之关系。该社急欲与中国交换关于文化及科学书籍及杂志，且极愿以中国方面所需要之书寄奉，与在中国印行之相等之中文书或英文书相交换。该社之会员包括苏俄主要之科学及文化团体以及沟通国外科学及文化关系之政府机关。设立有交际部、书籍交换部、出版部、咨询部、写真部等[③]。

1929 年 6 月，沈祖荣参加第一次国际图书馆及目录学大会后考察欧洲各国图书馆事业，除参观考察德国、英国、法国和苏联等国主要图书馆外，还参观考察了意大利、荷兰、瑞士、奥地利等国图书馆[④]。1934 年 7 月初，协会执行

---

①　袁守和先生在法受欢迎．中华图书馆协会会报，1934，10（2）：17.

②　代巴黎国际展览会征求我国图书馆摄影．中华图书馆协会会报，1937，12（5）：18；各馆摄影已汇寄巴黎．中华图书馆协会会报，1937，12（6）：22.

③　苏俄文化沟通社与本会交换书籍．中华图书馆协会会报，1925，1（3）：23.

④　沈祖荣．参加国际图书馆第一次大会及欧洲图书馆概况调查报告．中华图书馆协会会报，1929，5（3）：3—25.

委员会主席袁同礼抵欧，先后参观考察了法国、比利时、荷兰、瑞士等国图书馆及文化机关，访晤图书馆学名家甚多。7月后半出席国际联盟召集之文化合作委员会会议。8月至德国，受到官方及学术团体热烈欢迎。旋赴莫斯科，曾与各重要机关商定交换期刊合同①。

6.2.5 与亚洲和拉美国家图书馆界之间的交流

中华图书馆协会的对外学术交流，主要是与国际图联及欧美等先进国家图书馆界之间的交流。亚洲及拉美国家的图书馆事业不及欧美发达国家图书馆事业之进步。中华图书馆协会与亚洲及拉美国家图书馆之间的交流，主要是与日本、印度、菲律宾和秘鲁等国图书馆之间有一些零星交流。

1926年7月，中华图书馆协会执行部副部长、上海图书馆协会委员长杜定友，应邀赴日考察图书馆事业。杜定友抵达日本后，受到日本图书馆界的热烈欢迎，日本图书馆协会专门召开欢迎会。杜定友参观了国立、大学、小学、专门、儿童、乡村等各种类型的图书馆10余所。返国后杜定友曾撰写《赴日参观记》一文发表于《教育杂志》。杜定友认为日本图书馆的一切管理方法，似乎尚未纳入科学正轨，但是其热心毅力却胜过他国。杜定友认为中日两国图书馆问题，颇多相同之处，对于保存东方文化，两国图书馆应互相帮助。另外杜定友在日本偶然发明"圕"一字，以代替"图书馆"一词。此一发明深受日本图书馆界赞许，并通行日本全国。间宫书店还曾出版有《圕》杂志一种，即用该字命名②。

印度国际大学中国学院，为国民政府军事委员会委员长蒋中正所捐建，其目的在沟通中印学术文化，该院院长谭云山现为搜藏我国新旧图书刊物③，以便研究而广宣传起见，特呈请国民政府教育部通令全国各文化教育及出版机关，将所有一切新旧图书寄赠一份。中华图书馆协会自接到教育部是项通令后，即将协会会报按期寄赠，以供参考④。

---

① 袁守和先生留欧洲消息.中华图书馆协会会报,1934,10（1）:18—19.
② 俞爽迷.图书馆学通论.上海:正中书局,1947:220.
③ 纪赟.中国与印度:近在咫尺的陌生人.参考消息,2017-08-22（14）.
④ 教育部通令本会征集图书寄赠印度国际大学中国学院.中华图书馆协会会报,1939, 14（1）:12.

印度加尔各答三查益尼印刷出版公司（Sanchayinee）设备完善，印刷精良，曾出版世界名著甚多。抗战胜利前夕致函中华图书馆协会，称中印两国文化关系向极密切，今后尤须注意发展。印度人民现对中国政治、经济、社会情形兴趣日浓。该公司极愿出版中国当代著名学者所著英文本有关中国最近政治、经济或社会状况之书籍，希望中华图书馆协会能介绍出版，并愿经由协会介绍中国著作家保持联络[①]。

马尼拉菲律宾图书馆协会副会长、科学局图书馆主任柏礼兹（C. B. Perez），1935 年春致函中华图书馆协会，称菲律宾图书馆协会极愿与中华图书馆协会互通消息，开展国际借书，并请对于该会在 6 月后半举行之第五次年会及第二次读书运动赠言。协会因寄祝词英文一份[②]。

1943 年 5 月 10 日秘鲁首都之秘鲁国立图书馆不慎失火，焚烧善本书籍达 10 万册，写本 4 万卷，西班牙殖民时期、革命时期以及共和时期文献蒙受极大损失[③]。中华图书馆协会远闻之下，由袁同礼理事长致函该馆加以慰问，并允代为搜集中国图书，一俟交通恢复再行运寄。该函由中国政府驻秘鲁公使李骏代为转达[④]。秘鲁国立图书馆接到中华图书馆协会慰问函后，托我国驻秘鲁公使馆转来复函，对协会慰问之忱表示深切谢意，并谓该图书馆内拟设中国部，收集中文书籍，专供旅秘华侨平日参阅之用，甚盼我国公私机关与个人慨赠书籍，俾光典藏而资利用。我驻秘使馆并附函吁请国内各界赐予协助，多赠中文图书。协会为酬答该图书馆雅意，兼为我旅秘侨胞充实精神食粮计，拟代收用赠该图书馆书籍，亟盼全国图书馆界宏赐援助[⑤]。

嗣后协会复接外交部来函谓该图书馆火灾后，欧美各国公私机关及个人纷纷捐资赠书协助复兴，而南美各国对于我国国情素称隔膜，欲求促进该地区国家对我国之认识，自应从介绍我国学术文化入手。且欧美各国均已捐赠协助，我国似不能无所表示，因此拟请协会选赠足以代表我国文化之书籍若干转寄该

---

① 印度三查益尼出版公司征印有关中国书籍 . 中华图书馆协会会报，1945，19（1/2/3）：13.
② 祝贺菲律宾图书馆协会年会及读书运动周 . 中华图书馆协会会报，1935，10（5）：22.
③ 秘鲁国立图书馆火灾 . 中华图书馆协会会报，1943，18（2）：17.
④ 本会致函秘鲁国立图书馆慰问 . 中华图书馆协会会报，1944，18（3）：14.
⑤ 秘鲁国立图书馆复函本会致谢 . 中华图书馆协会会报，1944，18（4）：18.

馆，借资宣传并敦邦交 ①。经协会分请国内各图书馆及学术出版机关捐赠后，先收到国立编译馆、四川省地质调查所、中华书局、农业部中央畜牧实验所、中央研究院气象研究所、黄海化学工业研究社等机关捐赠书籍专刊共约百册，由协会送外交部后转寄秘鲁。其后各机关捐赠书刊陆续寄至，再由协会转送外交部。因秘鲁国立图书馆之复兴获得欧美各国捐赠书籍甚多，协会具呈教育部请拨专款作为购书捐赠该馆之用 ②。

中华图书馆协会除与各主要国家及国际组织开展学术和业务交流外，自协会机关刊物《中华图书馆协会会报》创刊之初就寄赠欧、美、日本各处，请其交换，先后接函复允。及至教育部出版品国家交换局成立，加入公约各国均可由该局转寄。后该局由国立中央研究院出版品国际交换处接管，与协会实行交换者有英国、美国、法国、德国、比利时、西班牙、波兰、瑞典、捷克、阿根廷、苏联、日本各国。另外，协会也代国外机关代征书籍，司接受转递之事，如苏联列宁格勒学士院所设之亚细亚博物院等 ③。

6.3 编辑学术期刊

中华图书馆协会《组织大纲》第二章"宗旨"第二条规定："本会以研究图书馆学术，发展图书馆事业，并谋图书馆之协助为宗旨。"协会组织大纲虽经多次修订，但协会宗旨却始终表述如一，未曾稍有变化。不论是"研究图书馆学术"或"发展图书馆事业"还是"谋图书馆之联络"，都离不开学术交流。协会除召开学术年会、开展各种对内对外交流外，编辑学术期刊、出版学术著作也被列为协会开展学术交流的重要组成部分，并始终受到协会的高度重视。协会虽然经费有限，应推动之事业众多，而出版印刷费用始终为协会支出之大宗。协会成立之初，执行委员会为处理特别学术问题而组织各个专门委员会时，就设立了出版委员会，表明编辑出版与分类编目、索引检字以及图书馆教育都是协会

---

① 外交部函请本会捐赠秘鲁国立图书馆图书 . 中华图书馆协会会报,1944,18（5/6）:9—10.
② 本会征求捐赠秘鲁国立图书馆书籍 . 中华图书馆协会会报,1944,18（5/6）:10.
③ 中华图书馆协会执行委员会 . 中华图书馆协会概况 . 北平:中华图书馆协会事务所,1933:46.

学术研究和业务交流的重要组成部分。时由留美归国的刘国钧博士出任出版委员会主席，杜定友为副主席，施廷镛为书记，委员有朱家治、洪有丰、姚明辉、吴梅、胡小石、钟福庆、孙心磐、朱香晚、钱荃博（原文如此，疑为"钱基博"之误）、黄维廉、何日章、李笠、陈钟凡，可谓名家云集。1929 年 3 月，协会改出版委员会为编纂委员会，以洪有丰为主席，缪凤林为书记，刘国钧、李小缘、柳诒徵、沈祖荣、刘纪泽为委员，另外成立季刊编辑部和会报编辑部。季刊编辑部以刘国钧为主任，成员有万国鼎、向达、严文郁，会报编辑部则以袁同礼为主任，成员有顾子刚、于震寰。1932 年以后，袁同礼改任编纂委员会主席，向达任书记，《图书馆学季刊》编辑部仍以刘国钧为主席，成员有王文山、桂质柏、柳诒徵、冯陈祖怡、查修、李小缘、田洪都、李文裿、洪有丰、王献唐等。

在编辑出版方面，协会主要有编辑刊行图书馆学期刊、出版图书馆学著作两方面的工作。编辑刊行之期刊主要有《中华图书馆协会会报》和《图书馆学季刊》。协会的这两种机关刊物与《文华图书馆学专科学校季刊》一并被称为民国时期三大图书馆学期刊，在中国现代图书馆学史上有着重要的地位和巨大的影响。

6.3.1 《中华图书馆协会会报》

6.3.1.1 基本情况

《中华图书馆协会会报》(*Bulletin of the Library Association of China*，以下简称《会报》) 随着协会的成立于 1925 年 6 月 30 日创刊，是协会最早的出版物之一。《会报》作为协会传达消息之刊物，协会亦以之为全国图书馆事业之通讯机关，抗战全面爆发前每两月出版 1 期[①]。1937 年 6 月《会报》出版至第 12 卷第 6 期，因"七七"事变后北平沦陷而被迫停刊。1938 年 7 月《会报》在昆明复刊，续为第 13 卷第 1 期，与此前出版之各卷期前后相连。1939 年第 14 卷开始各期在上海印校，后因滇越公路中断，交通梗阻，自第 15 卷起改在成都出版。1943 年第 17 卷第 3、4 合期开始在重庆发行。自 1946 年 12 月第

---

① 本会启事一. 中华图书馆协会会报, 1925, 1（2）:2.

20 卷第 4、5、6 合期在南京发行。1948 年 5 月第 21 卷第 3、4 合期问世后，因中华图书馆协会无形解散而最后停刊。

《会报》创刊时的内容主要为论文、目录、图书馆界、新书介绍等。后又增加问题解答、会员园地、图书界服务等专栏。《会报》所载论文及专题目录以简短精要为贵，会员所撰鸿篇巨制，则介绍在《图书馆学季刊》发表。"图书馆界"专栏注重刊登中华图书馆协会与各地方图书馆协会会务进行情况，个人会员之现状及活动状态，并记述国内外图书馆界之大事零讯，俾消息得以沟通，史实因而保存。《会报》自第 1 卷第 1 期起，即辟"新书介绍"专栏，选择国内外新近出版图书为之介绍（先后以北京图书馆 ①、北京大学图书馆、国立北平图书馆以及西南联大图书馆等入藏新书为准），既以供研究及实施之参考，各图书馆亦可作为采访之借镜，海内贤达及各出版社赠送协会的著述、书目等，《会报》均代为介绍。"问题解答"为协会会员有关图书馆学术或图书馆事业相关疑难问题致函协会询问，协会收到会员问题后即于最近一期《会报》中做出解答。"会员园地"专载会员关于图书馆学术或事业之意见与批评。"图书馆界服务"旨趣为：①介绍职业，免费刊登招请或待聘启事；②流通刊物，免费刊登征求短缺出让复本或其他关于交换图书刊物等启事或意见；③其他如免费代登文字，但具宣传或营业性质者不在此列 ②。

《会报》因抗战全面爆发而被迫停刊后，协会应广大会员的要求经多方努力于 1938 年 7 月在昆明复刊。"七七"事变之后战区扩大，《会报》获得各地确实消息不无困难，因之呼吁协会会员如有关于图书馆战时之工作、行政之兴革、被难之状况、文物之损失、个人在学术上之工作、各馆复兴之计划等，均能积极向《会报》投稿 ③。复刊后的《会报》除保持原有栏目外，特别增加"中文期刊生卒调查表"和"期刊要目汇录"等专栏。生卒调查表著录《会报》各期所包括之两月中创刊与停刊之期刊，特别委托国立西南联合大学图书馆任编

---

① 中华教育文化基金董事会 1926 年 3 月 1 日创办。馆址设立于北海公园内的庆霄楼、悦心殿等处。梁启超、李四光分别担任正、副馆长，袁同礼任图书部主任。其时协会总事务所设该图书馆，1929 年 7 月并入国立北平图书馆。

② 本会重要启事二 . 中华图书馆协会会报，1937，12（4）：封二 .

③ 本会启事二 . 中华图书馆协会会报，1938，13（1）：封二 .

辑之劳。期刊要目汇录则专录图书馆学期刊或与图书馆学有联系之学术刊物最近期中之要目 [1]。

《会报》除了免费赠阅协会个人会员及机关会员外，还向各报馆通讯社、国外各著名图书馆免费赠阅，借以扩大协会影响 [2]。作为协会的机关刊物，《中华图书馆协会会报》从 1925 年 6 月协会正式成立时创刊至 1948 年 5 月第 21 卷第 3、4 合期出版后停刊，中间因全面抗战爆发北平沦陷而停刊一年外，前后 24 年中共编辑发行了 21 卷 102 期（两期或三期合并刊行者按 1 期计算）[3]，为民国时期三大图书馆学期刊之一。不仅如此，《会报》还因为存续时间长且与中华图书馆协会相始终，保存了大量的图书馆学史料，是研究中国近现代图书馆学和图书馆事业，特别是民国时期图书馆学和图书馆事业的重要资料来源。

6.3.1.2　历史贡献

（1）传播新知

新知的传播是《会报》的重要使命之一。自第 1 卷第 1 期起，《会报》即辟有"新书介绍"专栏，先后从北京图书馆、北京大学图书馆、国立北平图书馆以及西南联大图书馆等图书馆入藏的图书中，选择国内外新近出版图书特加介绍，既可以供个人研究参考，也可以供图书馆作为采访之借鉴。海内贤达及各出版社赠送协会的著述、书目等，《会报》均代为介绍。据《论〈中华图书馆协会会报〉的刊文重心及特色》一文统计 [4]，《会报》"新书介绍"栏目共介绍各类新书 669 种，各种新刊 80 种。其中部分新书还做了深入细致的介绍，并附有精辟的评论。《会报》"新书介绍"专栏曾经介绍过的各类新书及数量如表 6-1。

---

① 中华图书馆协会会报凡例.中华图书馆协会会报,1938,13（1）:封二.

② 中华图书馆协会会报凡例.中华图书馆协会会报,1930,6（1）:2;本会事务所启事二则.中华图书馆协会会报,1936,12（3）:封二.

③ 王阿陶,姚乐野.图学史卷　时代华章——《中华图书馆协会会报》研究.大学图书馆学报,2014（3）:120—126.

④ 张书美,周芝萍.论《中华图书馆协会会报》的刊文重心及特色.河南科技学院学报,2015（3）:77—81.

表 6-1 《中华图书馆协会会报》"新书介绍"栏目报道新书统计

种类	数目	种类	数目
综合工具书	183	政治与军事	35
图书馆学	123	艺术	31
历史地理	86	自然科学	23
文学	55	语言文字	20
文献学	44	哲学与宗教	19
文化教育	38	经济	12

从表 6-1 可以看出,"新书介绍"专栏所介绍的新书以工具书为最多,达 183 种。工具书主要包括图书馆馆藏目录、私家藏书目录、其他书目、索引、丛书和百科全书、词典年鉴等,这些图书与图书馆开展业务工作密切相关。其次为图书馆学类新书,共介绍了 123 种,数量仅次于工具书。实际上,文献学也是图书馆学的重要内容。如果将文献学类新书纳入图书馆学的话,则与图书馆学密切相关的新书有 167 种之多。工具书、图书馆学、文献学 3 类新书占到了"新书介绍"专栏介绍新书 669 种中的 350 种,超过了 50%。《会报》对于新知的传播,特别是图书馆学新知的传播发挥了重要作用。

"新书介绍"专栏之外,《会报》还在第 1 卷第 3 期刊载《图书馆学书目举要》,列举各类图书馆学初学书目中文、日文著作共 15 种,西文著作 43 种[①]。第 1 卷第 4 期刊载《欧美各国图书馆学杂志目录》,收英国、美国、加拿大、澳大利亚、德国、奥地利、法国、意大利、西班牙、葡萄牙、巴西、比利时、荷兰、瑞典、挪威、丹麦、俄罗斯(苏联)、波兰等国出版的部分图书馆学期刊 74 种,基本信息包括杂志名称、编辑发行机构、地址等[②]。第 1 卷第 6 期又刊载《日本图书馆学杂志目录》,著录图书馆学期刊 14 种。每种期刊著录刊名、刊期、地址和期刊所在机构[③]。第 4 卷第 3 期刊载孔敏中编《中国图书馆学术文字索引》,收录国内图书馆学具有代表性的论著目录约 400 条,分为"图书馆

---

① 图书馆学书目举要.中华图书馆协会会报,1925,1(3):4—7.
② 欧美各国图书馆学杂志目录.中华图书馆协会会报,1925,1(4):10—14.
③ 日本图书馆学杂志目录.中华图书馆协会会报,1926,1(6):4.

总论""图书馆学总论""图书馆史"和"图书馆之关系"4部分。其中图书馆学术方面的文章约占全部文章的一半。行政管理、分类编目和装订方面的文章与各馆概况、调查报告各约 50 余篇。另有专著 30 余种,定期刊物多种①。1934年 2 月,《会报》从第 9 卷第 4 期起每期增加《期刊要目汇志》专栏(以后改为《期刊要目汇录》),陆续刊载国内图书馆学期刊上发表的重要论文②。

民国时期留学海外攻读图书馆学并学成归来的图书馆学专业人才屈指可数,国内文华图书馆学专科学校等图书馆学高等教育机构每年毕业的人数也十分有限,远远不能满足当时中国图书馆事业发展对专业人才的需求。《会报》利用"新书介绍""期刊要目汇志"专栏刊载各种图书馆学书目、索引,传播图书馆学新知,提供图书馆工作者必备的图书馆学专业知识,对提高我国图书馆事业从业人员的专业技术水平发挥了积极的作用。

(2)沟通学术

《会报》创刊之初,即在《本会启事一》中申明"本报为本会传达消息之刊物,极愿以此为全国图书馆事业之通讯机关。凡图书馆或各地方图书馆协会之任何消息,皆愿代为露布"③,因此,沟通学术成为《会报》另一重要使命。为了实现沟通学术的目的,《会报》设有"图书馆界"专栏,专门报道国内外图书馆界的动态消息。"图书馆界一门,注重中华图书馆协会与各地方协会会务之进行,个人会员之现状及活动状态亦当尽量登载,并记述国内外图书馆界之大事零讯,俾消息得以沟通,史实因而保存。各方如有新闻材料,不论报纸、杂志、公报、校刊或写稿,一律欢迎寄下,皆当代为披露"④。"图书馆界"专栏内容丰富,异彩纷呈,举凡与图书馆有关的法令之颁布、某某图书馆工作近况、某图书馆新近获得一批特色馆藏、图书馆学暑期学校招生、图书馆界的新发明、湖北黄安七里坪设农民图书馆、香港轮渡上设图书室等,都有介绍⑤。由此,《会报》"图书馆界"成为图书馆界互通消息、沟通学术的重要窗口之一。

---

① 孔敏中.中国图书馆学术文字索引.中华图书馆协会会报,1928,4(3):3—11.

② 期刊要目汇志.中华图书馆协会会报,1928,9(4):36—38.

③ 本会启事一.中华图书馆协会会报,1925,1(1):2.

④ 中华图书馆协会会报凡例.中华图书馆协会会报,1930,6(1):2.

⑤ 邓咏秋.评《中华图书馆协会会报》.大学图书馆学报,2010(2):119—121,108.

  《会报》沟通学术的重要举措之一是发表图书馆学论文。作为协会会员发表学术研究成果的重要平台，中华图书馆协会的两大机关刊物《中华图书馆协会会报》与《图书馆学季刊》有着明确的分工。《会报》所收论文及目录以简短精要为贵，而鸿篇巨制则在《图书馆学季刊》发表。《会报》刊载的图书馆学论文涉及图书馆学术和图书馆业务工作的方方面面，但以刊登对图书馆业务工作具有实践指导意义的文章为主。如关于文献学研究和索引编制的文章有《永乐大典现存卷目》（袁同礼）、《山西藏书考》（聂光甫）、《册府元龟索引》（吕绍虞、于震寰编）、《川大旧藏书版修印纪》（孙心磐）、《东北事件之言论索引》（钱存训）、《进行中之各种索引》等。其他如《民众图书馆问题》（杜定友）、《办民众图书馆者应该怎样鼓励人民乐于来馆阅览？》（朱金青）、《办理农村图书馆应注意的几点》（杨海樵）、《创设和办理图书馆应注意之几点》（方金镛）、《对于图书馆建筑应注意之数点》（田洪都）等文章对于办理基层图书馆具有很好的指导性和针对性。《图书馆学书目举要》（初学书目）、《图书馆员的生活》（金敏甫）、《图书馆员立身准则》（于震寰译）、《图书馆员应有之真精神》（喻友信）等则对于培养图书馆人才队伍具有极强的现实意义 [①]。

  据《图学史卷　时代华章——〈中华图书馆协会会报〉研究》一文统计 [②]，《会报》共刊载了 258 篇中英文研究性论文和译文，约占《会报》刊登文章总数的 6%。虽然数量偏少，其中部分文章却成为图书馆学研究的经典文献，例如梁启超《中华图书馆协会成立会演说辞》、沈祖荣著《参加国际图书馆第一次大会及欧洲图书馆概况调查报告》、裘开明著《韦师棣华女士传略》、袁同礼著《中华图书馆协会之过去现在与将来》、于震寰译《图书馆员立身准则》等。这些论文或译文在沟通图书馆学术过程中发挥过重要作用，也是今天研究图书馆学史和图书馆史的珍贵历史文献。此外，《会报》刊登的大量图书馆事业的调查报告和"会务纪要"栏目中"对外交流"部分的文字也起到了很好的沟通图书馆学术的作用。

---

  ①　邓咏秋.评《中华图书馆协会会报》.大学图书馆学报,2010（2）:119—121,108.

  ②　王阿陶,姚乐野.图学史卷　时代华章——《中华图书馆协会会报》研究.大学图书馆学报,2014（3）:120—126.

（3）保存史料

《图书馆学季刊》《文华图书馆学专科学校季刊》和《会报》是民国时期三大图书馆学期刊。但《图书馆学季刊》和《文华图书馆学专科学校季刊》的主要使命在刊登图书馆学学术研究论文，发表图书馆学学术研究成果，对建设中国的图书馆学发挥过重要的历史作用。而《会报》则大量刊载中华图书馆协会与各地图书馆协会会务进行情况、国内外图书馆界的动态信息、协会会员工作变动和学术研究消息等大事零讯。这些资料本身研究性质虽说不强，却为后世留下了大量的珍贵的历史资料，"史实因而保存"。

《会报》是民国时期出版发行时间最长的图书馆学专业期刊。特别是"七七"事变以后《图书馆学季刊》和《文华图书馆学专科学校季刊》被迫停刊后，《会报》的继续出版，就显得犹为重要。《会报》虽然也被迫停刊，但一年后经过中华图书馆协会的努力得以在昆明复刊，并在极其艰难的条件下辗转昆明、成都、重庆、南京等地，坚持出版发行，直到 1948 年 5 月发行第 21 卷第 3、4 合期后最后停刊。抗战及国内战争时期有关中华图书馆协会和各地方图书馆协会的会务开展情况、国内各图书馆开展业务工作的情况、协会会员从事研究工作的情况、抗战时期日本侵略者对中国图书馆事业造成的浩劫等，端赖《会报》的报道得以保存。抗战全面爆发以后如果没有《会报》的存在，研究民国后期的图书馆史将因有关史料的缺乏而变得十分困难。

《会报》不仅报道大型图书馆如国立图书馆、省立图书馆和大学图书馆的动态，也相当重视对小型图书馆和基层图书馆，如县市图书馆、民众图书馆、乡村图书馆和特色图书馆业务活动情况的报道。现在我们研究民国时期的图书馆史，获得诸如国家图书馆、浙江省立图书馆、江苏省立国学图书馆等大型图书馆的资料并不困难[①]，因为这些大型图书馆往往都编辑有自己的馆刊、概况等资料，但是如果要从全局和宏观上把握当时全国图书馆事业的情况，如当时全国到底有多少图书馆、各图书馆的经费和读者情况、全面抗战时期的图书馆事业等，就必须求助于《会报》。《会报》保留了当时各图书馆的经费、章程、藏书、读者人数、全面抗战期间的损失等数据。这些调查数据对于研究图书馆史是非常珍贵的史

---

① 中华图书馆协会执行委员会.中华图书馆协会概况.北平:中华图书馆协会事务所，1933:18—19.

料。并不是每个行业都能如此幸运。比如在研究出版史时，由于当时出版业没有这样一个全国性的行业组织和这样一份内容丰富的刊物，以致很难获得当时全国出版业的各种宏观和微观数据，因此研究民国出版史，不得不过分集中于商务印书馆、中华书局等少数大型出版机构所遗存下来的历史资料[①]。

据《论〈中华图书馆协会会报〉的刊文重心及特色》一文研究，与图书馆事业有关的各类调查统计报告是《会报》的第四大刊文重点。这些调查统计涉及范围广泛，包括各种图书馆统计、各地书店统计、期刊杂志调查、抗战时期文化事业调查等。这些统计数据提供了民国时期与图书馆事业密切相关的文化事业发展的基本轮廓，是研究民国时期图书馆事业、出版发行事业的宝贵历史资料，具有极大的史料价值[②]。

在保存史料方面，特别值得一提的是自 1937 年 10 月起，中华图书馆协会即增加从事两种工作：一是全国图书馆被毁状况之调查，二是协助全国图书馆积极复兴。全国图书馆被毁状况之调查，专门委托中外人士亲至各地访问，惠寄确实报告，分类保存，并将报告所载者予以剪裁，编成英文报告，以做国际之宣传。同时在《会报》刊登各地图书馆被毁情况及数据。协会又于 1938 年 4 月间在武昌文华公书林、成都金大图书馆、城固西北联大图书馆等全国各地设立通讯处 14 个，征求全国图书馆被毁事实及此项照片[③]。由此保存了研究抗战期间我图书馆事业因日本发动侵略战争而遭受毁灭性损失的一些重要史料和数据。这些史料和数据不仅是研究图书馆史的重要史料，也是研究抗日战争史的重要资料，今天显得弥足珍贵。

6.3.2 《图书馆学季刊》

6.3.2.1 基本情况

《图书馆学季刊》（*Library Science Quarterly*，以下简称《季刊》）是中华图

---

① 邓咏秋.评《中华图书馆协会会报》.大学图书馆学报,2010（2）:119—121,108.

② 张书美,周芝萍.论《中华图书馆协会会报》的刊文重心及特色.河南科技学院学报,2015（3）:77—81.

③ 复兴工作.中华图书馆协会会报,1938,13（1）:15;本会设立通讯处.中华图书馆协会会报,1938,13（1）:17.

书馆协会另一机关刊物。初拟于 1925 年 9 月创刊，后因故延迟到 1926 年 3 月创刊。原定每年 3、6、9、12 月出版，后以稿件缺乏，致有衍期。著名图书馆学家刘国钧长期担任《季刊》主编。初因经费无多，独立担任，力有未逮，于是委托南京书店发行，但版权仍归协会所有。后因时局影响，自第 2 卷第 3 期起收归协会发行。《季刊》对于协会会员曾订有半价优待办法，因之会员订购踊跃。自第 2 卷第 1 期起，因战事影响，印刷成本增加，对会员改为七折优待。对于协会董事部之董事、名誉会员及国外各大学图书馆与各国图书馆协会则常年寄赠。不含赠予论文作者及其他机关在内，第 1 卷第 1 期赠送者达 180 余册。自第 1 卷第 2 期起，开始赠送机关会员。《季刊》创刊时即引起国际同行关注，日本曾订购全年 12 份，英美亦订有四五份[①]。

中华图书馆协会成立以前，因无图书馆学专业期刊，我国图书馆学学术论文主要刊登在一些教育类的学术刊物上。协会成立以后，及时创办了《会报》和《季刊》两种机关刊物，且各有分工。与《会报》作为中华图书馆协会传达消息之刊物不同，《季刊》是作为协会会员发表学术研究成果的刊物而创刊的，因此具有较强的学术性。自此，图书馆学有了自己的专业学术刊物，图书馆学专家学者也有了互通消息、传播新知、沟通学术、发表研究成果的平台。《季刊》的宗旨为"本新图书馆运动之原则，一方参酌欧美之成规，一方稽考我先民对于斯学之贡献，以期形成一种合于中国国情之图书馆学"。即在继承我国传统目录学、文献学精华同时吸收西方现代图书馆学先进理念的基础上，建设合乎我国国情的中国的图书馆学。其范围包括"（一）提出关于图书学及图书馆种种问题并研究其解决方法，尤注重于本国图书馆之历史，现状及改进之方法。（二）引起公众对于图书馆之兴趣，促进图书馆之设立，并供给组织上所必需之知识。（三）介绍中外各种目录及关于目录学之研究。（四）供给关于各学科之书目作读者自修之参考。（五）关于与图书学有联属之其他学术等"[②]。

《季刊》1926 年 3 月在北京创刊，1937 年 6 月第 11 卷第 2 期出版后因抗战全面爆发而被迫停刊。11 年间《季刊》先后出版了 42 期，其中第 3 卷第 1、

---

① 出版委员会第一周年报告.中华图书馆协会会报,1926,2（2）:10—11.
② 本刊宗旨及范围.图书馆学季刊,1926,1（1）:封二.

2 期，第 4 卷第 3、4 期，第 5 卷第 3、4 期，第 9 卷第 3、4 期合期刊行。《季刊》栏目初设插图、论著、序跋、调查、书目、书评、记载、杂俎、附刊等。自 1929 年 6 月第 3 卷第 1、2 合期起舍"记载"为"时论撮要"，"将中外各杂志中，与图书馆及目录学有关之文字，汇录其名目，注明其篇卷次第，以便检查，并略述旨要于下，以资参考"①。此后栏目续有调整，据《〈图书馆学季刊〉载文计量研究》一文统计，《季刊》先后开辟过栏目 21 个，栏目名称及载文量见表6-2。②不过其中部分栏目如"论著"与"专著"、"序跋"与"序跋汇录"、"调查"与"调查及报告"等栏目只是名称的变化，内容则大同小异或并无本质区别，分作不同栏目值得商榷。

表6-2 《图书馆学季刊》所设栏目及载文量统计

序号	栏目	载文量	序号	栏目	载文量
1	时论撮要	423	12	调查及报告	13
2	论著	193	13	通论	11
3	纪载	103	14	讨论	10
4	序跋	87	15	目录	6
5	插图	65	16	杂俎	4
6	补白	48	17	索引	2
7	书目	41	18	文艺	2
8	调查	22	19	附刊	1
9	书评	18	20	附载	1
10	序跋汇录	14	21	通讯	1
11	专著	14	总计		1079

6.3.2.2 历史贡献

《季刊》虽先后开辟过多个栏目，发表过时论撮要、序跋、索引等多种文字，但发表研究性论文才是《季刊》的主要目的和任务，研究性论文才是整个刊物的主要部分。这些研究性论文的主题虽然涉及图书馆学的方方面面以及与图书

---

① 本刊启事二．图书馆学季刊,1929,3（1/2）:刊前页．
② 刘宇,宋歌．《图书馆学季刊》载文计量研究．图书馆,2008（3）:48—51.

馆学相关的学科，但是主要集中在 3 个方面：参酌欧美图书馆学之成规，吸收东（日本）西（欧美）方图书馆学的先进理论；稽考我先民对于图书馆学之贡献，继承中国传统目录学和文献学等学术精华；建设符合中国国情的图书馆学，用以指导中国现代图书馆事业之实践。通过发表学术论文，《季刊》为民国时期图书馆学学术研究人才方阵的形成发挥了不可替代的重要作用。

中国在清末以前只有传统藏书楼，而没有现代意义上的公共图书馆。晚清中国社会因受西学东渐的影响，才逐步认识到图书馆在保存文化遗产、开展社会教育和辅助学术研究方面的重要作用，于是开始举办各种形式的图书馆。中国近现代图书馆事业是在西学东渐的时代背景中，在传统藏书楼衰落的过程中，在西方现代图书馆思想传播的影响下，在清末民初社会大变革的形势下，伴随着教育思潮的传播而逐步产生的[①]。可以说，中国现代公共图书馆是晚清西学东渐的产物。程焕文教授在为《近 60 年来公共图书馆思想研究》一书所撰写的序言中指出，"在很大程度上，20 世纪中国图书馆学的兴起与发展主要是围绕着公共图书馆展开的。20 世纪上半叶，无论是日本图书馆学术的传入，还是美国图书馆学术的传入，或者西方图书馆学术的中国化，都无不与中国公共图书馆的兴起和新图书馆运动的发展密切相关"[②]。1925 年中华图书馆协会的成立，正标志着新图书馆运动的高潮。此后中国开始由以宣传美国图书馆事业为主的新图书馆运动转入新图书馆建设的高潮时期[③]。中华图书馆协会成立后，无论是建设美国式的现代图书馆，还是形成符合中国国情的现代图书馆学，其主要任务之一就是学习和借鉴东西方图书馆学的理论成果和实践经验，继承和发扬中国传统目录学和文献学的精华。因此，本着新图书馆运动之原则，一方面参酌欧美图书馆学之成规，一方面稽考我先民对于传统图书馆学之贡献，以期形成一种合于中国国情之图书馆学，遂成为《季刊》创刊的宗旨。

我国现代公共图书馆，既是西学东渐的产物，要解决建设中国现代图书馆

---

① 郑帮军.商务印书馆与中国近代图书馆事业关系之考察——以张元济、王云五为中心.杭州:浙江大学,2007:6.

② 潘燕桃.近 60 年来公共图书馆思想研究.广州:中山大学出版社,2011:序二.

③ 程焕文.百年沧桑　世纪华章——20 世纪中国图书馆事业回顾与展望.图书馆建设,2004（6）:1—8.

事业发展过程的各种理论和实践问题，就离不开对东西方图书馆学理论和实践经验的学习和借鉴。《季刊》作为协会的机关刊物，在发表会员图书馆学研究成果时，就带有较强的"参酌欧美图书馆学之成规"的色彩，即《季刊》发表的研究成果中有相当部分的译著。据《论〈图书馆学季刊〉对民国时期图书馆学的贡献》一文统计，《季刊》11 卷 42 期共发表译著 44 篇，占《季刊》发表学术论文总量的 19.38%，约 5 篇研究性的论文中就有一篇是译著，平均每期有一篇译著发表。这些译著涉及图书馆学基础理论、各国图书馆及图书馆事业、文献标引与编目、文献工作与目录学、图书馆管理、各种类型的图书馆等[①]。44 篇译著中，明确标明译自西文（欧美）者 19 篇，占译文总数的 43%，译自日文者 7 篇，占译文总数的 16%，另有 18 篇文献未注明原文的著者和出处，占译文总数的 41%[②]。与今天图书馆学专业期刊发表论文与译著的情况相较，《季刊》发表译著的比例显然要大得多，这正是建设中国的图书馆学的起步阶段需要大量吸收东西方现代图书馆学理论成果和实践经验的必然选择。

中华民族在繁衍生息的漫长历史过程中，生产、积累和保存了丰富的历史文献，并在此基础上产生了对文献进行整理、保存、利用的文献学、目录学、校勘学、辑佚学等古典学术。中国古代的四大发明中就有造纸术和印刷术两项发明与文献的生产和利用有关。我国古代文献之丰富也是世界上其他民族所无法比拟的。正如《季刊》发刊辞所说，"我国他事或落人后，而士大夫好读书之习则积之既久。故公私藏书之府彪炳今昔者未易一二数，于是目录之学缘之而兴，自刘略班志以下迄于逊清中叶，衍而愈盛，更分支派，其缥帙庋藏之法，亦各有专家。至如类书编辑，肇创萧梁，丛书校刊，远溯赵宋，自尔以来，岁增月益，其所以津逮学子者亦云美盛矣"，只不过"所惜者宝存爱玩之意多，而公开资用之事少。坐是一切设备乃至纂录，只能为私家增饰美誉，而不适于善群之具"[③]。

对于中国的传统文献，梁启超指出："中国书籍的历史甚长，书籍的性质

---

①　罗宇, 罗方, 王赞. 论《图书馆学季刊》对民国时期图书馆学的贡献. 图书馆建设, 2009（5）:92—95.

②　刘宇, 宋歌.《图书馆学季刊》载文计量研究. 图书馆, 2008（3）:48—51.

③　梁启超. 发刊辞. 图书馆学季刊, 1926, 1（1）:1—2.

极复杂，和近世欧美书籍有许多不相同之点。"① 中国古典目录学自西汉刘向父子创立，经过一千多年的发展，也形成了有别于西方目录学的鲜明特色，即重视目录学在"辨章学术，考镜源流"中的作用。发展中国现代图书馆事业，除了借鉴东、西方图书馆学理论成果和实践经验外，稽考我先民对于传统图书馆学——主要是目录学、文献学、校勘学和辑佚学等古典学术——之贡献，继承并发扬其理论性的精华也是必不可少的。因此，作为协会会员发表图书馆学研究成果的平台，《季刊》刊载中国古典目录学和文献学的论文成为另一重要内容。据《论〈图书馆学季刊〉对民国时期图书馆学的贡献》一文统计，《季刊》所推出的学术成果中，中国古典文献学、目录学的内容占了很大的比重。其中，有关目录学的研究论文共 29 篇，占《季刊》载文总量的 12.78%，有关文献学研究论文共 56 篇，占《季刊》载文总量的 24.70%。两项相加，《季刊》一共发表目录学和文献学研究论文 85 篇，占了《季刊》载文总量的 36.88%②。

　　无论是参酌欧美图书馆学之成规，还是稽考我先民对于传统图书馆学之贡献，其目的还是为了解决中国现代图书馆事业发展过程中遇到的理论与实践问题，即为了建设一种合于中国国情之图书馆学。刘国钧指出："我国藏书源流甚古，然重藏而不重用，且不过极少数人之事。虽典藏之道，亦语焉莫详，况流通管理之术乎。孙庆增之藏书纪要，号称精当，犹不能探求原理，参稽异同，考核得失，以成一有系统的著作，况其他乎？则我国之图书馆学固极有待于发扬也。"晚清西学东渐，西方现代图书馆学理论随之东来，国人"始知图书馆为异于昔之藏书楼，始知图书馆为开通民智之具，于是次第置设于各地。然事属创始，率多简陋。其上者不过省立、府立之藏书库。珍籍虽多，要皆什袭而藏之秘阁，阅览不易。其普通者乃为阅报所之流。当是时需要未宏，自无图书馆学之足言。其有一、二注意文化者，又大半胎息于日本。盖当时朝章制度多步武东邻，图书馆事业，自莫能外"。稍后，国人认识到"日本之近代图书馆知识实由美国而来，推本穷源，则图书馆界之渐转其眼光于美国亦固其所。戴

---

① 梁启超.中华图书馆协会成立会演说辞.中华图书馆协会会报,1925,1（1）:11—14.

② 罗宇,罗方,王赟.论《图书馆学季刊》对民国时期图书馆学的贡献.图书馆建设,2009（5）:92—95.

君志骞在北京高师之讲演，实此潮流之滥觞"①。

因此，中华图书馆协会成立大会上，梁启超发表演说以建设中国的图书馆学相号召，将其作为中华图书馆协会应负的两大责任之一，并且将分类、编目和编撰新式类书作为建设中国的图书馆学的三大主要任务。此无他，实在是因为当时中国举办现代图书馆事业所面临的三个亟须解决的问题就是如何类分图书、如何对藏书进行编目、如何对汉字进行排检。为了解决这三方面的问题，协会会员进行了大量艰苦细致的研究，发表了丰硕的研究成果，而《季刊》则成为发表此类研究成果的主要平台。据统计，《季刊》列入各期要目的文章共有 316 篇（分期刊载的同一篇文献按 1 篇计算。第 8 卷未列 "要目" 则以 "论著""书目" 和 "调查" 专栏发表的文章作为统计对象），其中分类研究论文 18 篇，目录学研究论文 59 篇，索引及汉字排检研究论文 11 篇，共计 88 篇，占整个《季刊》要目中所列论文的 27.85%，约四分之一。即《季刊》每发表 4 篇论文，就有一篇与建设中国的图书馆学有关。

此外，《季刊》所发表的文章还特别重视对中国图书馆事业实践问题的指导。《季刊》曾推出大量对办理图书馆具有较强实际指导意义的文章。其中比较有代表性的文章如沈祖荣《中国图书馆目录应采用书本式抑卡片式》对书本式目录和卡片式目录的利弊进行分析，对各类图书馆书本式目录和卡片式目录的取舍或兼顾具有极大的现实参考价值②。金敏甫翻译的《编目室及其设备》③和《编目部之组织》④，刘国钧的《中文图书编目条例草案》⑤、钱亚新编译的《编目部底组织与管理》⑥对图书馆开展编目工作的指导意义不言而喻。李小缘的《公共图书馆之组织》⑦和《全国图书馆计划书》⑧对全国图书馆事业发展的宏观指

① 刘国钧.现时中文图书馆学书籍评.图书馆学季刊,1926,1（2）:346—349.
② 沈祖荣.中国图书馆目录应采用书本式抑卡片式.图书馆学季刊,1926,1（3）:439—445.
③ 金敏甫译.编目室及其设备.图书馆学季刊,1929,3（3）:341—348.
④ 金敏甫译.编目部之组织.图书馆学季刊,1932,5（3/4）:393—400.
⑤ 刘国钧.中文图书编目条例草案.图书馆学季刊,1929,3（4）:473—508.
⑥ 钱亚新.编目部底组织与管理.图书馆学季刊,1936,10（4）:565—598.
⑦ 李小缘.公共图书馆之组织.图书馆学季刊,1926,1（4）:609—636.
⑧ 李小缘.全国图书馆计划书.图书馆学季刊,1928,2（2）:209—234.

导，陈长伟的《小图书馆组织法》①和李靖宇的《县单位民众图书馆的经营与管理》②对办理基层图书馆的实践引导，均具有较大价值。其他如毛裕良和毛裕芳合著的《中国方志编目条例草案》③对图书馆开展地方志编目工作的作用，李小缘的《图书馆建筑》④对图书馆新馆建筑的参考价值也是不容低估的。此外《季刊》第10卷第1期还推出了"儿童图书馆专号"，该专号集中发表的儿童图书馆研究论文和论文目录，对办理儿童图书馆具有重要的理论和实践价值。

任何事业的发展，都需要有专门学术的指导。而专门学术的研究，需要一批专门的研究人才。《季刊》作为发表图书馆学术研究论文的平台，对民国时期形成一支投身专门学术研究的图书馆学人才队伍发挥了不可替代的作用。清末民初，一批先知先觉的中国知识分子如梁启超、徐树兰、罗振玉、李大钊等在向西方学习的过程中，认识到举办西方式的现代图书馆事业对于启迪民智和作育人才的重要作用，因此积极倡导举办图书馆事业。但这些知识分子均不是职业的图书馆学家，而中国图书馆事业的发展必须要有一批职业的图书馆学家。新文化运动期间，第一批留美归来的图书馆学家登上历史舞台，他们是沈祖荣、胡庆生、杜定友、洪有丰、戴志骞、袁同礼、刘国钧和李小缘等。他们当中除了杜定友毕业于菲律宾大学外，其余则清一色留美攻读图书馆学专业。杜定友留学菲律宾大学接受的也是美国式的图书馆学教育。留美的一代是近代中国第一批职业图书馆学家。自1917年开始以第一代职业图书馆学家为主，掀起了一场抨击传统藏书楼陋习、倡导建设美国式的现代公共图书馆的新图书馆运动。中华图书馆协会的成立正是这一运动的高潮。《季刊》的适时创刊正好为他们进一步传播西方先进的图书馆学理念、发表相关学术研究成果提供了平台。留美的一代因此也就成为民国时期图书馆学专业人才方阵中的核心。

这个方阵中的另外一个群体则是文华图专毕业的一代职业图书馆学家。《季刊》创刊之时，文华图书馆学专科学校已有毕业学生进入职业图书馆学家的行列。《季刊》和稍后创刊的《文华图书科季刊》也正好成为他们发表研究成果

---

① 陈长伟. 小图书馆组织法. 图书馆学季刊,1928,2（4）:507—523.

② 李靖宇. 县单位民众图书馆的经营与管理. 图书馆学季刊,1937,11（2）:133—174.

③ 毛裕良,毛裕芳. 中国方志编目条例草案. 图书馆学季刊,1936,10（2）:191—200.

④ 李小缘. 图书馆建筑. 图书馆学季刊,1928,2（3）:385—400.

的平台。文华早期一代的代表人物有裴开明、桂质柏、查修、王文山、冯汉骥、田洪都、皮高品、严文郁、徐家麟、汪长炳、钱亚新、毛坤、周连宽、李钟履、吕绍虞、童世纲、于镜寰、汪应文、彭明江、岳良木、蓝乾章、张遵俭、喻友信、邓衍林等。文华毕业的一代加入中国职业图书馆学家的行列，壮大了民国时代图书馆学专门人才队伍，因为他们比留美的一代人数要多。除了留美的一代和文华培养的一代职业图书馆学家外，王重民、向达、金敏甫、万国鼎、沈学植等学人也自觉地加入这个方阵中，成为民国时期职业图书馆学家中的佼佼者。

无论是留美的一代还是文华的一代，抑或是自觉投身职业图书馆学家方阵的王重民、向达、金敏甫、万国鼎、沈学植等学人，如果没有《图书馆学季刊》作为他们发表图书馆学研究成果的平台，民国时期的图书馆学术研究人才方阵是否像今天我们所看到的如此强大，建设中国的图书馆学是否还能在抗战全面爆发以前基本上得以完成，民国时期的图书馆事业是否还能在中国教育文化建设和科学研究过程中发挥良好的作用，将会是一个大大的问号。

6.4 出版学术著作

中华图书馆协会以《会报》为协会传达消息之刊物，主要刊登简短精要之论文与目录、图书馆界、新书介绍等文字；以《季刊》为会员发表学术研究成果之刊物，但对于篇幅过长之研究成果，则《季刊》不便登载。遇有此种著作，只得单独刊行。其次，当时我国图书馆事业，正在萌芽之中，高深之研究，固然应当提倡，宣传鼓吹之著作，亦属不可或缺。《季刊》虽然间或登载一些宣传文字，究虞不足，而将宣传鼓吹之文字作为单行本印行，或廉售，或赠送，收效必可宏大。再者，当时我国之图书馆虽多，极有采用新法之必要，但其奈无师可资何。协会又不得不出版一些实用书籍，以尽业务指导之力。[①] 因此，协会在《会报》和《季刊》之外，编辑刊行了大量丛书、调查报告等学术著作。为此，协会特于 1929 年 3 月改组出版委员会为编纂委员会，分设《会报》编辑部和《季刊》编辑部，以此加强协会的编纂及出版工作。《会报》和《季刊》

---

① 出版委员会第一周年报告 . 中华图书馆协会会报，1926,2（2）:10—11.

之外，协会的编纂出版大致可为分为《季刊》论文抽印本、协会丛书、各种调查报告之出版等 3 个部分。

6.4.1 《季刊》论文抽印本及《季刊》总索引

《季刊》发表协会会员重要著作甚多，其中部分篇幅较长者，实有单独发行之必要，宜抽印另行装订。又有时为酬谢投稿者雅意，另印单行本若干为赠，剩有余本存会，备人求索[①]。协会先后出版《季刊》论文抽印本之重要者有李钟履《图书馆参考论》和《协和医学院图书馆馆况实录》、于震寰《善本图书编目法》、汪阖《明清谈林辑传》、李尚友《书志学》、吕绍虞《大学图书馆建筑》、金敏甫译《现代图书馆编目法》、李小缘《英国国立图书馆藏书源流考》、崔骥《方言考》、傅振伦《编辑中国史籍书目提要之商榷》、吴春晗（即吴晗）《江苏藏书家小史》、叶启勋《翁和宝真斋法书赞评校》、邢云林《簿式目录中著录详略之研究》、李镰堂《方志艺文志汇目》和董其昌《玄赏斋书目》等[②]。

由于《季刊》历年发表论文之重要，为了便于读者参考，中华图书馆协会特于 1937 年编辑《图书馆学季刊总索引第一号》（自第一卷至十卷），俾易翻检。该书内容计分凡例、分类索引、人名索引、题目索引和译名对照表等。《总索引》的编辑是在卢沟桥事变后，协会工作受到极大影响，几经努力始于十分困难的环境中完成的，十分难得[③]。

6.4.2 丛书之出版

中华图书馆协会刊行系列丛书，大致分为两部分，一为目录学丛书，如刘国钧著《老子考》等；一为图书馆学丛书，如英文版之 *Libraries in China* 等。中华图书馆协会另与国立北平图书馆共同出版《古佚书录丛辑》（贵阳赵士炜辑），出版有《中兴馆阁书目辑考》5 卷，续目 1 卷等[④]。协会系列丛书多书目、

---

① 中华图书馆协会第九年度报告 . 中华图书馆协会会报，1934，10（1）:1—6.

② 中华图书馆协会出版品目录 . 中华图书馆协会会报，1936，12（1）:封二 .

③ 图书馆学季刊总索引第一号（自第一卷至第十卷）. 中华图书馆协会会报，1938，13（1）:23.

④ 中华图书馆协会执行委员会 . 中华图书馆协会概况 . 北平：中华图书馆协会事务所，1933：34—35.

索引类工具书，往往紧扣服务学术研究而编纂，其重要者简介如下：

（1）《老子考》（王重民编，1927年中华图书馆协会出版，"中华图书馆协会丛书"第一种）。王重民专攻图书目录之学，积十数月而辑成是书。所参考史志及补史志、官家、私家藏书目、藏书志等百数十种，著录中外学者关于老子之著述500余家。又博访当代各大藏书家，于时存各书之下，著明版本。且于清代朴学大师如纪昀、王昶、丁国钧、侯康诸家之说，颇有所商榷。虽复起诸大师而质之，或亦有不能不首肯之处。全书共分7卷，附老子译书略目、道德经碑幢略目等6种。1927年由中华图书馆协会作为"中华图书馆协会丛书"第一种分上下两册出版①。

（2）《国学论文索引》初编、续编、三编、四编（中华图书馆协会委托北平北海图书馆索引组编辑，1929年至1936年由中华图书馆协会陆续印行，"中华图书馆协会丛书"第二、四种）。《国学论文索引初编》搜罗有关国学之杂志82种、论文3000余篇。读者可因性质以求类，因类以求篇，因篇以求杂志之卷数号数，因卷数号数以求杂志。由中华图书馆协会作为"中华图书馆协会丛书"第二种于1929年7月印行②。《国学论文索引》续编体例一如初编，所收杂志凡77种，论文数与初编略等，除少数系民国初年出版者外，余均1930年间出版之刊物，编为"中华图书馆协会丛书"第四种出版③。《国学论文索引》三编收录期刊192种，体例与前两种相同，不过对于有价值的论文，另注内容；凡历代文学家，皆略记其籍贯、别号与生卒年代。除卷首有该书所收杂志卷数、号数一览外，编末有1928年至1933年间期刊创刊月日一览。《国学论文索引》四编体例沿用前编，唯类目稍有变动，收录期刊200多种，篇目4000余条。《国学论文索引》续编、三编及四编末尾，均附《近代档案索引》④。

（3）《日本访书志补》（王重民撰，1930年中华图书馆协会出版，"中华图书馆协会丛书"第三种）。此前有宜都杨守敬《日本访书志》，多著录中土久佚之书，传遍士林。会员王重民曾服务北平故宫博物院图书馆，得尽阅观海堂遗

---

① 中华图书馆协会丛书第一种《老子考》已出版.中华图书馆协会会报,1927,2（6）:20.

② 国学论文索引出版广告.中华图书馆协会会报,1929,4（6）:26.

③ 中华图书馆协会第六年度报告.中华图书馆协会会报,1931,7（1）:1—6.

④ 宋建成.中华图书馆协会.台北:育英社文化事业有限公司,1980:185.

书，因逐录手跋，并参益他书，较《日本访书志》所得多 40 余篇。中华图书
馆协会以诸题记多属巨制，考证精审，足补前志之缺，因刊为"中华图书馆协
会丛书"第三种，用广其传①。

（4）《文学论文索引》初编、续编、三编（国立北平图书馆编，1932 年至
1936 年陆续印行，"中华图书馆协会丛书"第五、六种）。该索引分上、中、下
三篇，原为张新虞、陈璧如等所纂辑，后由北平图书馆索引组继续完成。引用
杂志 162 种，论文凡 4000 篇，为文学研究之工具。起自 1906 年，终于 1929
年 12 月。检索新文学之论文者，手此一编，极为便利，乃研究现代文学极重
要之工具书。中华图书馆协会以此索引与《国学论文索引》有同一旨趣，遂编
为"中华图书馆协会丛书"第五种，于 1932 年 1 月出版②。《文学论文索引》初
编完成后，续编由国立北平图书馆索引组刘修业女士辑录印校。续编门类依旧，
唯子目略有增减，著录材料分量与初编相埒，因编为"中华图书馆协会丛书"
第六种。续编收杂志报章共 193 种，时间自 1928 年至 1933 年 5 月止。书前有"所
收杂志卷数号数一览"，书后有"所收杂志出版年月一览"。又各国文学家备载
其生殁年，中国文学家兼记其别号籍贯，新书评介则纪其原书作者及出版处③。
《文学论文索引》三编编辑方法大体依照初、续编，所不同者，间有琐碎之类目，
移并于大类中，所收杂志由 1933 年 6 月起至 1935 年 12 止，共得杂志报章 220
余种，收录论文 4100 余篇④。

（5）《官书局书目汇编》（朱士嘉编，1933 年中华图书馆协会出版，"中华
图书馆协会丛书"第七种）。官书局始创于清末同治年间，极盛于光绪年间。
民国建立以后，残毁过半，多数归并于各图书馆，仍能续行刊印书籍者，则仅
浙江一局而已。该书著录当时各局出版书籍名称、价格，间及于著者之年代及
纸张行色。原为朱士嘉所编，后由中华图书馆协会编为"中华图书馆协会丛书"

① 中华图书馆协会第六年度报告.中华图书馆协会会报,1931,7（1）:1—6.

② 文学论文索引.中华图书馆协会会报,1932,7（4）:28;中华图书馆协会第七年度报
告.中华图书馆协会会报,1932,8（1/2）:1—4.

③ 中华图书馆协会第八年度报告.中华图书馆协会会报,1933,9（1）:2—5;文学论文
索引续编.中华图书馆协会会报,1934,9（4）:32;中华图书馆协会第九年度报告.中华图书馆
协会会报,1934,10（1）:1—6.

④ 宋建成.中华图书馆协会.台北:育英社文化事业有限公司,1980:186.

第七种于 1933 年 8 月印行①。

（6）《现代作家笔名录》（袁涌进编，1936 年中华图书馆协会出版，"中华图书馆协会丛书"第十一种）。袁涌进曾服务于国立北平图书馆，任编辑之职有年，平日对于搜罗近人各家笔名别署用力至勤，征访调查，力求真确。得著者真实姓名凡 550 余人，别号 1460 余条。以真实姓名为经，首字笔画诠其次第，而以别号为纬，一一分注其下。又益以字号索引，俾便检查。遇有一别号而有多人相同者，则互为注明，以免混淆。该书对于图书馆编目及学者参考，裨益至巨。非仅供图书编目之用，且有裨于了解现代文化动态②。

（7）《北平各图书馆所藏中国算学书联合目录》（邓衍林编，中华图书馆协会暨北平图书馆协会 1936 年 6 月出版）。我国算法，肇自周汉，昉于隋唐。清末以前，方技术数多不为国人所重视，算学文献因之辗转失传，大多归于沦亡。迨至清末，西学东渐，算学等自然科学始引起国人注意。及至民国，出版日多，公私收藏亦富。但读者颇感充裕散漫，难以检索。1934 年春，李乐知以编印《北平各图书馆中算书联合书目》请于国立北平图书馆。该馆以是责成邓衍林负责编辑。邓于是赴各馆搜查，历时 6 月，辑成《北平各图书馆所藏中国算学书联合目录》一书，所收书目约千余种，均为历代及近人研究之作，排列以书名笔画繁简为序，著录有书名卷数、编纂人、版本、某馆所藏等项，末附著者索引。1936 年中华图书馆协会暨北平图书馆协会联合出版③。

（8）《党义书籍标准书目》。中华图书馆协会曾托杜定友编制《党义书籍标准书目》，意在供各图书馆采访之参考。该目录编成后，即送国民党中央执行委员会审查。后接复函称"必备之党义书目，中央训练部正在拟订中。关于贵会所编书目，请勿发表"，故该书目最终未能印行④。

（9）*Libraries in China*（Library Association of China，Peiping，1929，30 Cts.）。此书为中华图书馆协会第一次参加国际图书馆及目录学大会英文论文集，收录英文论文 4 篇。包括："The Evolution of the Chinese Book"［T. K. Koo（顾

---

① 中华图书馆协会第八年度报告.中华图书馆协会会报,1933,9（1）:2—5.
② 现代作家笔名录.中华图书馆协会会报,1936,11（6）:45—46.
③ 北平各图书馆所藏中国算学书联合目录.中华图书馆协会会报,1936,12（1）:35.
④ 党义书目暂缓发表.中华图书馆协会会报,1931,6（5）:23.

子刚）], "Development of Modern Libraries in China" [T. C. Tai（戴志骞）], "Library Training in China" [Thomas C. S. Hu（胡庆生）], "Index Systems in China" [Samuel Tsu Yung Seng（沈祖荣）] ①。

（10） *Libraries in China——Papers Prepared on the Occasion of the Tenth Anniversary of the Library Association of China*（Peiping: Library Association of China, 1935）。1935 年为中华图书馆协会成立 10 周年。是年春，协会发出纪念论文征集函。要求文字不限中西，要以注重国内图书馆实况及 10 年来之改进与以后发展之方针为宜。经过专函协会先进专家敦请撰文，前后计收到英文论文 9 篇，付印出版时定名为 *Libraries in China*。中文论文数篇则改在《季刊》发表。纪念文集首有协会执行委员会主席袁同礼序文 1 篇，内容则为 10 年来中国图书馆事业之进步 ②。9 篇论文题目录后，"Modern Library Movement in China" [A. Kaiming Chiu（裘开明）], "Ten Years of Classification and Cataloguing in China" [K. T. Wu（吴光清）], "Professional Training of Librarianship in China" [Samuel T. Y. Seng（沈祖荣）], "Library Legislation in China" [Lincoln H. Cha（查修）], "Co-operation between Chinese Libraries" [W. Y. Yen（严文郁）], "National Libraries in China" [Chiang Fu-tsung（蒋复璁）], "The Provincial Libraries in China" [Liu I-cheng（柳诒徵）], "Medical Libraries in China" [Julie Rummelhoff Tai（戴罗瑜丽）], "Public Libraries and Adult Education in China" [Ding U Doo（杜定友）] ③。

另外，协会计划编纂工作尚多，如编辑图书馆年鉴，订定中国图书馆学术语，编制中国图书志及累计式出版目录，编纂古书及杂志总索引，编制各种图书馆选书书目，编制全国地志目录、中华人名大词典，编译海外现存中国古逸典籍录及域外研究中国学术、论列中国问题著作书目等，或已有会员从私人或机关着手进行，或尚无人从事，唯兹事体大，非资力充足不易为功 ④。

---

① Libraries in China. Library Association of China, Peiping, 1929.30 Cts. 中华图书馆协会会报, 1929, 5（1/2）: 71.

② 十周年纪念论文刊出版. 中华图书馆协会会报, 1936, 11（4）: 14—15.

③ Libraries in China. Peiping: Library Association of China, 1935.

④ 中华图书馆协会执行委员会. 中华图书馆协会概况. 北平: 中华图书馆协会事务所, 1933: 36.

6.4.3　调查报告之出版

协会除了编辑出版学术丛书以外，还高度重视各类调查报告的编辑出版。先后编辑出版了《中华图书馆协会概况》《中华图书馆协会会员录》和《中华图书馆协会第一次年会报告》等。

（1）《中华图书馆协会第一次年会报告》（中华图书馆协会执行委员会编纂，中华图书馆协会事务所出版，1929 年 7 月）。1929 年 1 月协会在首都南京举行第一次年会以后，由书记于震寰编成《中华图书馆协会第一次年会报告》一册，以会务会议记录、分组会议纪要和议决案汇录为主要内容，首列年会宣言、年会会序、开幕大会记事，殿之以年会筹备经过报告及出席人员一览表[①]，乃当日留心中国图书馆事业发展及改进者不可不备之参考，也较为完整地保存了协会召开第一次年会的相关史料，是今天我们研究中华图书馆协会历史必备资料之一。

（2）《全国图书馆调查表》（第四次修订）（中华图书馆协会编，1931 年出版铅印本）。中华图书馆协会调查国内图书馆，随时即成《全国图书馆调查表》，备载各馆名称地址，以为报告，极便参考。《全国图书馆调查表》第三次订正于 1929 年 12 月，载《中华图书馆协会会报》第 5 卷第 5 期。此次调查又增加 100 余所[②]。

（3）《中华图书馆协会第二次年会指南》（中华图书馆协会编印，1933 年 8 月 18 日出版）。此书专为协会第二次年会之召开而编，并于年会召开之前 10 日出版，目的在供各与会代表之参考。内容包括到会须知、各铁路行车时刻表、铁道部优待学术团体年会乘车办法、年会职员和会议日程安排等，并附有北京大学、清华大学、燕京大学和古都北平之主要名胜，供会后代表参观之用[③]。

---

① 中华图书馆协会执行委员会.中华图书馆协会概况.北平:中华图书馆协会事务所,1933:35.

② 中华图书馆协会.全国图书馆调查表第四次修订 // 王余光.清末民国图书馆史料汇编（3）.范凡等选辑.北京:国家图书馆出版社,2014:237—280.

③ 中华图书馆协会.中华图书馆协会第二次年会指南 // 王余光.清末民国图书馆史料汇编（1）.范凡等选辑.北京:国家图书馆出版社,2014:585—618.

（4）《中华图书馆协会概况》（中华图书馆协会执行委员会编纂，中华图书馆协会事务所出版，1933 年 8 月 25 日）。1932 年 5 月，国民政府教育部计划编纂《第一次中国教育年鉴》，并印发概况要目，令行各教育机关及学术团体分别造报，以资采择案编。中华图书馆协会即按照要目，编制《中华图书馆协会概况》一册[1]。《中华图书馆协会概况》内容包括沿革、组织、事业和附录 4 个部分。沿革部分历述中华图书馆协会之成立经过与第一次年会之召开等内容。组织部分则介绍了协会会务机关、会员之组成、会费之来源等内容。事业部分则分图书馆行政、分类编目、索引检字、图书馆教育、图书馆建筑与设备、编纂与出版、各种调查活动、参与国际图书馆事业等方面取得的成就。末附 1933 年以前协会职员之组成和协会会员录[2]。

（5）《中华图书馆协会第二次年会报告》（中华图书馆协会执行委员会编纂，中华图书馆协会事务所出版，1933 年 10 月）。中华图书馆协会继 1929 年 1 月第一次年会之后，于 1933 年 8 月于北平召开第二次年会。会后，执行委员会援第一次年会之例，编纂了《中华图书馆协会第二次年会报告》，以分组会议纪要、议决案汇录为主要内容。议决案又分通过案、参考案、否决及不成立各案、迟到各案三部分组成。首列年会开幕宣言、闭幕宣言、会序、开幕大会纪事、闭幕式纪事，后列会务会议记录、年会筹备及经过报告及年会出席人员一览。编印告竣后即寄赠全国各图书馆，借以传达年会召开之情形及议决各案等内容[3]。

（6）《中华图书馆协会第二次年会图书馆教育组报告暨意见书》（铅印本）。此为中华图书馆协会第二次年会期间图书馆教育组提供。内容包括：我国图书馆现今所处环境，我国图书馆界现有困难与问题，现今我国图书馆教育之一般紊乱不景情形，现今我国图书馆教育诸问题，所见于我图书馆事业发展之趋势

---

① 宋建成 . 中华图书馆协会 . 台北 : 育英社文化事业有限公司 ,1980:187.

② 中华图书馆协会执行委员会 . 中华图书馆协会概况 . 北平 : 中华图书馆协会事务所 ,1933.

③ 中华图书馆协会第九年度报告 . 中华图书馆协会会报 ,1934,10（1）:1—6; 中华图书馆协会执行委员会 . 中华图书馆协会第二次年会报告 // 王余光 . 清末民国图书馆史料汇编(1). 范凡等选辑 . 北京 : 国家图书馆出版社 ,2014:457—584.

及图书馆学教育供应之需要者，所见图书馆界内外人士赞助于图书馆学教育事业者。末附《关于改进我国图书馆学专门教育问卷》①。

（7）《中华图书馆协会会员录》（中华图书馆协会执行委员会编，中华图书馆协会事务所出版，1935年铅印本）。《中华图书馆协会会员录》分"中华图书馆协会职员表"及"中华图书馆协会会员录"两部分。职员表列执行委员会、监察委员会、事务所及各专门委员会之组成；会员录则分为名誉会员、机关会员和个人会员三部分②。

（8）《全国图书馆及民众教育馆调查表》（中华图书馆协会编，1935年铅印本）。《全国图书馆及民众教育馆调查表》曾选在《中华图书馆协会会报》登载，初表见第1卷第3期，再见第4卷第2期，三订见第5卷第5期，此为第五次修订。本调查表包括民众教育馆，但规模较小之阅书报处则不列入。本表所著录各馆按地方排列，同地方者再按性质区分。表末附有统计表，于各省市名后注出所见页数，兼供目录之用。调查截止于1934年12月。此次调查全国计有公共图书馆933所（国立2所、省立27所、县立771所、市立52所、私立75所、儿童图书馆6所）、教育馆1002所、学校图书馆497所（含大学图书馆37所、中学图书馆236所、小学图书馆87所）、专门图书馆377所（其中专门学校图书馆207所、政府机关图书馆58所、文化团体图书馆112所）、特种图书馆9所（主要为外国人服务的图书馆9所），总计2818所③。

（9）《中华图书馆协会中国博物馆协会联合年会指南》（中华图书馆协会1936年6月出版）。是为配合1936年7月在青岛山东大学举行的中华图书馆协会和中国博物馆协会联合年会之召开而编纂的。包括年会内容以及游览地点、食宿状况等，计有到会须知、各路行车时刻表、铁道部优待学术团体年会会员乘车办法、联合年会职员名单及会务日程。末附游览青岛、济南各名胜古迹书

---

① 中华图书馆协会第二次年会图书馆教育组报告暨意见书 // 王余光.清末民国图书馆史料汇编（2）.范凡等选辑.北京:国家图书馆出版社,2014:307—338.

② 中华图书馆协会执行委员会.中华图书馆协会会员录 // 王余光.清末民国图书馆史料汇编（2）.范凡等选辑.北京:国家图书馆出版社,2014:1—80.

③ 中华图书馆协会.全国图书馆及民众教育馆调查表 // 王余光.清末民国图书馆史料汇编（3）.范凡等选辑.北京:国家图书馆出版社,2014:409—473.

目及各学术机关一览等，可作旅行参考之用①。

（10）《中国教育文化机关被毁记实》（中华图书馆协会，1938年）。抗战全面爆发后，中华图书馆协会先是将中国图书馆被毁经过以英文撰成报告，分寄各国，后又将教育文化机关被毁实况以英文撰成报告，共30页，叙述详尽②。

中华图书馆协会所出版之调查报告，主要集中在全国图书馆情况之调查和协会年会之召开经过等。此外，还鉴于国立北平图书馆编辑《北平学术机关指南》一书明确适用，于学术研究多有裨益，于是计划扩大其范围而编纂《全国学术机关指南》，以便国内外人士之参阅。并已通函各省市教育机关代为调查，且已分寄调查表。唯全国学术机关各省市所在多有，调查匪易。卒未能见到《全国学术机关指南》一书之出版，甚为遗憾③。

另外，《中华图书馆协会研究（1925—1949）》一文中，作者检索《中华图书馆协会会报》各期所刊之《中华图书馆协会出版品目录》,《日报索引》（1934年5月—1937年7月，南京中山文化教育馆编），"图书与图书馆学"书目，谷歌图书网站，国家图书馆、南京大学图书馆、陕西理工学院图书馆等馆藏书目，将结果整理成"中华图书馆协会出版物一览表"。据该表，中华图书馆协会曾出版各种协会丛书、调查报告、目录索引共68种④。

① 宋建成. 中华图书馆协会. 台北:育英社文化事业有限公司,1980:188—189.
② 《中国教育文化机关被毁记实》脱稿. 中华图书馆协会会报,1938,13（2）:17.
③ 拟编全国学术机关指南. 中华图书馆协会会报,1932,8（3）:15.
④ 王阿陶. 中华图书馆协会研究（1925—1949）. 成都:四川大学,2012:217—219.

7 结论

中华图书馆协会的成立是中国近现代图书馆事业发展史上的一件大事。考察中华图书馆协会的历史，应该把它放在中国近现代图书馆事业从封建藏书楼向近代图书馆过渡这一历史进程中，放在 20 世纪中国图书馆事业发展的宏观历史背景下来加以考察。中华图书馆协会是中国近现代图书馆事业发展到一定历史阶段的必然产物。中华图书馆协会的诞生又反过来促进了中国近现代图书馆事业的进一步发展。"中华图书馆协会的成立，标志着新图书馆运动达到了高潮，从此中国开始由以宣传欧美图书馆事业为主的新图书馆运动转入新图书馆建设的高潮。"① 如果没有中华图书馆协会的诞生，中国近现代图书馆事业的历史或将改写。

7.1 协会基本解决了民国时期阻碍图书馆事业发展的学术问题

中国开始由宣传欧美图书馆事业为主的新图书馆运动转入新图书馆建设高潮前后，在学术上面临的最大问题是图书分类、图书编目和汉字排检问题。这也正是中华图书馆协会正式成立大会上，协会董事部部长梁启超为协会提出的两大任务之一，即建设中国的图书馆学的主要内容。

中华图书馆协会成立以前，学术界关于图书分类、图书编目和汉字排检的研究已经起步并且取得了一定的成绩。图书分类方面，1904 年徐树兰编撰的《古越藏书楼书目》、1917 年沈祖荣、胡庆生合编的《仿杜威书目十类法》、1922年杜定友发表的《世界图书分类法》、1924 年查修编制的《杜威书目十类法补编》都是协会成立以前图书分类法研究方面具有代表性的学术成果。中华图书馆协

---

① 程焕文．百年沧桑　世纪华章——20 世纪中国图书馆事业回顾与展望．图书馆建设，2004（6）：1—8．

会成立以后特别组织了分类委员会，集中会员集体智慧开展图书分类法的理论探索和分类法的编制研究，广大会员围绕图书分类问题进行了艰苦细致的工作。分类委员会还曾特别发出《中华图书馆协会分类委员会启事》，"特为广征一切所创制之中籍分类法，如用四库或已刊行之分类法，则亦请示知其效用及可以商榷之点，以备参考"①。协会的机关刊物《图书馆学季刊》成为发表分类法研究成果的主要阵地之一。1929 年协会第一次年会上，分类编目组通过了《由分类委员会编制分类法》等议案，并议决该委员会采择之规定分类原则四项：中西分类一致，以创造为原则，分类标记须易写、易记、易识、易明，须合中国图书情形②。协会会员围绕分类法研究分工努力，或译述东西洋之名论，或研讨海外权威之成法，或整理中国旧籍分类之历史，或专究某部门之分类得失，而终不失殊途同归之旨③。这些研究和译述，推动了中国图书分类法研究的进步，为确保图书分类法编制和图书馆图书分类业务工作的开展提供了科学依据。

由于有协会的大力提倡和协会会员的共同努力，新的图书分类法大量出现。20 世纪 20 至 30 年代，更是新编中国图书分类法的高峰时期，这一时期出现的分类法达 30 种以上。其中以杜定友《杜氏图书分类法》、王云五《中外图书统一分类法》和刘国钧《中国图书分类法》在图书馆界使用最多，影响最大。特别是刘国钧的《中国图书分类法》被多种类型的大型图书馆所采用，且广受好评。中华人民共和国成立后，该分类法继续为各类图书馆所广泛使用，直至 70 年代才为新法所代替。台湾大学赖永祥教授对刘国钧分类法加以修订，易"部"为"类"，只扩充类目，大类名称及次第不变，仍以《中国图书分类法》名称行世，现为台湾地区各类型图书馆所采用。台湾汉学研究中心编印和使用的图书分类法也是以刘法为蓝本编制而成的④。

中国近代图书馆事业的兴起，各图书馆除了迫切需要解决类分图书的问题而外，图书编目也是当时图书馆事业发展所面临的重要问题之一。即要解决"在

---

① 中华图书馆协会分类委员会启事 . 图书馆学季刊，1929，3（4）：刊前页 .

② 中华图书馆协会第一次年会纪事 . 中华图书馆协会会报，1929，4（4）：5—14.

③ 中华图书馆协会执行委员会 . 中华图书馆协会概况 . 北平：中华图书馆协会事务所，1933：24.

④ 罗德运，黄宗忠 . 刘国钧先生和中国图书馆事业 . 图书馆工作与研究，1999（6）：1—7.

目录之中不管是著者、书名或标题及其他种种都要叫阅者一索即得，不像在四库全书目录中找书，非要知道类别才可"①。显然，中国传统的古典目录学是无法胜任这种"一索即得"的任务的。因此，查修认为"中文书籍编目里第一步必做的，就是要将分类与目录完全分作两件事。打破《四库全书总目提要》以分类及目录混为一谈的观念。然后再研究分类应采取那种办法，目录应趋向那种途径。庶几乎头绪不乱，运用自如"②。

科学的编目实践必须要有目录学理论的指导。中华图书馆协会成立以前，就已有学者开始引入西方目录学，思考有关中文书籍的编目问题。协会成立以后，协会会员继续开展有关中文图书编目理论与实践的研究与探索。协会会员在《图书馆学季刊》等学术刊物上发表的研究成果中，翻译介绍西方目录学的文章占了相当的比例。协会会员图书编目研究的一个重要内容就是学习和借鉴西方目录学的理论和方法，用以建设中国的图书馆学，指导中文图书编目工作实践。为了总结和借鉴中国古典目录学的优秀成果，为建设中国的图书馆学服务，协会会员还在《图书馆学季刊》《文华图书科季刊》和《中华图书馆协会会报》等刊物上发表了大量中国古典目录学的研究论文和各类专题文献目录。此外，学术年会也成为协会会员集中切磋研究图书编目问题的重要平台。

目录学的理论研究为编目条例制定和图书编目实践提供了科学的理论指导，编目条例制定和图书编目实践又为目录学的理论研究提供了实践需求，而中国现代图书馆事业的发展又对目录学理论研究、编目条例制定和图书编目实践提供了历史舞台。因此，从1925年协会成立到1948年协会无形解散期间，由协会会员出版的编目条例及编目用书大量出现，其中具有代表性的目录学著作就有25种之多，（详见4.2.2　中国图书编目之研究），尤以刘国钧《中文图书编目条例草案》和《国立中央图书馆暂行中文图书编目规则》影响最大，也最具代表性。

除了图书分类编目外，汉字排检问题也是制约中国现代图书馆事业发展的重要学术问题之一。汉字与拼音文字不同，拼音文字依字母顺序排检，一

---

① 查修. 编制中文书籍目录的几个方法（续）. 东方杂志,1923,20（23）:86—103.
② 查修. 中文书籍编目问题. 新教育,1924,9（12）:191—207.

目了然，非常方便。而汉字的排检不像拼音文字那样有一种公认的直观的排检方法。图书馆目录除分类目录外，其他书名目录、著者目录、标题目录（今之主题目录）的组织均涉及汉字排检问题。传统的汉排检方法已经不能适应中国现代图书馆事业发展的需要。汉字排检法不仅与图书馆目录组织有关，而且和字典、辞典、百科全书、索引、序列以及人名录、商品名录、电话簿、电报号码之类有密切关系。汉字排检问题成为当时社会经济文化发展面临的亟须解决的问题。

为了解决中国现代图书馆事业发展所面临的汉字排检问题，在继承传统汉字排检法的基础上，吸收西方拼音文字排检法的优秀成果，创制新的汉字排检法成为唯一的出路。1925 年 9 月，中华图书馆协会成立了教育、分类、编目和索引委员会，1929 年 3 月又增加成立了检字委员会。因有协会的组织和倡导，许多会员积极投身汉字排检法研究，新检字法如雨后春笋般大量出现。1928 年 12 月协会会员万国鼎在《图书馆学季刊》第 12 卷第 4 期上发表《各家新检字法评述》一文，总结民国以来的检字法有 40 种之多。这些检字法可大别之为五类：音序法 5 种，母笔法 10 种，部首法 8 种，计数法 10 种，号码法 7 种。除音序法 5 种外，其余均为形序法。

1929 年 1 月 28 日至 2 月 1 日，中华图书馆协会在南京金陵大学召开第一次年会。会议期间索引检字组通过完善检字法之原则三条，一曰"简易"，二曰"准确"，三曰"便捷"。"简易"为简单、自然、普及；"准确"为一贯、有定序、无例外；"便捷"为便当、直接、迅速。南京年会之后，汉字排检新法进一步增加。1933 年协会会员、索引委员会书记蒋一前在《图书馆学季刊》第 7 卷第 4 期发表《汉字排检法沿革史略及近代七十七种新法表》，认为当时各种汉字检字法已经达到 77 种之多。另据卢震京《图书馆学辞典》（1958 年修订出版）统计，从 20 世纪 20 年代到 50 年代，新创各种汉字排检法 104 种，其中 20 和 30 年代产生的就有 70 种，另有 16 种年代不详[①]。

经过协会的组织和协会会员的共同努力，在抗战全面爆发以前，图书分类、图书编目和汉字排检等制约中国图书馆事业发展的主要学术问题基本得到解

---

① 邓咏秋 . 漫议四角号码检字法 . 图书馆杂志，1999（5）：43—45.

决。剩下的问题主要是分类法和编目条例的统一以及汉字排检法的进一步完善。这些主要学术问题的解决，为民国时期以及此后中国图书馆事业的发展奠定了重要的学术基础，基本扫清了起步阶段阻碍中国现代图书馆事业发展的主要学术障碍。

7.2 协会参与培养了 20 世纪发展中国图书馆事业的人才方阵

中华图书馆协会成立以前，我国图书馆学专业教育虽然已经起步，毕竟规模较小，能够向图书馆界输送的专业人才十分有限，相对于中国图书馆事业发展对图书馆专业人才的需要，可谓是杯水车薪。因此，梁启超在中华图书馆协会成立大会上发表演说，将"养成管理图书馆人才"与"建设中国的图书馆学"并列，作为中华图书馆协会应负的两种责任之一。协会成立以后，鉴于我国图书馆事业发展对人才的迫切需要，在最初组建的 5 个专门委员会中，第一个就是图书馆教育委员会，而且在 5 个专门委员会中人数最多。此后历次调整各专门委员会，图书馆教育委员会均得以保留。

抗战全面爆发前，尽管协会多次呼吁加强图书馆专业人才的培养，而且年会通过众多有关图书馆人才培养的议案，但是受多种条件的限制，除了原已存在的私立武昌文华图书馆学专科学校外，建议行政院及教育部指拨的款于北平设立图书馆学专科学校一案，因中央财政困难未能得到落实。请协会《函请各省市图书馆人材经费设备充足者附设图书馆学讲习所以培育人材》一案，因当时国内图书馆人才、经费、设备均充足者并不多见，正式附设图书馆学讲习所者很少，而各馆为增进本馆馆员学识，组织讲习会补习班者，所在多有，收效相对较大。呈请教育部在每届英庚款及清华留美公费生名额内列入图书馆学一科俾资深造案，最终也未能付诸实践。

在国内图书馆学专门人才严重缺乏，派赴海外留学攻读图书馆学及国内图书馆学专业教育均无法满足图书馆事业发展对专业人才需求的情况下，受中华教育文化基金董事会资助和委托，中华图书馆协会与文华图书馆学专科学校合办图书馆学免费生，为我国图书馆事业培养了大批人才，对推动我国图书馆事业的发展做出了积极的贡献。他们中的钱存训、毛坤、钱亚新、李钟履、周连宽、于震寰、吴光清、蓝乾章等一大批后来在海峡两岸以及大洋彼岸图书馆界颇著声誉的图书馆学家，均出自图书馆学免费生班，可为明证。

1925 年中华图书馆协会成立以前，已有个别教育文化机构和图书馆，通过举办图书馆学短期讲习班等方式，传授图书馆学理论知识和增进图书馆从业人员的专业技能。1925 年夏，中华图书馆协会甫经成立，适国立东南大学与中华职业教育社、江苏省教育会拟于 7 月 15 日至 8 月 15 日在该校举办暑期学校，于是特邀中华图书馆协会参加会同举办。因此，暑期学校在小学教育组、自然科学组、国语组、职业教育组和中学毕业生组外增加图书馆学组，特别聘请袁同礼、杜定友、刘国钧、李小缘、洪有丰等担任教授，凡与图书馆学有关之课程均被列入，备报名者选习。报名截止，统计各学程选习人数，其能开办者，只有"图书馆学术集要""学校图书馆""儿童图书馆"和"分类法" 4 种。综计专选图书馆学科者 13 人，兼选者 56 人^①。虽然中华图书馆协会此类图书馆学暑期学校仅仅举办了这一届，后来未见继续办理，但影响所及，各地会员纷纷起而举办图书馆学短期讲习班。

此外，协会还利用《中华图书馆协会会报》开辟"新书介绍"专栏，先后从北京图书馆、北京大学图书馆、国立北平图书馆以及西南联大图书馆等图书馆入藏的新书中，选择国内外新近出版图书特加介绍，既可以供个人研究参考，也可以供图书馆作为采访之借镜。"新书介绍"栏目共介绍各类新书 669 种，各种新刊 80 种^②。其中部分新书还做了深入细致的介绍，并附有精辟的评论。"新书介绍"专栏所介绍的新书以工具书为最多，其次为图书馆学类新书，共介绍了 123 种，数量上仅次于工具书。实际上，文献学也是图书馆学的重要内容。如果将文献学类新书纳入图书馆学的话，则与图书馆学密切相关的新书有 167 种之多。工具书、图书馆学、文献学三类新书占到了"新书介绍"专栏介绍新书 669 种中的 350 种，超过了 50%。

"新书介绍"专栏之外，《中华图书馆协会会报》还专门刊载《图书馆学书

---

① 暑期学校.中华图书馆协会会报,1925,1（1）:8;中华图书馆协会图书馆学暑期学校之经过.中华图书馆协会会报,1925,1（4）:3.

② 张书美,周芝萍.论《中华图书馆协会会报》的刊文重心及特色.河南科技学院学报,2015（3）:77—81.

目举要》《欧美各国图书馆学杂志目录》《日本图书馆学杂志目录》和《中国图书馆学术文字索引》等文章。其中《图书馆学书目举要》列举各类图书馆学初学书目中日文著作 15 种，西文著作 43 种[①]；《欧美各国图书馆学杂志目录》收英国、美国、加拿大、澳大利亚、德国、奥地利、法国、意大利、西班牙、葡萄牙、巴西、比利时、荷兰、瑞典、挪威、丹麦、俄罗斯（苏联）、波兰等国出版的部分图书馆学期刊 74 种，基本信息包括杂志名称、编辑发行机构、地址等[②]；《日本图书馆学杂志目录》著录图书馆学期刊 14 种，每种期刊著录刊名、刊期、地址和期刊所在机构[③]；《中国图书馆学术文字索引》收录国内图书馆学具有代表性的论著目录约 400 条，分为"图书馆总论""图书馆学总论""图书馆史"和"图书馆之关系"四部分，其中图书馆学术方面的文章约占全部文章的一半，行政管理、分类编目和装订方面的文章与各馆概况、调查报告各约 50 余篇，另外有专著 30 余种，定期刊物多种[④]。从第 9 卷第 4 期起每期增加"期刊要目汇志"专栏（以后改为"期刊要目汇录"），陆续刊载国内图书馆学期刊上发表的重要论文[⑤]。

民国时期留学海外攻读图书馆学并学成归来的图书馆学专业人才屈指可数，国内文华图书馆学专科学校等图书馆学高等教育机构每年毕业的人数也十分有限，远远不能满足当时图书馆事业发展对专业人才的需求。《中华图书馆协会会报》利用"新书介绍""期刊要目汇志"和"图书馆学书目举要"专栏，刊载各种图书馆学书目、索引，传播图书馆学新知，提供图书馆工作者必备的图书馆学专业知识，对提高我国图书馆事业从业人员的专业技术水平发挥了积极的作用。

中华图书馆协会的另外一种机关刊物《图书馆学季刊》作为发表图书馆学术研究论文的平台，对民国时期形成投身专门学术研究的图书馆学人才方阵发挥了不可替代的作用。清末民初，一批先知先觉的中国知识分子如梁启超、徐

---

① 图书馆学书目举要 . 中华图书馆协会会报，1925,1（3）:4—7.
② 欧美各国图书馆学杂志目录 . 中华图书馆协会会报，1925,1（4）:10—14.
③ 日本图书馆学杂志目录 . 中华图书馆协会会报，1926,1（6）:4.
④ 孔敏中 . 中国图书馆学术文字索引 . 中华图书馆协会会报，1928,4（3）:3—11.
⑤ 期刊要目汇志 . 中华图书馆协会会报，1928,9（4）:36—38.

树兰、罗振玉、李大钊等在向西方学习的过程中，认识到举办西方式的现代图书馆事业对于启迪民智和作育人才的重要作用，因此积极倡导举办图书馆事业。但这些知识分子均不是职业的图书馆学家，而中国图书馆事业的发展必要有一批职业的图书馆学家。新文化运动期间，第一批留美归来的图书馆学家登上历史舞台，他们是沈祖荣、胡庆生、杜定友、洪有丰、戴志骞、袁同礼、刘国钧和李小缘等。他们当中除了杜定友毕业于菲律宾大学外，其余则清一色留美攻读图书馆学专业。杜定友留学菲律宾大学接受的也是美国式的图书馆学教育。留美的一代是近代中国第一批职业图书馆学家。自1917年开始以第一代职业图书馆学家为主，掀起了一场抨击传统藏书楼陋习，倡导建设美国式的现代公共图书馆的新图书馆运动。中华图书馆协会的成立正是这一运动的高潮。《图书馆学季刊》的适时创刊正好为他们进一步传播西方先进的图书馆学理念，发表相关学术研究成果提供了平台。留美的一代因此也就成为民国时期图书馆学专业人才方阵中的核心。

这个方阵中的另外一个群体则是文华图专毕业的一代职业图书馆学家。《图书馆学季刊》创刊之时，文华图书馆学专科学校已有毕业学生进入职业图书馆学家的行列。《图书馆学季刊》和稍后创刊的《文华图书科季刊》也正好成为他们发表研究成果的平台。文华一代的早期代表人物有裘开明、桂质柏、查修、王文山、冯汉骥、田洪都、皮高品、严文郁、徐家麟、汪长炳、钱亚新、毛坤、周连宽、李钟履、吕绍虞、童世纲、于镜寰、汪应文、彭明江、岳良木、蓝乾章、张遵俭、喻友信、邓衍林等。文华一代加入中国职业图书馆学家的行列，壮大了民国时代图书馆学研究的专门人才队伍。除了留美的一代和文华培养的一代职业图书馆学家外，王重民、向达、金敏甫、万国鼎、沈学植等学人也自觉地加入这个方阵中，成为民国时期职业图书馆学家中的佼佼者。

无论是留美的一代还是文华的一代，抑或是自觉投身职业图书馆学家方阵的王重民、向达、金敏甫、万国鼎、沈学植等学人，如果没有《图书馆学季刊》作为他们发表图书馆学研究成果的平台，民国时期的图书馆学术研究人才方阵是否像今天我们所看到的如此强大，建设中国的图书馆学是否还能在抗战全面爆发以前基本上得以完成，民国时期的图书馆事业是否还能在中国教育文化事业建设和科学研究过程中发挥良好的作用，将会是一个大大的问号。

7.3 协会奠定了 20 世纪中国图书馆事业发展的基本格局

什么是图书馆事业？北京大学图书馆学情报学系和武汉大学图书情报学院合编的《图书馆学基础》一书认为，"那些孤立地行使其职能的单个图书馆，从社会意义上说，还不能算是已经构成了图书馆事业。只有当社会上各种图书馆的数量、质量、规模、发展速度和组织形式发展成为联系紧密的图书馆整体时，才能构成社会的图书馆事业"①。这里对图书馆事业的成立提出了两个标准：①对各种图书馆的数量、质量、规模、发展速度和组织形式提出了要求。图书馆的数量少，规模小，质量低劣，发展缓慢，图书馆之间各自为政，互不联系，是不足以被称为图书馆事业的。②只有这些数量达到一定的规模，质量达到一定水平，发展达到一定速度的图书馆互相之间形成一个紧密联系的整体，才能构成社会的图书馆事业。在中华图书馆协会成立以前，清政府学部和国民政府教育部，都曾执掌过全国图书馆的建设和发展。学部于 1910 年颁布过《京师图书馆及各省图书馆通行章程》。国民政府教育部则于 1915 年颁布了《图书馆规程》和《通俗图书馆规程》。这些章程、规程的颁布，都对图书馆的建设和发展起到了一定程度的规范和促进作用。新图书馆运动期间，各种类型的图书馆，尤其是通俗图书馆的数量有了进一步的增加，并且在数量上达到了一定的规模。据 1925 年中华图书馆协会调查，当时全国共有各类图书馆 502 所。但是这些图书馆之间绝少联系，或较少联系。

1922 年中华教育改进社第一次年会上，由戴志骞提出并通过了《请中华教育改进社组织图书馆教育研究委员会案》。中华教育改进社图书馆教育研究委员会初步具备了全国性图书馆协会组织的雏形。尽管图书馆教育研究委员会制订了组织大纲 6 条，在一定程度上履行着全国图书馆行业组织的职能，但是全国图书馆之间从来就没有进行过任何正式的有组织的联系或活动。全国的图书馆之间形成一个紧密联系的整体，是中华图书馆协会成立以后的事了。

---

① 北京大学图书馆学情报学系，武汉大学图书情报学院 . 图书馆学基础（ 修订本 ）. 北京：商务印书馆，1991：83.

中华图书馆协会成立后，以"研究图书馆学术，发展图书馆事业，并谋图书馆之协助"相号召，致力于建设中国的图书馆学和发展中国的图书馆事业。特别是通过召开学术年会等方式，提出了一系列促进中国图书馆事业发展的议案。其中关于图书馆协会及各图书馆者，由中华图书馆协会函告各地方图书馆协会及各图书馆采择施行，并要求将办理情形随时报告中华图书馆协会。议案中应由政府推行者，经整理妥当后分别呈请国民政府及教育部审核施行。这些议案的实施，极大地促进了各类型图书馆的建设和发展。比如第一次年会通过的《由本会呈请教育部从速筹办中央图书馆案》《呈请教育部对于捐助图书馆书籍或经费者及私人创办之图书馆应予褒奖案》《呈请教育部通令全国各教育行政机关厉行设立公共图书馆案》《呈请教育部通令各省市县广设民众图书馆案》《呈请教育部通令各大学区各省教育厅训令各小学设立儿童图书馆遇必要时得联合数校共同组织案》《应请全国社团及行政机关设立专科图书馆案》《军营内应设立军人图书馆案》《呈请国民政府通令全国各机关应设立法参考图书馆案》《应广设实业图书馆案》等案①，第二次年会通过的《请中央拨棉麦借款美金一百万扩充全国图书馆事业案》《通函各县市应设立儿童图书馆并规定各图书馆附设儿童阅览室案》《监狱附设小图书馆案》等案②，第三次年会通过的《请本会建议教育部就法规中明定各省市至少应设立一所省立图书馆不得随意改组并分函各省市政府予以保障助其发展案》《呈请教育部令各省市县及公立小学及未设立儿童图书馆者应从速设立或附设儿童图书馆案》《呈请教育部通令全国各教育机关民众教育馆及图书馆增设流通图书馆及巡回书车案》等案③。这些议案广泛涉及从国立图书馆、省市立图书馆、基层民众图书馆到学校图书馆、机关图书馆、军人图书馆再到儿童图书馆、私人图书馆、监狱图书馆等各种类型、各种层次的图书馆。议案的推行和实施极大地丰富和完善了组成我国图书馆事业的各类型图书馆。

---

① 中华图书馆协会执行委员会. 中华图书馆协会第一次年会报告. 北平: 中华图书馆协会事务所, 1929: 66—218.

② 中华图书馆协会执行委员会. 中华图书馆协会第二次年会报告. 北平: 中华图书馆协会事务所, 1933: 33—69.

③ 李文裿. 写在第三届年会之后. 中华图书馆协会会报, 1936, 12 (1): 1—5.

1925 年中华图书馆协会成立以后，我国图书馆从数量上来看，也有较快速度的发展。这从国民政府教育部社会教育司、中华图书馆协会、浙江省图书馆和沈祖荣、许晚成等个人的图书馆调查报告可见一斑。对全国图书馆进行调查，以 1916 年教育部所作调查为最早，据该项调查，当时全国有各类图书馆 260 所，其中通俗图书馆 22 所[①]。1925 年中华图书馆协会第一次对全国图书馆进行调查，调查结果显示当时全国有各类图书馆 502 所[②]。1935 年 2 月中华图书馆协会对全国图书馆进行了第五次调查。调查结果显示，全国有各类图书馆 2818 所[③]。除了中华图书馆协会的调查外，还有 1930 年教育部社会教育司对全国图书馆的调查，调查结果显示全国公私立图书馆共计 2935 所[④]。1935 年 2 月，教育部社会教育司再次调查全国图书馆。此次调查显示全国图书馆数为 4032 所[⑤]。

抗战全面爆发后，由于受到战争的影响，特别是日本侵略者对我国各地图书馆进行有预谋、有计划的破坏，我国图书馆数量急剧减少。到 1945 年抗战胜利，我国图书馆数量锐减到只有 704 所[⑥]。从中华图书馆协会成立到抗战全面爆发，虽然由于调查统计机构不同，调查结果之间有一定的差异，但这一时期我国图书馆数量有了较大规模的增加，图书馆类型有了全面的扩充和完善则是不争的事实。若没有中华图书馆协会为当时图书馆事业的发展所做的种种努力，就没有中华人民共和国成立后中国图书馆事业发展的基础，乃至现在中国图书

[①] 严文郁 . 中国图书馆发展史——自清末至抗战胜利 . 台北："中国图书馆学会"，1983：110.

[②] 中华图书馆协会 . 全国图书馆调查表 . 中华图书馆协会会报，1925，1（3）：7—19.

[③] 中华图书馆协会 . 全国图书馆及民众教育馆调查表 . 中华图书馆协会会报，1935，10（5）：48；中华图书馆协会 . 全国图书馆及民众教育馆调查表 // 王余光 . 清末民国图书馆史料汇编（3）. 范凡等选辑 . 北京：国家图书馆出版社，2014：409—473.

[④] 教育部社会教育司 . 全国公私立图书馆一览表 // 王余光 . 清末民国图书馆史料汇编（3）. 范凡等选辑 . 北京：国家图书馆出版社，2014：51—236.

[⑤] 教育部社会教育司 . 全国公私立图书馆一览表 // 王余光 . 清末民国图书馆史料汇编（3）. 范凡等选辑 . 北京：国家图书馆出版社，2014：475—534（待续）；教育部社会教育司 . 全国公私立图书馆一览表 // 王余光 . 清末民国图书馆史料汇编（4）. 范凡等选辑 . 北京：国家图书馆出版社，2014：1—228（续完）.

[⑥] 严文郁 . 中国图书馆发展史——自清末至抗战胜利 . 台北："中国图书馆学会"，1983：164—166.

馆事业所取得的辉煌成就以及在国际图书馆界的重要地位①。从各种图书馆的数量、质量、规模、发展速度和组织形式上来看，正是中华图书馆协会的成立奠定了民国时期甚至 20 世纪中国图书馆事业发展的基本格局。

中华图书馆协会不仅从图书馆的数量和类型上，而且从学术传统上奠定了 20 世纪中国图书馆事业发展的基本格局。中华图书馆协会成立以后，继承新图书馆运动期间学习和借鉴欧美图书馆学术的优秀传统，继续发展中国的现代图书馆事业。据《民国时期图书馆学著作出版与学术传承》一书统计，从 1925 年中华图书馆协会成立到 1936 年，中国图书馆学著作出版数量的增长速度显然高于以前的近 20 年，这 11 年间，出版年代可考的著作有 546 种，相当于以前近 20 年著作总数 48 种的 11 倍多。如果假以时日，任其加速发展，其成就不可限量②。中华图书馆协会通过对民国时期图书馆学术研究的影响，间接地影响了民国时期图书馆事业的发展格局。由新图书馆运动所开启的学习欧美图书馆学术，建设美国式的现代公共图书馆的学术传统奠定了民国时期的图书馆学术研究基础。中华人民共和国成立以后，我国的图书馆事业曾经一边倒地学习苏联的图书馆事业，抛弃了以学习欧美图书馆学术而建立起来的中国现代图书馆学术传统。但是，由于有新图书馆运动和中华图书馆协会奠定的学术传统的基本格局，20 世纪 70 年代末随着中国改革开放历史进程的开启，中国当代图书馆事业重又恢复到由中华图书馆协会会员所参与开创和坚持的学习和借鉴欧美图书馆学术的传统，即"本新图书馆运动之原则，一方参酌欧美之成规，一方稽考我先民对于斯学之贡献，以期形成一种合于中国国情之图书馆学"的学术传统，并促进了改革开放后中国图书馆学的大繁荣和中国当代图书馆事业的大发展。

7.4 协会促成了民国时期图书馆学研究致用学风的形成

这里所说的民国时期图书馆学研究的致用学风，是指民国时期的图书馆学研究，较多注重解决发展图书馆事业所面临的现实技术问题和人才匮乏问题，

---

① 王阿陶. 中华图书馆协会研究（1925—1949）. 成都：四川大学，2012：212.

② 范凡. 民国时期图书馆学著作出版与学术传承. 北京：国家图书馆出版社，2011：44.

因此图书分类、图书编目、汉字排检法和索引编制以及图书馆教育等受到学术界的高度重视，相应的成果大量涌现，而图书馆学基础理论的研究则相对比较淡薄。在图书馆学理论研究方面，"要素说"可以说是民国时期图书馆学理论研究成果中唯一的一抹亮色，但图书馆学基础理论研究的成果远远不能与图书分类、图书编目、汉字排检法研究和索引编制以及图书馆教育等领域所产生的大量成果相提并论。这里所说的"图书馆学研究的致用学风"与通常图书馆学界所强调的图书馆学研究的"致用性"不是同一概念①。"致用性"强调的是图书馆学研究应理论联系实践，密切关注图书馆事业发展中的现实问题，突出图书馆学研究的实际应用，而不应崇尚空谈，为研究而研究。

印度图书馆学家阮冈纳赞的"图书馆学五定律"和美国图书馆学的"芝加哥学派"，是 20 世纪上半叶在世界范围内具有较大影响的图书馆学理论研究成果。从民国时期中国图书馆学界对这两个理论成果的关注来看，可以管窥民国时期的图书馆学研究重实用技术而轻理论研究之一斑。阮冈纳赞的图书馆学研究成果第一次被引入中国是在 1936 年。胡延钧在《介绍蓝氏双点（：）分类法》②和《蓝氏双点分类法各类说明》③两篇论文中，向国内图书馆界介绍了阮冈纳赞的冒号分类法。在介绍冒号分类法的时候，胡文对阮冈纳赞图书馆学的另一重要成果图书馆学五定律却是只字未提，尽管阮冈纳赞的《图书馆学五定律》早在 1931 年就已经问世。图书馆学五定律被引入中国图书馆学界则是 20 世纪下半叶的事情了。1957 年，刘国钧发表了《〈冒号分类法〉简述》一文，他在文中说，"除了《冒号分类法》一书外，他还写了许多阐述冒号分类法原理和方法的书，计有《图书馆科学五项法则》（*Five Laws of Library Science*，1931）"。这被认为是阮冈纳赞的图书馆学五定律最早被引入中国图书馆学界④。整个民国

---

① 吴慰慈. 回顾过去　展望未来　开拓前进——建设面向 21 世纪的图书馆学学科体系. 中国图书馆学报，1998（5）：3—6；王子舟. 20 世纪中国图书馆学发展的三次高潮. 图书情报工作，1998（2）：1—5，33.

② 胡延钧. 介绍蓝氏双点（：）分类法. 文华图书馆学专科学校季刊，1936，8（3）：314—345.

③ 胡延钧. 蓝氏双点分类法各类说明. 文华图书馆学专科学校季刊，1936，8（4）：463—492.

④ 冒号分类法简述 // 刘国钧图书馆学论文选集. 北京：书目文献出版社，1983：140.

时期，阮冈纳赞的图书馆学成果中受到中国图书馆学界关注的是他的冒号分类法，而不是他的图书馆学五定律。从阮冈纳赞的图书馆学五定律在民国时期图书馆学界所受到的冷遇来看，不能说这一时期的图书馆学理论研究是受到重视的。

20 世纪 30 年代初形成的美国图书馆学"芝加哥学派"的相关学术成果，是 20 世纪上半叶另一具有世界影响的图书馆学理论。在图书馆学的芝加哥学派诞生之前，中国图书馆学界所借鉴的美国图书馆学，基本上是以杜威经验主义哲学为基础的哥伦比亚大学图书馆学理论。1933 年 6 月，徐家麟发表《论图书馆作业之学术化与事业化》一文①，被认为是国内图书馆学界最早关注到芝加哥学派。1936 年 3 月，李永安发表的《图书馆学问题》一文②，系巴特勒《图书馆学导论》的全文翻译。李永安把"巴特勒"翻译成"卜特勒"，而且译文采用的是文言文，加之李永安在民国时期图书馆学界的影响不大，因此在很长一段时期，以巴特勒为代表的美国图书馆学芝加哥学派并未引起中国图书馆学界的注意。徐家麟在《关于图书馆学的认识几点观察》一文，较为详细地介绍了芝加哥学派代表人物巴特勒的图书馆学思想③。但是，整个民国时期，芝加哥学派在图书馆学界的影响实在有限。桂质柏是近代中国第一位获得图书馆学博士学位的中国人，从美国回国后在《文华图书馆学专科学校季刊》1932 年第 4 卷第 1 期发表的却是《纽约哥伦比亚大学图书馆学专校杂述》，主要记述了他在纽约哥伦比亚大学留学生活的情况，在他的其他著述中也绝少有与芝加哥学派相类似的理论阐发。直到 20 世纪 80 年代以后，中国图书馆学界才又逐渐对芝加哥学派的图书馆学理论给予关注。

从民国时期图书馆学研究高度重视图书分类、图书编目、汉字排检法研究和索引编制以及图书馆教育，对待阮冈纳赞的图书馆学五定律和美国图书馆学芝加哥学派为代表的图书馆学理论的冷淡态度，以及图书馆学理论研究成果远

---

① 徐家麟. 论图书馆作业之学术化与事业化. 文华图书馆学专科学校季刊,1933,5（2）:179—186.

② 卜特勒. 图书馆学问题. 李永安译. 文华图书馆学专科学校季刊,1936,8（1）:3—34.

③ 曾凡菊. 芝加哥学派对民国时期中国图书馆学的影响探析. 图书馆学研究,2016（9）:2—6,33.

远不能与实用技术研究成果相提并论来看，民国时期中国图书馆学轻理论研究
而重实用技术的致用学风的确是存在的。那么，民国时期图书馆学研究中的这
种致用学风的形成原因是什么呢？

图书分类、图书编目和汉字排检问题，是民国时期发展中国现代图书馆事
业所面临的迫切需要解决的重要现实问题，因此图书分类、图书编目等研究受
到学术界的高度关注。"民国时期图书馆管理法的研究，其发展是非常不均衡
的，其中的分类编目问题得到的关注是空前绝后的，而其他方面的研究却相对
薄弱"①。而关于发展图书馆事业的原理原则和理念等问题，与图书分类、图书
编目和汉字排检问题比较起来，似乎并没有那么迫切。实际上图书馆学基础理
论问题的研究，其难度或者要超过了图书分类、图书编目和汉字排检等技术问
题的解决。在当时的历史情况下，中国图书馆事业发展所面临的分类、编目和
汉字排检问题的解决，使得以分类、编目和汉字排检为主要内容的中国的图书
馆学具有较强的致用色彩，也就不难理解。

中华图书馆协会成立之初，协会执行部为处理特别学术问题而组织的各项
专门委员会中，有图书馆教育委员会、分类委员会、编目委员会、索引委员会
和出版委员会 5 个专门委员会，并无图书馆学理论研究之类的专门委员会。这
就说明当时图书馆学的理论研究并不在中华图书馆协会所处理的特别学术问题
之列。1929 年 3 月，协会改组各专门委员会，增加检字委员会、编纂委员会、
建筑委员会、宋元善本书调查委员会和版片调查委员会，分立季刊编辑部和会
报编辑部，也没有设立与图书馆学理论研究相关的专门委员会。1932 年中华图
书馆协会在原来 9 个专门委员会的基础上将善本书调查委员会归并到版片调查
委员会，其余各委员会仍然继续保留。1933 年第二次年会后新增图书馆经费标
准委员会、审定杜威分类法关于中国细目委员会。此后协会未再对各专门委员
会的组成进行过调整。协会各专门委员会既为"处理特别学术问题"而设，则
从各专门委员会的设立，可以大致看出中华图书馆协会学术研究的价值取向。
从协会先后设立的 10 余个专门研究委员会来看，不论是图书分类、图书编目、
索引检字、图书馆建筑、图书馆教育和图书馆经费标准的研究，还是宋元善本

---

① 范凡.民国时期图书馆学著作出版与学术传承.北京:国家图书馆出版社,2011:165.

书和版片的调查，杜威分类法关于中国细目的审定以及编纂出版，不能不说协会更加注重发展图书馆事业的技术问题的研究，相对而言对于图书馆学理论问题研究的关注则显得不足。中华图书馆协会各次年会的论文、演讲、提案以及最终决议案都有一个较为突出的特点，即围绕当时的教育、文化界对图书馆事业与学术研究的现实需求，注重解决图书馆界的现实问题。作为中华图书馆协会的机关刊物，《图书馆学季刊》所发表的论文也以图书分类、图书馆民众教育之类"切合实际，以取实效"的研究成果为主①。作为"集全国图书馆及斯学专家"为一体的中华图书馆协会，其学术研究的价值取向足以影响到民国时期中国图书馆学研究致用学风的形成。

中华图书馆协会成立以后，没有成立有关图书馆学理论研究的专门委员会，与协会对图书馆事业发展的各种技术问题的研究比较起来，协会有关图书馆学理论的研究显得相对薄弱。但这并不能完全否认协会会员在图书馆理论研究领域所取得的成就。只是与大量的图书分类、图书编目和索引检字方面的研究成果相比，图书馆学理论研究的成果要逊色得多。中华图书馆协会成立后，随着我国新式图书馆事业建设高潮的到来，我国图书馆学理论也曾掀起过一个小小的高潮，这其中代表性的成果就是"要素说"的出现。对于中国图书馆学中的"要素说"，吴稌年认为它缺乏哲学思考而没有得到应有的历史地位②。徐引篪和霍国庆在《现代图书馆学理论》一书中指出"要素说"的局限性主要有：一方面，"要素说"是以具体的静止的图书馆即作为机构或建筑的图书馆为分析对象，而不是以抽象的图书馆即作为一种社会现象的图书馆作为分析对象；另一方面，"要素说"不是以综合为分析的出发点，它更多的是以机械地分割图书馆，而没有考虑到图书馆要素之间的相关效应；此外"要素说"所分析的图书馆还是人类社会某一历史时期的图书馆，不具有最大的普遍性③。"要素说"的局限性和缺乏哲学思考，或者正是民国时期中国的图书馆学致用色彩的一个佐证。杜定友和刘国钧这两位"要素说"的主要倡导者的主要精力，还是集中在研究

---

① 王阿陶.中华图书馆协会研究（1925—1949）.成都：四川大学，2012：124，228.
② 吴稌年.图书馆活动高潮与学术转型：古近代.北京：兵器工业出版社，2005：189.
③ 徐引篪，霍国庆.现代图书馆学理论.北京：北京图书馆出版社，1999：143.

制约中国图书馆事业发展的图书分类、图书编目和索引检字方面。与他们留下的图书分类法、编目条例和检字法等实用色彩更加浓厚的重量级研究成果相比，作为中国图书馆学理论研究成果的"要素说"确实要"逊色"得多。这与中华图书馆协会成立后亟须解决图书馆事业发展所面临的技术问题的专门委员会的设置也是分不开的。

7.5 中国近现代图书馆事业是教育事业的重要组成部分

中国现代图书馆事业一开始就是作为教育事业的一部分而登上历史舞台的。中国近代图书馆事业肇始于1898年的维新变法。此前虽有关于西方现代图书馆思想的引入，但国人并没有实际按照西方现代图书馆标准创办新式图书馆。变法维新中，以康有为、梁启超为首的维新派认为要挽救中国，就要学习外国，推行新政，从"振兴教育、作育人才、开通民智"入手。具体措施就是要办学堂、翻译书籍、办报纸、办图书馆（或叫大书楼）等[①]。戊戌维新运动，是以教育为主体的政治改革运动，它不但冲击了我国数千年的专制政体，而且开创了我国教育改革的新纪元。其中一切改革莫不以教育为中心，意图以教育之改革，作为维新变法之基础，借此开通民智，废除旧俗，以达到兴教育和富国裕民之目的[②]。戊戌维新过程中，由于意识到图书馆对培养人才的重要性，建藏书楼与广设学校、开报馆、改科举、奖励学会等措施一道，成为维新派的重要主张。据不完全统计，1896至1898年短短的两三年内，全国共成立学会87所，学堂131所，报馆91所[③]。各地学会、学堂，受到强学会"开大书藏"的影响，纷纷设立藏书楼或阅览室，搜集新学和西学文献，供给同志共同阅览。这些带有现代新式图书馆性质的藏书楼或阅览室就是中国现代图书馆事业最初的源头。梁启超作为变法维新运动的主要倡导者和领导者之一，后来出任中华图书馆协会董事部部长，并在协会成立大会上发表演说，将建设中国的图书馆

---

① 北京大学图书馆学情报学系,武汉大学图书情报学院.图书馆学基础（修订本）.北京：商务印书馆,1991:54.

② 严文郁.中国图书馆发展史——自清末至抗战胜利.台北："中国图书馆学会",1983:9.

③ 谢灼华.维新派与近代中国图书馆.图书馆杂志,1982（3）:70—73.

学和培养图书馆管理人才作为协会的两大任务，并不是偶然的。

在中国现代图书馆事业的发展过程中，真正奠定现代新式图书馆事业发展基础的，则是清末京师图书馆和一批省立公共图书馆的设立。1910年清政府颁布的《京师图书馆及各省图书馆通行章程》第一条规定"图书馆之设，所以保存国粹，造就通才，以备硕学专家研究学艺，学生士人检阅考证之用"①。其中"造就通才"的规定，强调了京师图书馆及各省图书馆的教育职能。图书馆之设，固然是为了"保存国粹"，但"造就通才"更是创设京师图书馆及各省图书馆的目的之一。

1906年，清政府宣布预备立宪。1908年又宣布从这一年开始到1916年共9年的时间为预备立宪时期。为了实施预备立宪，学部于宣统元年闰二月二十八日（1909年4月18日）上《奏报分年筹备事宜折》，制定了各项分年筹备事宜。其中：宣统元年（1909）——预备立宪第二年的筹备事宜有"颁布图书馆章程""京师开办图书馆（附古物保存所）"两项；宣统二年（1910）——预备立宪第三年的筹备事宜"行各省一律开办图书馆"②"颁布图书馆章程""京师开办图书馆"和"行各省一律开办图书馆"与学部其他"分年筹备事宜"全部与兴办教育有关。对中国现代图书馆事业的发展具有指标意义的"颁布图书馆章程""京师开办图书馆"和"行各省一律开办图书馆"被列入学部分年筹备事宜第二、第三年办理，正说明了图书馆是被清政府作为教育事业之一部分来举办的③。

1910年，奉天提学司图书科副科长谢荫昌翻译的日本户野周二郎之《学校及教师与图书馆》一书由奉天图书馆发行所发行，翻译时谢荫昌将书名改为《图书馆教育》。该书"大致本美国图书馆学大家达那氏（约翰·科顿·达纳）之说，证明图书馆为教育者职分内之任务，学校教师性分内之副业"。谢荫昌在该书序言中说，"学校外之教育机关虽不少，然其性质之属于根本的，其效果

---

① 学部奏拟定京师及各省图书馆通行章程折 // 李希泌,张椒华.中国古代藏书与近代图书馆史料（春秋至五四前后）.北京:中华书局,1982:128—131.
② 程焕文.晚清图书馆学术思想史.北京:北京图书馆出版社,2004:220.
③ 学部奏分年筹备事宜折 // 李希泌,张椒华.中国古代藏书与近代图书馆史料（春秋至五四前后）.北京:中华书局,1982:125—128.

之属于永久的者，终莫如图书馆。欧美国民，以是而对于图书馆加以市民大学之徽号，视为全国社会教育之最要机关"，"吾国言教育者，只知有学校教育，罕知有图书馆教育"，"只知图书馆在教育范围内，有教育学者之性质。罕知有教育国民之性能。其效果，只能培养一二学者，无裨于千万国民"。谢荫昌认为，"今日之言图书馆教育者，必须分培养学者，教育国民二种"，"其最要关键，在使全国人士，知图书馆之性能，不属于学校教育，而属于国民教育"。"为图书馆员者，先当破除旧日曹仓邺架之谬见，而使之了解图书馆之性质，不在培养一二学者，而在教育千万国民，并当随时对于平民为'图书馆非求高深学问之地方，乃求寻常日用知识之地'之演说。"① "市民大学"也好，"图书馆之性能……属于国民教育"也好，"图书馆之性质，不在培养一二学者，而在教育千万国民"也好，都是在强调图书馆作为教育事业的性质、地位和作用。

固然，在中国近现代图书馆事业的发展过程中，奠定近现代新式图书馆事业发展基础的是清末京师图书馆和一批省立公共图书馆的设立。但是不应因此而忽视我国近现代图书馆事业的另一源头，也就是在中华民国成立后，由教育部社会教育司倡导社会教育而举办的通俗图书馆和民众图书馆。这是中国近现代图书馆事业的另外一个源头。1912 年 1 月，中华民国临时政府在南京成立。临时政府设置教育部，负责全国教育行政、科研学术与文化事业，蔡元培出任教育总长。鉴于西方各国教育发达而中国教育落后且失学民众极多，教育部通令全国提倡社会教育。3 月，南京参议院通过了蔡元培草拟的教育部官制，《中华民国教育部官职令草案》规定教育部下设普通教育司、专门教育司和社会教育司。社会教育司执掌包括关于博物馆、图书馆事项和关于通俗图书馆、巡回文库等事项。由此确立了社会教育与普通教育和专门教育三司并立，以及社会教育在教育体系中的独立地位。此后，图书馆由教育部社会教育司执掌，图书馆事业的教育性质自不待言。作为行政官员和学者的谢荫昌所呼吁倡导建立的，正是这种为社会教育服务的通俗图书馆和民众图书馆。

中国现代图书馆事业的教育性质和作为教育事业的一部分的历史，还可以

---

① 户野周二郎 . 图书馆教育 . 谢荫昌，译 // 王余光 . 清末民国图书馆史料汇编（2）. 范凡等选辑 . 北京：国家图书馆出版社，2014：97—107.

从中华教育改进社成立后邀请部分图书馆知名学者参加年会和中国教育学术团体联合会吸收中华图书馆协会为会员单位的历史得到佐证。1921年12月23日，中华教育改进社在北京正式成立。这是当时全国最大的教育学术团体，以"调查教育实况，研究教育学术，力谋教育进行"为宗旨，设总事务所于北京。社员分两类，一类为团体社员，参加者为各学校及教育学术团体、教育行政机关；一类为个人社员，参加者为研究学术或办理教育有特别成绩者。当时还没有全国性的图书馆学会或协会组织，因此中华教育改进社只能邀请国内知名图书馆专家组成图书馆教育组参加年会。中华教育改进社成立后，从1922年7月到1925年8月曾分别在济南、北京、南京和太原等地召开过4次年会。由于图书馆事业在教育事业中所占有的特殊地位，或者说图书馆事业被认为是教育事业的一个组成部分，中华教育改进社每次年会都邀请图书馆界代表参加，并专门设立"图书馆教育组"来讨论研究图书馆事业发展过程中遇到的各种问题。而正是1922年7月在山东济南召开的第一次年会上，图书馆界代表提出《请中华教育改进社组织图书馆教育研究委员会案》等议案获得通过，才有后来的中华图书馆协会的诞生。

1937年春，中国教育学术团体联合办事处成立于南京。先后有中国教育学会、中华儿童教育社、中华职业教育社、中国社会教育社、中国教育电影协会、中国心理卫生协会、中国体育学会、中国卫生教育社、中国测验学会、中国民生教育学会、中国儿童福利协会、中华电化教育学社及中国童子军教育会等参加。中华图书馆协会应邀于1938年9月加入联合办事处。抗战全面爆发后联合办事处随国民政府西迁重庆。其主要工作为主办联合年会，加强各教育学术团体之间的联络，研讨当前各种教育问题，举办学术演讲与教育问题座谈会等。1938年、1942年、1944年、1945年和1947年先后举办过5次联合年会。1944年举办第三次联合年会时，联合办事处扩展为联合会。联合办事处召开第一至第三届联合年会时，中华图书馆协会均借参加联合年会之机，同时召开协会第四次、五次和六次学术年会。协会会员既可以参加联合年会，又可以出席协会年会。第四届联合年会1945年8月18日在重庆北碚召开。中华图书馆协会理监事会议议决推荐全体理事、监事代表协会出席会议，并通知各会员自行前往参加，协会不再另外举行学术年会。第五届联合年会1947年10月26至

27 日在南京文化会堂召开。协会理事会推举蒋复璁、刘国钧、柳诒徵、李小缘、陈东原、顾斗南、于震寰、陈训慈、汪长炳、洪有丰、王文山等 11 人为代表出席会议。中华图书馆协会参加中国教育学术团体联合会，表明协会所代表的图书馆事业之教育性质殆无疑义。

中华图书馆协会会员除一般图书馆员外，多教育、科学、文化界专家学者以及政界人士，以至于形成了宋建成所指出的中华图书馆协会在会员组成方面的两大特色：一为名誉会员之设，公推中外人士在图书馆学术或事业上有特别成绩者担任之；二为个人会员，除图书馆界人士外，更包括文化界、教育界知名人士如丁文江、王云五、李煜瀛、李盛铎、易培基、翁文灏、张伯苓、杨家骆、赵元任、刘纪泽、顾颉刚、诸桥辙次等人[①]。这与中国近现代图书馆事业的起步阶段是把图书馆事业作为开启民智、作育人才、辅助教育的工具，是社会教育的重要组成部分，因此受到教育、科学、文化甚至政界人士的重视并积极参与有关。中华图书馆协会成立后，由于协会会员中较多教育、科学、文化界专家学者，继续把图书馆事业作为教育事业的一部分加以推进，中国现代图书馆事业也作为教育事业的一部分而得到了较好的发展。

正是维新志士们认识到图书馆在"振兴教育、作育人才、开通民智"方面的重要作用，才特别把建藏书楼与广设学校、开报馆、改科举，奖励学会等措施一道，作为维新派的重要主张提出来，才会有各地学会学堂纷纷设立藏书楼或阅览室，搜集新学和西学文献，供给同志共同阅览。由此中国现代图书馆事业才在维新变法期间开始孕育。

也正是图书馆"造就通才"的教育功能，清政府学部才会在《分年筹备事宜单》中列入"颁布图书馆章程""京师开办图书馆"和"各省一律开办图书馆"等内容。由此京师图书馆和一批省立公共图书馆才在清末得以筹建，并奠定了中国现代图书馆事业的基础。

也正是把图书馆事业作为教育事业的重要组成部分来考虑，1912 年中华民国临时政府在南京成立时，国民政府才特别通令全国提倡社会教育，并在《中华民国教育部官职令草案》中规定教育部下设普通教育司、专门教育司和社会

---

① 宋建成. 中华图书馆协会. 台北:育英社文化事业有限公司,1980:202.

教育司，以社会教育司执掌包括博物馆、图书馆事项和通俗图书馆、巡回文库在内的社会教育事项。

也正是把图书馆事业作为教育事业的重要组成部分，中华教育改进社才会邀请图书馆界知名学者出席各届年会，也因此才有了1925年中华图书馆协会的成立。正是以梁启超、谢荫昌、蔡元培为代表的一批先知先觉者对图书馆教育性质的认识和理解，以及一大批教育、科技和文化界著名学者，把图书馆事业作为教育事业的一部分积极加以提倡，并通过中华图书馆协会热情投入到中国现代图书馆事业的建设和发展过程中，中国的现代图书馆事业才会迎来抗战全面爆发以前十年的较好发展局面。

近代中国，百事蜩螗，民不聊生。自清末维新变法开始，教育事业因受到社会各界较多的关注和各界精英的积极参与而有较好的发展。中华图书馆协会成立时董事部的15名董事中，职业图书馆学家只有袁同礼等5名，蔡元培等其余10名董事则分别来自学术界和教育界等。正是中国近现代图书馆事业的教育性质吸引了大批学术界和教育界的精英积极参与，才促成了中国现代图书馆事业从中华图书馆协会成立到抗战全面爆发前的大发展，并由此奠定了整个20世纪中国图书馆事业发展的基本格局。

附录 1　中华图书馆协会大事记 ①

1921 年

12 月 23 日，中华教育改进社在北京正式成立。这是当时全国最大的教育学术团体，以"调查教育实况，研究教育学术，力谋教育进行"为宗旨，设总事务所于北京。

1922 年

7 月 3—8 日，中华教育改进社在济南召开第一次年会。杜定友、洪有丰、朱家治、沈祖荣、孙心磐、戴志骞、戴罗瑜丽等 7 人受邀并组成图书馆教育组（第十八组）参加年会。这是我国图书馆界著名学者的第一次聚会。此次会议图书馆界代表共提出议案 13 件，后经小组会议讨论，最终通过《请中华教育改进社组织图书馆教育研究委员会案》等议案 8 件。图书馆教育研究委员会是中国最初的全国性图书馆组织雏形，下设图书馆行政与管理、征集中国图书、分类编目研究、图书审查 4 组。

1923 年

8 月 20—24 日，中华教育改进社在北平清华学校举行第二次年会。获邀参加大会的图书馆界代表 23 人组成图书馆教育组（第三十组）与会。会议通过与图书馆有关之议案 5 件。重要者有《呈请中华教育改进社转请政府及美国政府以美国将要退还庚子赔款的三分之一作为扩充中国图书馆案》和《组织各地方图书馆协会案》。

是年，韦棣华女士两次往返中美两国之间，致力于美国将要退还之部分庚

---

① 本书作者根据《中华图书馆协会概况》《中国图书馆百年纪事（1840—2000）》（陈源蒸、张树华、毕世栋编）以及《中华图书馆协会会报》《图书馆学季刊》等书刊整理而成。

子赔款能够用于发展中国的图书馆事业。

1924 年

3 月 30 日，北京图书馆协会成立，协会由中华教育改进社敦请戴志骞发起成立。戴志骞被推举为会长、冯陈祖怡为副会长、查修为书记。会址设在清华学校图书馆，有团体会员 20 人，个人会员 30 人。该会为全国最早的地方图书馆协会。

4 月 26 日，浙江省图书馆协会成立，章仲铭被推举为会长，陈益谦为副会长，高克潜为书记。设会址于浙江公立图书馆。会员分团体会员、个人会员和特别会员 3 种。1926 年 4 月 18 日改名为杭州图书馆协会。

5 月 21 日，美国国会通过将退还庚子赔款用于发展中国教育文化事业决议案。9 月，美国政府决定由中美双方合组中华教育文化基金董事会，负责分配退还庚子赔款之用途。

5 月，开封图书馆协会成立，何日章被推举为会长，李燕亭为书记，会员分为机构会员与个人会员两种，设会址于河南第一图书馆。

5 月，南阳图书馆协会成立，杨廷宪被推举为会长，李寰宇为副会长，王洪策为书记。

6 月 27 日，杜定友、孙心磐和黄警顽等发起成立上海图书馆协会。会员分团体会员与个人会员两种。杜定友被推举为协会委员长，协会会址设上海总商会图书馆。

6 月，洪有丰等发起成立南京图书馆协会并被推举为会长。协会会址设东南大学图书馆。会员分甲、乙两种，甲种为机构会员，乙种为个人会员。

6 月，王文山等发起成立天津图书馆协会，王文山被推举为会长，李晴皋为书记。会员分为三种，一是机构会员，二为个人会员，三为捐款或实力赞助者，为特种会员。协会会址设南开大学。

7 月 4—7 日，中华教育改进社第三次年会于南京东南大学举行。图书馆教育组接到议案 9 件，论文 2 篇。会议期间，教育组改选图书馆教育研究委员会组织机构，通过议案 5 案。改选结果戴志骞仍为主任，洪有丰仍为副主任，朱家治为书记，委员包括沈祖荣、胡庆生、杜定友等 18 人。另有王洪策、宋远吾、邵鹤举等 29 人自愿加入委员会开展活动。

7 月，洪有丰在南京东南大学暑期学校讲授图书馆学，听讲学员来自江苏全省各县。遂发起成立江苏省图书馆协会，并于当年 8 月 3 日召开正式成立大会。洪有丰被推举为会长，施凤笙为副会长，并由会长洪有丰聘请朱家治为书记。有团体会员 7 个，个人会员 80 余人。

1925 年

春，由河南开封图书馆协会发起请上海图书馆协会筹备成立全国图书馆协会。4 月 5 日下午，上海图书馆协会假上海总商会图书馆召开会议，讨论全国图书馆协会筹备事宜，杜定友主持会议。4 月 12 日下午，上海图书馆协会假四川路青年会举行全国图书馆协会筹备委员会及欢迎鲍士伟博士筹备委员会联席会议，有陕西、山西、四川等 14 个地方图书馆协会代表出席。会议据鲍士伟博士 26 日到沪之消息，确定 27 日召开欢迎大会。

3 月，北京图书馆协会一方面着手组织专门委员会负责准备接待鲍士伟博士来华有关事宜，另一方面以全国性图书馆组织"有从速进行之必要"，特组委员会筹备一切，设委员 10 人，高仁山任主席。4 月 12 日，北京图书馆协会在中央公园来今雨轩召开全国图书馆组织发起人大会，推举邓萃英为大会临时主席。议决组织筹备委员会，高仁山任筹备委员会主席。4 月 19 日在师范大学乐育堂召开第一次筹备会议，正式推选熊希龄为筹备会主席。会议同时推举候选董事，并订下次筹备会在上海举行。

4 月 2 日，广州图书馆协会成立。协会由广东大学（中山大学前身）图书馆主任吴康发起成立。设会址于广东大学图书馆。会员分团体会员与个人会员两种。

4 月 22—25 日，中华图书馆协会筹备成立大会在上海举行。大会通过了中华图书馆协会组织大纲，推选蔡元培、梁启超、胡适、丁文江、沈祖荣、钟福庆、范源廉、熊希龄、袁希涛、颜惠庆、余日章、洪有丰、王正廷、陶行知、袁同礼 15 人为董事，戴志骞为执行部部长，杜定友、何日章为副部长。戴志骞时在美国考察，在其返国以前，其部长职务由袁同礼暂行代理。事务所设在北京西单石虎胡同 7 号松坡图书馆第二馆内。5 月 18 日协会呈请京师警察厅转呈内务部立案。京师警察厅于 6 月 4 日批示准予备案。5 月 27 日，董事部举行第一次会议，公推梁启超为部长、袁同礼为书记，推举颜惠庆、熊希龄、丁文江、胡适、袁希涛组织财政委员会，筹划协会基金。董事部第一次会议还根据协会组织大纲，推举教育总长黄郛及施肇基、鲍士伟、韦棣华为名誉董事。6月2日下午3时，中华图书馆协会假北京南河沿欧美同学会礼堂举行正式成立仪式，梁启超发表演说，倡导建设中国的图书馆学。同日协会董事部举行第二次会议，讨论中华教育改进社图书馆教育研究委员会拟以美国退还庚子赔款三分之一建设图书馆事业之提议及鲍士伟博士之意见书。议决大体赞同，唯附说明3项。

6月30日，《中华图书馆协会会报》创刊。该报为协会传达消息之刊物，兼为全国图书馆事业之通讯机关。凡国内之图书馆及各报馆通讯社，均按期赠阅。7月25日按出版法在京师警察厅领得出版执照，9月5日在北京邮务管理局立案，被认定为新闻纸类。《中华图书馆协会会报》共出21卷4期，至1948年5月停刊。

7月15日—8月15日，中华图书馆协会与国立东南大学、中华职业教育社、江苏省教育会在国立东南大学合办暑期学校。暑期学校设图书馆组，由洪有丰、杜定友、李小缘、刘国钧讲授图书馆学术辑要、图书馆行政、学校图书馆、儿童图书馆、分类法、编目法等。

8月16—23日，中华教育改进社第四次年会在山西太原召开。图书馆教育组通过议案2件。此前，作为全国性图书馆组织的中华图书馆协会已于4月成立，中华教育改进社图书馆教育组和图书馆教育研究委员会完成了历史赋予的使命，遂停止活动。

9月26日，协会援学术团体立案前例，呈请教育部立案，10月17日蒙批准备案。

9月，执行委员会为处理特别学术问题特组织5种专门委员会，委员会设主任、副主任、书记各1人。各委员会及主任、副主任如下：图书馆教育委员会，主任洪有丰、副主任胡庆生；分类委员会，主任梁启超、副主任徐鸿宝；编目委员会，主任傅增湘、副主任沈祖荣；索引委员会，主任林语堂、副主任赵元任；出版委员会，主任刘国钧、副主任杜定友。

11月，戴志骞自美返国，接手协会执行部部长职务。

是年，中华图书馆协会委托刘国钧代表协会出席美国图书馆协会1925年年会。

中华图书馆协会第一次调查全国图书馆。调查结果显示全国共有图书馆502所，其中公共图书馆259个，学校图书馆171个，机关团体及其他类型图书馆72个。

1926 年

3月，《图书馆学季刊》创刊，因经费困难，委托南京书店发行，但版权仍归协会所有。该刊有较强的学术性，其宗旨为"本新图书馆运动之原则，一方参酌欧美之成规，一方稽考我先民对于斯学之贡献，以期形成一种合于中国国情之图书馆学"。《图书馆学季刊》于1937年出至第11卷2期后因抗战全面爆发被迫停刊。

5月，上届董事15人中颜惠庆、袁希涛、梁启超、范源廉、袁同礼五董事及执行部长戴志骞、副部长杜定友、何日章任满。经过会员公选，颜惠庆、袁希涛、梁启超、张伯苓、戴志骞5人为董事，再由董事推举梁启超为部长，戴志骞为书记，袁同礼为执行部部长，杜定友、刘国钧为副部长。

6月，中华教育文化基金董事会在武昌华中大学文华图书科设图书馆学助学金额，修业期满2年，成绩及格者，给予图书科证书。董事会以中华图书馆协会为中国图书馆事业之重要机关，特函请协会会同办理招考事宜。协会于是推举戴志骞、刘国钧与文华图书科合组考试委员会，主持招生考试。10月，招考并录取图书馆学免费生9名。

10月14日，美国图书馆协会在新泽西大西洋城举行50周年大会并招集世界图书馆员大会，中华图书馆协会除驰电致贺外，并派在美会员裘开明、桂质柏及韦棣华女士3人为代表出席会议。会上，美国图书馆协会建议组织"国际图书馆委员会"。嗣后国际联盟智育合作协进社所召集之图书馆专家会议，又有成立"图书馆事务处"之议。美国图书馆协会和国际联盟智育合作协进社所召集之图书专家会议均建议在翌年9月英国图书馆协会爱丁堡年会上做进一步的讨论，先将议案函送中华图书馆协会等征询意见。中华图书馆协会函复表示赞同。

1927 年

3月1日，协会总事务所由西单石虎胡同7号松坡图书馆第二馆迁至北海北京图书馆内。

3月，瑞典人斯文·海定组织大规模的"中亚远征队"，赴中国西北各省搜集古物及特种学术材料。京中各学术团体认为此种事业虽为促进科学研究之举，但应以中国方面为主。于是召集联席会议，并邀请中华图书馆协会参加。嗣后成立中国学术团体协会，并与斯文·海定共同组织西北科学考察团。

5月，上届董事15人中王正廷、熊希龄、蔡元培、洪有丰、沈祖荣及执行部部长、副部长均已任满。经过会员公选，蔡元培、熊希龄、洪有丰、周怡春、沈祖荣5人为继任董事，袁同礼连任执行部部长，李小缘、刘国钧为副部长。

9月26—30日，英国图书馆协会成立50周年纪念大会在苏格兰爱丁堡举行，韦棣华女士代表中华图书馆协会出席。会议通过成立"国际图书馆及目录委员会"议案，韦棣华女士代表中华图书馆协会签字。中华图书馆协会董事部认为此事对国际图书馆事业关系巨大，决定正式加入"国际图书馆及目录委员会"，并推举戴志骞、袁同礼、沈祖荣3人为中华图书馆协会之代表，参加"国际图书馆及目录委员会"事务。

1928 年

5月15日起，中华民国大学院在南京国立中央大学召集第一次全国教育会议。中华图书馆协会受邀选派代表出席，并提出发展图书馆事业之提案多件。

7月，中华图书馆协会复向中华民国大学院援照学术团体前例请予立案。嗣后行政院教育部成立，11月协会重申前请。12月14日，国民政府教育部批准中华图书馆协会立案。

10月，中华图书馆协会第二次调查全国图书馆，调查结果显示全国有各类图书馆642所。

1929 年

1月19日，中华图书馆协会董事部部长、我国近代著名启蒙思想家、政治活动家、历史学家、图书馆学家梁启超于北平逝世。

1月28日—2月2日，中华图书馆协会第一次年会在南京金陵大学召开，出席大会代表200余人。大会对中华图书馆协会组织大纲进行了修订，改董事部、执行部为执行委员会、监察委员会。选举戴志骞、袁同礼、李小缘、刘国钧、杜定友、沈祖荣、何日章、胡庆生、洪有丰、王云五、冯陈祖怡、朱家治、万国鼎、陶行知、孙心磐15人为执行委员，袁同礼为执行委员会主席。选举柳诒徵、田洪都、陆秀、侯鸿鉴、毛坤、李燕亭、欧阳祖经、杨立诚、冯汉骥为监察委员，柳诒徵为监察委员会主席，杨立诚为书记。大会共收到各种提案160多件。除会务会议外，年会分图书馆行政组、分类编目组、建筑组、图书馆教育组、索引检字组、编纂组六组进行讨论。

3月，协会执行委员会重组各专门委员会委员，组成：分类委员会，主席刘国钧，书记蒋复璁；编目委员会，主席李小缘，书记范希曾；索引委员会，主席杜定友，书记钱亚新；检字委员会，主席沈祖荣，书记万国鼎；图书馆教育委员会，主席胡庆生，书记毛坤；编纂委员会，主席洪有丰，书记缪凤林；建筑委员会，主席戴志骞，书记袁同礼；宋元善本书调查委员会，主席柳诒徵，书记赵万里；版片调查委员会，主席徐鸿宝，书记王重民。另外设立《图书馆学季刊》编辑部及《中华图书馆协会会报》编辑部，前者主任刘国钧，后者主任袁同礼。

5月23日，武昌文华图书科主任沈祖荣代表中华图书馆协会，并由教育部加聘为部派代表，启程赴意大利罗马参加6月15—30日举行的第一次国际图书馆及目录学会议，会后考察了德国、意大利、荷兰、英国、法国、瑞士和苏联等欧洲国家的图书馆事业。会前，协会征集论文4篇于5月底编辑成 *Libraries in China* 论文集一种，由沈祖荣携往大会交流。沈祖荣携往大会交流的还有书籍、图片等其他图书馆展品。

7月20日，协会监察委员会第一次会议在杭州浙江省立图书馆召开。监察委员柳诒徵、杨立诚、侯鸿鉴、欧阳祖经、陆秀、毛坤等出席。会议推举柳诒徵为监察委员会主席。

12月，中华图书馆协会第三次调查全国图书馆，调查结果显示全国有国立图书馆1所，省立图书馆47所，普通图书馆（市县立图书馆及私立图书馆）878所，学校图书馆387所，会社图书馆38所，机关图书馆36所，专门图书馆（儿童图书馆占多数）41所，总计全国共有各类图书馆1428所。此次协会调查全国图书馆为自有此项调查以来最为完备的一次。

12 月，刘国钧编撰的《中文图书编目条例草案》由中华图书馆协会出版。

1930 年

1 月，上届执行委员戴志骞、朱家治、王云五、何日章、冯陈祖怡，监察委员侯鸿鉴、陆秀、田洪都于 1 月任满，经全体会员公选，戴志骞、王云五、何日章、朱家治、周诒春当选为继任执行委员，钱亚新、杨昭悊、陈钟凡当选为监察委员。

5 月 24 日，国民政府教育部审核中华图书馆协会呈送第一次年会议决案 12 项，并分别批复。

10 月，因主编刘国钧由南京转职北平，《图书馆学季刊》编辑部亦随之由南京金陵大学迁至北平。

1931 年

1 月，上届执行委员袁同礼、李小缘、胡庆生、沈祖荣、杜定友，监察委员柳诒徵、杨立诚、毛坤任满改选，结果袁同礼、杜定友、李小缘、沈祖荣、胡庆生当选为执行委员，柳诒徵、杨立诚、毛坤当选为监察委员。

2 月，协会对全国图书馆进行第四次调查，结果显示全国有各类图书馆 1527 所。

5 月 1 日，中华图书馆协会董事部原名誉董事、图书馆教育委员会委员韦棣华女士（Mary Elizabeth Wood）于武昌病逝。

6 月 25 日，协会总事务所因北海北京图书馆并入国立北平图书馆，遂由北海北京图书馆迁入北平文津街 1 号国立北平图书馆内。

6 月，协会调查会员状况，重新编辑《中华图书馆协会会员录》。调查结果，协会共有会员 667 名，其中名誉会员 32 名，机关会员 233 名，个人会员 402 名。

1932 年

1 月，上届执行委员的三分之一——刘国钧、洪有丰、陶行知、万国鼎、孙心磐 5 人，监察委员的三分之一——欧阳祖经、冯汉骥、李燕亭任满，经协会全体会员公选，刘国钧、洪有丰、田洪都、王文山、冯陈祖怡当选为执行委员，徐家麟、欧阳祖经、陈训慈当选为监察委员。

5月3日，执行委员会致电行政院，痛陈交通部订定邮票加价办法之不可，因其影响图书馆事业发展甚巨。结果书籍印刷品邮费仍照原来办法，未有变更。

6月9—10日，主持国际图书馆协会联合会会务之国际委员会，在瑞士首都伯尔尼国立图书馆内举行第五次会议，致函中华图书馆协会请选派代表出席。协会因路途遥远，未派专人前往出席，特编制一年来中国图书馆界概况之简略报告，并附上海各大图书馆在"一·二八"事变期间之损失寄送大会。

夏，协会特别委托协会会员、监察委员会委员、武昌文华图书馆学专科学校教授毛坤于暑期返里之便，由执行委员会备函，请其就近代为调查，并随宜加以指导。后有《调查四川图书馆报告》发表在《中华图书馆协会会报》第8卷第3期。

本年度，执行委员会举行第一次会议。因各专门委员会工作多陷于停顿，亟应改组以利进行。建议全体执行委员将各委员会重新改组，以主席、书记同一地点为原则，各委员会委员由主席推荐后，再由协会函聘。改组后各委员会如下：分类委员会主席刘国钧、书记曹祖彬，编目委员会主席裘开明、书记冯汉骥，索引委员会主席万国鼎、书记蒋一前，检字委员会主席杜定友、书记钱亚新，图书馆教育委员会主席沈祖荣、书记徐家麟，建筑委员会主席戴志骞、书记吴光清，编纂委员会主席袁同礼、书记向达，版片调查委员会主席柳诒徵、书记缪凤林，《图书馆学季刊》编辑部主席刘国钧。

1933 年

8月22—28日，中华图书馆协会第二次年会在北平清华大学举行，有200多名会员参加会议。会议讨论通过议案多件，其中须由教育部明令实施者甚多，由执行委员会汇总后呈送教育部鉴核。直接关系各图书馆馆务者，由执行委员会函请全国图书馆查照办理。第二次年会后，协会为研究专门问题并执行第二次年会议案，特组织两新委员会：图书馆经费标准委员会，主席柳诒徵，书记陈东原；审定杜威分类法关于中国细目委员会，主席桂质柏，书记陈尺楼。会后，协会根据第二次年会议决订定募集基金办法，组织募集基金委员会和基金保管委员会。

8月25日，《中华图书馆协会概况》出版。

10月14—16日，国际图书馆协会联合会之国际图书馆委员会第六次会议及美国图书馆协会第五十五次年会分别于10月14—16日在美国芝加哥、11月13—14日在法国阿维尼翁举行。中华图书馆协会选派驻美会员哈佛大学汉和图书馆主任裘开明代表协会出席10月14—16日在美国芝加哥举行的会议。

1934 年

1月，执行委员会委员戴志骞、王云五、何日章、朱家治、周诒春，监察委员会委员钱亚新、杨昭悊、陈钟凡任期届满，由事务所按照协会组织大纲，通函全体会员进行选举。选举结果戴志骞、蒋复璁、桂质柏、何日章、严文郁当选为执行委员会委员，洪业、万国鼎、李燕亭当选为监察委员会委员。再经监察委员通函选举洪业为监察委员会主席，毛坤为书记。

2月20日，执行委员会主席袁同礼奉教育部委派启程赴欧美考察图书馆事业，并代表中华民国出席在西班牙马德里举行的国际博物院会议，时间约2月。因出国日期较长，袁同礼建议执行委员会推举刘国钧为执行委员会主席，李小缘、洪有丰、严文郁为执行委员会常务委员共同主持协会工作。后经多数执行委员复函表示同意。

4月底，美国国会图书馆远东部主任恒慕义博士来华调查中国图书馆等文化事业并便中为美国国会图书馆采购图书。中华图书馆协会特联合国立北平图书馆、国立北平故宫博物院及中华教育文化基金董事会，于5月5日正午12时在故宫东华门内传心殿设宴欢迎恒慕义博士。

5月28—29日，国际图书馆协会联合会之国际图书馆委员会第七届年会在西班牙首都马德里召开，袁同礼因时间仓促未能如期赶到，临时由协会会员日内瓦中国国际图书馆馆长胡天石代为出席。

7月16日，中华图书馆协会与私立武昌文华图书馆学专科学校联合招考图书馆免费生。除招考专科正班生外，并招考民众班，其入学程度为中学毕业，民众班免费生学制为1学年。

10月16日，立法院修正完毕之宪法草案第九章第一〇五条规定，私立学校成绩优良者予以褒奖或补助，但于私立图书馆及社会教育机关，并无是项规定。中华图书馆协会因与中国社会教育社联合呈请国民政府立法院，请将私立图书馆及社教机关成绩优良者，列入宪法草案条文予以奖励或补助。旋接立法院秘书处 11 月 28 日函，已将中华图书馆协会与中国社会教育社联合电文"交法制委员会备考"。

1935 年

1 月 14 日，协会总事务所原在文津街 1 号国立北平图书馆内，后以会务日繁，时感不敷办公之用，复商之该馆，改借中海增福堂房屋应用，于 1 月 14 日迁入办公。

2 月，执行委员会委员袁同礼、杜定友、李小缘、沈祖荣、胡庆生，监察委员会委员柳诒徵、杨立诚、毛坤任期届满，经全体会员公选，袁同礼、杜定友、王云五、沈祖荣、李小缘当选新任执行委员会委员，袁同礼为执行委员会主席。裘开明、柳诒徵、毛坤当选监察委员会委员。

2 月，协会对全国图书馆进行第五次调查。调查结果显示，全国共有各类图书馆 2818 所。

3 月，中国工程师学会、中国科学社、中国天文学会等 18 个学术团体在南京筹建联合会所，中华图书馆协会是其中之一。

5 月，国际图书馆协会联合会于 5 月 19—20 日在西班牙首都马德里，30 日在巴塞罗那召开第二次国际图书馆与目录学大会，正式函请中华图书馆协会派员参加。执行委员会即请在美洲考察图书馆事业之协会会员汪长炳代表协会出席。执行委员冯陈祖怡适因公至日内瓦，亦请就近参加。会员章新民提交《中国图书馆宣示馆中藏品之方法》英文论文 1 篇，在民众图书馆会议组宣读。

8 月 12—16 日，协会执行委员会主席袁同礼，偕同故宫博物院图书馆馆长徐鸿宝，于 7 月 25 日由平搭车南下赴桂，参加 8 月 12—16 日召开的全国六学术团体年会，就便考察西南图书馆业务。

8 月，中华图书馆协会出版十周年纪念论文集 *Libraries in China*，收入英文论文 9 篇，作者有裘开明、吴光清、沈祖荣、蒋复璁、柳诒徵、查修、严文郁、杜定友、戴罗瑜丽等。

10 月 1 日，国内各学术团体在首都建设委员会召开联合会所筹备委员会会议，共到代表 42 人。王文山代表中华图书馆协会出席筹备会议，讨论会长及选举职员等。

1936 年

2 月，执行委员会委员刘国钧、洪有丰、王文山、田洪都、冯陈祖怡，监察委员会委员徐家麟、欧阳祖经、陈训慈任期届满，经全体会员公选，刘国钧、洪有丰、王文山、田洪都、查修当选为新任执行委员会委员，徐家麟、汪长炳、欧阳祖经当选为监察委员会委员。

5 月 31 日—6 月 2 日，国际图书馆协会理事会在波兰首都华沙举行第九次年会，年会主题为国际图书馆及目录问题。协会曾函托日内瓦中国国际图书馆馆长胡天石博士代为与会。后胡天石因事赴德，协会再转托中国驻波兰使馆虞和德代表参会。协会将最近一年来中国图书馆事业之最新发展编撰为英文报告，连同 1935 年出版的协会成立十周年纪念文集 *Libraries in China* 寄送该会，借资交流。

7 月 20—24 日，中华图书馆协会第三次年会与中国博物馆协会年会于青岛山东大学联合举行，到会 150 余人。年会除讨论通过会员提交之发展图书馆事业议案若干外，还讨论由教育部交议之议案 8 件。原案业经协会分寄各图书馆及地方图书馆协会分别拟复。协会就拟复之各方意见报告全体会员，当场详加讨论。22 日下午召开会务会议时，代表临时提议改执行委员会为理事会，改监察委员会为监事会并获通过。

9 月，教育部社会教育司鉴于过去各市县图书馆或民众教育馆购置书籍漫无标准，工作活动亦未规定，特委托协会乘年会之便，讨论一具体办法，俾资采择。协会为求慎妥起见，除在年会讨论外，再组织一改进图书馆行政要点讨论会，重新进行讨论。

1937 年

1 月，协会理事会理事戴志骞、蒋复璁、桂质柏、何日章、严文郁，监事会监事洪业、万国鼎、李燕亭任期届满，经协会会员通函选举，蒋复璁、戴志骞、严文郁、柳诒徵、陈训慈当选为新任理事，岳良木、万国鼎、吴光清当选为新任监事。

7月，"七七"事变后日本发动全面侵华战争，华北及东南沿海一带的大型图书馆为了保存祖国的文化遗产，纷纷组织内迁和西迁。中华图书馆协会随国立北平图书馆先迁至长沙，1938年3月再迁昆明西南联大图书馆，另在重庆川东师范学校国立中央图书馆内设立理事会通讯处。《图书馆学季刊》与《中华图书馆协会会报》被迫停刊。

10月，协会开始调查全国图书馆被毁状况，委托中外人士亲至各地访问，惠寄确实报告，分类保存，并将报纸所载者予以剪裁，编成英文报告，作为国际宣传。协助全国图书馆积极复兴，首将各馆被毁概况报告欧美各国；次则征求书籍，在各国通都大邑，指定收书地点，广募图书，免费运华，并与美国图书馆协会商妥，一俟战事结束，由该会选派专家一人来华视察，协助我国图书馆事业积极复兴。

中华图书馆协会鉴于图书馆事业为社会教育中心，自战事蔓延被毁奇重。馆员中荡析无归者，殊不乏人，亟应设法救济，庶免流离，而得为国效力。前特具陈教育部，拟恳援照战区专科以上员生登记办法，准同待遇，予以登记，业承核准施行。

1938 年

4月，协会为征求全国图书馆被毁事实及此项照片起见，在武昌文华公书林、长沙湖南大学图书馆、成都金陵大学图书馆等14地设立通讯处。

7月，《中华图书馆协会会报》在昆明复刊。

9月，协会为明了各会员近况起见，自该月起进行会员总登记，要求各会员将入会愿书分别填写寄会。

同月，协会将教育文化机关遭日寇侵略被毁情况撰成的英文报告脱稿并开始印刷，拟循此前调查全国图书馆被毁状况之旧例，分寄各友好国家，揭露日寇侵华造成我国教育文化机关损失之暴行。

同月，协会加入中国教育学术团体联合办事处。

11月27—30日，协会借参加中国教育学术团体联合年会之机，在重庆川东联立师范学校召开第四次年会。出席年会会员共63人，来自20个图书馆，

1 个地方图书馆协会和文华图书馆学专科学校。年会除讨论通过由会员提交之议案外，还讨论通过联合年会第三审查组交付中华图书馆协会单独讨论之议案 6 件。年会会务会议议决通过暂停每年改选理事及监事三分之一，延至会员总登记完毕后举行。推举洪有丰、蒋复璁、沈祖荣为协会加入中国教育学术团体联合办事处代表。

12 月 6 日，由中央大学、中华农学会、中国地理教育研究会、教育部等全国多家学术机关团体代表于重庆川东师范学校发起成立"战时征集图书资料委员会"，并议决由国民党中宣部、国民政府教育部、外交部、管理中英庚款董事会、国际出版品交换处、中华图书馆协会各派代表 1 人与学术团体代表张伯苓共同组成执行委员会。

1939 年

3 月 7 日，战时征集图书资料委员会召开会议，正式议决由政府委托中华图书馆协会继续办理在美征集图书事宜。

协会推荐蒋复璁代表协会参加组织残疾教育委员会。该委员会由参加中国教育学术团体联合年会各团体各推荐一人组成。

自抗战全面爆发以来，协会会员迁徙流离，变动甚多，协会为明了各会员状况，本年进行会员总登记。

1940 年

春，协会进行会员总登记，结果显示时有会员 360 余人。

9 月，协会总事务所由昆明柿花巷 22 号随国立北平图书馆迁至昆明文庙尊经阁办公。

10 月，《中华图书馆协会会报》自第 15 卷第 1、2 合期开始，改由刘国钧理事任主编并在成都发行。

本年度，协会奉教育部令调查全国图书馆战时工作概况，分函各图书馆并随附报告书格式 1 张，请各图书馆将工作概况每两月报告 1 次，以便汇总呈报教育部。

1941 年

1 月，协会总事务所由文庙尊经阁迁至昆明北郊桃园村起凤庵办公。

9 月，协会为关心"七七"事变后北平图书馆界状况者明了起见，多方设法托人调查，将北平图书馆规模较大者，就调查所得之次序，撰成《七七事变后平市图书馆状况调查》发表于《中华图书馆协会会报》第 16 卷第 1、2 合期和第 3、4 合期。此后，该报刊载各图书馆工作概况渐多。

1942 年

2 月 8—9 日，中国教育学术团体联合办事处第二次年会在重庆国立中央图书馆召开。中华图书馆协会借参加联合年会之机，临时决定召开协会第五次年会。到会机关会员有国立中央图书馆等 6 个，个人会员蒋一前等 34 人。蒋复璁理事由联合办事处推荐代表协会参加联合年会主席团。因协会本次年会为配合联合年会而召开，时间仓促，准备不足，除参加联合年会外，本次年会只召开在渝理监事联席会议 1 次，会员谈话会 1 次，会员联谊会 1 次。

1943 年

2 月，协会协助政府筹设国立西北图书馆，由教育部聘请协会理事刘国钧任筹备处主任，馆址设兰州。6 月，刘国钧启程赴兰，开始组织筹备工作。

9 月，协会总事务所由昆明迁至重庆沙坪坝国立北平图书馆办事处。

12 月，协会为协助战后全国图书馆复兴并为集思广益起见，特制定《全国图书馆复兴计划意见调查表》分发至全国各地图书馆请予填注寄会，并同时在《中华图书馆协会会报》第 18 卷第 2 期刊出。是项调查表先后共收回 30 余份，协会经过整理后，拟具提案多种，提交第六次年会讨论通过，设法实施。

1944 年

3 月，协会编辑英文图书通讯，介绍中国战时图书馆工作及战后图书馆复兴计划。

5 月 5—6 日，中国教育学术团体第三次联合年会在重庆国立中央图书馆举行，中华图书馆协会除参加联合年会外，同时召开第六次年会。出席年会机关会员代表及个人会员 60 余个（人）。年会讨论通过议案 10 件，并对《组织大纲》进行了修订，但因会员意见分歧较大，大纲修订未能最后完成。为配合年会的召开，袁同礼撰写了《中华图书馆协会之过去现在与将来》，蒋复璁撰写了《战后我国图书馆事业之展望》，沈祖荣撰写了《战后图书馆发展之途径》发表在 1944 年 5 月 5 日重庆《中央日报》副刊，《中华图书馆协会会报》第 18 卷第 4 期予以转载。

11 月 29 日，中华图书馆协会改选理监事。选举沈祖荣、蒋复璁、刘国钧、袁同礼、毛坤、杜定友、洪有丰、王云五、汪长炳、严文郁、王文山、陈训慈、徐家麟、桂质柏、李小缘 15 人为新任理事。选举柳诒徵、何日章、沈学植、徐家璧、陈东原、裘开明、汪应文、戴志骞、姜文锦 9 人为监事。选举袁同礼为理事长，李之璋为干事。

11 月，协会理事长袁同礼由行政院派赴美国考察文化事业，并促进中美文化交流。

1945 年

4 月 6 日，美国图书馆学家诺伦堡博士受美国政府派遣来华访问，中华图书馆协会借国立中央图书馆举行茶会招待，并邀请教育文化界人士参加。

4 月 25 日，联合国国际组织会议在旧金山召开，袁同礼被聘请为中国代表团咨议并参加会议，5 月底接受由匹兹堡大学授予的名誉法学博士学位，并被选为美国图书馆协会顾问。

10 月 23 日，协会理事会在重庆举行，理事长袁同礼报告美国、英国对于欧亚各国图书馆之援助情况以及 10 年来美国图书馆事业之进步。议决通过《收复区图书文献之损失亟待调查以备向敌人索取赔偿》等议案 5 件。

1946 年

2 月，协会理事长袁同礼由教育部派遣由渝经港、沪赴美采购图书。5 月底赴英国伦敦参加国际教育文化科学机构之图书馆及博物馆特别委员会会议并当选为该委员会副主席。

7月，协会理事长袁同礼奉命赴德调查我国文物损失情形，旋被聘为巴黎和会中国代表团顾问。

协会继续追查协会存港被劫存书。协会前承美国图书馆协会寄赠图书多种，连同国立北平图书馆等处存书300余箱，原寄存香港大学冯平山图书馆内，太平洋战争爆发后为日军劫夺，下落不明。协会呈请教育部，请予备案，并电请陆军总司令部协助追查。

本年获悉协会留平文件图书幸得保全。"七七"事变后，协会理事长袁同礼匆忙南下，所有文件、图书均由协会会员李钟履负责保管。除一部分辗转设法寄往香港转运昆明，一部分于北平情况恶劣时涉有违禁嫌疑，忍痛焚毁外，余者悉寄存中德学会。事隔数载，中德学会以房屋破漏狭窄，不允继续代为保存，遂由李钟履取回藏于寓所，后辗转迁徙，无不与俱。抗战胜利后，铜版等全部保全，图书除在中德学会时受雨浸鼠噬及检毁者外，大部均得保全，并已全部运存于北平政治学会图书馆协会借用之会所。

1947 年

3月，协会事务所由国立北平图书馆迁往南京国立中央图书馆，所有事务由国立中央图书馆派员办理，并聘于震寰为常务干事。

3月29—31日，协会干事于震寰代表中华图书馆协会应邀参加在苏州国立社会教育学院举行的中国社会教育社第五届年会。

4月8日，协会推举蒋复璁理事为代表参加联合国教育科学文化组织中国委员会筹备委员会，于4月8日经教育部正式聘定。

5月20日，中华图书馆协会理事严文郁应美国图书馆协会邀请，赴美参观考察图书馆事业。1948年1月22日返国。

5月20—23日，国际图书馆协会联合会第十三届年会在挪威首都奥斯陆举行，中华图书馆协会原拟委托协会会员胡天石代表出席。后改由使馆秘书雷孝敏代表出席，并由协会航寄书面报告《复员后之中国图书馆概况》托其携往参会交流。

5月24日，留京理监事假国立中央图书馆举行联席会议。出席会议理事有李小缘、蒋复璁（缪镇蕃代）、洪有丰、刘国钧、王文山（于震寰代）、汪长炳和徐家麟（皆陆华深代），监事有柳诒徵（李恩渥代）和沈学植。会议由理事长袁同礼主持，主要内容有协会事务所由国立北平图书馆迁至南京国立中央图书馆，调查全国图书馆情形和进行会员总登记等。

10 月 15 日，联合国教育科学文化组织中国委员会举行首次执委会，推定各专门委员会，袁同礼、蒋复璁为图书馆及博物院委员会委员。

10 月 19 日，美国图书馆专家沙本生博士代表中国教会大学在美联合托事部，来华调查各地教会大学图书馆状况，中华图书馆协会召集在京全体会员在玄武湖玄武厅大礼堂及厅前大草坪举行欢迎茶会。

1948 年

1 月 14—18 日，美国图书馆协会远东委员会主席布朗（旧译白朗）及美国国会图书馆副馆长克莱普赴日期间乘间来华，与我国图书馆界讨论合作事宜。14 日下午中华图书馆协会假国立中央图书馆举行座谈会，座谈会由协会理事李小缘、洪有丰主持，讨论中美图书馆事业合作问题。15 日飞平，16 日协会理事长袁同礼宴请二位美国专家。18 日协会在平同人假国立北平图书馆欢迎二位专家。25 日，严文郁、于震寰陪同二位美国专家赴杭州参观浙江省立图书馆和浙江大学图书馆等。

1948 年 5 月，《中华图书馆协会会报》在出版第 21 卷第 3、4 合期后，因协会无形解散而最后停刊。

附录 2　中华图书馆协会组织大纲

中华图书馆协会组织大纲 [①]

（1925 年 4 月 25 日，协会成立时通过）

第一章　名称

第一条　本会定名为中华图书馆协会。

第二章　宗旨

第二条　本会以研究图书馆学术，发展图书馆事业，并谋图书馆之协助为宗旨。

第三章　会员

第三条　本会会员分四种：

（一）机关会员　以图书馆为单位；

（二）个人会员　凡图书馆员或热心于图书馆事业者；

（三）赞助会员　凡捐助本会经费五百元以上者；

（四）名誉会员　凡于图书馆学术或事业上著有特别成绩者。

第四条　前条一、二两种会员，须由本会会员二人以上之介绍，经董事部审定，得为本会会员。

第四章　组织

第五条　本会设董事及执行两部：

（甲）董事部

第六条　本会设董事十五人，由会员公选之。

第七条　董事部设部长一人，由董事互选之。

第八条　董事任期三年，每年改选三分之一；惟第一任董事，任期一年二年三

---

①　中华图书馆协会组织大纲. 中华图书馆协会会报，1925,1（1):3—5.

年者各五人，于第一次开董事会时签定之。

第九条　每年改选之董事，由董事部照定额二倍推举候选董事，由会员公选之；但于候选董事以外选举者听之。

第十条　董事部之职权如左：

（一）规定进行方针；

（二）筹募经费；

（三）核定预算及决算；

（四）审定会员及名誉董事资格；

（五）推举候选董事；

（六）规定其他重要事项。

第十一条　董事部细则，由该部自订之。

第十二条　特别赞助本会者，经董事部通过，得推为本会名誉董事。

（乙）　执行部

第十三条　执行部设正部长一人，副部长二人，干事若干人，任期一年。

第十四条　执行部正副部长，由会员公选，干事由部长聘任之。

第十五条　执行部分四股如左：

（一）文牍股

（二）会计股

（三）庶务股

（四）交际股

第十六条　执行部之职务如左：

（一）拟定进行方针；

（二）编制预算及决算；

（三）执行董事部议决事项；

（四）组织各项委员会。

第十七条　执行部细则，由该部自订之。

第五章　经费

第十八条　本会经费，以下列各项充之：

（一）机关会员年纳会费五元；

（二）个人会员年纳会费二元；

（三）捐助费；

（四）官厅补助费。

第六章 选举

第十九节 本会董事部及执行部长，由机关会员及个人会员通信选举之。

第二十条 董事及执行部长，以得票最多数者当选。

第七章 会议

第二十一条 本会每年开年会一次，在各省区轮流举行，地点由前一年年会决定之；但遇必要时，得开临时会。

第二十二条 本会开年会时，各机关会员得派代表一人出席。

第二十三条 董事部执行部开会时间地点，由各该部自定之。

第八章 会所

第二十四条 本会设总事务所于北京；分事务所于上海。

第九章 附则

第二十五条 本大纲如有不适之处，经董事过半数或会员二十人以上之提议，大会出席会员三分之二以上之通过，得修改之。

中华图书馆协会组织大纲①

（1929 年 1 月 31 日，第一届年会会务会议修正）

第一章 名称

第一条 本会定名为中华图书馆协会。

第二章 宗旨

第二条 本会以研究图书馆学术，发展图书馆事业，并谋图书馆之协助为宗旨。

第三章 会员

第三条 本会会员分四种

---

① 中华图书馆协会组织大纲 . 中华图书馆协会会报，1929,4（4）:4—5.

（一）机关会员　以图书馆或教育文化机关为单位，各地图书馆协会为当然机关会员；

（二）个人会员　凡图书馆员或热心于图书馆事业者；

（三）永久会员　凡个人会员一次缴足会费二十五元者；

（四）名誉会员　凡于图书馆学术或事业上著有特别成绩者。

第四条　凡会员入会时须由本会会员一人之介绍，经执行委员会通过，得为本会会员。

第四章　组织

第五条　本会设执行委员会及监察委员会：

（甲）执行委员会

第六条　本会设执行委员十五人，由会员公选之。

第七条　执行委员会设常务委员五人，由执行委员互选之。

第八条　执行委员任期三年，每年改选三分之一，惟第一任执行委员任期一年二年三年者各五人，于第一次开执行委员会时签定之。

第九条　常务委员任期一年。

第十条　每年改选之执行委员，由执行委员会照定额二倍推举，候选执行委员由会员公选之；但于候选委员以外选举者听之。

第十一条　执行委员之职权如左：

（一）规定进行方针；

（二）筹募经费；

（三）编制预算及决算；

（四）通过会员入会手续；

（五）推举常务委员及候选执行委员；

（六）执行其他重要事项。

第十二条　执行委员会细则由该会自订之。

（乙）监察委员会

第十三条　监察委员会设监察委员九人，由会员公选之；但监察委员不得兼任执行委员。

第十四条　监察委员任期三年，每年改选三分之一；惟第一次监察委员任期一年二年三年者各三人，于第一次开监察委员会时签定之。

第十五条　每年改选之监察委员，由监察委员会照定额二倍推举候选监察委员，由会员公选之，但于候选委员以外选举者听之。

第十六条　监察委员会之职权如左：

（一）监察执行委员会进行事项，遇必要时得向全体会员弹劾之。

（二）核定预算及决算。

第十七条　监察委员会细则由该会自订之。

第五章　经费

第十八条　本会经费以下列各项充之：

（一）机关会员年纳会费五元；

（二）个人会员年纳会费二元；

（三）永久会员一次纳会费二十五元作为本会基金；

（四）捐助费。

第六章　选举

第十九条　本会执行委员及监察委员，由机关会员及个人会员票选之。

第七章　会议

第二十条　本会每年开年会一次，其地点及会期由前一年会员决定之；但遇必要时得开临时会。

第二十一条　本会开年会时各机关会员得派代表一人出席。

第二十二条　执行委员会及监察委员会开会时间地点，由各该会自定之。

第八章　事务所

第二十三条　本会设事务所于北平。

第九章　附则

第二十四条　本大纲如有不适之处，经执行委员会或监察委员会过半数，或会员二十人以上之提议，经大会出席会员三分之二以上之通过得修改之。

中华图书馆协会组织大纲 ①

（1937 年 1 月修订）

第一章　名称

第一条　本会定名为中华图书馆协会。

第二章　宗旨

第二条　本会以研究图书馆学术，发展图书馆事业，并谋图书馆之协助为宗旨。

第三章　会员

第三条　本会会员分四种：

（一）机关会员　以图书馆或教育文化机关为单位，各地图书馆协会
　　　　为当然机关会员。

（二）个人会员　凡图书馆员，或热心于图书馆事业者。

（三）永久会员　凡个人会员一次缴足会费二十五元者 [注一]。

（四）名誉会员　凡于图书馆学术或事业上著有特别成绩者。

第四条　凡会员入会时，须由本会会员一人之介绍 [注二]，经理事会通过，得
　　　　为本会会员。

第四章　组织

第五条　本会设理事会及监事会。

（甲）理事会

第六条　本会设理事十五人，由会员公选之。

第七条　理事会设常务理事五人，由理事互选之。

第八条　理事任期三年，每年改选三分之一。惟第一任理事，任期一年二年三
　　　　年者各五人，于第一次开理事会时签定之。

第九条　常务理事任期一年。

第十条　每年改选之理事，由理事会照定额二倍推举候选理事，由会员公选之。
　　　　但于候选理事以外选举者，听之。

第十一条　理事会之职权如左：

---

① 中华图书馆协会组织大纲. 中华图书馆协会会报, 1937, 12（4）:54.

（一）规定进行方针；

（二）筹募经费；

（三）编制预算及决算；

（四）通过会员入会手续；

（五）推举常务理事及候选理事；

（六）执行其他一切事项。

第十二条　理事会细则由该会自订之。

（乙）监事会

第十三条　监事会设监事九人，由会员公选之，但监事不得兼任理事。

第十四条　监事任期三年，每年改选三分之一。惟第一次监事会任期一年二年
三年者各三人，于第一次开监事会时签定之。

第十五条　每年改选之监事，由监事会照定额二倍推举候选监事，由会员公选
之。但于候选监事以外选举者，听之。

第十六条　监事会之职权如左：

（一）监察理事会进行事项，遇必要时得向全体会员弹劾之；

（二）核定预算及决算。

第十七条　监事会细则由该会自订之。

第五章　经费

第十八条　本会经费以下列各项充之：

（一）机关会员年纳会费五元；

（二）个人会员年纳会费二元；

（三）永久会员一次纳会费二十五元作为本会基金［注一］；

（四）捐助费。

第六章　选举

第十九条　本会理事及监事，由机关会员及个人会员票选之。

第七章　会议

第二十条　本会每年开年会一次，其地点及会期由前一年年会决定之。但遇必
要时得开临时会。

第二十一条　本会开年会时，各机关会员得派代表一人出席。

第二十二条 理事会及监事会开会时间地点，由各该会自定之。

<h3 style="text-align:center">第八章　事务所</h3>

第二十三条 本会设事务所于北平。

<h3 style="text-align:center">第九章　附则</h3>

第二十四条 本大纲如有不适之处，经理事会或监事会过半数，或会员二十人
　　　　　　　以上之提议，大会出席会员三分之二以上通过，得修改之。

[注一]　本会现正募集基金，永久会员会费以募集基金办法中所定者为准。即个人会员
缴费五十元，机关会员缴费百元。

[注二]　机关会员入会不能觅得介绍者，得填具机关会员调查表径函理事会请求审查
通过。个人会员入会不能觅得介绍人时，得先填具入会愿书及调查表随时向本会事务所商
洽办法。

<h1 style="text-align:center">中华图书馆协会组织大纲^①</h1>

（经教育部及社会部备案）

<h3 style="text-align:center">第一章　名称</h3>

第一条　本会定名为中华图书馆协会。

<h3 style="text-align:center">第二章　宗旨</h3>

第二条　本会以研究图书馆学术，发展图书馆事业，并谋图书馆之协助为宗旨。

<h3 style="text-align:center">第三章　会员</h3>

第三条　本会会员分四种：

（一）机关会员　以图书馆或教育文化机关为单位，各地图书馆协会
　　　　　　为当然机关会员；

（二）个人会员　凡图书馆员，或热心于图书馆事业者；

（三）永久会员　凡个人会员一次缴足会费贰百圆者；

（四）名誉会员　凡于图书馆学术或事业上著有特别成绩者。

第四条　凡会员入会时，须由本会会员一人之介绍，经理事会通过，得为本会
　　　　　会员。[注一]

---

① 中华图书馆协会组织大纲.中华图书馆协会会报,1944,18（4）:20—21.

第四章　组织

第五条　本会设理事会及监事会。

（甲）理事会

第六条　本会设理事十五人，由会员公选之。

第七条　理事会设常务理事五人，由理事互选之，常务理事中推一人任理事长。

第八条　理事任期三年，每年改选三分之一，惟第一任理事任期一年二年三年者各五人，于第一次开理事会时签定之。

第九条　常务理事任期一年。

第十条　每年改选之理事，由理事会照定额二倍推举候选理事，由会员公选之。但于候选理事以外选举者，听之。

第十一条　理事会之职权如左：

（一）规定进行方针；

（二）筹募经费；

（三）编制预算及决算；

（四）通过会员入会手续；

（五）推举常务理事及候选理事；

（六）执行其他一切事项。

第十二条　理事会细则由该会自订之。

（乙）监事会

第十三条　监事会设监事九人，由会员公选之，但监事不得兼任理事。

第十四条　监事任期三年，每年改选三分之一。惟第一任监事任期一年二年三年者各三人，于第一次开监事会时签定之。

第十五条　每年改选之监事，监事会照定额二倍，推举候选监事，由会员公选之。但于候选监事以外选举者，听之。

第十六条　监事会之职权如左：

（一）监察理事会进行事项，遇必要时得向全体会员弹劾之；

（二）核定预算及决算。

第十七条　监事会细则由该会自订之。

第五章 经费

第十八条 本会经费以下列各项充之

（一）机关会员年纳会费贰百元。

（二）个人会员年纳会费贰十元。

（三）永久会员一次纳会费贰百元。

（四）捐助费。

第六章 选举

第十九条 本会理事及监事由机关会员及个人会员票选之。

第七章 会议

第二十条 本会每年开年会一次，其地点及会期由前一年年会决定之。但遇必要时得开临时会。

第二十一条 本会开年会时，各机关会员得派代表一人出席。

第二十二条 理事会及监事会开会时间地点，由各该会自定之。

第八章 附则

第二十三条 本大纲如有不适之处，经理事会或监事会过半数或会员二十人以上之提议，大会出席会员三分之二以上通过，得修改之。

［注一］会员入会不能觅得介绍者，得填具会员调查表径向本会申请。

附录3 中华图书馆协会组织机构及执行部细则等①

一、中华图书馆协会组织机构职员名录

（一）董事部及执行部时期

1925 年 5 月—1926 年 4 月

董　事：

　　颜惠庆　袁希涛　梁启超　范源廉　袁同礼　（1926 年任满）

　　王正廷　熊希龄　蔡元培　洪有丰　沈祖荣　（1927 年任满）

　　胡　适　丁文江　陶行知　钟福庆　余日章　（1928 年任满）

董事部部长：梁启超　　书　记：袁同礼

执行部部长：戴志骞　　副部长：杜定友　何日章

干　事：

　　徐鸿宝　钱稻孙　冯陈祖怡　陆　秀　查　修　许达聪　蒋复璁

　　高仁山　马家骧　孙心磐　　王永礼　程葆成　周秉衡　黄警顽

　　王恫如　王文山　桂质柏　　侯与炳　李燕亭　郜慎基　彭清鹏

　　章　箴　陈宗鎏　王　杰　　胡庆生　李次仙　张世钤　李永清

　　潘寰宇　吴敬轩　吴家象　　初宪章　冯汉骥

总事务所书记：于震寰　　常务干事：严文郁

1926 年 5 月—1927 年 6 月

董　事：

　　王正廷　熊希龄　蔡元培　洪有丰　沈祖荣　（1927 年任满）

　　胡　适　丁文江　陶行知　钟福庆　余日章　（1928 年任满）

---

① 作者根据《中华图书馆协会会报》各期并参考《中华图书馆协会概况》等资料整理而成。

颜惠庆　梁启超　袁希涛　张伯苓　戴志骞（1929 年任满）

董事部部长：梁启超　　书　记：戴志骞

执行部部长：袁同礼　　副部长：杜定友　刘国钧

1927 年 7 月—1928 年 6 月

董　事：

胡　适　丁文江　陶行知　钟福庆　余日章（1928 年任满）

颜惠庆　梁启超　袁希涛　张伯苓　戴志骞（1929 年任满）

蔡元培　熊希龄　洪有丰　周诒春　沈祖荣（1930 年任满）

董事部部长：梁启超

执行部部长：袁同礼　　副部长：李小缘　刘国钧

1928 年 7 月—1929 年 1 月

董　事：

颜惠庆　梁启超　袁希涛　张伯苓　戴志骞（1929 年任满）

蔡元培　熊希龄　洪有丰　周诒春　沈祖荣（1930 年任满）

胡　适　蒋梦麟　陶行知　李小缘　胡庆生（1931 年任满）

董事部部长：梁启超

执行部部长：袁同礼　　副部长：杜定友　刘国钧

（二）执行委员会及监察委员会时期

1929 年 2 月—1930 年 1 月

执行委员：

戴志骞　朱家治　王云五　何日章　冯陈祖怡（1930 年任满）

袁同礼　李小缘　胡庆生　沈祖荣　杜定友　（1931 年任满）

刘国钧　洪有丰　陶行知　万国鼎　孙心磐　（1932 年任满）

常务委员：洪有丰　袁同礼　刘国钧　杜定友　冯陈祖怡

执行委员会主席：袁同礼

监察委员：

侯鸿鉴　　陆　秀　田洪都（1930 年任满）

　　柳诒徵　　杨立诚　毛　坤　（1931年任满）

　　欧阳祖经　冯汉骥　李燕亭　（1932年任满）

监察委员会主席：柳诒徵　　书　记：杨立诚

1930年2月—1931年1月

执行委员：

　　袁同礼　李小缘　胡庆生　沈祖荣　杜定友　（1931年任满）

　　刘国钧　洪有丰　陶行知　万国鼎　孙心磐　（1932年任满）

　　戴志骞　王云五　何日章　朱家治　周诒春　（1933年任满）

常务委员：袁同礼　洪有丰　刘国钧　杜定友

执行委员会主席：袁同礼

监察委员：

　　柳诒徵　　杨立诚　毛　坤　（1931年任满）

　　欧阳祖经　冯汉骥　李燕亭　（1932年任满）

　　钱亚新　　杨昭悊　陈钟凡　（1933年任满）

监察委员会主席：柳诒徵　　书　记：杨立诚

1931年2月—1932年1月

执行委员：

　　刘国钧　洪有丰　陶行知　万国鼎　孙心磐　（1932年任满）

　　戴志骞　王云五　何日章　朱家治　周诒春　（1933年任满）

　　袁同礼　杜定友　李小缘　沈祖荣　胡庆生　（1934年任满）

常务委员：洪有丰　袁同礼　刘国钧　李小缘　戴志骞

执行委员会主席：袁同礼

监察委员：

　　欧阳祖经　冯汉骥　李燕亭　（1932年任满）

　　钱亚新　　杨昭悊　陈钟凡　（1933年任满）

　　柳诒徵　　杨立诚　毛　坤　（1934年任满）

监察委员会主席：柳诒徵　　书　记：杨立诚

1932 年 2 月—1934 年 1 月，1933 年因故未能改选

执行委员：

戴志骞　王云五　何日章　朱家治　周诒春　（1934 年任满）

袁同礼　杜定友　李小缘　沈祖荣　胡庆生　（1935 年任满）

刘国钧　洪有丰　田洪都　王文山　冯陈祖怡　（1936 年任满）

常务委员：袁同礼　洪有丰　刘国钧　杜定友

执行委员会主席：袁同礼

监察委员：

钱亚新　杨昭悊　　陈钟凡　（1934 年任满）

柳诒徵　杨立诚　　毛　坤　（1935 年任满）

徐家麟　欧阳祖经　陈训慈　（1936 年任满）

监察委员会主席：柳诒徵　　书　记：杨立诚

1934 年 2 月—1935 年 1 月

执行委员：

袁同礼　杜定友　李小缘　沈祖荣　胡庆生　（1935 年任满）

刘国钧　洪有丰　田洪都　王文山　冯陈祖怡　（1936 年任满）

戴志骞　蒋复璁　桂质柏　何日章　严文郁　（1937 年任满）

常务委员：刘国钧　李小缘　洪有丰　严文郁

执行委员会主席：刘国钧

监察委员：

柳诒徵　杨立诚　　毛　坤　（1935 年任满）

徐家麟　欧阳祖经　陈训慈　（1936 年任满）

洪　业　万国鼎　李燕亭　（1937 年任满）

监察委员会主席：洪　业　　书　记：毛　坤

1935 年 2 月—1936 年 1 月

执行委员：

刘国钧　洪有丰　田洪都　王文山　冯陈祖怡　（1936 年任满）

戴志骞　蒋复璁　桂质柏　何日章　严文郁　（1937 年任满）

袁同礼　杜定友　沈祖荣　李小缘　王云五　　（1938年任满）

常务委员：袁同礼　洪有丰　刘国钧　沈祖荣　严文郁

执行委员会主席：袁同礼

监察委员：

徐家麟　欧阳祖经　陈训慈　（1936年任满）

洪　业　万国鼎　李燕亭　（1937年任满）

裘开明　柳诒徵　毛　坤　（1938年任满）

监察委员会主席：洪　业　　书　记：毛　坤

1936年2月—1937年1月

执行委员：

戴志骞　蒋复璁　桂质柏　何日章　严文郁　（1937年任满）

袁同礼　杜定友　沈祖荣　李小缘　王云五　（1938年任满）

刘国钧　洪有丰　王文山　田洪都　查　修　（1939年任满）

执行委员会主席：袁同礼

监察委员：

洪　业　万国鼎　李燕亭　　（1937年任满）

裘开明　柳诒徵　毛　坤　　（1938年任满）

徐家麟　汪长炳　欧阳祖经　（1939年任满）

（三）理事会及监事会时期

1936年6月—1944年10月

（1937年1月—1938年1月，1938年2月至1944年10月，因受战争影响未能改选。）

理　事：

袁同礼　杜定友　沈祖荣　李小缘　王云五　（1938年任满）

刘国钧　洪有丰　王文山　田洪都　查　修　（1939年任满）

蒋复璁　戴志骞　严文郁　柳诒徵　陈训慈　（1940年任满）

理事长：袁同礼

监　事：

　　裘开明　柳诒徵　毛　坤　　（1938 年任满）

　　徐家麟　汪长炳　欧阳祖经　（1939 年任满）

　　岳良木　万国鼎　吴光清　　（1940 年任满）

1944 年 11 月—

理　事：

　　沈祖荣　蒋复璁　刘国钧　袁同礼　毛　坤　杜定友　洪有丰　汪长炳

　　王云五　严文郁　王文山　陈训慈　徐家麟　桂质柏　李小缘

监　事：

　　柳诒徵　何日章　沈学植　徐家璧　陈东原　裘开明　汪应文　戴志骞

　　姜文锦

理事长：袁同礼　　　干事：李之璋

　　注：1947 年 5 月 24 日，协会留京理监事在南京国立中央图书馆举行联席会议，会议讨论关于理监事任期问题时，议决拟对理监事进行改选，"俟新理监事开会时再行认定"[①]。但此后未见有改选理监事之资料发表。

二、中华图书馆协会各专门委员会委员

1925 年 9 月组建

图书馆教育委员会

主　任：洪有丰　　南京东南大学

副主任：胡庆生　　武昌华中大学

书　记：朱家治　　南京东南大学

委　员：袁同礼　　北京大学

　　　　冯陈祖怡　北京师范大学

　　　　戴志骞　　北京清华学校

---

① 留京理监事联席会议 . 中华图书馆协会会报，1948，21（3/4）：5—6.

　　杨昭悊　　　北京法政大学

　　徐鸿宝　　　北京京师图书馆

　　王文山　　　天津南开大学

　　刘国钧　　　南京金陵大学

　　李小缘　　　南京金陵大学

　　施廷镛　　　南京东南大学

　　杜定友　　　上海南洋大学

　　彭清鹏　　　苏州图书馆

　　章　箴　　　杭州公立图书馆

　　沈祖荣　　　武昌华中大学

　　韦棣华　　　武昌华中大学

　　李燕亭　　　开封中州大学

　　姬振铎　　　奉天东北大学

　　吴敬轩　　　广州广东大学

分类委员会

主　任：梁启超　　北京清华学校

副主任：徐鸿宝　　北京京师图书馆

书　记：袁同礼　　北京大学

委　员：马叙伦　　北京大学

　　　　查　修　　北京清华学校

　　　　顾颉刚　　北京大学

　　　　黄文弼　　北京大学

　　　　施廷镛　　南京东南大学

　　　　杜定友　　上海南洋大学

　　　　李　笠　　广州广东大学

编目委员会

主　任：傅增湘　　北京石老娘胡同

副主任：沈祖荣　　　武昌华中大学
书　记：洪有丰　　　南京东南大学
委　员：章　箴　　　杭州浙江图书馆
　　　　李小缘　　　南京金陵大学
　　　　谭新嘉　　　北京京师图书馆
　　　　单　丕　　　北京大学
　　　　何澄一　　　北京松坡图书馆
　　　　王文山　　　天津南开大学
　　　　李燕亭　　　开封中州大学
　　　　陈宗鎏　　　江西省立图书馆
　　　　陈德芸　　　广州岭南大学
　　　　徐绍棨　　　广州广东大学

索引委员会

主　任：林玉堂　　　北京大学
副主任：赵元任　　　北京清华学校
书　记：洪　业　　　北京燕京大学
委　员：胡　适　　　北京大学
　　　　陈宗登　　　北京政治学会图书馆
　　　　杜定友　　　上海南洋大学
　　　　王云五　　　上海商务印书馆编译所
　　　　万国鼎　　　南京金陵大学
　　　　胡庆生　　　武昌华中大学
　　　　丁绪宝　　　美国哈佛大学

出版委员会

主　任：刘国钧　　　南京金陵大学
副主任：杜定友　　　上海南洋大学
书　记：施廷镛　　　南京东南大学
委　员：朱家治　　　南京东南大学

洪有丰	南京东南大学
姚明辉	南京东南大学
吴　梅	南京东南大学
胡小石	南京金陵大学
钟福庆	南京江苏省立第一图书馆
孙心磐	上海商科大学
朱香晚	上海大同大学
钱基博	上海圣约翰大学
黄维廉	上海圣约翰大学
何日章	开封河南第一图书馆
李　笠	广州广东大学
陈钟凡	广州广东大学

1926 年 6 月重组后之编目委员会

主　任：李小缘

副主任：章　箴

委　员：沈祖荣　查　修　蒋复璁　爨汝僖　施廷镛　王文山（以后又增聘赵万里、范希增、毛坤为委员）

中华图书馆协会各专门委员会委员

1929 年 3 月

分类委员会

主　席：刘国钧　　南京金陵大学

书　记：蒋复璁　　北平北海图书馆

委　员：单　丕　　杭州浙江省立图书馆

　　　　查　修　　美国　101 S. Busey St. Urbana，111.

　　　　王文山　　美国　Library of Congress，Washington，D. C.

　　　　毛　坤　　武昌文华公书林

编目委员会

主　席：李小缘　　沈阳东北大学图书馆
书　记：范希曾　　南京中央大学国学图书馆
委　员：黄星辉　　苏州东吴大学图书馆
　　　　徐家麟　　北平燕京大学图书馆
　　　　沈祖荣　　武昌文华公书林

索引委员会

主　席：杜定友　　广州中山大学图书馆
书　记：钱亚新　　广州中山大学图书馆
委　员：毛　坤　　武昌文华公书林
　　　　万国鼎　　南京金陵大学图书馆
　　　　刘国钧　　南京金陵大学

检字委员会

主　席：沈祖荣　　武昌文华公书林
书　记：万国鼎　　南京金陵大学图书馆
委　员：王云五　　上海商务印书馆编译所
　　　　张　凤　　上海暨南大学
　　　　赵元任　　北平清华大学
　　　　蒋家骧　　南京金陵大学图书馆

图书馆教育委员会

主　席：胡庆生　　武昌文华公书林
书　记：毛　坤　　武昌文华公书林
委　员：沈祖荣　　武昌文华公书林
　　　　戴　超　　南京中央大学图书馆
　　　　刘国钧　　南京金陵大学
　　　　洪有丰　　北平清华大学图书馆

编纂委员会

主　席：洪有丰　　北平清华大学图书馆
书　记：缪凤林　　南京中央大学国学图书馆
委　员：刘国钧　　南京金陵大学
　　　　李小缘　　沈阳东北大学图书馆
　　　　柳诒徵　　南京中央大学国学图书馆
　　　　沈祖荣　　武昌文华公书林
　　　　刘纪泽　　上海暨南大学图书馆

建筑委员会

主　席：戴　超　　南京中央大学
书　记：袁同礼　　北平北平北海图书馆
委　员：洪有丰　　北平清华大学图书馆
　　　　关颂声　　天津马家道基泰工程公司
　　　　李小缘　　沈阳东北大学南校图书馆

宋元善本书调查委员会

主　席：柳诒徵　　南京中央大学国学图书馆
书　记：赵万里　　北平北平北海图书馆
委　员：傅增湘　　北平石老娘胡同七号
　　　　张元济　　上海极斯斐尔路四十九号
　　　　董　康　　上海西摩路锦文坊七〇五号
　　　　徐鸿宝　　北平国立北平图书馆
　　　　周　暹　　天津英租界泰华里六号
　　　　陈乃乾　　上海新闸路六三七号
　　　　瞿启甲　　江苏常熟新县□
　　　　单　丕　　上海国立中央研究院
　　　　杨立诚　　杭州浙江省立图书馆
　　　　欧阳祖经　　南昌江西省立图书馆
　　　　周延年　　浙江吴兴南浔镇嘉业藏书楼

版片调查委员会

主　　席：徐鸿宝　　北平国立北平图书馆
书　　记：王重民　　北平北平北海图书馆
委　　员：庄　严　　北平古物保管委员会
　　　　　杨立诚　　杭州浙江省立图书馆
　　　　　赵鸿谦　　南京中央大学国学图书馆
　　　　　柳诒徵　　南京中央大学国学图书馆
　　　　　陈乃乾　　上海新闸路六三七号
　　　　　欧阳祖经　　南昌江西省立图书馆
　　　　　胡广诒　　安庆安徽省立图书馆
　　　　　侯鸿鉴　　福州福建省立图书馆
　　　　　徐绍棨　　广州中山大学
　　　　　何日章　　开封河南图书馆
　　　　　聂光甫　　太原山西省立图书馆

季刊编辑部

主　　任：刘国钧　　南京金陵大学
成　　员：万国鼎　　南京金陵大学图书馆
　　　　　向　达　　上海商务印书馆编译所
　　　　　严文郁　　北平北平北海图书馆

会报编辑部

主　　任：袁同礼　　北平北平北海图书馆
成　　员：顾子刚　　北平北平北海图书馆
　　　　　于震寰　　北平北平北海图书馆

中华图书馆协会各专门委员会委员

1932 年第一次执行委员会会议改组

分类委员会

主　　席：刘国钧　　书　记：曹祖彬

编目委员会

主　席：裘开明　　书　记：冯汉骥

索引委员会

主　席：万国鼎　　书　记：蒋一前

检字委员会

主　席：杜定友　　书　记：钱亚新

图书馆教育委员会

主　席：沈祖荣　　书　记：徐家麟

建筑委员会

主　席：戴志骞　　书　记：吴光清

编纂委员会

主　席：袁同礼　　书　记：向　达

版片调查委员会

主　席：柳诒徵　　书　记：缪凤林

图书馆学季刊编辑部

主　席：刘国钧

成　员：王文山　桂质柏　柳诒徵　冯陈祖怡　查　修　李小缘　田洪都
　　　　李文裿　洪有丰　王献唐

1933年第二次年会后新增

图书馆经费标准委员会

主　席：柳诒徵　　书　记：陈东原

委　员：王献唐　柯　璜　陈训慈　杨立诚　蒋希曾

审定杜威分类法关于中国细目委员会

主　席：桂质柏　　书　记：陈尺楼

委　员：查　修　　曾宪三　　裘开明　　蒋复璁　　刘国钧

中华图书馆协会各专门委员会委员

1935 年调整

分类委员会

主　席：刘国钧　　书　记：曹祖彬

委　员：查　修　　王文山　　毛　坤

编目委员会

主　席：裘开明　　书　记：冯汉骥

委　员：袁同礼　　沈祖荣　　刘国钧　　李小缘　　黄星辉　　洪有丰　　王文山
　　　　查　修

索引委员会

主　席：万国鼎　　书　记：蒋一前

委　员：钱亚新　　毛　坤　　刘国钧

检字委员会

主　席：杜定友　　书　记：钱亚新

委　员：万国鼎　　王云五　　张　凤　　赵元任　　蒋一前

图书馆教育委员会

主　席：沈祖荣　　书　记：徐家麟

委　员：戴志骞　　洪有丰　　杜定友　　陈东原　　蒋复璁　　王文山　　查　修

建筑委员会

主　席：戴志骞　　书　记：吴光清

委　员：袁同礼　　洪有丰　　关颂声　　李小缘

编纂委员会

主　席：袁同礼　　书　记：向　达

委　　员：刘国钧　李小缘　柳诒徵　沈祖荣　刘纪泽

版片调查委员会

主　　席：柳诒徵　　书　　记：缪凤林

委　　员：赵万里　傅增湘　张元济　董　康　徐鸿宝　周　暹　陈乃乾

　　　　　瞿启甲　杨立诚　欧阳祖经　周延年　王重民　庄　严　赵怡谦

　　　　　侯鸿鉴　徐绍棨　何日章　聂光甫

图书馆经费标准委员会

主　　席：柳诒徵　　书　　记：陈东原

委　　员：王献唐　柯　璜　陈训慈　杨立诚　蒋希曾

审定杜威分类法关于中国细目委员会

主　　席：桂质柏　　书　　记：陈尺楼

委　　员：查　修　曾宪三　裘开明　蒋复璁　刘国钧

《图书馆学季刊》编辑部

主　　席：刘国钧

成　　员：袁同礼　吴光清　严文郁　李小缘　蒋复璁　谭卓垣　柳诒徵

　　　　　陈训慈

《中华图书馆协会会报》编辑部

主　　席：袁同礼

成　　员：顾子刚　袁仲灿

中华图书馆协会执行部细则 ①

第一条　本部依据组织大纲第十三条第十四条之规定，由正副部长及部长聘任
　　　　之干事组成之。

第二条　本部依据组织大纲第二十四条之规定，设总事务所于北京，分事务所

---

① 中华图书馆协会执行部细则 . 中华图书馆协会会报，1925, 1（1）:5.

于上海。以各该地方之干事，分担事务。

第三条 未设事务所各地，暂以干事一人掌其事务。

第四条 一地方事务增繁，得由部长酌量情形，设临时分事务所，或分事务所；但分事务所之设立，需提出于董事部，经其认可。

第五条 各事务所得聘佣事务员，书记及劳役。

第六条 各事务所得依组织大纲第十五条之规定，分股办事。细则由部长定之。

第七条 会务之分配于各事务所，由部长酌定之；但编制总预决算，会员总名簿，征收会费及总出纳，由总事务所办理。

附则 本细则自十四年六月一日实行。

中华图书馆协会总事务所办事简则 [①]

第一条 本事务所暂不分股，由部长指派各干事分担事务。

第二条 暂置书记一人，掌记录缮写及保管文件簿册。

第三条 每月以第二星期日及第四星期日，各开常会一次。遇必要时，得由部长召集临时会。

第四条 开会之前二日，由部长整理议题，通知各干事。干事提议之案，应于至少四日前寄交部长。

第五条 开会时以部长为主席，由书记记录其列席缺席人名及议决事项。

第六条 凡干事所办事件，应各具简明报告。当开会时提交部长。

第七条 开会时间，每次不得超过半小时。

第八条 干事遇开会时，有不得已事故不能列席者，必须委托他干事代表。

中华图书馆协会执行委员会细则 [②]

第一条 本委员会依据中华图书馆协会组织大纲第六条第十二条之规定，由大会会员票举会员十五人组织之。

第二条 本委员会设常务委员五人，主持本会会务及一切进行事项，任期一年。

---

① 中华图书馆协会总事务所办事简则 . 中华图书馆协会会报,1925,1（1）:5.
② 中华图书馆协会执行委员会细则 . 中华图书馆协会会报,1930,5（4）:11.

第三条　　常务委员互选一人为本会主席，执行一切事项。

第四条　　本委员会设常任书记一人，掌理并保管纪录文件及杂务事项；会计一人，掌理出纳及簿记事项。因事务之需要得聘用雇员。

第五条　　本委员会为处理特别学术问题起见，得组织各项专门委员会。其规程另定之。

第六条　　本委员会每年至少开会二次，以三分之二以上之出席为法定人数。委员因事不能出席者，得正式函托本协会会员为代表。

第七条　　本委员会每三月须造报告书，陈述会务进行状况于监察委员会。

第八条　　本细则由执行委员会通过后施行。

中华图书馆协会监察委员会章程 [①]

第一条　　依据中华图书馆协会章程，由大会会员票举会员九人组织监察委员会。

第二条　　监察委员任期三年，惟第一次委员任期一年者三人二年者三人，抽签定之，每次年会票举三人补充。

第三条　　本会设主席一人，书记一人，任期均一年，由本会公推。

第四条　　本会每年至少开会三次。委员出席以三分之二以上为法定数。委员因事不能出席者，得正式函托代表出席。惟代表必为本协会会员。开会地点临时由主席通告各委员决定。

第五条　　监察委员会之职权如左：

　　一　督促执行委员会执行议案，执行事件有与大会议案抵触者，得提出纠正。

　　二　审定协会预算决算。

第六条　　执行委员会执行议案每三月必具书面通告监察委员会一次。

第七条　　执行委员会执行议案有关于经济事项，必具预算书通告监委会，俟监委会通过后施行。监委会因事未能即行开会，执委会得据预算案先行支付一部分，俟监委会开会时追认。

①　中华图书馆协会监察委员会章程．中华图书馆协会会报，1930,5（4）:11—12.

第八条　纠正执委会之议案，须监委会四人以上提出，经监委会三分之二以上通过，始得提交执委会。执委会因事实上之困难碍难执行议案时，得由执委会说明理由，提交监委会复议，认为必须依据监委会纠正案执行时，执委会不得再行提出复议。

第九条　关于监委会职权事项，监委会得接受大会会员十人以上联署之请议书，提出监委会会议。

第十条　监委会有违法事，得由大会会员二十人以上之联署，提出议案于大会。经大会会员三分之二以上认为违法者，得解散监委会改组。

第十一条　监委会遇必要时得设立常务委员会。

第十二条　监委会章程草案由监委会公议，全体通过后试行一年再提出大会修正。

中华图书馆协会委员会规程 [①]

第一条　本会为共同研究学术或处理特别问题起见，得依组织大纲第四章第十六条第四项之规定，由执行部组织委员会。

第二条　委员会委员，由执行部聘请之。

第三条　委员会设主任副主任各一人，由委员会委员互选之；书记一人，由委员会主任推任之；惟第一届之主任副主任书记，由执行部聘请之。

第四条　委员会处理下列事务：

（一）关于该门学术或该种问题之处理事项；

（二）关于该门学术或该种问题议案之审查事项；

（三）关于董事部长或执行部长交议或委托事项；

（四）关于本委员会建议事项。

第五条　处理上列事宜之方法，由委员会自定之。

第六条　委员会为进行便利起见，得设分委员会。

第七条　委员会会议由委员会书记商承主任召集之。

---

① 中华图书馆协会委员会规程.中华图书馆协会会报,1925,1（2）:3.

第八条　委员会进行事宜，应随时与执行部长接洽，并于某项问题研究完竣时，缮就具体报告交执行部分别执行。

第九条　委员会所需经费，由委员会主任拟具计划预算，交执行部长提出董事部核定；如所需数目超出本会预算时，得由董事部协同委员会筹款项充之。

第十条　本规程如有未尽事宜，得由执行部修改之。

参考文献

一、著作类

1. 户野周二郎. 图书馆教育. 谢荫昌, 译. 沈阳: 奉天图书馆发行所, 1910.

2. Libraries in China. Peiping: Library Association of China, 1929.

3. 金敏甫. 中国现代图书馆概况. 广州: 广州图书馆协会, 1929.

4. 中华图书馆协会执行委员会. 中华图书馆协会第一次年会报告. 北平: 中华图书馆协会事务所, 1929.

5. 教育部社会教育司. 全国公私立图书馆一览表. 南京: 教育部社会教育司, 1930.

6. 中华图书馆协会. 第四次订正《全国图书馆调查表》. 中华图书馆协会, 1931.

7. 杨昭悊. 图书馆学（上、下）. 上海: 商务印书馆, 1933.

8. 中华图书馆协会. 中华图书馆协会第二次年会指南. 北平: 中华图书馆协会, 1933.

9. 中华图书馆协会执行委员会. 中华图书馆协会第二次年会报告. 北平: 中华图书馆协会事务所, 1933.

10. 中华图书馆协会执行委员会. 中华图书馆协会概况. 北平: 中华图书馆协会事务所, 1933.

11. 教育部. 第一次中国教育年鉴. 上海: 开明书店, 1934.

12. 鲍士伟. 世界民众图书馆概况. 徐家麟, 等, 译. 武汉: 武昌文华图书馆专科学校, 1934.

13. 中华图书馆协会执行委员会. 全国图书馆及民众教育馆调查表. 北平: 中华图书馆协会, 1935.

14. 中华图书馆协会执行委员会. 中华图书馆协会会员录. 北平: 中华图书馆协会事务所, 1935.

15. 卢震京. 图书馆学大辞典. 长沙: 商务印书馆, 1940.

16. 蒋元卿. 中国图书分类之沿革. 3版. 上海: 中华书局, 1941.

17. Libraries in China. Peiping: Library Association of China, 1935.

18. 俞爽迷. 图书馆学通论. 上海: 正中书局, 1947.

19. 教育部. 第二次中国教育年鉴. 上海: 商务印书馆, 1948.

20. 李钟履. 图书馆学论文索引（第一辑）. 北京: 商务印书馆, 1959.

21. 引得编纂处校订.三十三种清代传记综合引得.北京:中华书局,1959.

22. 北京大学图书馆学系.中国近现代图书馆事业史(草稿).内部印行,1961.

23. 张锦郎,黄渊泉.中国近六十年来图书馆事业大事记.台北:台湾"商务印书馆",1974.

24. 多贺秋五郎.近代中国教育资料(民国编).台北:文海出版社,1976.

25. 朱传誉.袁同礼传记资料(精一册).台北:天一出版社,1979.

26. 刘绍唐.民国大事日志(卷一至卷六).台北:传记文学出版社,1979.

27. 宋建成.中华图书馆协会.台北:台湾育英社文化事业有限公司,1980.

28. 李希泌,张椒华.中国古代藏书与近代图书馆史料(春秋至五四前后).北京:中华书局,1982.

29. 中国图书馆学会.中国图书馆学会第一、二次科学讨论会论文摘要.北京:书目文献出版社,1982.

30. 刘国钧.刘国钧图书馆学论文选集.北京:书目文献出版社,1983.

31. 严文郁.中国图书馆发展史——自清末至抗战胜利.台北:"中国图书馆学会",1983.

32. 中央档案馆,中国第二历史档案馆,吉林省社会科学院.日本帝国主义侵华档案资料选编:"九·一八"事变.北京:中华书局,1988.

33. 丁致聘.中国近七十年来教育记事.上海:上海书店,1990.

34. 丁道凡.中国图书馆界先驱沈祖荣文集.杭州:杭州大学出版社,1991.

35. 北京大学图书馆学情报学系,武汉大学图书情报学院.图书馆学基础(修订本).北京:商务印书馆,1991.

36. 北京图书馆业务研究委员会.北京图书馆馆史资料汇编(1909—1949)(上、下).北京:书目文献出版社,1992.

37. 松本岡.略奪した文化.東京:岩波書店,1993.

38. 费正清,费维恺.剑桥中华民国史(1912—1949)上、下卷.北京:中国社会科学出版社,1994.

39. 吴晞.从藏书楼到图书馆.北京:书目文献出版社,1996.

40. 程焕文.中国图书馆学教育之父——沈祖荣评传.台北:台湾学生书局,1997.

41. 中国第二历史档案馆.中华民国史档案资料汇编.南京:江苏古籍出版社,1994.

42. 严文郁.美国图书馆名人略传.台北:文史哲出版社,1998.

43. 徐引篪,霍国庆.现代图书馆学理论.北京:北京图书馆出版社,1999.

44. 来新夏等.中国近代图书事业史.上海:上海人民出版社,2000.

45. 马费成.世代相传的智慧与服务精神——文华图专八十周年纪念文集.北京:北京图

书馆出版社,2001.

46. 王子舟.杜定友和中国图书馆学.北京:北京图书馆出版社,2002.

47. 叶继元.南京大学百年学术精品　图书馆学卷.南京:南京大学出版社,2002.

48. 范并思等.20 世纪西方与中国的图书馆学——基于德尔斐法测评的理论史纲.北京:北京图书馆出版社,2004.

49. 陈源蒸,张树华,毕世栋.中国图书馆百年纪事(1840—2000).北京:北京图书馆出版社,2004.

50. 程焕文.晚清图书馆学术思想史.北京:北京图书馆出版社,2004.

51. 方明.陶行知全集(12).成都:四川教育出版社,2005.

52. 吴稌年.图书馆活动高潮与学术转型:古近代.北京:兵器工业出版社,2005.

53. 徐中约.中国近代史:1600—2000.中国的奋斗(第六版).计秋风,朱庆葆,译.北京:世界图书出版公司北京分公司,2008.

54. 张树华,张久珍.20 世纪以来中国的图书馆事业.北京:北京大学出版社,2008.

55. 李致忠.中国国家图书馆馆史资料长编(上册)(1909—2008).北京:国家图书馆出版社,2009.

56. 李致忠.中国国家图书馆馆史(1909—2009).北京:国家图书馆出版社,2009.

57. 陈传夫.文华情怀——文华图专九十周年纪念文集.武汉:武汉大学出版社,2010.

58. 国家图书馆.袁同礼文集.北京:国家图书馆出版社,2010.

59. 潘燕桃.近 60 年来公共图书馆思想研究.广州:中山大学出版社,2011.

60. 范凡.民国时期图书馆学著作出版与学术传承.北京:国家图书馆出版社,2011.

61. 杜定友.杜定友文集(第 18 册):百城生活.广州:广东教育出版社,2012.

62. 国家图书馆.袁同礼纪念文集.北京:国家图书馆出版社,2012.

63. 葛剑雄.统一与分裂:中国历史的启示.北京:商务印书馆,2013.

64. 沈祖荣.沈祖荣文集.武汉:武汉大学出版社,2013.

65. 米特.中国,被遗忘的盟友——西方人眼中的抗日战争全史.蒋永强,陈逾前,陈心心,译.北京:新世界出版社,2014.

66. 王余光.清末民国图书馆史料汇编.北京:国家图书馆出版社,2014.

二、期刊论文类

1. 中华教育改进社成立纪要.新教育,1922,4(2).

2. 汪懋祖.中华教育改进社的缘起.新教育,1922,5(3).

3. 中华教育改进社第一次年会分组会议纪录·第十八图书馆教育组 . 新教育, 1922, 5（3）.

4. 沈祖荣 . 民国十年之图书馆 . 新教育, 1922, 5（4）.

5. 沈祖荣 . 提倡改良中国图书馆之管见 . 新教育, 1923, 6（4）.

6. 第三十图书馆教育组会议纪要 . 新教育, 1923, 7（2/3）.

7. 查修 . 编制中文书籍目录的几个方法 . 东方杂志, 1923, 20（22）.

8. 查修 . 编制中文书籍目录的几个方法（续）. 东方杂志, 1923, 20（23）.

9. 戴志骞 . 图书分类法几条原则的商榷 . 北京图书馆协会会刊, 1924（1）.

10. 黄维廉 . 中文书籍编目法 . 新教育, 1924, 8（4）.

11. 分组会议纪录·第二十六组 . 新教育, 1924, 9（3）.

12. 查修 . 中文书籍编目问题 . 新教育, 1924, 9（12）.

13. 中华图书馆协会成立宣言 . 中华图书馆协会会报, 1925, 1（1）.

14. 中华图书馆协会组织大纲 . 中华图书馆协会会报, 1925, 1（1）.

15. 中华图书馆协会执行部细则 . 中华图书馆协会会报, 1925, 1（1）.

16. 中华图书馆协会总事务所办事简则 . 中华图书馆协会会报, 1925, 1（1）.

17. 梁启超 . 中华图书馆协会成立会演说辞 . 中华图书馆协会会报, 1925, 1（1）.

18. 中华图书馆协会委员会规程 . 中华图书馆协会会报, 1925, 1（2）.

19. 鲍士伟 . 鲍士伟博士致本会及中华教育改进社报告书 . 朱家治, 译 . 中华图书馆协会会报, 1925, 1（2）.

20. 鲍士伟 . 鲍士伟博士致本会及中华教育改进社第二次报告书 . 中华图书馆协会会报, 1925, 1（3）.

21. 图书馆学书目举要 . 中华图书馆协会会报, 1925, 1（3）.

22. 中华图书馆协会 . 全国图书馆调查表 . 中华图书馆协会会报, 1925, 1（3）.

23. 杜威博士来函 . 中华图书馆协会会报, 1925, 1（3）.

24. 中华教育改进社第四次年会图书馆教育组议决案 . 中华图书馆协会会报, 1925, 1（3）.

25. 中华图书馆协会图书馆学暑期学校之经过 . 中华图书馆协会会报, 1925, 1（4）.

26. 袁同礼 . 永乐大典现存卷目 . 中华图书馆协会会报, 1925, 1（4）.

27. 欧美各国图书馆学杂志目录 . 中华图书馆协会会报, 1925, 1（4）.

28. 美国图书馆协会五十周年庆典邀请各国图书馆学者及馆员赴会 . 中华图书馆协会会报, 1925, 1（5）.

29. 袁同礼, 刘国钧 . 永乐大典现存卷数续目 . 中华图书馆协会会报, 1925, 2（4）.

30. 本刊宗旨及范围 . 图书馆学季刊, 1926, 1（1）.

31. 梁启超 . 发刊辞 . 图书馆学季刊,1926,1（1）.

32. 朱家治 . 鲍士伟博士考察中国图书馆后之言论 . 图书馆学季刊,1926,1（1）.

33. 孙心磐 . 上海图书馆协会概况 . 图书馆学季刊,1926,1（1）.

34. 刘国钧 . 现时中文图书馆学书籍评 . 图书馆学季刊,1926,1（2）.

35. 沈祖荣 . 中国图书馆目录应采用书本式抑卡片式 . 图书馆学季刊,1926,1（3）.

36. 李小缘 . 公共图书馆之组织 . 图书馆学季刊,1926,1（4）.

37. 裘开明 . 美国图书馆协会五十周年纪念大会 . 图书馆学季刊,1926,1（4）.

38. 各市图书馆协会章程汇录 . 中华图书馆协会会报,1926,1（5）.

39. 日本图书馆学杂志目录 . 中华图书馆协会会报,1926,1（6）.

40. 中华教育文化基金董事会图书馆学助学金规程 . 中华图书馆协会会报,1926,1（6）.

41. 中华图书馆协会、武昌华中大学文华图书科招考图书馆学免费生规程 . 中华图书馆协会会报,1926,1（6）.

42. 中华图书馆协会第一周年报告 . 中华图书馆协会会报,1926,2（1）.

43. 南京家刻版片调查初录 . 中华图书馆协会会报,1926,2（2）.

44. 出版委员会第一周年报告 . 中华图书馆协会会报,1926,2（2）.

45. 杜定友 . 图书馆学的内容与方法 . 教育杂志,1926,18（9）.

46. 戴志骞 . 十五年来之中国图书馆事业 . 清华周刊十五周年纪念增刊,1926.

47. 中华图书馆协会编目委员会征集编目条例 . 图书馆学季刊,1927,2（1）.

48. 保存古物运动之参加 . 中华图书馆协会会报,1927,2（4）.

49. 国际图书馆联合之进行 . 中华图书馆协会会报,1927,2（4）.

50. 梁任公先生致北京图书馆委员会请津贴编纂图书大辞典原函 . 中华图书馆协会会报,1927,2（6）.

51.《中国图书大辞典》编纂内容概要 . 中华图书馆协会会报,1927,2（6）.

52. 永乐大典现存卷数续目 . 中华图书馆协会会报,1927,3（1）.

53. 国际图书馆之联络 . 中华图书馆协会会报,1927,3（1）.

54. 中华图书馆协会第二周年报告 . 中华图书馆协会会报,1927,3（2）.

55. 金敏甫 . 中国现代图书馆概况 . 国立中山大学图书馆周刊,1928,1（1）;1（2）;1（3）;1（4）.

56. 金敏甫 . 中国图书馆学术史 . 国立中山大学图书馆周刊,1928,2（2）.

57. 刘国钧 . 图书目录略说 . 图书馆学季刊,1928,2（2）.

58. 李小缘 . 全国图书馆计划书 . 图书馆学季刊,1928,2（2）.

59. 国际图书馆联络事业.图书馆学季刊,1928,2（2）.

60. 万国鼎.索引与序列.图书馆学季刊,1928,2（3）.

61. 李小缘.图书馆建筑.图书馆学季刊,1928,2（3）.

62. 陈长伟.小图书馆组织法.图书馆学季刊,1928,2（4）.

63. 万国鼎.各家新检字法述评.图书馆学季刊,1928,2（4）.

64. 金敏甫.中国现代图书馆教育述略.国立中山大学图书馆周刊,1928,2（4）.

65. 发起国际图书馆及目录委员会议决案.中华图书馆协会会报,1928,3（4）.

66. 中华图书馆协会第三周年报告.中华图书馆协会会报,1928,4（1）.

67. 中华图书馆协会.全国图书馆调查表.中华图书馆协会会报,1928,4（2）.

68. 孔敏中.中国图书馆学术文字索引.中华图书馆协会会报,1928,4（3）.

69. 颂生.近两年来出版之国学书籍简目.中华图书馆协会会报,1928,4（3）.

70. 期刊要目汇志.中华图书馆协会会报,1928,9（4）.

71. 钱亚新.杂志和索引.文华图书科季刊,1929,1（2）.

72. 毛坤.编目时所要用的几种参考书.文华图书科季刊,1929,1（4）.

73. 中华图书馆协会致全国各图书馆书.图书馆学季刊,1929,3（1/2）.

74. 万国鼎.汉字排检问题.图书馆学季刊,1929,3（1/2）.

75. 钱亚新.从索引法去谈谈排字法和检字法.图书馆学季刊,1929,3（1/2）.

76. 金敏甫.王云五中外图书统一分类法评.图书馆学季刊,1929,3（1/2）.

77. 中华图书馆协会善本调查委员会启事.图书馆学季刊,1929,3（1/2）.

78. 中华图书馆协会索引委员会启事.图书馆学季刊,1929,3（1/2）.

79. 中华图书馆协会版片调查委员会启事.图书馆学季刊,1929,3（1/2）.

80. 金敏甫.编目室及其设备.图书馆学季刊,1929,3（3）.

81. 中华图书馆协会分类委员会启事.图书馆学季刊,1929,3（4）.

82. 刘国钧.中文图书编目条例草案.图书馆学季刊,1929,3（4）.

83. 中华图书馆协会组织大纲.中华图书馆协会会报,1929,4（4）.

84. 中华图书馆协会第一次年会纪事.中华图书馆协会会报,1929,4（4）.

85. 中华图书馆协会筹备参加国际图书馆会议报告.中华图书馆协会会报,1929,4（5）.

86. 中华图书馆协会善本调查委员会启事.中华图书馆协会会报,1929,5（1/2）.

87. 中华图书馆协会第五次会务报告.中华图书馆协会会报,1929,5（1/2）.

88. 本会派员检查津关扣书.中华图书馆协会会报,1929,5（1/2）.

89. 沈祖荣.参加国际图书馆第一次大会及欧洲图书馆概况调查报告.中华图书馆协会会

报,1929,5（3）.

90. 罗晓峰.索引法概要.文华图书科季刊,1930,2（2）.

91. 沈祖荣.西文编目参考书.文华图书馆学专科学校季刊,1930,2（3/4）.

92. 中华图书馆协会.全国图书馆调查表.中华图书馆协会会报,1930,5（5）.

93. 国民政府对于南京年会议案之采纳.中华图书馆协会会报,1930,6（1）.

94. 中华图书馆协会第五年度报告.中华图书馆协会会报,1930,6（1）.

95. 冷衷.中国政府出版期刊调查表.中华图书馆协会会报,1930,6（1）.

96. 力争平津书籍免税.中华图书馆协会会报,1930,6（1）.

97. 和.民国十九年来出版之地志书简目.中华图书馆协会会报,1930,6（2）.

98. 于震寰.近见译书目录.中华图书馆协会会报,1930,6（3）.

99. SAMUEL T Y S. Miss Mary Elizabeth Wood:the queen of the modern Library Movement in China. 文华图书科季刊,1931,3（3）.

100. 陆铨.江苏各县社会教育期刊表.中华图书馆协会会报,1931,6（4）.

101. 冷衷.现代图书馆应备之日文期刊目录.中华图书馆协会会报,1931,6（5）.

102. 裘开明.韦师棣华女士传略.中华图书馆协会会报,1931,6（6）.

103. 中华图书馆协会第六年度报告.中华图书馆协会会报,1931,7（1）.

104. 冷衷.研究中日问题参考书目.中华图书馆协会会报,1931,7（2）.

105. 中华图书馆协会.全国图书馆调查表.中华图书馆协会会报,1931,7（3）.

106. 冷衷.图书馆最低限度应备之期刊目录.中华图书馆协会会报,1931,7（3）.

107. 本馆举行盛大之图书馆讲习会.山东民众教育月刊,1932,3（3）.

108. 李蓉盛.中国图书馆立法之研究.文华图书馆学专科学校季刊,1932,4（2）.

109. 金敏甫.编目部之组织.图书馆学季刊,1932,5（3/4）.

110. 桂质柏.大学图书馆之标准.图书馆学季刊,1932,6（1）.

111. 李文裿.河北全省图书馆视察记.图书馆学季刊,1932,6（2）.

112. 陈丽泉.二十年度新刊中国期刊调查表.中华图书馆协会会报,1932,7（4）.

113. 严文郁.美国之华文报纸.中华图书馆协会会报,1932,7（5）.

114. 李文裿.河北省立三学院图书馆视察记.中华图书馆协会会报,1932,7（5）.

115. 宇.图书馆学季刊所载关于分类文字.中华图书馆协会会报,1932,7（6）.

116. 文华图书科季刊所载关于分类文字.中华图书馆协会会报,1932,7（6）.

117. 中华图书馆协会会员录.中华图书馆协会会报,1932,7（6）.

118. 电争书籍印刷品邮资加价.中华图书馆协会会报,1932,7（6）.

119. 中华图书馆协会第七年度报告. 中华图书馆协会会报,1932,8（1/2）.

120. 毛坤. 调查四川省图书馆报告. 中华图书馆协会会报,1932,8（3）.

121. 本年度第一次执行委员会议决案. 中华图书馆协会会报,1932,8（3）.

122. 徐家麟. 论图书馆作业之学术化与事业化. 文华图书馆学专科学校季刊,1933,5（2）.

123. 蒋一前. 汉字检字法沿革史略及近代七十七种新法表. 图书馆学季刊,1933,7（4）.

124. 第二三两次执行委员会议决案. 中华图书馆协会会报,1933,8（4）.

125. 中华图书馆协会第八年度报告. 中华图书馆协会会报,1933,9（1）.

126. 第二次年会之筹备. 中华图书馆协会会报,1933,9（1）.

127. 沈祖荣. 中国图书馆及图书馆教育调查报告. 中华图书馆协会会报,1933,9（2）.

128. 于震寰. 中华图书馆协会第二次年会纪事. 中华图书馆协会会报,1933,9（2）.

129. 呈教育部推行议案. 中华图书馆协会会报,1933,9（2）.

130. 促进各图书馆馆务. 中华图书馆协会会报,1933,9（3）.

131. 儿童图书馆. 中华图书馆协会会报,1933,9（3）.

132. 监狱小图书馆. 中华图书馆协会会报,1933,9（3）.

133. 刘国钧. 现代图书馆编目法序. 图书馆学季刊,1934,8（1）.

134. 中华图书馆协会图书馆经费标准委员会拟. 对于图书馆经费案之意见草案. 中华图书馆协会会报,1934,9（4）.

135. 孙诚书. 中文期刊生卒调查表. 中华图书馆协会会报,1934,9（4）.

136. 中华图书馆协会第九年度报告. 中华图书馆协会会报,1934,10（1）.

137. 力争私立图书馆及民教馆之奖励或补助应列入宪法. 中华图书馆协会会报,1934,10（3）.

138. 李景新. 各国出版事业社团表. 中华图书馆协会会报,1935,10（4）.

139. 丁潜,于震寰. 杂志专号集目. 中华图书馆协会会报,1935,10（5）.

140. 中华图书馆协会第十年度会务报告. 中华图书馆协会会报,1935,10（6）.

141. 袁仲灿. 各省市图书馆宇摄影藏目. 中华图书馆协会会报,1935,11（1）.

142. 中华图书馆协会第三届年会. 学觚,1936,1（5）.

143. 卜特勒. 图书馆学问题. 李永安,译. 文华图书馆学专科学校季刊,1936,8（1）.

144. 胡延钧. 介绍蓝氏双点（：）分类法. 文华图书馆学专科学校季刊,1936,8（3）.

145. 胡延钧. 蓝氏双点分类法各类说明. 文华图书馆学专科学校季刊,1936,8（4）.

146. 毛裕良,毛裕芳. 中国方志编目条例草案. 图书馆学季刊,1936,10（2）.

147. 李小缘. 中国图书馆事业十年来之进步. 图书馆学季刊,1936,10（4）.

148. 钱亚新.编目部底组织与管理.图书馆学季刊,1936,10（4）.

149. 田洪都.中学图书馆最低限度设备之大纲.中华图书馆协会会报,1936,11（6）.

150. 第三次年会之筹备.中华图书馆协会会报,1936,11（6）.

151. 中华图书馆协会第十一年度报告.中华图书馆协会会报,1936,11（6）.

152. 李文裿.写在第三届年会之后.中华图书馆协会会报,1936,12（1）.

153. 沈祖荣.中华图书馆协会第三次年会图书馆教育委员会报告.中华图书馆协会会报,
1936,12（2）.

154. 教部社教司提交年会议案议决具覆.中华图书馆协会会报,1936,12（2）.

155. 钱亚新.中国索引论著汇编初稿.文华图书馆学专科学校季刊,1937,9（2）.

156. 钱亚新.中国索引论著汇编初稿（续）.文华图书馆学专科学校季刊,1937,9（3/4）.

157. 李靖宇.县单位民众图书馆的经营与管理.图书馆学季刊,1937,11（2）.

158. 喻友信.图书馆法律论.图书馆学季刊,1937,11（2）.

159. 中华图书馆协会组织大纲.中华图书馆协会会报,1937,12（4）.

160. 本会邀请美国专家毕少博来华视察.中华图书馆协会会报,1937,12（5）.

161. 呈请教部恢复图书馆购书八折办法.中华图书馆协会会报,1937,12（5）.

162. 毛宗荫.全国杂志调查表.中华图书馆协会会报,1938,13（1）.

163. 各国图书馆协会覆函.中华图书馆协会会报,1938,13（1）.

164. 毛宗荫.全国杂志调查表（续完）.中华图书馆协会会报,1938,13（2）.

165. 继续调查全国图书馆被毁状况.中华图书馆协会会报,1938,13（2）.

166. 发展西南图书馆计划.中华图书馆协会会报,1938,13（2）.

167. 各国覆函.中华图书馆协会会报,1938,13（2）;1938,13（3）;1939,13（5）.

168. 本会第四次年会讨论会纪录.中华图书馆协会会报,1939,13（4）.

169. 本会第四次年会筹备及经过报告.中华图书馆协会会报,1939,13（4）.

170. 存训.上海各图书馆被毁及现况调查.中华图书馆协会会报,1938,13（3）.

171. 钢锋.全国杂志调查表续编（一）.中华图书馆协会会报,1938,13（3）.

172. 本会呈报中央党部会务进行概况.中华图书馆协会会报,1938,13（3）.

173. 继续调查全国教育文化机关被毁状况.中华图书馆协会会报,1938,13（3）.

174. 美国援助中国之一般.中华图书馆协会会报,1938,13（3）.

175. 抗战一年来我国图书馆的损失.中华图书馆协会会报,1938,13（3）.

176. 江浙私人藏书遭劫.中华图书馆协会会报,1938,13（3）.

177. 抗战建国时期中之图书馆.中华图书馆协会会报,1939,13（4）.

178. 中国教育学术团体联合年会致各国文化教育团体宣言. 中华图书馆协会会报, 1939, 13（4）.

179. 中国教育学术团体联合年会有关图书馆事业议决案汇录. 中华图书馆协会会报, 1939, 13（4）.

180. 本会第四次年会会务会纪录. 中华图书馆协会会报, 1939, 13（4）.

181. 毛宗荫. 全国杂志调查表续编（二）. 中华图书馆协会会报, 1939, 13（5）.

182. 政府委托本会继续办理在美征集图书事宜. 中华图书馆协会会报, 1939, 13（5）.

183. 视察四川中山图书馆报告. 中华图书馆协会会报, 1939, 13（5）.

184. 美国图书馆协会发起捐书援华运动之成绩. 中华图书馆协会会报, 1939, 13（5）.

185. 全国学术机关团体组织战时征集图书委员会. 中华图书馆协会会报, 1939, 13（5）.

186. 毛宗荫. 全国杂志调查表续编二（续）. 中华图书馆协会会报, 1939, 13（6）.

187. 教部发布全国高等文化机关受敌摧毁之下所蒙损失统计. 中华图书馆协会会报, 1939, 13（6）.

188. 英国图书馆协会发起捐书援华运动. 中华图书馆协会会报, 1939, 14（2/3）.

189. 抗战以后本会会员调查录. 中华图书馆协会会报, 1940, 14（4）.

190. 四川省立图书馆概况. 中华图书馆协会会报, 1940, 14（5）.

191. 本会调查全国图书馆战后工作概况. 中华图书馆协会会报, 1940, 14（5）.

192. 七七事变后平市图书馆状况调查. 中华图书馆协会会报, 1941, 15（1/2）.

193. 杜定友. 大学图书调查表. 中华图书馆协会会报, 1941, 15（3/4）.

194. 陈长伟. 成都书店调查表. 中华图书馆协会会报, 1941, 15（3/4）.

195. 陈长伟. 成都书店调查表新书业（续完）. 中华图书馆协会会报, 1941, 15（5）.

196. 本会民国二十九年度会务报告. 中华图书馆协会会报, 1941, 15（5）.

197. 七七事变后平市图书馆状况调查（续）. 中华图书馆协会会报, 1942, 16（3/4）.

198. 本会第五次年会述略. 中华图书馆协会会报, 1942, 16（5/6）.

199. 本会在渝理监事联席会议纪录. 中华图书馆协会会报, 1942, 16（5/6）.

200. 本会第五次年会会员谈话会纪录. 中华图书馆协会会报, 1942, 16（5/6）.

201. 本会第五次年会会员联谊会纪录. 中华图书馆协会会报, 1942, 16（5/6）.

202. 重庆市内图书馆一览. 中华图书馆协会会报, 1942, 17（1/2）.

203. 中华图书馆协会三十二年度工作报告. 中华图书馆协会会报, 1943, 18（2）.

204. 本会征求全国图书馆复员计划. 中华图书馆协会会报, 1943, 18（2）.

205. YUAN T L. Library situation in China. Library Journal, 1944, 15（3）.

206. 衫瑜. 战后我国图书馆复兴计划意见书. 述万, 译. 中华图书馆协会会报, 1944, 18 (3).

207. 袁同礼. 中华图书馆协会之过去现在与将来. 中华图书馆协会会报, 1944, 18 (4).

208. 蒋复璁. 战后我国图书馆事业之展望. 中华图书馆协会会报, 1944, 18 (4).

209. 沈祖荣. 战后图书馆发展之途径. 中华图书馆协会会报, 1944, 18 (4).

210. 中华图书馆协会第六次年会第一次会议纪录. 中华图书馆协会会报, 1944, 18 (4).

211. 中华图书馆协会第六次年会第二次会议纪录. 中华图书馆协会会报, 1944, 18 (4).

212. 中华图书馆协会三十三年度工作报告. 中华图书馆协会会报, 1944, 18 (5/6).

213. 本会欢迎美国图书馆专家诺伦堡氏. 中华图书馆协会会报, 1945, 19 (1/2/3).

214. 本会理事会报告及决议事项. 中华图书馆协会会报, 1945, 19 (4/5/6).

215. 本会呈教部报告香港存书被劫请向敌索赔. 中华图书馆协会会报, 1945, 19 (4/5/6).

216. 刘允慈. 记美国图书馆学专家韦棣华女士. 图书展望 (复刊), 1945 (4).

217. 何观泽. 广州香港各图书馆近况. 中华图书馆协会会报, 1946, 20 (4/5/6).

218. 本会留平文件图书幸得保全. 中华图书馆协会会报, 1946, 20 (4/5/6).

219. 洪焕椿. 美国退还庚款补助图书馆事业之由来及经过. 图书展望 (复刊), 1947 (2).

220. 本会建议湘教厅兴办常德图书馆. 中华图书馆协会会报, 1947, 21 (1/2).

221. 徐家璧. 袁守和先生在抗战期间之贡献. 传记文学, 1965, 8 (2).

222. 杜源芳. 戊戌维新运动与我国新教育的发展. 教育与文化月刊, 1973 (402).

223. 郑恒雄. 汉学索引编制的回顾与前瞻. 教育资料科学月刊, 1975, 8 (5/6).

224. 罗友松, 董秀芬, 肖林来. 试评中华图书馆协会的历史作用. 江苏图书馆工作, 1981 (2).

225. 马启. 如何评价中华图书馆协会. 江苏图书馆工作, 1982 (1).

226. 马启. 关于我国图书馆事业史的几个问题——与黄宗忠同志商榷. 广东图书馆学刊, 1982 (3).

227. 谢灼华. 维新派与近代中国图书馆. 图书馆杂志, 1982 (3).

228. 路林. 韦棣华与文华公书林及文华图专. 河南图书馆季刊, 1982 (4).

229. 杜定友. 图书分类法史略. 钱亚新, 钱亮, 钱唐整编. 广东图书馆学刊, 1987 (1).

230. 徐文. 试评中华图书馆协会的性质及其作用. 图书馆学研究, 1987 (4).

231. 程焕文. 中华民国时期图书馆学术史序说. 中山大学学报, 1988 (2).

232. 埃文斯. 中国图书馆界早期在国际图联活动的追溯. 图书馆学通讯, 1989 (4).

233. Cheng H W. The impact of American librarianship on Chinese librarianship in modern times (1840–1949). Libraries and Culture, 1991, 26 (2).

234. 王春雨.侵华战争中日本对中国文化的摧残.抗日战争研究,1993(1).

235. 农伟雄,关建文.中国图书馆界的第一个全国性团体——中华图书馆协会.江苏图书馆学报,1993(3).

236. 关健文.抗战时期图书馆西迁转移回顾.图书馆学研究,1993(4).

237. DAVIS D G, YU P C. 鲍士伟与中国图书馆的发展:国际合作的一个篇章.初景利,译.图书馆学刊,1993(6).

238. 宋明亮.国外分类法引进的回顾与前瞻.图书与情报,1995(1).

239. 杨杞.侵华日军对中国图书的浩劫.文史杂志,1995(4).

240. 丘东江.中国图书馆界早期参与国际图联重要活动的追溯.图书馆杂志,1995(5).

241. 罗益群.抗战时期的袁同礼先生.图书与情报,1996(1).

242. 王子舟.20世纪中国图书馆学发展的三次高潮.图书情报工作,1998(2).

243. YU P C, DAVIS D G, JR. ARTHUR E. Bostwick and Chinese library development: a chapter in international cooperation. Libraries and Culture,1998,33(4).

244. 吴慰慈.回顾过去 展望未来 开拓前进——建设面向21世纪的图书馆学学科体系.中国图书馆学报,1998(5).

245. Tsay Ming-yueh. The influence of the American Library Association on modern Chinese libarianship,1924—1949. Asian Libraries,1999,8(8).

246. 邓咏秋.漫议四角号码检字法.图书馆杂志,1999(5).

247. 罗德运,黄宗忠.刘国钧先生和中国图书馆事业.图书馆工作与研究,1999(6).

248. 王余光.索引运动的发生.出版发行研究,2003(6).

249. 杜志刚,孙峰,李军.《中华图书馆协会成立会演说辞》之再读.图书馆工作与研究,2004(5).

250. 程焕文.百年沧桑 世纪华章——20世纪中国图书馆事业回顾与展望.图书馆建设,2004(6).

251. 程焕文.百年沧桑 世纪华章——20世纪中国图书馆事业回顾与展望(续).图书馆建设,2005(1).

252. 郜向荣.中华图书馆协会的成立及其所取得的成就.武汉大学研究生学报(人文社会科学版),2004,20(2).

253. 沈占云.中华图书馆协会成立的背景因素、历史意义之考察.图书馆,2006(1).

254. 张殿清.中华文化教育基金董事会对中国近代图书馆的资金资助.大学图书馆学报,2006(2).

255. 曾凡菊.中华图书馆协会与民国时期图书馆界的交流——以协会年会为中心的考察.图书馆理论与实践,2008（1）.

256. 刘宇,宋歌.《图书馆学季刊》载文计量研究.图书馆,2008（3）.

257. 张书美,刘劲松.美国所退庚款与中国近代图书馆事业.图书馆界,2008（3）.

258. 查启森,赵纪元.文华公书林纪事本末.图书情报知识,2008（5）.

259. 黄少明.中华教育改进社年会有关图书馆议决案对中国图书馆事业的影响.国家图书馆学刊,2009（3）.

260. 柯愈春.追求中国图书馆现代化的思想家徐家麟.图书情报知识,2009（4）.

261. 李彭元.八年抗战中的中华图书馆协会.图书馆论坛,2009（5）.

262. 罗宇,罗方,王赞.论《图书馆学季刊》对民国时期图书馆学的贡献.图书馆建设,2009（5）.

263. JING L. Chinese-American alliances：American professionalization and the rise of the modern Chinese library system in the 1920s and 1930s. Library and Information History. 2009,25（1）.

264. 邓咏秋.评《中华图书馆协会会报》.大学图书馆学报,2010（2）.

265. 韦庆媛.清华学校在中国图书馆近代化初期的历史作用.国家图书馆学刊,2010（4）.

266. 翟桂荣.新图书馆运动的新纪元——中华图书馆协会第一次年会及其《宣言》的历史意义.图书情报工作,2010,54（7）.

267. 秦亚欧,魏硕,金敏求.中国近代图书馆协会对图书馆学教育的促进和影响.图书馆学研究,2010（应用版）.

268. 李彭元.袁同礼主持中华图书馆协会对我国图书馆事业的贡献.图书馆,2011（2）.

269. 李刚,叶继元.中国现代图书馆专业化的一个重要源头——中华教育改进社图书馆教育组的历史考察.中国图书馆学报,2011（3）.

270. 王阿陶,姚乐野.中华图书馆协会研究综述.图书馆建设,2011（12）.

271. 梁桂英.略论中华图书馆协会组织沿革.图书情报工作网刊,2012（6）.

272. 吴稌年.中华图书馆协会的第一使者——刘国钧.图书馆,2013（1）.

273. 吴稌年,顾烨青.刘国钧在近代学术活动中的影响.山东图书馆学刊,2013（3）.

274. 梁桂英.中华图书馆协会年会述略.图书馆理论与实践,2013（9）.

275. 吴稌年.中华图书馆协会的孵化器——中华教育改进社.国家图书馆学刊,2014（1）.

276. 李彭元.国立京师图书馆百年回望.国家图书馆学刊,2014（2）.

277. 王阿陶,姚乐野.图学史卷　时代华章——《中华图书馆协会会报》研究.大学图书馆学报,2014（3）.

278. 郑锦怀,顾烨青.戴志骞与中美图书馆专业团体关系考略.图书馆论坛,2014（7）.

279. 张书美,周芝萍.论《中华图书馆协会会报》的刊文重心及特色.河南科技学院学报,2015（3）.

280. 马秀娟《中华图书馆协会会报》特点及其对中国图书馆事业的贡献.新世纪图书馆,2015（3）.

281. 王子舟,孟晨霞,汪聪等."中国的图书馆学"建设仍在路上——纪念梁启超《中华图书馆协会成立会演说辞》发表90周年.图书馆论坛,2015（5）.

282. 曾凡菊.芝加哥学派对民国时期中国图书馆学的影响探析.图书馆学研究,2016（9）.

283. 周余姣.影响深远的一次盛会——纪念中华图书馆协会第三次年会80周年.河南科技学院学报,2016,36（11）.

284. 吴澍时.民国时期中华图书馆协会图书出版概述.图书馆论坛,2017（1）.

285. 金春梅.民国时期中华图书馆协会发展脉络梳理.晋图学刊,2017（2）.

286. 吴澍时.民国时期中华图书馆协会与基层图书馆发展研究.图书馆学研究,2017（14）.

三、学位论文类

1. 李彭元.日本对我国图书馆事业的侵略与破坏之研究（晚清至民国时期）.广州:中山大学,1998.

2. 郑帮军.商务印书馆与中国近代图书馆事业关系之考察——以张元济、王云五为中心.杭州:浙江大学,2007.

3. 井荣娟.中华图书馆协会研究.长春:东北师范大学,2012.

4. 李彭元.民国时期公共图书馆思想研究（1912—1949）.广州:中山大学,2012.

5. 王阿陶.中华图书馆协会研究（1925—1949）.成都:四川大学,2012.

索　引

索引由两部分构成,即人物机构事件索引和文献索引。前者以人名、机构名和事件名称为标目,后者以文献名为标目。外国人名用括号"（ ）"注明国别,国别不可考者以"（＊）"表示。索引按汉语拼音排序,英文款目集中排在索引前部,出处以阿拉伯数字标识。

人物机构事件索引

文献索引